首都师范大学历史学院中国近现代社会文化史研究中心主办

梁景和　主编

中国近现代社会文化史论丛

天变与日常
近代社会转型中的华北泰山信仰

The Change of Heaven and the Daily Life:
The Belief in Taishan in North China
in the Course of Modern Social Transition

李俊领　著

社会科学文献出版社
SOCIAL SCIENCES ACADEMIC PRESS (CHINA)

编　委　会

顾　问（按姓氏笔画排序）

　　刘志琴　郑师渠　耿云志　戴逸

学术委员会主任

　　梁景和

学术委员会委员（按姓氏笔画排序）

　　王雪峰　左玉河　吕文浩　朱汉国　孙燕京　杨才林
　　杨念群　李长莉　闵　杰　余华林　迟云飞　夏明方
　　徐永志　郭双林　黄　东　黄兴涛　魏光奇

主　编

　　梁景和

总 序

梁景和

中国改革开放这一新的历史时期到来之后，历史学与其他学科一样发生了重大变革，学术界迎来崭新的繁荣时期。中国近现代史与其他史学专业也都有了长足发展。中国近现代文化史、社会史、社会文化史犹如本专业的其他领域，亦展现着自己特有的新生魅力。20 世纪 80 年代初期中国文化史的复兴，80 年代中期中国社会史的复兴，80 年代末 90 年代初中国社会文化史的兴起，这三条线索所铸成的链环与其他领域紧密结合，呈现中国近现代史的强劲发展势头。其中社会文化史研究已经走过二十多年的艰辛历程。

20 世纪 80 年代末就有学者提出文化史与社会史相互结合的问题。[①] 1990 年有学者撰文[②]提出"社会文化史"的学科概念。1991 年有学者在学术领域开始运用"社会文化史"[③] 的概念。1992 年与 2001 年，在北京先后召开了"社会文化史研讨会"和"近代中国社会生活与观念变迁"两次学术研讨会，[④] 该两次会议集中探讨了社会文化史的理论方法问题。2005 年、2007 年、2009 年、2011 年和 2013 年分别在青岛、乌鲁木齐、贵阳、苏州和

[①] 刘志琴（署名史薇）：《复兴社会史三议》，《天津社会科学》1988 年第 1 期；刘志琴：《社会史的复兴与史学变革——兼论社会史和文化史的共生共荣》，《史学理论》1988 年第 3 期。

[②] 李长莉：《社会文化史：历史研究的新角度》，参见赵清主编《社会问题的历史考察》，成都出版社，1992。

[③] 梁景和：《辛亥革命 80 周年全国青年学术研讨会关于社会文化史问题的讨论述评》，《辽宁师范大学学报》1992 年第 2 期。梁景和于 1994 年在自己博士论文的提要中说明本论文的"社会文化史"的属性，认为自己的博士论文《近代中国陋俗文化嬗变研究》是"社会文化史研究范畴的一个具体领域"，参见《〈近代中国陋俗文化嬗变研究〉提要》，1994 年 5 月未刊稿。

[④] 参见李长莉《社会文化史：一门新生学科——"社会文化史研讨会"纪要》，《社会学研究》1993 年第 1 期；左日非《"近代中国社会生活与观念变迁"学术研讨会综述》，《近代史研究》2002 年第 2 期。

襄阳召开了 5 次中国近代社会史国际学术研讨会，会议有相当数量的社会文化史论文发表，[①] 也有关于探讨社会文化史的理论文章。[②] 2009 年 6 月和 10 月，2010 年 4 月在北京先后召开了 3 次"中国现当代社会文化学术研讨会"，[③] 这也是开始以社会文化命名的学术会议。

20 年来，中国社会文化史研究形成了一些自己的特征。

首先，中国社会文化史的本土化特征。中国社会文化史是中国史学自身发展逻辑的产物，是中国文化史、社会史、社会文化史发展链条上的一环。改革开放的大势，催发了中国文化史的复兴，改革开放的深入，迎来了中国社会史的兴盛。文化史研究偏重于精神层面，即关注思想观念、社会意识等问题的研究。中国社会史研究偏重于社会层面，即关注社会结构、社会生活等问题的研究。而中国社会文化史研究则关注两者的共生共荣。很多文化观念问题反映在社会生活等社会问题的层面上，很多社会问题与文化观念问题有着千丝万缕的联系，那么把两者结合起来进行研究的中国社会文化史就应运而生了。20 世纪 80 年代末，中国社会文化史的萌发是中国史学自身发展逻辑的产物，主要研究者是顺着中国文化史、社会史的研究而走向中国社会文化史领域的。

其次，理论探索的自觉。中国社会文化史的研究重视理论和方法的讨论，在 1992 年"社会文化史研讨会"和 2002 年"近代中国社会生活与观念变迁"学术研讨会上有很多学者展开了讨论，并发表了很多重要的理论见解。[④] 此外，刘志琴的《青史有待垦天荒——试论社会文化史研究的崛起》，[⑤] 梁景和的《关于社会文化史的几个问题》[⑥] 和《社会生活：社会文化

---

① 参见吕文浩《"近代中国的城市·乡村·民间文化"学术研讨会综述》，《近代史研究》2006 年第 3 期；朱浒《晚清以降的经济与社会》，《近代史研究》2008 年第 1 期；毕苑《第三届中国近代社会史国际学术研讨会综述》，《近代史研究》2010 年第 1 期；黄鸿山、朱从兵《"近代中国的社会保障与区域社会"——第四届中国近代社会史国际学术研讨会综述》，《近代史研究》2012 年第 2 期。

② 梁景和：《关于社会文化史的几个问题》，李长莉、左玉河主编《近代中国社会与民间文化》，社会科学文献出版社，2007。

③ 参见王红旗主编《中国女性文化》第 12 期，社会科学文献出版社，2010。参见梁景和主编《社会生活探索》第 2 辑，首都师范大学出版社，2010。

④ 参见李长莉《社会文化史：一门新生学科——"社会文化史研讨会"纪要》，《社会学研究》1993 年第 1 期；左日非《"近代中国社会生活与观念变迁"学术研讨会综述》，《近代史研究》2002 年第 2 期。

⑤ 参见《史学理论研究》1999 年第 1 期。

⑥ 参见李长莉、左玉河主编《近代中国社会与民间文化》，社会科学文献出版社，2007。

史研究的一个重要概念》，① 李长莉的《社会文化史：历史研究的新角度》②
等都属于中国社会文化史探索的理论文章。

最后，展现出重要的研究成果。20 年来，中国社会文化史的研究取得了
一些重要成果，发表了很多学术论文，③ 也出版了一批学术专著，诸如刘志
琴主编的三卷本《近代中国社会文化变迁录》（浙江人民出版社，1998），
梁景和的《近代中国陋俗文化嬗变研究》（首都师范大学出版社，2009）和
《五四时期社会文化嬗变研究》（人民出版社，2010），李长莉的《晚清上海
社会的变迁——生活与伦理的近代化》（天津人民出版社，2002）和《中国
人的生活方式：从传统到现代》（四川人民出版社，2008），王笛的《街头
文化：成都公共空间、下层民众与地方政治（1870～1930）》（中国人民大
学出版社，2006），严昌洪的《20 世纪中国社会生活变迁史》（人民出版社，
2007），乐正的《近代上海人社会心态（1860～1910）》（上海人民出版社，
1991），忻平的《从上海发现历史——现代化进程中的上海人及其社会生活
1927～1937》（上海人民出版社，1996；上海大学出版社，2009），孙燕京的
《晚清社会风尚研究》（中国人民大学出版社，2002），余华林的《女性的重
塑——民国城市妇女婚姻问题研究》（商务印书馆，2009）等，均为重要的
学术著作。④

中国社会文化史发展至今，在取得一定成绩的同时，存在的问题也是显
而易见的。正如一些学者指出的，相关历史资料数量庞大，但非常分散、芜
杂，缺乏整理。相当多的研究者尚缺乏运用新视角、新理论、新方法的自觉
性和经验积累，缺乏研究范式上的建树。缺乏深入专精的高水平著作，研究

---

① 参见《河北学刊》2009 年第 3 期。
② 参见赵清主编《社会问题的历史考察》，成都出版社，1992。
③ 关于社会文化史研究的论文请参见李长莉《社会文化史的兴起》，《天津师范大学学报》
　2003 年第 4 期；左玉河、李文平《近年来中国近代社会文化史研究评述》，《教学与研究》
　2005 年第 3 期；苏全有等《近十年来的中国近代风俗史研究综述》，《安阳大学学报》2004
　年第 2 期；黄延敏《当代中国社会文化史研究的新进展》，《近代中国与文物》2009 年第 2
　期等文的介绍。
④ 重要的社会文化史学术著作还有很多，诸如严昌洪的《西俗东渐记——中国近代社会风
　俗的演变》（湖南出版社，1991）和《中国近代社会风俗史》（浙江人民出版社，1992）；
　李少兵的《民国时期的西式风俗文化》（北京师范大学出版社，1994）；方平的《晚清上
　海的公共领域（1895～1911）》（上海人民出版社，2007）；〔德〕罗梅君的《北京的生育
　婚姻和丧葬：十九世纪至当代的民间文化和上层文化》（王燕生等译，中华书局，2001）；
　薛君度、刘志琴主编的《近代中国社会生活与观念变迁》（中国社会科学出版社，2001）
　等，此不赘述。

者缺乏必要的社会学和文化学的知识训练等。[①] 这些都是具体的实际问题，需要学者一点一滴地处理和一步一步地解决。

中国社会文化史已经走过了 20 年的历程，回顾过去，展望未来，我们盼望早日迎来中国社会文化史发展的新时期。2010 年 5 月出版的《中国社会文化史的理论与实践》，[②] 同期召开的"中国社会文化史研究的回顾与走向"座谈会，[③] 以及《光明日报》2010 年 8 月 17 日刊发的《社会文化史：史学研究的又一新路径》一文，既是对以往中国社会文化史研究的一个总结，也是对中国社会文化史未来发展的一个期待。2010 年 9 月 25 日、2012 年 9 月 22 日和 2014 年 9 月 20 日在北京分别召开了"首届中国近现代社会文化史国际学术研讨会""第二届中国近现代社会文化史国际学术研讨会""第三届中国近现代社会文化史国际学术研讨会"，以及 2011 年 9 月 24 日在北京召开了"西方新文化史与中国社会文化史的理论与实践学术研讨会"，2013 年 9 月 21 日在北京召开了"首届全国青年学者社会文化史理论与方法学术研讨会"，希望通过这样的学术会议来推动中国近现代社会文化史的研究。我们坚信，在已有学术成果的基础上，中国近现代社会文化史研究将会迎来崭新的发展。

中国社会文化史兴起之初就引起了诸多年轻学者的兴趣，如今则吸引着众多青年学者把中国社会文化史作为自己的学术向往和追求。这些年来，我们一直在编辑出版"中国近现代社会文化史论丛"，主要目的就是要把热衷研究中国近现代社会文化史的学者，特别是青年学者的研究论著发表出来，希望本论丛的陆续出版能促进中国近现代社会文化史研究的深入开展。

2014 年 12 月 20 日修改于幽乔书屋

---

① 参见李长莉《社会文化史的兴起》，《天津师范大学学报》2003 年第 4 期；左日非《"近代中国社会生活与观念变迁"学术研讨会综述》，《近代史研究》2002 年第 2 期。
② 梁景和主编《中国社会文化史的理论与实践》，社会科学文献出版社，2010。
③ 毕苑：《"中国近现代社会文化史回顾与走向"座谈会综述》，参见梁景和主编《社会生活探索》第 2 辑，首都师范大学出版社，2010。

目　录

绪　论

本书旨在揭示泰山信仰在社会转型中的礼俗形态变化、内在观念转换与命运走向，进而从日常生活的角度透视近代华北区域社会变迁的路径、机制及其遇到的困境。

一　选题缘起

北京朝阳门外有一座规模宏大的东岳庙，庙门前至今仍矗立着明代建筑的绿色琉璃坊。在近代史研究所做博士后研究期间，这里是笔者坐公交车从公寓到近代史研究所的必经之地。每次看到东岳庙的大门，总让笔者想起自己曾经在泰山工作的三年时光，想起东岳大帝、碧霞元君等泰山诸神的名号。今天，泰山信仰习俗仍是一种活着的传统，每年华北各地的泰山庙会吸引着数以百万计的信众前来进香祈福。改革开放以来，这种信仰习俗得到越来越多的认可与肯定，基于该习俗的妙峰山花会部分已成为北京的"非物质文化遗产"。

位于山东中部的泰山，号称"五岳之长"①，"昆仑之墟"②，"天地之神，神灵之府"③。在泰山信仰的神灵谱系中，东岳大帝、碧霞元君与泰山石敢当是最著名的泰山本土神，此外还有盗跖、总司大帝等具有地域特色的神灵。泰山信仰源远流长，历久弥新。由于皇室、官员、士绅与民众的共同尊奉，儒、释、道三教的有力烘托，泰山信仰礼俗在中国社会变迁史上留下了耐人寻味的印痕。尤其自隋唐以来，东岳大帝的信仰逐渐在全国范围内传

---

① （汉）刘向：《五经通义》，（清）马国翰辑《玉函山房辑佚书》，上海古籍出版社，1990，第 1965 页。
② 袁珂校注《山海经校注》（增补修订本），巴蜀书社，1993，第 344 页。
③ 《续道藏·搜神记》，《道藏》第 36 册，文物出版社、上海书店、天津古籍出版社，1988，第 257 页。

播。明初东岳行祠被纳入国家"会典"，遂得以在各府州县普遍建置，至明孝宗时奉祀东岳大帝的庙宇已"遍于天下"。[①] 清沿明制，凡设州立县处几乎建有东岳庙，甚至新疆、西藏地区也不例外。明中期以后，碧霞元君信仰在皇室的推动下迅速盛行，其社会影响力超过了东岳大帝。金元以来，泰山石敢当信仰逐渐影响到中国的大部分地区，甚至还远播日本、韩国、马来西亚等国家。

泰山信仰在王朝时代的国家政治生活与社会生活中一直发挥着重要作用。自秦汉以降，人们对泰山的信仰逐渐形成了礼与俗两个层面的传统，泰山信仰之礼即国家祭祀泰山并普建东岳庙的礼仪制度，泰山信仰之俗即民间朝拜泰山并普建泰山行宫的社会习俗。尤其是明清时期，上至皇室的"神道设教"，下至百姓的祈福禳灾，无不诉诸碧霞元君、东岳大帝等泰山神灵。可以说，泰山信仰是王朝国家与民间共有、共享的山岳信仰。

虽然明清社会仍延续着多神信仰的传统，但碧霞元君可谓华北区域社会中最具影响力的本土女神，在民间享有"泰山圣母""泰山娘娘""泰山奶奶"等数十种名号。仅清代北京城内外供奉碧霞元君的庙宇就多达102座，在数量上仅次于关帝庙和观音庙。

晚清时期，中国逐渐被卷入资本主义的世界潮流，遭遇数千年未有之变局。在天变道衰的形势下，时人一方面艰难维系着日常生活的旧有传统，另一方面以激进的心态试图改革中国的政治体制与社会结构，使之融入世界文明的主流。在欧风美雨的吹打下，近代中国社会开启了脱胎换骨式的转型。简言之，政治体制从君主专制转向民主共和，主体经济从传统农业转向现代工商业，主流思想从儒家思想独尊转向多元思想并存，人际关系从伦理本位转向法律本位，社会生活从城乡一体转向二元分流。可以说，这是近代世界文明主流的大势所趋，也是中华民族重塑自我的理性道路。在这个大转型的进程中，作为日常生活内容的华北泰山信仰礼俗发生了怎样的变迁；在具体的生活场景中，泰山信仰如何参与了社会的转型，又如何塑造人的情感体验与命运走向；等等，这些问题引人深思。本书对这些问题进行初步探讨，并由此观察近代中国社会转型的具体过程与区域性的演进路径及其逻辑。

---

① 《御制重修东岳庙碑》，弘治十一年（1498）立石，原在泰安东岳庙，今无存。

二　学术史回顾

近代华北泰山信仰礼俗，是指近代华北区域社会中以东岳大帝、碧霞元君、石敢当等泰山本土神灵为信仰对象的官方典礼与民间习俗。清末，海外汉学界开始调查、研究山东泰山的信仰礼俗。20 世纪 20 年代，大陆民俗学者开始关注和讨论华北泰山信仰习俗的活动场景与文化意义。此后，民俗学、历史学等学科的中外学者对该专题进行了多角度的讨论。① 尤其是近 30 年来，相关研究在视野拓展、方法更新、资料整理、问题意识提升等方面均有不同程度的新进展。本书回顾 30 年来学界对近代华北泰山信仰礼俗的研究历程，以相关的史学论著为主，在追溯该信仰礼俗研究的起源时兼顾民俗学和海外汉学界具有代表性的研究成果。为更清楚地展示海内外相关研究在主题、路径与风格上的差异，本文将二者的研究历程分开进行回顾。

（一）大陆学者对近代华北泰山信仰的讨论

大陆学者在近代华北泰山信仰礼俗研究上收获了较为丰富的成果，而且形成了不同学科之间的对话。相关研究主要集中于以下专题。

其一，对民国时期泰山信仰庙会的调查与讨论。妙峰山庙会是近代华北泰山信仰的三处圣地之一（另两处分别为山东泰山、河南浮丘山），早在 20 世纪 20 年代就进入李景汉、顾颉刚等人的研究视野。他们细致记述了妙峰山的香客、庙宇、道路、走会与进香活动等情况，并将这里的庙会视为大众的艺术，不赞同政府以迷信的名义查禁碧霞元君信仰习俗。当然，他们也认为民众的鬼神信仰存在迷信的成分，建议首先改善民生，普及现代教育，然后再讨论改良风俗的问题。② 此外，还有叶郭立诚对北平东

---

① 已有学者综述了海内外学界相关的部分学术成果，相关文章如下：吴效群《北京妙峰山碧霞元君信仰研究史》，《民俗研究》2002 年第 3 期。刘晓《海外汉学家碧霞元君信仰研究——以英语文献为中心》，《河南教育学院学报》（哲学社会科学版）2008 年第 3 期。刘晓《西方汉学家泰山信仰研究述论》，硕士学位论文，山东大学，2009。陶道强《近三十年来碧霞元君信仰文化研究的回顾与思考》，《泰山学院学报》2011 年第 1 期。关昕《北京东岳庙研究综述》，《泰山学院学报》2014 年第 5 期。邵珠峰《近五年碧霞元君信仰文化研究综述》，《泰山学院学报》2015 年第 4 期。

② 顾颉刚、容庚、容肇祖、孙伏园与庄严等人对民国时期妙峰山碧霞元君信仰习俗的调查与建言，由顾颉刚汇集为《妙峰山》一书，于 1928 年由国立中山大学语言历史学研究所与中山大学民俗学会印行。

岳庙的调查①，王宜昌侧重于经济角度对北平庙会进行的调查②，俞异君对山东庙会的调查③，等等。这些调查从不同侧面揭示了民国时期华北东岳庙和碧霞元君行祠（行宫）的数量、分布及其庙会的功能等。

罗香林、容庚等人考察了妙峰山碧霞元君信仰的源流与社会基础。罗香林认为：（1）妙峰山的香会表现了中国的民间艺术和集会结社的精神。（2）从历代碧霞元君香火的盛衰上看，可以知晓各代社会的背景及其转变的象征。（3）民众崇拜碧霞元君，一则由于智识的幼稚，二则由于生活的困苦，三则由于环境的恶劣，四则由于君主的提倡。（4）碧霞元君本为专管妇女及小孩的女神，其后因香火日盛，影响范围扩大，变为兼管一切的女神。基于上述认识，罗香林指出，研究中国文化史，不可不探究碧霞元君信仰的源流；研究中国社会史，不可不兼探碧霞元君之所以具有所谓神异功能的前因后果。④ 可以说，碧霞元君信仰是讨论中国文化史与社会史的一个重要切入点。容庚考察了京西妙峰山碧霞元君庙的起源，认为其时间最早不过清初。孙作云认为，泰山玉女（碧霞元君）与巫山神女、王母是三位一体的主司生育的高禖神，也是远古泰山民人的先妣；泰山玉女的原型是舜的两位妃子，即娥皇与女英。⑤ 现在看来，罗、孙二人的看法，对于进一步认识泰山信仰礼俗在民间社会所具有的长久生命力仍具启发意义。

自20世纪90年代以降，民俗学界对该地庙会进行不断研究，侧重于讨论近代华北泰山香会（香社）的权力秩序、心理世界与变迁特征等问题。吴效群以"国家—社会"为研究框架，从民俗学的角度梳理了北京妙峰山香会的价值理念变化历程：追求行善和社会声望（原初）—邀取皇宠（晚清）—经济利益（当代）三个阶段。他认为，妙峰山香会组织为保证进香的秩序，模仿帝国政治制度建立了行香走会的制度。这些香会组织"抢洋斗胜，耗财买脸"，通过会规博弈，建构了象征意义上的"紫禁城"。在此过

① 叶郭立诚等：《北平东岳庙》，福建教育出版社，2016。
② 王宜昌：《北平庙会调查报告》，李文海主编《民国时期社会调查丛编（一编）·宗教民俗卷》，福建教育出版社，2004，第352～384页。
③ 俞异君：《山东庙会调查集》，李文海主编《民国时期社会调查丛编（一编）·宗教民俗卷》，第195～247页。
④ 罗香林：《碧霞元君》，《民俗周刊》1929年第69～70期合刊。
⑤ 孙作云：《泰山礼俗研究》，《中国古代神话传说研究》下册（《孙作云文集》第3卷），河南大学出版社，2003，第729～730、805页。

程中，香会组织表达了平等、互助、友爱的社会理想，发泄了长期被帝国政治象征符号压迫而产生的愤懑。① 王晓莉以北京地区与涧沟村的香客活动为个案，分析了清代至今妙峰山香客的进香过程和心理世界，民众与政府等在塑造和改变碧霞元君信仰过程中各自发挥的作用。② 叶涛简要梳理了近代泰山香社的变迁过程，认为近代泰山的进香活动在光绪时期出现了由盛转衰的态势。③ 这些研究成果将近代泰山信仰礼俗视为民俗现象或民间信仰文化，着重在民俗信仰的内部观察、讨论其源流、构成与功能等要素，不仅从一个侧面展示了近代华北民间的生活方式、文化心理与社会运行机制，而且凸显了民间信仰习俗的原生态价值。

其二，近代泰山信仰与王朝统治策略、民族精神建构。在"神道设教"的政治模式下，泰山神灵信仰与宋元明清的王朝统治策略密切相关。赵世瑜认为，东岳大帝崇拜更多的体现了国家信仰，而碧霞元君信仰则具有更多的民间性；明清时期北京东岳庙官方与民间的祭祀活动展示国家与北京地方社会互相利用的一面，即前者意在控制后者，后者则借助前者壮大自己，而且二者的互相利用是一种温和的互动。④ 周郢认为，明清时期国家对东岳大帝的祭祀衰落，而民间碧霞元君信仰兴起，促使泰山之上的活动主体由庙堂转向民间，由精英转向草根，民间力量实际上主导了这一时期泰山文化的走向。⑤

泰山是中华民族在文化信仰意义上的一处精神家园，民国时期曾被提议赋予"国山"名号，从而参与民族精神的建构。20 世纪 30 年代，有人提议定泰山为"国山"，由此引发了人们对于泰山象征意义的思考。周郢注意到，民国时期的许兴凯、易君左、老合、芮麟等人倡"定泰山为国山"，借以"恢复已失去之民族自信力，唤回将散而未散之国魂，惊醒国民醉生梦死之迷梦，而发扬光大中华民族之伟大精神"。⑥ 该社会舆论反映了时人对泰山信

① 吴效群：《妙峰山：北京民间社会的历史变迁》，人民出版社，2006。
② 王晓莉：《碧霞元君信仰与妙峰山香客村落活动的研究——以北京地区与涧沟村的香客活动为个案》，博士学位论文，北京师范大学，2002。
③ 叶涛：《泰山香社研究》，上海古籍出版社，2009，第 125～130 页。
④ 赵世瑜：《东岳庙故事：明清北京城市的信仰、组织与街区社会》，《小历史与大历史：区域社会史的理念、方法与实践》，三联书店，2006，第 189、206 页。
⑤ 周郢：《从庙堂到民间：明清时期泰山文化之转变》，《民俗研究》2013 年第 6 期。
⑥ 周郢：《中华国山论——兼议泰山的"国山"地位》，《泰山与中华文化》，山东友谊出版社，2010，第 6 页。

仰意义的新认识。泰山与"国山""国魂"的历史文化关联，值得从文化信仰与政治信仰的层面进一步讨论。

其三，近代泰山信仰与华北民众生活。泰山信仰是近代华北社会生活的有机组成部分，尤其是各地泰山庙会对于民众的信仰、娱乐与经济等活动具有显著的吸引力。赵世瑜分析了明清时期包括泰山神灵信仰在内的华北庙会，指出寺庙与民众生活联系最为密切的是庙会，"因为它涉及到民众的经济生活、休闲生活和各种公共生活"。① 刘小萌发现，晚清时期外地旗人和民人在北京共同组织以东岳庙为信仰中心的香会，这是以前不曾有的"一个新现象"，从一个侧面反映了旗人与民人关系的发展；旗人与民人因为共同的信仰而密切了联系，共享精神上的安慰与欢娱，感情上也日渐融洽。② 兰林友利用满铁调查华北社会的档案，揭示了该地区民间香社的多种功能。他认为，华北乡村以朝拜泰山为目的而结成的香社具有宗教、经济与娱乐的三重功能。③ 这些讨论有助于深入了解民国时期华北乡村生活的内在逻辑与活动机制。中国农业大学的孙庆忠教授近年组织了一批本科学生深入调查了当前妙峰山香会、庙会及其对北京民间社会生活的影响。④ 其调查成果对于深入理解民国时期妙峰山的香会活动及当事人的生活体验具有一定的参考作用。

近代山西太古地区的泰山信仰习俗受到学界的关注。王守恩借鉴宗教社会学、文化人类学的理论与方法讨论了清代、民国时期的山西太谷地区民间信仰与乡村社会。他发现，民国时期山西太谷的奶奶庙（即碧霞元君庙）有38座，平均2.6个村落有1座，在当地的数百座神灵祠庙中，其数量居第7位，不如五道庙、三官庙、老爷庙、菩萨庙、真武庙与河神庙；当地民众奉祀碧霞元君不仅为生育之事，还为爱情、婚姻及其他事情。⑤ 不过，该作者在考察太谷地区的民间信仰与当地的村落自治、村际关系以及民众生活时，很少涉及泰山神灵信仰。在他看来，包括泰山神灵在内的所有神灵并不存

① 赵世瑜：《中国传统社会中的寺庙与民间文化——以明清时代为例》，《狂欢与日常：明清以来的庙会与民间社会》，三联书店，2002，第74页。
② 刘小萌：《清代北京旗人社会》，中国社会科学出版社，2008，第422、430页。
③ 兰林友：《庙无寻处：华北满铁调查村落的人类学再研究》，黑龙江人民出版社，2007，第233~234页。
④ 孙庆忠主编《妙峰山：香会组织的传承与处境》，知识产权出版社，2011。孙庆忠主编《妙峰山：民间文化的记忆与传承》，知识产权出版社，2011。孙庆忠主编《妙峰山：香会志与人生史》，知识产权出版社，2013。
⑤ 王守恩：《诸神与众生：清代、民国山西太谷的民间信仰与乡村社会》，中国社会科学出版社，2009，第81~82页。

在，只是人的创造物。不过，这种看法尚不能有效解释至今在中国乡村中仍广泛存在的"巫觋"及其特异的信息摄取功能。这些"巫觋"中不乏与泰山神灵信仰深有关联者，近代北京妙峰山香会的一些会首（如北京市朝阳区小红门乡红寺村秧歌会的老会首卢德瑞）本身就有"巫"的色彩。① 当前中西医学、心理学与精神分析学在此问题上尚未有圆满的解释。民俗学者刘道超已经注意到民间信仰背后的世界观、思维方式与认识方式等问题，试图由此打开中国民间信仰研究的新局面。②

其四，近代华北碧霞元君信仰与四大门的关系颇为密切。四大门是近代华北具有特色的民间信仰现象。1941 年燕京大学社会学专业的学生李慰祖在其学位论文《四大门》一文中揭示了北平郊区"四大门"（即狐狸、刺猬、黄鼠狼和蛇）在碧霞元君信仰习俗中的特殊角色与作用。③ 这是此前学界从未注意过的北京民间信仰现象。近 30 年来，学界对于近代北京"四大门"信仰的研究有了新收获。或认为这是中国北方的一种民俗宗教④；或认为这是一种融合了儒释道三教的北京地方性的民间秘密宗教组织⑤；或认为这是一种动物崇拜，在"近代北方民间广泛流行"，"人们崇拜的已不再是四种动物的自然属性，而是把它们作为巫教的神来崇拜"⑥。杨念群从民间巫与医的角色转换的角度出发，认为民国初年北京郊区的"四大门"信仰是一种难以明确把握的民间"知识系统"，与民众的地方认同感密切相关。⑦

（二）海外学者对近代华北泰山信仰的研究

晚清以降，海外学者持续关注泰山信仰礼俗。较早的是 1879 年马提尔（C. W. Mateer）在《泰山之寺庙及其祭拜》中提到碧霞元君，但西方学者真正开始对泰山信仰进行研究的著作则始于 1910 年法国汉学家沙畹（Edouard Chavannes）的《泰山祭礼：中国的一种宗教信仰专论》⑧。至今，海外

① 孙庆忠主编《妙峰山：香会组织的传承与处境》，第 96 页。
② 参见刘道超《筑梦民生——中国民间信仰新思维》，人民出版社，2011，第 10～16 页。
③ 李慰祖著、周星补编《四大门》，北京大学出版社，2011。
④ 周星：《四大门——中国北方的一种民俗宗教》，李慰祖著、周星补编《四大门》，第 146 页。
⑤ 方彪：《九门红尘：老北京探微述真》，学苑出版社，2008，第 207 页。
⑥ 阴法鲁、许树安：《中国古代文化史》，北京大学出版社，1991，第 430 页。
⑦ 杨念群：《民国初年北京地区"四大门"信仰与"地方感觉"的构造——兼论京郊"巫"与"医"的近代角色之争》，孙江主编《事件·记忆·叙述》，浙江人民出版社，2004。
⑧ Edouard Chavannes, *Le T'ai Chan: Essai de Monographie d' un Culte Chinois*, Paris: E. Leroux, 1910.

学者的相关研究成果数量可观①，他们研究的主题集中在如下五个方面。

其一，泰山信仰的宗教心理及政治运用。著名法国汉学家沙畹曾在 1891 年 1 月和 1907 年 6 月两次来泰山实地考察。他注意到泰山信仰在中国官方与华北社会中十分普遍，认为"在中国，山是神，山神被人视为能够自觉地对人的祈求做出响应的'自然主义的权威力量'，奉上牺牲，他们能做出正面回应，诚心祈祷，他们会被感动"，而泰山是中国最大的山神，地位显赫，可以影响整个中国。② 沙畹通过分析历代石刻和各种祭文，探讨了皇帝与百姓崇拜泰山这一"自然主义的权威力量"的不同的心理动机。他揭示说，封禅地点之所以被皇帝选在泰山和社首山，不仅是缘于二者的自然形势（即泰山之高近于天，社首山之低近于地），而且是因为泰山和社首山被视为人间统治者与天地沟通的不可替代的特殊媒介。他还注意到中国文明史上的泰山信仰有一个明显的转折，即从自然崇拜向宗教崇拜的演进。沙畹对包括泰山信仰礼俗在内的中国文化的介绍与研究在欧洲汉学界引起了显著的反响。

美国女汉学家弗劳伦撒·埃斯库（Florence Ayscough）沿袭了沙畹对泰山的研究，在细致描述泰山的宗教观念和进香活动的基础上，将泰山等同于西方的上帝。她认为，对中国人来说，泰山赐予生命，又宰制人死后的世界，已形成一种宗教。③ 另外，山东基督教大学的传教士贝克（Dwight Condo Baker）在 1925 年问世的英文版《泰山：中国圣山东岳的研究》④ 一书中，较为全面地介绍了泰山的景观与信仰。

俄国学者米·瓦·阿列克谢耶夫于 1907 年登临了泰山，并对泰山与宗教信仰的关联进行了探讨。他分析泰山神灵在中国十分普遍的现象时说："泰山之行使我获益匪浅。泰山向我说明了一个道理，人类宗教赖以存在的理由是多么简单。这对那些在汉学研究中擅下结论的人不失为一个绝好的警告。"宗教赖以存在的简单理由就是"强权当道的社会基础使宗教成为日常

---

① 参见刘晓《海外汉学家碧霞元君信仰研究——以英语文献为中心》，《河南教育学院学报》2008 年第 3 期。

② 〔法〕爱德华·沙畹：《泰山：中国人之信仰》，〔日〕菊地章太译，东京都，勉诚出版社，2001，第 10 页。

③ Florence Ayscough, "Shrines of History: Peak of the East—T'ai shan," *Journal of the North China Branch*, Royal Asiatic Society 48 (1917): 57-70.

④ Dwight C. Baker, *T'ai Shan: An Account of the Sacred Eastern Peak of China*, 商务印书馆，1925，第 8 页。

生活的构成因素，其根源在于社会不平等以及群众不能接受真正的教育"。①
显然，阿列克谢耶夫清楚地意识到，对于处于弱势地位而且缺少文化知识的
普通民众而言，泰山信仰是一种日常生活的心理补偿。

　　泰山信仰被清代统治者用以"神道设教"。美国学者盖洛从统治策略的
角度解读了康熙帝祭祀泰山的意图。他认为，虽然很少有人知道康熙帝祭祀
泰山的真实想法，但比较中西方历史上的大帝国的君主，可以发现他们利用
宗教统治国家的共同特点，即："他们懂得并且重视宗教的作用，因为它与
世俗政府是相关的。他们重视某些节日对公众行为的教化作用。……但是，
尽管他们相信宗教的一般作用，他们认为不同的敬神方式会达到同样有益的
目的。"② 由此，盖洛认为康熙帝遵循这一原则，以一种极为庄严和别具一格
的方式对泰山进行了朝圣。可以说，盖洛对官方泰山祭礼的解读比附了西方
神权政治的某些特征，但实际上中国传统的"神道设教"与西方的神权政治
不尽相同，而且中国的泰山信仰礼俗也不是西方基督教式的宗教。

　　其二，民国时期碧霞元君的塑像与文化形象。近代泰山祠庙中供奉的碧
霞元君塑像多为明清时期建造的，但在海外学者的眼中，这些塑像因为俊美
而容易勾起人的生理欲望。日本佛教、道教学者泽田瑞穗在民国时期亲临过
泰山，他从性伦的角度推测泰山碧霞祠中那座卧于床上的碧霞元君像所展示
的是仙界与人世相仿的性爱关系，似乎她正在等待男神的临幸。他因此认为
泰山香客与斗母宫尼姑的性行为意味着与泰山女神（以碧霞元君为代表）的
灵肉结合。③ 彭慕兰（Kenneth Pomeranz）也认为，泰山上的碧霞元君雕像
"性感撩人"。④ 这两位学者对泰山碧霞元君像的观感出于其自身的文化背
景，恐不能完全贴合中国本土的审美观念。

　　20世纪上半叶，碧霞元君在华北民间的形象发生了转变。彭慕兰通过分
析有关碧霞元君的民间传说后认为，这时期的碧霞元君从传统的女神"逐渐
变成一名好施诡计者，而她同天后、观音菩萨之间的区别也越来越大"，其
社会基础也由精英转变为平民；20世纪新出现的关于碧霞元君的故事则可能

① 〔俄〕米·瓦·阿列克谢耶夫：《1907年中国纪行》，阎国栋译，云南人民出版社，2001，
　　第99～100页。
② 〔美〕威廉·埃德加·盖洛：《中国五岳》，彭萍、马士奎、沈弘译，山东画报出版社，
　　2006，第41页。
③ 〔日〕泽田瑞穗：《中国之泰山》，东京，讲谈社，1982，第100～104页。
④ 〔美〕彭慕兰：《上下泰山：中国民间信仰政治中的碧霞元君（约公元1500年至1949年）》，
　　（台北）《新史学》第20卷第4期，2009，第178页。

意味着"对真实生活中那些贬低崇拜碧霞元君的上层精英的嘲讽"。[①] 这从一个侧面证明民国时期诸多文化精英对泰山信仰礼俗的关注度与认可度降低了。

其三，近代碧霞元君信仰与"四大门"的关系。近代碧霞元君信仰和"四大门"的关系引起了美、法两国学者的关注。美国乔治·华盛顿大学宗教系副教授康笑菲在《说狐》一书中提到，碧霞元君是狐狸精的首领，她们在地方民众的信仰活动中都是"灵验而危险"的，而且都具有性的暧昧意味。凭借对碧霞元君与狐仙的信仰，地方的稳婆、媒婆、药婆、衙役等群体为自己的言行赢得了某种正当性，从而对主流文化形成了一种威胁与制衡，因此引起了地方精英的蔑视与批判。在该书中，康笑菲重新思考了中国文化对民间神明的潜在标准化，以及朝廷官员和精英们自上而下对民间信仰施加的文化整合能力。[②] 彭慕兰认为，碧霞元君"乃狐狸精之首"，"这一角色也包括帮助其他狐狸精修行归善"。[③] 法国汉学家高万桑认为，碧霞元君是"四大门"的管理者，而不是首领。他注意到，北京全真道与碧霞元君信仰具有密切关系，前者作为后者的制度化的侍神者，在区域社会日常生活中扮演着重要角色。[④] 虽然这些海外学者对于碧霞元君与"四大门"的关系并没有一致的认识，但他们关于碧霞元君是狐狸精的看法在泰安本地的传说故事中也确能找到依据。

其四，近代华北泰山信仰习俗的进香仪式与空间特色。前往泰山或其他地方的泰山行宫进香，是一种基于神灵信仰的仪式行为。不过，这种中国礼俗性的仪式行为是否适用西方人类学的仪式理论进行分析，还是一个很值得注意的问题。美国学者达白安在其《身份的反观：中华帝国晚期的泰山朝圣》一书中运用历史学、宗教学、社会学与民俗学的方法系统考察了平民、帝王和文人的泰山进香活动。[⑤] 他认为，即使是平民的泰山进香之行也不符

---

① 〔美〕彭慕兰：《上下泰山：中国民间信仰政治中的碧霞元君（约公元 1500 年至 1949 年）》，（台北）《新史学》第 20 卷第 4 期，第 203、211 页。

② 〔美〕康笑菲：《说狐》，姚政志译，浙江大学出版社，2011。

③ 〔美〕彭慕兰：《上下泰山：中国民间信仰政治中的碧霞元君（约公元 1500 年至 1949 年）》，（台北）《新史学》第 20 卷第 4 期，第 181 页。

④ Vincent Goossaert, *The Taoists of Peking*, *1800 – 1949*: *A Social History of Urban Clerics* (Harvard University Asia Center, distributed by Harvard University Press, 2007), p. 273.

⑤ Brian R. Dott, *Identity Reflections*: *Pilgrimages to Mount Tai in the Late Imperial China* (Cambridge: Harvard University Asia Center, 2004).

合维克多·特纳的朝圣理论。没有什么证据能够证明，香客在朝拜泰山神灵时会进入一种"阈限状态"（liminal state），即在一种"混融状态"（communitas）中彻底颠覆日常的社会等级体系。相反，朝拜泰山的香客始终都很清醒地意识到他们自己的日常社会角色，并且以泰山进香作为谋求社会和物质利益的又一个舞台。也就是说，泰山朝圣并不完全是对日常生活状态的颠覆。这表明，简单地将西方人类学的仪式理论用于中国礼俗的研究具有相当大的风险。达白安还指出，帝王、文人、平民香客等各种人群是怀着不同的目的而开始泰山之旅的，并且可能在"身份的反观"中，各个集团间的冲突起了更加明显的作用。另外，他还提到，20世纪以来的民族主义和科学技术使泰山朝圣之旅的形式发生了显著的变化。

晚清妙峰山从一座普通的山峰成为朝野朝拜碧霞元君的圣地，这一社会场域中充满了复杂多样的博弈关系。韩书瑞（Susan Naquin）关于妙峰山的两个看法值得注意：一是妙峰山实际上就是得益于它的多重含义和香客们的千差万别。内部的多样化，有组织团体和个体香客的混杂，给进香之旅带来了活力；同样，碧霞元君崇拜和其他神灵的竞争，权贵和精英分子们的赞助或敌意，都使妙峰山越来越有名。二是对16世纪以来妙峰山香会组织考察的结果并不能验证一个设想，即"在现代的早期，中国发生了一些本质不同于以往的事情"。① 也就是说，清代妙峰山上的碧霞元君信仰活动并没有呈现现代性的色彩。

其五，近代碧霞元君的神明"标准化"问题。美国人类学家华琛（James L. Watson）提出，中华帝国晚期出现了神明"标准化"现象，即在朝廷的主导下，将地方小神收编并推广成为多区域崇拜的大神，借以造成"大一统"的气象或氛围；王朝力图倡导的是象征结构而不是信仰意义。② 此说颇有新意，但在海内外学界引起了争论。彭慕兰对碧霞元君信仰的探讨否认了华琛的观点。他认为，清代碧霞元君的信徒虽然坚称其信仰的正统性，但这一信仰因为碧霞元君与性的关联而不为官方和士绅所接受，甚至被视为一种对正统社会秩序不利的力量，因而碧霞元君的"标准化"与"正典化"的进程遭到阻止和扭转。③ 事实

---

① 〔美〕韩书瑞：《北京妙峰山的进香之旅：宗族组织与圣地》，周福岩、吴效群译，吴效群著《妙峰山：北京民间社会的历史变迁》，第326～327页。

② 〔美〕华琛：《神明的标准化——华南沿海天后的推广（960～1960年）》，陈仲丹、刘永华译，刘永华主编《中国社会文化史读本》，北京大学出版社，2011，第122页。

③ 〔美〕彭慕兰：《泰山女性信仰中的权力、性别与多元文化》，〔美〕韦思谛编《中国大众宗教》，陈仲丹译，江苏人民出版社，2006，第135页。

上，乾隆帝清除了民间崇奉碧霞元君的"淫祀"嫌疑，将其纳入准国家祭祀的行列。此后，士绅阶层鲜有质疑碧霞元君之祀的声音。徐天基从人类学的角度对1696～1937年间北京丫髻山的进香史进行了考察，旨在用个案形式反思并回应华琛等人开创的"标准化"议题。他认为，丫髻山进香是一个复杂的意义交流体系。皇帝、王公大臣、宫女、太监、旗人、草根阶层、新兴社会群体、道士、"四大门"的信仰者，都在其中各自建构和表达着自己的观念。这就造成了一个将碧霞元君"标准化的帷幕"。在该帷幕之下，一是朝廷权力自上而下的推广，一是民间自下而上的塑造，二者在连续的互动中又都"声称正统"，而碧霞元君"标准化"的事实却带有明显的不连续性。[①]可以说，清廷对碧霞元君的"标准化"不只具有象征结构的意义，同时还具有巫术信仰的实用意义，其派官员前往泰山祈雨（雪）以抗旱的举措就说明了这一点。

海外学界在近代华北泰山信仰礼俗的研究上，基于西方的文化背景、思维方式与价值尺度，侧重于建构一种像神明的"标准化"这样的解释模型。其在开拓新视野、提供新思路上不乏启发意义，而且美国学者达白安强调不能运用西方人类学的仪式理论分析泰山庙会进香活动的主张也确有道理。不过，他们对部分史料的分析还需要进一步体贴中国的文化语境与情感特质。

纵观近30年来学界对近代华北泰山信仰礼俗的讨论，在新史料发掘、新视角运用、跨学科对话上，各有其长，但也存在一些局限。其一，社会史研究的理论问题，仍是今天学界探究近代华北泰山信仰礼俗难以突破的瓶颈。由于中国近代社会史研究复兴较晚，迄今没有建立自己的解释中国社会变迁的理论框架，因此史学界对近代华北泰山信仰礼俗的研究仍不免借重政治史研究的解释范式和西方社会科学的某些理论。应注意的是，西方民俗学的理论并不完全适用于对近代华北泰山信仰礼俗的解释。其二，跨学科的研究方法运用还不够充分。民俗学者从顾颉刚、李景汉等前辈学者开始，就十分注重田野调查，像孙庆忠等新一代学者在田野调查的基础上增加了口述史的研究方法。不过，史学界在讨论近代华北泰山信仰礼俗时较少运用田野调查和口述史的方法。此外，社会学的"内部观察法"，对于讨论这一礼俗而

---

① 徐天基：《"标准化"的帷幕之下：北京丫髻山的进香史（1696～1937）》，《中央研究院近代史研究所集刊》第84期，2014年6月。

言是值得借鉴的，但学界鲜有人尝试。① 其三，大陆史学界研究该礼俗运用的"国家—社会"视角，虽可以从一个侧面揭示王朝政治与社会底层群体互相利用的关系，但仍显不够完整，也就是说单一视角的运用，不可避免地造成观察视野的狭隘。另外，学界对北京妙峰山、丫髻山、东岳庙与山东泰山等地泰山信仰礼俗的讨论，多是就一地论一地，鲜有区域社会史的研究视野。换言之，近代华北泰山信仰礼俗的区域社会性尚未得到充分的重视。

三　研究的旨趣与方法

民国学者罗香林认为，研究中国文化史，不可不探究碧霞元君信仰的源流；研究中国社会史，不可不兼探碧霞元君之所以具有所谓神异功能的前因后果。② 讨论包括碧霞元君在内的近代华北泰山信仰，无疑是中国文化史与社会史的重要内容。

作为华北区域社会中一种典型的礼俗现象，泰山信仰聚集着政治教化、经济利益、文化观念等多种因素，而且这些因素纠缠在一起，在不同程度上影响着该区域社会各阶层的日常生活。泰山信仰是近代华北日常生活的重要参与者之一。民国时期燕京大学的学生在山西徐沟县农村调查时发现，"他们日常生活上没有一样不受宗教组织的影响"，而包括东岳大帝、碧霞元君在内的信仰已成农民"整个生活中的一部分"。③ 虽然在近代中国社会转型中，这种信仰不仅失去了"神道设教"的政治支撑，而且遭遇来自朝野的"反迷信"名义下的多重打击，但它仍保持着强劲的生命力，滋润着诸多普通民众的日常生活。如果把泰山信仰现象看成愚昧民众与迷信习俗的互相依赖、互相成全的民间文化现象的话，这种看法可以说就是一种基于现代化立场的偏见。

本书讨论近代华北泰山信仰用的立意有三。其一，以神灵谱系、香会组织与信众生活经验为主，更细致地呈现近代华北泰山信仰变迁的具体场景与

---

① 按：叶涛关于山东省邹城市西关泰山香社的调查，在一定程度上运用了"内部观察法"。见叶涛《泰山后石坞元君庙与邹城西关泰山香社——当代民间信仰组织的个案调查》，《民间文化论坛》2004 年第 3 期。

② 罗香林：《碧霞元君》，《民俗周刊》1929 年第 69～70 期合刊。

③ 李有义：《山西徐沟县农村社会组织》，学士学位论文，燕京大学法学院社会学系，1936，第 133 页。

整体历程。在继承学界已有相关研究成果的基础上，梳理清楚近代泰山神灵谱系的变迁，努力走进泰山信众的心灵世界和生命历程，从其生活经验与信仰习俗中尝试发掘新的历史面相。其二，通过考察泰山信仰对近代华北日常生活的实际影响，揭示华北社会中政治革命与社会演进不同步而形成的错综复杂的冲突和张力，呈现社会底层民众在泰山信仰上的困境及其根源。学界在近代华北社会的探讨上已有较为丰富的收获，但华北社会作为一种区域社会，其特质、边界、生活样态与变迁机制等方面尚未得到充分呈现。从泰山信仰的角度进行讨论，可以推进这些方面的研究。其三，通过考察泰山信仰的生活价值与政治命运，更深入地揭示近代中国社会转型的路径、机制及其效能。近代华北泰山信仰在不同生活领域内的实际作用及政治境遇，不仅可以从一个侧面反映近代中国社会变迁的层次性与复杂性，而且能够从个人与群体的感受、尊严与命运的角度呈现更深层的社会变迁机制。这也可以在一定程度上弥补学界运用"革命史"范式与"现代化"在诠释近代中国社会变迁时忽略人的具体生活场景及其感受的不足。

在研究视角上，采取了区域社会史与日常生活史的双重视角。

区域社会史视角可以理解为一种研究方法，这种方法针对"精英与政治事件"的视角和"眼光向下"的视角而言，着重从民众的视角和立场来重新审视国家与权力，审视政治、经济与社会体制，审视重大的历史事件和现象。① 区域社会史研究的对象与地方史研究的对象可能相似，但二者的研究旨趣截然不同，前者意在对研究对象进行历史性与共时性相结合的整体史的研究，探索区域范围内人们创造的"生活方式"的总和，进而更深入地认识和把握中国社会的整体。"区域社会"作为社会史研究的一个工具性的分析概念，不仅仅立足于民众或社会底层的视角，而且同时立足于精英或社会中上层的视角。或者说，区域社会史的视角以平等的眼光看待区域社会中的各个阶层。区域社会史研究的一个重要任务，是理清某一时期区域社会演进的历史脉络与内部运行机制，而这个历史脉络可以理解为国家制度、意识形态与政治话语"在地域社会的各具特色的表达"②，也可以理解为区域社会与国家的地方性互动。当然，区域社会史不等于区域社会中的政治史。从其所心系的人文情怀与整体史追求而言，政治史只是它的多重面相之一，至少它

---

① 赵世瑜：《小历史与大历史：区域社会史的理念、方法与实践》，第 26 ～ 27 页。
② 陈春声：《走进历史现场》（历史·田野丛书总序），赵世瑜著《小历史与大历史：区域社会史的理念、方法与实践》，序言第 5 页。

还有更显开放性与普世性的文明史面相。在这一点上，它与日常生活史的视角是一致的。

所采用的日常生活史视角，即以具体生活情境中人的行为方式、心理结构、情感体验、文化观念为立场，从日常生活的微妙变化中观察其背后的文化观念与选择逻辑，进而探究整体社会的文明追求、量变过程、演进路径与命运格局。在此视角下，不仅可以展现一个以生活为中心的近代中国社会面相，而且可能揭示更深层的社会变迁机制。该视角的特质在于揭示具体的微观历史场景中个人或群体的感受、体验、情感、心理及其与社会的互动机制和进程，以克服宏大叙事的历史"见物不见人"的缺陷。如果说"国家与社会"视角重在自上而下与自下而上观察社会变迁的话，那么日常生活史视角则以日常生活为左，以社会体制为右，通过呈现日常生活与社会体制的互动，从左向右观察社会的整体及其变迁。这一视角在一定程度上弥补了"国家与社会"视角的不足，同时从文明的角度赋予每个人（尤其是普通人）的生活以平等的价值与意义。"将文明落实为普通人的日常生活，他们卑微琐碎的经历和讲述便具有了非凡的意义，可以成为宏大叙事的有机部分。"①文明与国家政治息息相关，同样是日常生活史视角心系的整体史追求目标，但二者又有内在差异。在一定程度上，文明是比国家政治更高层次的宏大主题，甚至是日常生活的终极目标，它在近代以来主要体现为人的自由、平等、民主、多元生活方式和价值观念的平等共处。

要运用好上述两种视角，还需要将文本文献与田野调查相结合，将局外观察法与局内观察法相结合。就近代信仰礼俗研究而言，仅仅依靠图书馆和档案馆所藏的文本文献着实不够，确有必要走向田野，走进作为历史现场的泰山信仰祠庙。借助新发现的田野文献和访谈资料，才能细致呈现近代华北泰山信仰的生活场景，而相应的历史叙事会富有贴近生活的烟火气，同时减少民族风俗志式叙事的书卷气。过去对近代华北泰山信仰研究的一个显著局限是不能"入乎其内，出乎其外"。研究者侧重于讨论这一信仰外部社会关联与互动的考察，很少走进信仰者的心灵世界，因而不容易做到对研究对象的"了解之同情"②。想要"入乎其内"，确有必要借鉴

① 郭于华：《苦难的力量》（代序），《倾听底层：我们如何讲述苦难》，广西师范大学出版社，2011，第9页。
② 陈寅恪：《冯友兰中国哲学史上册审查报告》，《金明馆丛稿二编》，三联书店，2001，第279页。

社会学、心理学等学科的方法（尤其是内部观察法），站在当事人的立场上，设身处地地体会他们观察和应对外部世界变化的方式及其背后的逻辑。对于讨论泰山信仰而言，既要知其然，也要知其所以然，这种观察法具有无可替代的作用。

四　资料概说

近代泰山信仰礼俗的资料比较丰富，但也相当分散。晚清官方祭祀泰山的资料主要集中在道光、咸丰、同治、光绪历朝的《大清实录》与中国第一历史档案馆所藏的军机处录副奏折中，民间泰山神灵信仰习俗资料主要为当时的碑刻、游记与地方志。民国时期有关泰山信仰礼俗的资料主要集中于当时的期刊、报纸、方志、碑刻以及海外学者的游记中。

在广泛搜集上述资料的基础上，查阅了《蒋介石日记》《冯玉祥日记》等日记资料，又统检了法国汉学家沙畹著《泰山祭礼》（日译本）、《中国的圣省山东》（ _Shan - tung_ , _The Sacred Province of China in Some of Its Aspect_ , Compiled and Edited by Robert Conventry Forsyth, Shanghai Christian Literature Society, 1912）等十多种外文资料。这些原始档案、期刊与外文资料有一部分尚未被学界充分运用。

在泰安市档案馆查阅了民国时期泰山皈一道的《皈一宝船》等20余种纸质文献。从碧霞元君信仰研究的角度看，这些资料大多是不曾被运用的第一手资料。

学界虽未有意识地专门就近代华北泰山信仰礼俗的文献进行整理，但相关碑刻资料的搜集、整理与结集出版，为该专题的进一步研究提供了有利条件。汤贵任、刘慧主编的10卷本《泰山文献集成》①，袁明英主编的10卷本《泰山石刻》②，东岳庙北京民俗博物馆编的《北京东岳庙与北京泰山信仰碑刻辑录》③，北京市平谷区文化委员会编辑的《畿东泰岱——丫髻山》④，浚县文物旅游局编辑的有关大伾山石刻的资料集《天书地字》⑤，张文大辑录的

① 汤贵任、刘慧主编《泰山文献集成》（十卷本），泰山出版社，2005。
② 袁明英主编《泰山石刻》，中华书局，2007。
③ 东岳庙北京民俗博物馆编《北京东岳庙与北京泰山信仰碑刻辑录》，中国书店，2004。
④ 北京市平谷区文化委员会编《畿东泰岱——丫髻山》，北京燕山出版社，2008。
⑤ 浚县文物旅游局编《天书地字》（大伾山文化丛书之二），文物出版社，2006。

《妙峰山碑石》① 等，堪为其代表。虽然上述碑刻资料集涵盖了近代华北泰山信仰礼俗的三处代表性地点（山东泰山、北京妙峰山与河南大伾山），但就相关的石刻资料总量而言，不过十之二三。另外，赵卫东主编的《山东道教碑刻集》（青州昌乐卷、临朐卷、博山卷）② 对于讨论近代山东泰山信仰礼俗颇有参加价值。

为了克服有"文"无"献"的资料问题，特地前往泰山对当地的信仰与礼俗进行了有针对性的访谈与实地考察，重点了解了民国时期泰安的碧霞元君信仰、盗跖信仰、"四大门"与"大中至正道"，获得了一些十分重要的田野调查资料。对于研究中国近代社会文化史而言，田野调查几乎是必不可少的，因为这个领域的研究关注的中心是在历史上"失语"的大众群体。

五 研究框架

本书的研究框架除了绪论与结语外，共分六章，其内容如下。

第一章为"晚清日常政治中的泰山信仰"。本章在简要梳理清前中期泰山信仰之政治境遇的基础上，着重考察晚清时期最高统治者、山东地方官员对泰山信仰礼俗的多元态度、运用策略与风险防范等问题，中外战争、清末新政等重大政治事件对于泰山信仰礼俗的冲击。作为"礼治"与"神道设教"方略的重要组成部分，华北泰山信仰礼俗遭遇前所未有的变局。在此变局中，国家政治仍是泰山信仰礼俗命运的决定性因素。诚然，在君主专制体制下，民众没有信仰自由的权利。不过，清末宪政改革为确立民众泰山信仰的正当性带来了一丝文明的曙光。

第二章为"近代泰山信众的社团、观念及时局因应"。本章主要梳理近代泰山、丫髻山与妙峰山的碧霞元君香会的变迁，考察泰山信众的鬼神观与报应观。由于社会革命明显滞后于政治革命，近代华北民众在内忧外患中更依赖于泰山神灵的护佑，朝拜碧霞元君的香社明显增加，只是在抗战时期被迫隐匿。民众信仰泰山神灵，只为求日常生活中的一己之福，不断建构和叠加所谓"灵验"奇迹，形成了"心诚则灵"的集体无意识。这种信仰行为

---

① 张文大：《妙峰山碑石》，团结出版社，2013。
② 赵卫东主编《山东道教碑刻集·青州昌乐卷》，齐鲁书社，2010；赵卫东主编《山东道教碑刻集·临朐卷》，齐鲁书社，2011；赵卫东主编《山东道教碑刻集·博山卷》，齐鲁书社，2013。

虽未对他人构成危害，但在客观上制约了信众对新知识、新技能的追求，使之消极地应对社会困境。北京妙峰山香会的活动与交往构成了一个江湖化的社会网络，并在其中追求所谓社会"脸面"与特权，而最大的特权依据还是官方的认可与支持。

第三章为"近代泰山信仰下的世俗经营与社会失范"。本章主要揭示近代华北的泰山神灵侍者在日常生活中的修道、营生与社会交往的多重面相，以及各地泰山庙会上乞丐的谋生与寄生问题。对泰山神灵侍者的修道与世俗经营的考察，主要选取了以下个案：其一，泰山斗母宫的比丘尼的会馆式经营；其二，侯芳缘在泰山的修行及政治遭遇；其三，北京妙峰山等处的碧霞元君侍者编造王三奶奶显灵的神话，借机谋财；其四，北京东岳庙对民众的道德教化。另外，考察了华北地泰山庙会上的乞丐问题。这些群体的经营方式表明，在社会失范的环境中，泰山神灵侍者多难守"出世"之心，似更看重世俗利益，其日常生活中多有算计、周旋与博弈。

第四章为"近代泰山神灵谱系的增扩与日常生活经验"。本章梳理近代泰山神灵谱系的变迁及其展现的华北民间日常生活经验。"四大门"信仰是指对四种所谓灵异动物的崇拜，即胡门（狐狸）、黄门（黄鼠狼）、柳门（蛇）与白门（刺猬）。它们出没于民众的日常生活，在其与民众交往的一些事件中，被解释为降福或招灾。作为"四大门"灵媒的王三奶奶在咸同时期被塑造为碧霞元君的弟子，得到京津冀地区民众的广泛信奉。依托柳门的信仰基础，泰山乡民通过扶乩的方式，将一条降神后自称为盗跖的蛇演绎为河神。经过近代华北信众和地方儒生等群体的附会，碧霞元君与妈祖进一步融合为一神。从泰山神灵谱系与日常生活经验来看，近代华北底层民众的日常生活及其思维方式仍停留在前现代时期，而信仰的根源在于他们应对生活困境的能力和知识没有明显的提高。

第五章为"近代华北泰山信仰的多重文化境遇"。本章主要揭示近代华北泰山信仰遭遇的不同群体力量交织的复杂格局。其中主要有皈一道等民间宗教对泰山信仰的利用，基督教与泰山信仰之间的竞争和冲突，一些激进的新知识人视泰山信仰为"迷信"。李景汉、顾颉刚等现代学者对北京、山东的碧霞元君信仰习俗进行调查，并予以"同情之了解"，反对将其绝对地定义为"迷信"与"愚昧"。面对复杂的境遇，近代华北泰山信仰难以依靠信众完成自身与新时代的调适，其对日常生活的影响也被削弱。

第六章为"泰山信仰与民国政府的社会改造"。本章主要讨论民国时期泰山信仰的政治命运及其与社会改造运动的关系。辛亥鼎革后，泰山祭礼被移出国家祀典。在庙产兴学政策的推行下，泰山信众与官方发生了冲突。北京的一些泰山庙会成为政府与信众交往的日常生活场域，地方政府利用泰山庙会对信众进行新知识的宣教。南京国民政府时期，华北泰山信仰习俗不仅受到官方破除迷信运动的冲击，还受到日伪政权的残酷压制，但泰山神灵仍被供奉在信众的心中。经过国共两党的政治演绎与话语建构，作为政治文化符号的泰山褪去神灵信仰的色彩，成为国族与人民的象征。

六　相关说明

（一）华北区域社会

华北，作为一个地理专用名词，形成于 20 世纪初，而且较早被视为经济意义上的区域社会。从经济史的角度看，民国时期华北经济区域包括今天行政区划意义上的京津和冀鲁晋两市三省，河南省北部一部分，以及内蒙古的中西部地区。

政治区划与区域社会的形成密切相关。近代政治意义上的华北，以日伪政权"华北政务委员会"为开端。该政权管辖区域为北平、天津、青岛三市，河北、山东、山西三省以及河南省北部的 1 市 39 个县，这与日本对"北支那"的界定和日本兴亚院华北联络部管辖范围一致。[1] 1948 年 5 月中国共产党将晋察冀、晋冀鲁豫和山东渤海解放区合并为华北解放区，设中共中央华北局，随后又成立了华北人民政府，其管辖范围包括当时的河北、山西、察哈尔、绥远、平原、内蒙古省和平津两市。这种政治区划及其行政管辖，对于华北区域社会的形成具有十分显著的作用。尤应注意的是，除南京国民政府时期外，华北区域社会的一个特色即近代中国的政治文化中心北京坐落在其中，而且对该区域的宗教信仰、风俗习惯、劳作方式、社会交往等日常生活影响巨大。有学者指出，"要理解华北社会，国家的角色是必须考虑的"。[2]

就近代中国社会史研究而言，作为区域社会的华北因为研究时段、研究对象的不同而存在差异。有学者提出，社会史是思想着、活动着的"人"的

---

① 张利民：《论华北区域的空间界定与演变》，《天津社会科学》2006 年第 5 期。

② 赵世瑜：《小历史与大历史：区域社会史的理念、方法与实践》，第 6 页。

历史，当"区域"与"人"联系在一起的时候，"区域"这个词可被视为一种与人的思想、活动相关的思考和分析场域；区域社会史研究者真正感兴趣的，是拥有某种地域认同的人群活生生的行为。[①] 华北区别于东北、西北、西南、华南等区域的社会特质也在于其以日常生活方式为核心的区域文化。对于近代华北民众而言，他们的区域认同更是以包括方言、信仰在内的日常生活方式为基础的，比如，用以区别本地人与东北人、西北人、南方人。有学者注意到日常表达中的华北乡土社会，这一区域社会的社会结构、社会关系固然与地缘、血缘、业缘、姻缘等因素密切关联，但其地方的认同感与归属感依赖乡民自己的话语体系和表达方式。或者说，作为乡土社会的华北只是存在于乡民们的说与行之中。"只有在交际的具体场景和过程中，作为他者的我们才能更准确地把握乡民自己的动态乡土社会"。[②] 讨论民间信仰的华北区域社会，尤应如此。

明清以来泰山信仰的影响虽遍布全国大部分地方，但其核心区域则在华北。以华北社会为单位进行讨论，合乎泰山信仰的历史特性。从泰山信仰的角度看，近代华北区域社会应当包括今天行政区划意义上的北京、天津、山东、山西、河北，以及河南北部、江苏徐州、内蒙古长城沿线一带。需要说明的是，江苏徐州与鲁西南的泰山庙会十分相似。两地民众在方言、饮食、习俗等日常生活内容上颇为接近，属于同一特质的地方文化。本书在具体讨论近代华北泰山信仰时，重点探讨京津和山东、河北的泰山信仰，因史料受限而较少涉及近代山西、河南与内蒙古中部等区域的泰山信仰。

（二）泰山信仰

泰山信仰，是对泰山神灵的信仰。泰山信仰礼俗，即以泰山神灵信仰为基础的官方礼仪与民间习俗。民国时期的民俗学家孙作云将这一信仰礼俗称为"泰山之礼俗"。[③]

除东岳大帝、碧霞元君外，泰山神灵的谱系中还有石敢当、盗跖以及碧霞元君的化身与下属神灵。

---

① 陈春声：《近代华南社会研究丛书总序》，邱捷著《晚清民国初年广东的士绅与商人》，广西师范大学出版社，2012，第2页。

② 岳永逸：《日常表达中的华北乡土社会》，《中国农业大学学报》2009年第4期。

③ 孙作云：《泰山之礼俗的研究》，北京大学铅印讲义本，1942。

其一，东岳大帝，是泰山的主神。其来历众说纷纭，大致有以下几种主要说法：（1）金虹氏说。《三教源流搜神大全》称，东岳大帝是盘古氏九世苗裔金轮王少海氏与妻弥纶仙女所生之子，初名金虹氏。（2）黄飞虎说。《封神演义》中东岳大帝及其子炳灵公，为泰山之神，神位来源很早，因而后世有人认为东岳大帝是黄飞虎，炳灵公是黄天化。（3）太昊说。道经《洞渊集》称，太昊为青帝，驻在泰山，主管万物发生。（4）盘古化身说。《述异记》称，盘古死后，他的头部化作东岳。（5）上清真人说。《文献通考》称，五岳皆有洞府，由上清真人负责管辖。（6）山图公子说。唐代道士司马承祯撰《天地官府图》称，第二小洞天即东岳泰山洞，名"蓬玄洞天"，由山图公子治理。（7）天帝之孙说。《孝经援神契》称，泰山乃"天帝之孙"，也称"天孙"。（8）泰山府君说。据《搜神记》和《列异传》称，魏晋时人信仰的泰山神为泰山府君，其为冥界主管，负责管理人死后的阴间世界。在民间信仰中，东岳大帝以东岳上殿太子炳灵广惠王、五道将军、十殿阎王、判官、七十六司诸冥官、城隍以及东岳十太保等为助手，其中东岳十太保即温、李、钱、刘、杨、康、张、岳、孟、韦姓十位元帅。

历代帝王对泰山神尊崇有加，唐代封为"天齐王"，宋代晋升为"仁圣天齐王""天齐仁圣帝"，元代加封为"天齐大生仁圣帝"，明代称"东岳泰山神"，清代官方称其为"岳帝""泰山之神"，不复加帝号。每年的农历三月二十八日是东岳泰山神的生日，全国各地的善男信女来此焚香祭拜，以示庆贺。汉魏以降，道教沿袭古制，奉祀东岳大帝。

泰安岱庙为奉祀泰山神的祖庙，创始于汉代。隋唐时期，大江南北不少地方为泰山神建立行宫或行祠。河南、河东、河北等道，即今山东、河南、山西、河北等地，都是较早建置东岳庙的地区。宋元时期，东岳庙发展成遍及全国汉族居住区的祠庙。明清时期，东岳行祠被正式纳入国家祀典，在各府州县普遍推行。明初，云南、贵州、广西、宁夏等地的地方官府开始祭祀东岳。清廷入关后，东北地区普遍设立东岳庙。

其二，泰山女神碧霞元君。泰山女神，汉唐既有传说，但未载入史册。约在元明之际，被道士冠以"天仙玉女碧霞元君"的道号，并伪称出自北宋真宗的敕封。① 这一神号在明代受到官方认可，在所发布之正式文告中均采

---

① 周郢：《明崇祯朝敕封"碧霞元君"考辨——兼论泰山娘娘与妈祖信仰之关系》，《世界宗教研究》2014 年第 4 期。

用"碧霞元君"之称。因坐镇泰山，碧霞元君被尊称为"泰山圣母碧霞元君"，俗称"泰山娘娘""泰山老奶奶""泰山老母"等。道经称之为"天仙玉女碧霞护世弘济真人""天仙玉女保生真人宏德碧霞元君"。① 经过宋元明清四朝的长期建构与积淀，碧霞元君成为道教中的重要女神，也成为中国北方至今影响最大的本土女神。

碧霞元君的来历亦是众说纷纭，要者如下：（1）黄帝派遣的仙女说。《瑶池记》称，黄帝建岱岳观时，曾经预先派遣七位女子，前往泰山以迎西昆真人，而玉女乃七女中的修道得仙者。（2）华山玉女说。明代王世贞《弇州四部稿》称，碧霞元君是华山的玉女，而附会者又将其说成王母的第三女。（3）汉代民女石玉叶说。《玉女卷》称：汉明帝时，西牛国孙宁府奉符县善士石守道妻金氏，于中元七年四月十八日生一女，名玉叶，该女后入泰山修道，即为碧霞元君。（4）东岳泰山之女。晋张华《博物志》以泰山女神为东岳之女。（5）坤道成女说。《岱史》称："岱岳毓神，上通乾象，降灵下土，坤道成女。'天仙玉女'之号，意以是与？'碧霞元君'之称，则后世加封之典。"② （6）天仙神女说。王之纲《玉女传》称："玉女者，天仙神女也。黄帝时始见，汉明帝时再现。"（7）天神分炁化身说。《太上老君说天仙玉女碧霞护世弘济妙经》称，碧霞元君是西天斗母以元气而化成的女神。《元始天尊说碧霞元君护国庇民普济保生妙经》称，碧霞元君是"受命玉帝，证位天仙"的女神，"于四月十八日分真化炁"，降临泰山，负责"统摄岳府神兵，照察人间善恶"，并司善恶报应。③ 此说为道教的正统说法。（8）高禖神说。有学者考证，泰山女神即泰山玉女与巫山神女、王母，是三位一体的主司生育的高禖神，也是远古泰山民人的先妣；泰山玉女的原型是舜的两位妃子，即娥皇与女英。④

碧霞元君与西王母的关系。西王母俗称"王母娘娘"，又称"西姥""王母""金母""金母元君"。全名为"白玉龟台九灵太真金母元君"、"白

---

① 范恩君：《〈碧霞元君护世弘济妙经〉考辨》，《宗教学研究》2006 年第 1 期。
② （明）查志隆：《岱史》卷九《崔文奎记略》，汤贵仁、刘慧主编《泰山文献集成》第 2 卷，泰山出版社，2005，第 105 页。
③ 范恩君：《〈碧霞元君护世弘济妙经〉考辨》，《宗教学研究》2006 年第 1 期。
④ 孙作云：《泰山礼俗研究》，《中国古代神话传说研究》下册（《孙作云文集》第 3 卷），第 729～730、805 页。周郢认为，孙作云"太山玉女即巫山神女"的看法不完全属实，但后出现的泰山女神玉女元君形象中依稀可见巫山神女的影子。见周郢《从巫山神女到泰山玉女》，《管子学刊》2012 年第 2 期。

玉龟台九凤太真西王母"或"太灵九光龟台金母元君"。以目前的文献看，西王母最早见于《山海经》，以昆仑山（即今泰山）为驻地。汉魏之际，因昆仑山地名的西迁，西王母的信仰在山东地区逐渐消失。曹植在诗歌中称泰山有"玉女"，此或是泰山女神的前身。而后，作为西王母化身出现的泰山女神，只是在魏晋时尚未有确切的名号。晋时，僧人竺道爽站在佛教的立场上，直接檄讨道教的泰山神府及都录使者，命令伪冒正神的精怪速离泰山。①他在此文中首先肯定东王公、西王母是泰山的正神，并认为这两位神灵离开泰山后，才有精怪冒充正神的名号，为民治病。其中无疑包括西王母化身的泰山女神。虽然后世道教分别塑造了碧霞元君和王母两位女神，但从主管婚姻与生育的神职上看，碧霞元君更像是西王母的翻版。或者说，碧霞元君与王母是同一女神的两个名号。李谔《瑶池记》称，碧霞元君与王母娘娘为黄帝派去迎接西昆真人的七位仙女中的两位。

碧霞元君与无生老母的关系。无生老母的原型即碧霞元君。②明代山东等地孤苦无告的农民视碧霞元君为安慰心灵的慈母。在此信仰的基础上，民间宗教家们创造了新的大母神——无生老母，其迅速成为各教派一致供奉的至高无上的大神。明代中叶以后各种新兴的民间教派均崇奉无生老母信仰，并概括为"无生老母，真空家乡"八字真言。他们抬高了泰山老母的神格，将泰山老母置于无生老母的麾下。清初南无教的《泰山圣母苦海宝卷》甚至将泰山老母作为无生老母的化身。《护国威灵西王母宝卷》说，西王母是无生老母的化身。可以说，在明清的民间宗教中，碧霞元君、无生老母与西王母是三位一体的女神。

碧霞元君有若干位下属神灵。在泰山碧霞祠，其下属神灵分别为子孙娘娘与眼光娘娘。近代北京妙峰山的惠济祠供奉着以碧霞元君为首的五顶娘娘，其布局与名号分别为：中间供奉天仙圣母碧霞元君（东岳泰山之神），其左边是眼光圣母明目元君（天目山之神），再左边是瘫疹圣母慈幼元君；其右边是子孙圣母佑渡元君（天姥山之神），再右边是送生圣母保产元君。北京雍和宫附近的九顶娘娘庙供奉以碧霞元君为首的九顶娘娘，其名号分别为：天仙圣母青灵普化弘德永佑碧霞元君、眼光圣母惠照明目元君、子孙圣母育德广胤元君、瘫疹圣母保佑和慈元君、送生圣母锡庆保产元君、乳母圣

---

① （东晋）竺道爽：《檄太山文》，（南朝梁）僧祐：《弘明集校笺》卷十四，上海世纪出版股份有限公司、上海古籍出版社，2013，第752～762页。

② 车锡伦：《泰山女神的神话、信仰与宗教》，《岱宗学刊》2001年第1期。

母哺婴养幼元君、痘疹圣母立毓稳形元君、催生圣母顺度保幼元君、引蒙圣母通颖导幼元君。① 明代山西太原晋祠苗裔堂供奉的七位女神②，应该是碧霞元君下属诸神的七位，因为她们的名号与九顶娘娘中相应的七位女神名号颇为接近。

北京九顶娘娘庙中的痘疹圣母立毓稳形元君即汉族信仰中的痘神之一。在中国北方的民间信仰中，痘神与碧霞元君关系密切，明代小说《封神演义》将这位女神演绎为商朝潼关守将余化龙死后所化之神——"主痘碧霞元君"，由其率领五方痘神。痘神被收至碧霞元君麾下的时间不可考，至少不晚于乾隆二十一年（1756）③。北京官民普遍信仰痘神中的痘哥哥、痘姐姐，但极少有专门奉祀痘神的庙宇，痘神通常作为碧霞元君的侍神出现。在民国北京的平郊村延年寺，痘哥哥、痘姐姐、王灵官与山神一并作为碧霞元君的侍神。④ 另，民国铁岭县的广嗣庵奉祀碧霞元君，配以眼光、子孙各神及痘神，"妇人育子、童子患痘，多于是庙祷之"⑤。此即有以痘神为碧霞元君下属的意味。

北京妙峰山惠济祠供奉的王三奶奶是晚清时期天津信众塑造的碧霞元君弟子，负责协助管理"四大门"，其即四种灵异动物：狐狸（"胡门"）、黄鼠狼（"黄门"）、刺猬（"白门"）和蛇（"常门"，也称"柳门"）。

碧霞元君祠庙的分布。宋真宗在泰山修玉女祠，首开官方奉祀泰山女神之例。元代泰山道士张志纯改玉女祠为昭真祠，将泰山女神纳入道教神灵谱系。明代前期，泰山女神之祀被一些官员、儒生冠以"淫祀"，流传不广。

---

① 叶郭立诚等：《北平东岳庙》，第 22 页。民国时期北京崇文门外南药王庙的娘娘殿中供奉着同样的九位娘娘，朝阳门外东岳庙娘娘殿也供奉着大致相同的九位娘娘，只是用培姑娘娘换下了痘疹娘娘。见马书田《中国民间诸神》，团结出版社，2002，第 126 页。

② 晋祠苗裔堂供奉的七位女神名号及其排序分别为：子孙圣母育德广胤元君，居中；引蒙娘娘通颖导幼元君，居子孙圣母之左；乳饮娘娘哺侍养幼元君，居子孙圣母之右；培姑娘娘立毓稳形元君，居引蒙娘娘之左；送生娘娘锡庆保产元君，居乳饮娘娘之右；痘疹娘娘葆和慈幼元君，居培姑娘娘之左；催生娘娘顺庆报幼元君，居送生娘娘之右。神号之上均有"敕封"二字。见《中华戏曲》编辑部编《中华戏曲》第 33 辑，文化艺术出版社，2006，第 48 ~ 49 页。

③ 《传膳放生碑》（乾隆二十一年），北京图书馆金石组编《北京图书馆藏中国历代石刻拓本汇编》第 71 卷，中州出版社，1991，第 93 页。

④ 陈永龄：《平郊村的庙宇宗教》，学士学位论文，燕京大学法学院社会学系，1941，第 69 页。

⑤ 李文海主编《民国时期社会调查丛编（二编）·宗教民俗卷》上册，福建教育出版社，2014，第 530 页。

英宗之后的明代皇帝大多崇奉道教，重用道士，而道教所推举的"天仙玉女碧霞元君"渐为皇家接纳。加之有皇室背景的西大乘教对碧霞元君的推崇，这位女神的行宫遂在华北地区普遍建立，以山东、河北、河南等地为最，甚至还扩展到江苏、安徽、浙江、辽宁、新疆、西藏等地。至明后期，民间对碧霞元君的信仰已经超过对东岳大帝的崇奉。据《帝京景物记》记载，明末北京城奉祀碧霞元君的主要祠庙有五座，即东顶、西顶、南顶、北顶与中顶，已有"五顶"之说。清代，各地的碧霞元君行宫较前代更多一些，其名号有碧霞祠、碧霞宫、碧霞庵、碧霞阁、碧霞观、圣母庙、奶奶庙、行宫庙、天仙庙、天仙宫、元君行宫、元君庙、娘娘庙、元圣庙、元女庙、泰山庙、泰山宫、泰山阁、泰山庵、泰山殿、泰安宫、广育宫、广嗣庵、惠济祠、泰山行宫、泰山行祠、娘娘行宫、天仙行宫、泰山碧霞宫、泰山神母宫、泰山圣母庙、泰山圣母宫、泰山圣母祠、碧霞元君祠、碧霞元君宫、碧霞元君观、碧霞元君殿、子孙圣母庙、子孙娘娘庙、元君圣母庙、天仙圣母祠、东岳天仙庙、九天圣母庙、护国天仙庙、九顶娘娘庙、碧霞元君行宫、碧霞元君行祠、碧霞元君圣母庙、天仙圣母行宫、东岱圣母行宫、泰山元君行宫、泰山圣母行宫、泰山圣母行祠等50多种别称。

其三，泰山石敢当。作为一位泰山的本土神灵，其来历不详。至少在宋金时期，就有"泰山石敢当"之说。明清时期，山东、河北、河南、福建、云南、贵州等地有将"泰山石敢当"五字刻于石上用以镇宅驱煞的习俗。石敢当信仰在汉族居住区域多有分布，甚至远传到日本、马来西亚等地。[①]

其四，盗跖。据说，盗跖原名展雄，姬姓，展氏，名跖，一作蹠，又名柳下跖、柳展雄，在先秦古籍中被称为"盗跖"和"桀跖"。民间传言，盗跖是春秋时期率领盗匪数千人的大盗。明清时期华北一些地方的娼妓尊盗跖为其守护神——"白眉神"。在近代泰安民间，盗跖被演绎为河神。

本文在研究对象上主要集中于泰山女神碧霞元君，兼顾东岳大帝、盗跖与王三奶奶。

（三）研究时段

对于近代泰山信仰礼俗的变迁而言，除了政治层面的国家祭祀制度与祭祀惯例变革外，很难说在社会层面上有一个或若干个界碑式的标志性事件。

---

① 叶涛：《泰山石敢当》，浙江人民出版社，2007。

即使作为一种民间信仰，泰山信仰遭遇的最大影响力仍来自政治因素（或者说是官方的管控力）。

　　基于政治层面的考虑，本书研究的时间段上限定为 1860 年，下限定在 1949 年。确定此上限，是因为这一年北京圆明园中奉祀泰山女神碧霞元君的广育宫被英法联军焚毁。自乾隆朝至咸丰朝，清帝在圆明园居住期间，每月初一、十五都有太监充当道士，在广育宫诵经祈福。每到四月十八日（碧霞元君生日），清帝及后妃甚至皇太后都要亲自来此拈香。包括广育宫在内的圆明园被毁，标志着清廷奉祀碧霞元君之礼发生重大变故，也深刻体现了晚清朝廷的文化信仰与日常生活遭西方列强破坏的时代特征。确定此下限，是因为新成立的中华人民共和国政权以强大的力量在很短的时间内改变了民众泰山信仰的行为方式与活动格局。虽然民众在个体的朝山进香活动上仍有局部的延续，但作为集体行为的香会活动已因政府的管制而中止。

　　观山如读史，读史亦如观山。且开始一段回望近代泰山信仰礼俗的人文之旅。

第一章　晚清日常政治中的泰山信仰

　　晚清时期，东岳之祀为"群祀"等级的五岳祀典之一。虽然遭逢前所未有的世界变局与仿行立宪的政治改革，但包括东岳之祀在内的整个国家祀典一直延续到清帝逊位。泰山信仰在这一时期的日常政治生活中发挥着重要的作用，甚至京师出现旱情时，清廷仍旧派官员前往泰山祈雨（雪）。这一信仰如此"执着"，还在于清廷一以贯之的"礼治"方略与"敬天法祖"思想。

一　清代前中期泰山信仰的政治境遇

　　在国家祀典上，清承明制，仍行五岳之祀。在清代的山川祀典中，五岳居首，而五岳祀典中以东岳为最。顺治元年（1644），清廷"定崇祀岳、镇、海、渎及直省有司春秋致祭之礼，定制以五岳、五镇、四海、四渎配享方泽坛"[①]。代表东岳神灵的东岳大帝，清廷称之为泰山之神。北京城朝阳门外东岳庙所奉的东岳大帝列为群祀，而其他四岳的神灵没有这样的礼遇。顺治八年（1651），清廷确定北京东岳庙的祀典用"青色礼神制帛一，牛一，羊一，豕一，果品五盘，尊一，爵三"[②]。由顺治八年至光绪九年（1883），清廷每逢皇帝的生日（万寿节）就遣官前往东岳庙致祭。康熙帝、乾隆帝东巡，无不亲临岱庙向东岳大帝行二跪六拜之礼。此外，清廷对东岳泰山的奉祀，还有天坛的五岳神配享。在东岳大帝之外，清廷还崇奉泰山女神碧霞元君，相关祭礼包括京东丫髻山的拈香礼，紫禁城广生楼、圆明园广育宫等处的皇家内祀等。需要注意的是，清代前中期国家对东岳神灵的祭祀重心逐渐从东岳大帝转向碧霞元君。

[①]　（清）张廷玉等撰《清朝文献通考》卷一〇〇，郊社考十。

[②]　（清）昆冈、李鸿章等修《大清会典事例》卷四百四十四，群祀，东岳之神，光绪二十五年石印本（以下省略）。

（一）康熙帝眷顾碧霞元君

碧霞元君在康熙时期多得清廷的青睐。康熙二十三年（1684），康熙帝第一次东巡时亲往泰山之巅在碧霞祠（或称"碧霞元君祠"）拈香。康熙二十八年（1689）正月，康熙帝谕令以后每年调拨一部分泰山的香税、钱粮给予泰山上下奉祀碧霞元君的祠庙，"使上下岳庙与元君诸祠守祀者得有资赖，晓夜尽心，兼可时加修葺，以壮往来观瞻，示朕崇祀之意"。① 在其看来，碧霞元君与东岳大帝是同等威灵的泰山之神，应尽心崇祀。康熙帝曾两次登临岱顶，七次派官员赴泰山祭祀东岳之神，并为碧霞宫赐匾"坤元叶应"。他解释说，东岳"为五方之长，发生万物"，祭祀泰山旨在"为苍生祈福"。② 为赢得汉族士子与民众的人心，巩固清廷政权，康熙帝十分注重接纳并支持华北区域原有的信仰习俗，如管子所言"顺民之经在明鬼神，祇山川……不明鬼神则陋民不悟；不祇山川则威令不闻"③。对于王朝时代的人君而言，通过明确鬼神之存在，祭祀山川之神灵，可以更好地教化民众，推行政令。

除了登岱为碧霞元君拈香外，康熙帝还重修京师专祀碧霞元君的护国洪慈宫。该宫兴建于明代年间，即京师五顶之一的"西顶"。康熙甚重此庙，曾两度重修，将其名更为"广仁宫"，还亲自题写以下匾额：广仁宫正殿殿额"金阙宣慈"，宫门坊楔内额"泰岳同瞻"、外额"坤贞普育"，左坊内额"安贞福地"、外额"弘育仙部"，右坊内额"资元真境"、外额"怀保春台"。广仁宫重修一新后，康熙帝亲往朝拜上香，"仰祝圣母之釐，俯介生民之祉，以祈纯嘏，以巩皇图"。④ 他期望碧霞元君以其神力护国佑民，巩固皇权，体现上天之"仁"，即"稚者得以长，壮者得以乐，老者得以安，期于生齿殷繁，兵刑寝息，民无夭札，物无疵疠，总一以仁推之而有余"。⑤ 康熙四十七年（1708）所立的《圣祖御制重修西顶广仁宫碑》称："（碧霞）元君初号天妃，宋宣和间始著灵异，厥后御灾捍患，奇迹屡彰，下迄元明，代加封号，成弘而后，祠观尤盛。"⑥ 由此可见，康熙帝对碧霞元君怀有比以往

---

① 《清圣祖实录》卷一百三十九，康熙二十八年正月乙酉，中华书局，1985，第513~514页。
② 《南巡笔记》，汤贵仁、刘慧主编《泰山文献集成》第4卷，第708页。
③ 《管子·牧民》。
④ （清）于敏中编纂《钦定日下旧闻考》，第1640页。
⑤ （清）于敏中编纂《钦定日下旧闻考》，第1640页。
⑥ （清）于敏中编纂《钦定日下旧闻考》，第1640页。

更强的好感，认为她是一位十分灵异的女神，对维护天下安泰厥有大功。只不过，他将碧霞元君的神迹附会到了"天妃"妈祖的身上。为表示信奉碧霞元君的诚意，康熙帝还亲书《天仙玉女经》，赐予广仁宫。① 康熙年间，内务府多次派大臣前往广仁宫拈香。不过，此时期的碧霞元君仍是民间神灵，并未被纳入朝廷的祀典。

康熙帝除了在泰山与京师奉祀碧霞元君外，还曾数次到京西妙峰山、京东丫髻山、永平府景忠山等地的泰山行宫，为碧霞元君拈香。

康熙帝虔诚奉祀碧霞元君，既有儒家"祭如在"的礼仪精神，也有满族之萨满教信仰的巫术风格与神秘主义色彩。孔子所言"祭如在，祭神如神在"②，明确说明祭祀礼仪最重要的是态度与意愿要虔诚、恭敬，以至于所祭祀的神灵好像真的存在一样，而神灵是否真的存在无须讨论。儒家只建构、传承活人的此岸的文化世界，不探究人生前死后的彼岸鬼神世界。儒家的祭祀精神落实到政治现实的祭祀礼仪层面上，还要分成官与民两个层面来看。依照荀子的阐释，"神道设教"的祭祀之礼，"其在君子以为人道也，其在百姓以为鬼事也"③，"故君子以为文而百姓以为神"。④ 其本意说祭祀的吉礼制度关联的鬼神世界在君子看来只是一种文化，但在百姓看来，它就是一种真实存在的鬼神世界，一种与阳界并存而且能够互动的阴界。宋代儒家援佛之后增加了对鬼神世界的关注，张载有"祭接鬼神，合宗族，施德惠，行教化"⑤ 之说，朱熹同样认为"天地是体，鬼神是用。鬼神是阴阳二气往来屈伸"。⑥ 这意味着鬼神是"阴阳二气往来屈伸"的功能或表现形式，由此容易转化出一个具有人格主体意识的鬼神世界。在这一点上，儒家与民间的鬼神信仰可以相通相协。萨满教信仰以万物有灵论为基础，具有多神信仰的特色，该教的巫师（即介于神与人之间的萨满）可以通过跳神仪式与神灵沟通，达到支配神灵之力的目的。康熙帝原信仰萨满教，又奉行宋明理学，同

---

① 按：女诗人顾太清有《广仁宫敬瞻圣祖御书天仙玉女经恭纪》诗云："阶左穹碑白日曛，西郊初礼碧霞君。仁皇御笔书真诰，开卷金光见宝文。"见张璋编校《顾太清奕绘诗词合集》，上海古籍出版社，1998，第492页。
② 《论语·八佾》。
③ 《荀子·礼论》。
④ 《荀子·天论》。
⑤ 张载：《经学理窟·祭祀》，儒家经典编委会编《儒家经典》，团结出版社，1997，第1542页。
⑥ 朱熹：《朱子语类》卷六八，易四，乾上。

时还崇信佛教，这就会自觉不自觉地认同鬼神世界真实存在的观念。对其而言，碧霞元君的祭礼既是官方的"文"，也是民间的"鬼事"，二者并存而不矛盾。

康熙帝热衷于奉祀碧霞元君，为雍正时期奉祀碧霞元君的常例化奠定了基础。

（二）碧霞元君升为官方神

虽然碧霞元君在康熙朝威名天下，但其由民间神升为官方神，则在雍正朝。约在雍正五年（1727），迷恋道教的雍正帝在圆明园修建了专门奉祀碧霞元君的神祠——广育宫。[1] 该宫位于圆明园福海南岸山岗之巅，宫前有坊，坊额为"舍弘光大"和"品物咸亨"。正殿内奉碧霞元君，殿额为雍正帝御书的"恩光仁照"。[2] 广育宫的名称与西顶广仁宫相近，其中"育"字表明雍正帝将碧霞元君视为主管人间生育的神灵。雍正帝在圆明园居住时，每逢四月十八日皆至广育宫拈香，并有首领太监充当僧人上殿念经。由此，碧霞元君由民间神灵升格为官方神灵，并享受常例化的皇家奉祀。诚然，广育宫仅是皇帝、后妃（或由该宫太监总管代替）常例化的上香之所，带有很强的皇家私属性，并不对官员、民众开放。

广育宫拈香虽成为定例，但没有正式进入清廷的国家祀典。雍正朝的国家祀典分为大祀、中祀与群祀三等，祭祀对象为天神、地祇与人鬼。其中天神、地祇都是官方认可的符合儒家思想观念的本土神灵，即如《礼记·祭法》云："法施于民则祀之，以死勤事则祀之，以劳定国则祀之，御灾捍患则祀之。"自顺治帝至康熙帝，清廷在儒家与道教有别的情况下，从不曾将道教独有的神灵纳入国家祀典。由于碧霞元君在明代时已经被道教正式纳入其神灵谱系，雍正帝虽对其十分信奉，但限于历朝祀典的传统，终未将其纳入国家祀典。

相对于康熙帝而言，雍正帝对碧霞元君的信仰有过之而无不及。究其缘由，大致有二。其一，雍正帝信奉道教的神仙之说，有意将道教作为人心教

---

① 按：据雍正朝内务府造办处活计档的记载，广育宫匾额"恩光仁照"为油漆作彩木匾，于雍正四年（1726）六月十五日开始承做，并于雍正五年（1727）二月初七日正式悬挂。见方裕谨辑《圆明园各殿座匾名表》，中国圆明园学会主编《圆明园》第4集，中国建筑工业出版社，1986，第39页。

② （清）于敏中编纂《钦定日下旧闻考》，第317页。

化的工具。他曾诏修泰山碧霞祠,赐额"福绥海宇",并作《碧霞祠题宝幡步虚词》云:"子视群蒙敷惠泽,母临庇土荷峥嵘","常将天福人间赐,奖孝褒忠佑万方"。① 由此诗句可见其意在借助碧霞元君教忠教孝的政治策略。其二,出于"明则有礼乐,幽则有鬼神"② 的"礼治"之道。在王朝国家礼乐刑政不及的地方,鬼神信仰是统治民众、稳定社会秩序的有力工具,可以弥补儒家教化的偏颇之处,如魏源所言,"鬼神之说,其有益于人心,阴辅王教者甚大。王法显诛所不及者,惟阴教足以慑之"。③ "阴教"与"王治"相辅的"神道设教"才能更有效地统摄人心。雍正七年(1729),清廷以官银整修泰山碧霞祠,雍正帝谕令内阁称:"山东泰安州神庙,奉祀东岳泰山之神。历代相传,灵显昭著,佑庇万民。俾国家享昇(升)平之福者,明神之功德,其来久矣。远近人民,感荷默佑之恩,焚香顶礼,罔不虔肃。"④ 在民间广泛顶礼膜拜泰山神灵的情况下,雍正帝有意利用民众的这种功利性的信仰心理,发挥以神教民的手段,大力营造泰山神灵可以消灾赐福的文化氛围,将民众改变生活境遇的欲望与追求转移到神灵的身上,从而求取朝廷统治稳固的"昇(升)平之福"。这是"神道设教"有助于统治稳定的功用之所在。

(三) 泰山拈香礼的常例化

乾隆帝像乃祖乃父一样十分信奉碧霞元君。他曾十一次驾临泰安岱庙,其中有六次登泰山至碧霞元君祠拈香,第一次为乾隆十三年(1748),最后一次为乾隆五十五年(1790)。乾隆帝的碧霞元君信仰与皇后富察氏颇有关联。乾隆十二年(1747)富察氏痛失爱子永琮,悲悼成疾,梦见碧霞元君将其子召去。翌年正月,乾隆帝特为东巡登岱,于碧霞祠为皇后富察氏祈福。

乾隆帝虽登岱祀碧霞元君,但申明此举与泰山行封禅礼无关,只为祈求风调雨顺、国泰民安。自秦而宋,泰山封禅礼几乎是帝王祈祷神灵以求自身长生不老的盛大典礼,这给后世留下了帝王封禅不过为一己之私的印象。为表示仁君以天下为重,乾隆帝多次在诗文中称他祭祀东岳诸神与封

---

① 《世宗宪皇帝御制文集》卷二六《雍邸集·六》,《四库全书》集部七。
② 《礼记·乐记》。
③ (清) 魏源著,赵丽霞选注《默觚:魏源集》,辽宁人民出版社,1994,第4页。
④ 《清世宗实录》卷八十六,雍正七年九月甲戌,中华书局,1985,第144页。

禅泰山无关，如其《祀岱庙》诗云，"释奠回奕礼岱宗，绳先不为事登封"，"己躬那更求多福，祈岁心殷惠我农"；又如《谒岱庙瞻礼》诗云："封禅事无我，阜安祈为农。"在这些诗句中，乾隆帝反复称自己祭祀包括碧霞元君在内的东岳诸神的目的，是借助泰山之力降雨抗旱，并非祈自身多寿多福。近代开眼看世界的先行者魏源曾夸赞乾隆帝不在泰山求仙表功的行为，称其"不求仙，不告功，不侈金泥玉树封。但勒御碑万丈崇，海曦射壁光瞳眬"。①

乾隆二十四年（1759），乾隆帝诏令自当年开始，以后每年四月十八日（碧霞元君生日）前夕，遣"内侍御大臣"前往泰山以香帛进谒为常例。具体而言，是在御前侍卫、乾清门侍卫内派出一人前往泰山拈香。据嘉庆《泰山志》载，乾隆二十四年（1759）后，"岁四月十八日，为碧霞元君诞辰，皇帝遣内侍御大臣一员进香。于十七日斋宿岱顶。十八日黎明，诣碧霞祠行礼。岁以为常"。②朝廷官员登岱祀碧霞元君时，泰安地方官员封锁各进山入口，严禁民众来此朝山进香，此所谓"封山"。

乾隆时期每年四月十八日为泰山碧霞元君进香的定例，像是圆明园广育宫拈香一样，属于没有正式载入国家祀典的皇家祭礼。不过，泰山进香具备了国家祭祀的规格，而且由清廷派朝中官员前往行礼，这比地方官员代表清廷祭祀东岳的祀典更为显要。由此，泰山女神在官方祀典中的地位超过了东岳大帝。

在乾隆帝看来，泰山女神碧霞元君与东岳大帝是一体化的神明。他以泰山为"万物之始，阴阳之交，众岳之宗"的观念为基础，认为泰山兼备乾坤之德，"乾德"体现在东岳大帝，而"坤德"则体现于女神碧霞元君。他还称："有生之属斋心祇被，愿揭其虔于元君，而元君亦将忞其勤而赐之羡。然则国家秩祀泰山之神，与亿兆人奔走奉事碧霞元君之神，其为翼绎元化，二乎一乎。"③这就是说国家祭祀的东岳大帝与平民百姓"奉事"的碧霞元君是一而二，二而一的关系，不存在"正祀"与"淫祀"

---

① （清）魏源：《泰山日观峰古封禅坛歌》，《魏源全集》第 12 册，岳麓书社，2004，第 624 页。

② （清）金棨编纂《泰山志》卷三《盛典纪》，汤贵仁、刘慧主编《泰山文献集成》第 6 卷，第 52 页。

③ 《重修碧霞元君庙记碑》，乾隆三十五年（1770）立石，原在泰山碧霞祠西碑亭内，今无存。（清）金棨纂《泰山志》卷三《盛典纪》。

的分野。

碧霞元君成为官方的正神，朝野上下对她的奉祀也因此成为正祀。清代官方礼典对民间碧霞元君信奉习俗的提升与统制，表明清廷在"神道设教"上更为用心，有意通过掌控奉祀碧霞元君的神权以增强对人心的统治。① 这与清廷将福建的民间神妈祖升为官方神的举措有异曲同工之妙。可以说，这种国家对大众文化的干预是一种"以提倡的形式加强控制"的统治策略。② 诚然，官方将碧霞元君从"淫祀"升为"正祀"的国家造神运动是一把双刃剑，一方面迎合了民众普遍信仰碧霞元君的心理，获得了民众对朝廷的好感；另一方面也为民间借奉祀碧霞元君之际举行各种赛会开了方便之门，并由此引发了香会表演所谓"诲淫诲盗"、人身伤害、"耗财买脸"等社会问题。

乾隆帝前往泰山致祭碧霞元君，既有"神道设教"的需要，还有"以孝治天下"的考虑。清廷入关以后十分注重以儒家伦理教化巩固其统治，不但要"刑禁于已然之后"，而且强调"礼禁于未然之先"。早在顺治九年（1652），清帝向八旗及各省颁行了朱元璋的《圣谕六言》，即"孝顺父母，

---

① 有学者认为，清廷祭祀碧霞元君的常例化是一种朝廷倡导的神明"吃掉"地方神明的"标准化"现象，但由于士大夫对碧霞元君信仰持有不同的态度，结果这一"标准化"无法达成。〔美〕彭慕兰：《上下泰山：中国民间信仰政治中的碧霞元君（约公元1500年至1949年）》，（台北）《新史学》第20卷第4期，2009，第169～215页。按照华琛的看法，所谓神灵"标准化"不是说神灵是否存在的问题，而是从象征的意义上强调神灵的官方化是催生人们对文化统一性认识的一种手段，是证明官方已促成百姓"开化"的重要标志。官方允许不同社会阶层和社会群体在神灵信仰上表达各自的差异性，因为"国家强调的是结构而不是内容"，只要在象征或结构上是"大一统"的，官方就不去细究其内容的差异（刘永华：《"民间"何在——从弗里德曼谈到中国宗教研究的一个方法论问题》，复旦大学文史研究院编《"民间"何在　谁之"信仰"》，中华书局，2009，第14页）。这一看法割裂了仪式与信仰的关联。对于清廷统治而言，"大一统"象征与信仰的控制作用同等重要。要注意的是，清代不同时期士大夫对待碧霞元君的态度并不相同，即使在晚清时期，士大夫对待碧霞元君的态度也不尽相同。事实上，碧霞元君的"标准化"在乾隆帝的提倡下基本实现，官方对碧霞元君祭礼的仪式、物品、时间与地点等都形成了常例。当然，以碧霞元君信仰礼俗举行的时间而言，清代官方以农历四月十八日为准，泰山民间则取三月十五日为碧霞元君进香（换袍），分野十分明显。至少在这一点上，碧霞元君信仰在结构或象征的"大一统"并未完全实现。有学者提出，清代官民在泰山为碧霞元君进香的时间差异正反映了"朝廷与民间对碧霞元君主祀权的争夺"（周郢：《碧霞元君"生辰"考》，《弘道》2009年第3期）。因此，将仪式与信仰分开的思路在碧霞元君信仰礼俗研究上并不适用。

② 王笛：《新文化史、微观史和大众文化史——西方有关成果及其对中国研究的影响》，《近代史研究》2009年第1期。

恭敬长上，和睦乡里，教训子孙，各安生理，毋作非为"。① 这六句圣谕旨在教人做忠臣、烈士、孝子、顺孙。康熙帝鉴于"风俗日敝，人心不古"的形势，要"尚德缓刑，化民成俗"，继续加强教化，向全国颁布《上谕十六条》。雍正帝对其逐条解释，形成洋洋万言的《圣谕广训》②，视之为"以孝治天下"的政治思想纲领。乾隆帝继承乃祖乃父的统治方略，有意将自身塑造成孝顺父母而且足以楷模天下的明君孝子。乾隆十三年（1748），其第一次登泰山即陪其母亲到碧霞祠拈香。乾隆三十六年（1771），泰山碧霞祠重修一新，正值八旬的皇太后想要亲自登岱为碧霞元君拈香，乾隆帝应其母之请，与之一起东巡泰山。乾隆帝两度陪母登临泰山致祭碧霞元君，既表明其对母亲的孝顺之意，又向天下人展示清廷"以孝治天下"的政治教化之道。

乾隆时期，清廷在泰山祭祀东岳灵的礼仪增为四种，即泰山拈香礼、告祭礼、祈雨（雪）礼与岱庙春秋祀典。拈香礼由清廷派员前往泰山碧霞祠举行。告祭礼，系清廷遇值得庆祝的重大事件便派员前往泰山岱庙告祭东岳大帝。祈雨（雪）礼，由清廷派员或指定山东省府官员前往岱庙或碧霞祠（或一并于两处祠庙）举行祭礼。岱庙的春秋祀典为泰安地方政府官员于春秋二季各行一次的常规祭礼。

（四）泰山拈香礼的地方化

由于乾隆帝的眷顾，碧霞元君获得清廷派员致祭的礼遇。不过，这一礼仪传统在延续过程中逐渐出现了多种问题，诸如清廷所派致祭碧霞元君的官员在前往泰山的途中对驿站多有骚扰，而地方官员借机向其行贿，等等。嘉庆五年（1800）四月，清廷派侍郎明安往泰山进香，在其启程回京时，山东地方官员庄兆奎、全保等向其赠送"土物"与白银八百两。明安仅收下"土物"，不肯收银两，但地方官再三恳求，称即使其回京后奏闻皇上"亦属不碍"。明安遂将此项银两带回京城，并将此事奏报嘉庆帝。嘉庆帝得知此事十分诧异，谕称其自去年亲政以来，几次颁发谕令严禁官员之间有赠送式的贿赂行为，但现在竟然还出现这种"馈送"之事，甚至地方官"竟敢云奏闻亦属不碍"③。随后，嘉庆帝申饬了庄兆奎、全保，将他们行贿的八百两白银赏给了明安，要求此后明安赴山东进香时地方官员不得再行馈送，务

---

① （清）昆冈、李鸿章等修《大清会典事例》卷三百九十七，礼部·风教·讲约一。
② （清）昆冈、李鸿章等修《大清会典事例》卷三百九十八，礼部·风教·讲约二。
③ 《清仁宗实录》卷六十四，嘉庆五年四月丙午，中华书局，1986，第859页。

必革除地方官员"任意应酬"的"陋习"。①

嘉庆六年（1801），嘉庆帝改革了派员致祭泰山的办法。他谕令此后每年致祭泰山碧霞元君仅派内务府的一名官员携带皇家香供前往济南交给山东巡抚，再由山东巡抚或其他官员前往泰山碧霞祠行礼。祭礼时间规定为"四月十四日，或巡抚或司道一员，赍送太山。十六日到山，十八日行礼"。②翌年三月，嘉庆帝又下旨，当年照例从御前侍卫、乾清门侍卫内拣派一员，将应用香供送到山东省城，交给山东巡抚。之后，由山东巡抚、藩司二人内酌量一人，亲诣泰山，于四月十八日致祭。所派朝中官员将香供交给山东巡抚后即行回京。"嗣后泰山进香，俱照此例办理"。③

嘉庆帝试图遏制泰山祭礼的行贿问题，但因为官场积弊已深而收效甚微。嘉庆十四年（1809），嘉庆帝本想亲自到曲阜孔庙行"释奠"礼，终因"近年东省吏治废弛，地方州县等官，不知遵守法度"④而暂缓，但他谕令在将来数年内"将山东吏治大加整顿，使习俗改移，恪遵廉法"⑤，毕竟"省方问俗"是人君治理国家的重要措施。嘉庆二十三年（1818）十一月，嘉庆帝对当时官士民兵的"人心风俗"大为不满。他认为，"人心风俗"关乎国家能否"长享太平"；关系到"政教之得失"与"国脉之所系"；地方官员"宜其教化兴行，习俗美盛"，才能"措天下于泰山之安"。⑥奈何吏治腐败的趋势难以挽回，自嘉庆七年（1802）起，至道光十二年（1832）定亲王奕绍亲自到泰山碧霞祠祈雨止，其间再无其他朝廷官员前往泰山致祭。由此，泰山碧霞祠的拈香礼在一定意义上降格为地方官府的祭礼。

二　晚清北京泰山信仰的地理格局变迁

鸦片战争之前，丫髻山的碧霞元君神祠是京师最为重要的泰山行宫。康、雍、乾、嘉四朝，清帝、内务府官员多次前往该地进香。鸦片战争以降，清廷的国家祀典在西方列强的冲击下不断衰落，丫髻山的皇家祭祀不再有往昔的繁盛景象，清廷在北京奉祀碧霞元君的地理格局逐渐改变。

---

① 《清仁宗实录》卷六十四，嘉庆五年四月丙午，第859页。
② （清）吴振棫：《养吉斋丛录》卷七，北京古籍出版社，1987，第72页。
③ 《清仁宗实录》卷九十六，嘉庆七年三月乙未，第283页。
④ 《清仁宗实录》卷二百一十，嘉庆十四年四月乙卯，第819页。
⑤ 《清仁宗实录》卷二百一十，嘉庆十四年四月乙卯，第819页。
⑥ 《清仁宗实录》卷三百五十，嘉庆二十三年十一月辛亥，第619页。

（一）道光晚期丫髻山皇室进香礼的终结

从康熙朝至道光朝，丫髻山碧霞元君神祠拈香礼深受清廷的重视。康熙帝五十二年（1713），清廷为庆祝康熙帝六十大寿在丫髻山建成了玉皇阁，以此作为万寿道场。康熙帝以丫髻山为"近畿福地"，数次来此为碧霞元君进香。雍正帝谕令内务府每年四月十八日到丫髻山进香。乾隆帝在丫髻山修建了行宫，至少曾七次驾临。嘉庆帝至少八次驾临丫髻山行宫，并前往此地的碧霞元君神祠进香。道光帝在为太子时曾奉嘉庆帝之命到丫髻山进香十余次。

道光十六年（1836），道光帝谕令重修丫髻山的碧霞元君祠。翌年，其在《重修丫髻山碧霞元君庙碑文》中将所谓的"年丰人和"归功于碧霞元君的神佑。道光帝还在此文中依据八卦之理，论称"神出自震方，而兹山又适当都城之艮位，震以生之，艮以成之，储祥毓秀，信非偶然"，因此将丫髻山视为"真灵之奥宅，近畿之福地"。①

道光十七年（1837）三月，道光帝陪同皇太后从圆明园出发，前往丫髻山碧霞元君庙拈香。此次拈香之礼可以说是道光帝效法乾隆帝向母亲尽孝道的一种表现，他仍旧奉行着康、雍、乾、嘉诸帝"以孝治天下"的政治方略。从道光帝之母回溯至乾隆帝之母，这些皇太后均对碧霞元君表现浓厚的信仰之意，此一观念着实加强了清帝对泰山碧霞元君的尊崇程度。

就在道光帝将丫髻山赞为"真灵之奥宅，近畿之福地"之时，英、美等国向中国走私的鸦片数量不断增长。道光二十年（1840），英国资产阶级为了打开中国的大门，借鸦片贸易争端挑起了鸦片战争。道光二十二年（1842）七月，清廷被迫与英国签订《南京条约》，不可抗拒地卷入了西方资本主义潮流。在无力对抗英国"坚船利炮"的情况下，道光帝为《南京条约》辩称："朕因亿万生命所系，实关天下大局，故虽愤闷莫释，不得不勉允所请，借作一劳永逸之计，仅非为保全江浙两省而然也。"②但事实上他对这一条约"气忿之至"，深感耻辱而又无法释怀，以至于在临终之时下诏其死后不配享天坛，也不升祔太庙。经此一变，道光帝再无心移驾丫髻山行宫为碧霞元君拈香。此后，咸丰、同治、光绪诸帝均不曾前往丫髻山

---

① 《重修丫髻山碧霞元君庙碑》，道光十七年（1837）立石，碑存丫髻山碧霞元君祠。另见东岳庙北京民俗博物馆编《北京东岳庙与北京泰山信仰碑刻辑录》，第333页。

② 《清宣宗实录》卷三百七十八，道光二十二年七月癸亥，中华书局，1986，第815页。

行拈香礼，而该地的碧霞元君神祠也仅能享受京津、直隶等地民众供奉的香火。

（二）广育宫礼仪减项及其战争遭遇

乾隆时期圆明园广育宫每逢四月十八日举行拈香礼，并有"看过会"的活动。如乾隆二十一年（1756）四月十八日，乾隆帝"仍乘轿，至聚远楼，等着接皇太后至聚远楼看会，上至广育宫拈香毕，乘船至松风阁看过会"。[1] 当时北京的"过会"是一种酬神的歌舞演出，"乃京师游手，扮作开路、中幡、杠箱、官儿、五虎棍、跨鼓、花钹、高跷、秧歌、什不闲、耍坛子、耍狮子之类。如遇城隍出巡及各庙会等，随地演唱，观者如堵，最易生事"。[2] 可能圆明园的"过会"与此类似。另外，每年正月初清帝还要特地前往广育宫拈香，并鸣放炮仗。如乾隆四十二年（1777）正月初八日，在乾隆帝于广育宫拜佛后，太监在此"放头号炮仗五个，至含经堂放小炮仗三十个"[3]。

道光朝，广育宫行拈香礼时举行的演戏活动被裁撤。该处举行拈香礼时演戏的起始时间已不可考。近人王芷章称："四月十八日为碧霞元君诞辰，京师颇重此节，例向南顶进香。宫中亦受影响，而有演戏之事，园内则在广育宫，宫内则在广生楼。"[4] 道光初年这一演戏的传统仍在延续。道光三年（1823）四月十八日，作为皇室戏班的内学与外学在"广育宫伺候献戏，是日万岁爷拈香，外学承应戏一出，皇后拈香，内学承应戏一出"[5]。当日外学承应的演戏为《天官祝福》，内学承应的演戏为《星云景庆》。好景不长，道光七年（1827），清廷将外学撤销，将南府改为升平署。由此，广育宫行拈香礼时"停止演戏，拈香用中和乐作乐而已"[6]。

道光帝不仅裁撤了广育宫拈香时的演戏活动，还废止了太监上殿念经的活动。前已提及广育宫举行拈香礼时由太监充当僧人念经，这一礼仪传统于

[1] 中国第一历史档案馆编《圆明园》下册，乾隆二十一年穿戴档四月十八日，上海古籍出版社，1991，第849页。

[2] （清）富察敦崇：《燕京岁时记》，北京古籍出版社，1981，第67页。

[3] 中国第一历史档案馆编《圆明园》下册，乾隆四十二年圆明园放花炮档，第919页。

[4] 王芷章编《清升平署志略》，"第四章分制"，商务印书馆，2006，第65页。按：广生楼在故宫延春阁西边，清廷内祭神于此，于1923年大火中被焚毁。其所祭何神尚未得知。王芷章猜测说："广育宫在圆明园内福海南岸，每年以四月十八日为例祭之期，所祀盖为碧霞元君之神。前已言之，尚有广生楼，疑亦同此。"见王芷章编《清升平署志略》，第172页。

[5] 王芷章编《清升平署志略》，第65页。

[6] 王芷章编《清升平署志略》，第66页。

道光十九年（1839）被取消。是年十一月，道光帝谕令：广育宫等处"首领太监充当僧人上殿念经等事，著一并裁撤，该首领太监等均著留发当差，有年老不愿留发者，听其在原处当差，终身而止，亦不必上殿念经"。① 同时，他还谕令广育宫等处的太监"此后照常供献上香，敬谨洒扫"。②

距离道光帝裁撤广育宫演戏仅二十一年，圆明园就在第二次鸦片中被英法联军焚毁了。咸丰十年（1860）九月初五、初六两天，英法联军连续两天在园内四处纵火，致使园内的广育宫等大多数建筑荡然无存，仅留下了双鹤斋、蓬岛瑶台、海岳开襟三个景群及二三十座殿阁亭廊、庙宇、值房和园门。圆明园之劫，可谓清廷奉祀碧霞元君礼仪走向衰落的转折点。同治十二年（1873），同治帝为庆祝慈禧太后40岁寿辰，以颐养两宫太后为借口，不顾群臣反对，于本年八月下旨给内务府重修圆明园。由于国力衰微，只能选择性地重建少数景观建筑，但未涉及广育宫。由此至清亡，圆明园再未设立专祀碧霞元君的神祠。

（三）泰山碧霞元君祭祀的衰落

道光帝虽然因鸦片战争而深感耻辱，但其晚年对碧霞元君仍怀有敬奉之心。道光二十九年（1849）四月，山东巡抚徐泽醇为祭祀泰山事奏称："一路察看，二麦盈畴，普律扬花，渐就结实，穗粒亦形肥壮，大田亦多布种。询之农民，皆称今春旸雨应时，为数年来所未有。地方极臻安谧，洵堪仰慰宸衷。"③ 道光帝对此奏批曰："敬感灵贶。"④ 此后，咸丰、同治、光绪诸帝对每年四月山东巡抚奏报致祭泰山的奏折再没有过这样表达对碧霞元君敬意的朱批。

咸丰、同治、光绪诸帝从未亲临泰山致祭碧霞元君，此三朝的皇太后也不曾提出登岱为碧霞元君拈香的要求。因此，晚清时期的泰山拈香礼已不足以显示清廷"以孝治天下"的政治方略。民国时重修《泰安县志》的编纂者们对此感叹道："自兹以往，历嘉、道以至清季，虽遣臣工按时致祭，或

① 中国第一历史档案馆编《圆明园》下册，佛楼僧道，第1016页。
② 中国第一历史档案馆编《圆明园》下册，佛楼僧道，第1017页。
③ 《徐泽醇片》，中国第一历史档案馆藏军机处录副奏折，档号：03-2830-034，卷号：200-2372。
④ 《徐泽醇片》，中国第一历史档案馆藏军机处录副奏折，档号：03-2830-034，卷号：200-2372。

委山东抚臣藩臬四月十八日封山，而不复巡狩矣。惜民力而储民财似较胜于昔，然官吏之贤否不知，间阎之疾苦不闻。于是官逼民反者有之，夷以乱华者有之，因循苟安以至于亡。孰得孰失，必有能辨之者。由是言之，君人者固未可深居高拱、养尊处优以为固也。"① 这些编纂者借皇帝不亲祭泰山之事，批评清廷统治者高居深宫，"势尊自蔽"②，以至于人亡政息。在其看来，清帝应该巡狩泰山，并借此了解吏治与民情，才能保证国家的长治久安。这不过是泰安地方士绅的美好期盼，而晚清时期的吏治腐败问题实非清帝巡狩可以解决。另外，清帝东巡泰山还可能为当地百姓带来损害。乾隆十八年（1753）二月，泰安平民王尽性在自写的"歌词"中批评乾隆帝东巡泰山的扰民之害，结果被处以"立予杖毙"的刑罚。③ 因此，清帝东巡泰山时的"省方问俗"，不足为盼。

晚清朝虽减少了对泰山神灵的奉祀礼仪，但内忧外患使其更重视风神、海神、天后神等神灵。道光帝晚年尤其相信神灵"显应"的奇迹。道光二十八年（1848）八月，江苏巡抚陆建瀛奏称"连年海运采石均邀神佑"，代理苏松太道吴建彰亲自到上海的天后神、风神、海神各庙"虔诚祀谢"④。道光帝阅奏后甚是欣慰，赐给天后神封号"恬波宣惠"，风神封号"宣德赞化"，海神封号"灵昭镇静"，而且还遥祈这些神灵"永加护佑"⑤。咸丰、同治、光绪、宣统四朝一仍道光朝的神灵信仰，对地方官奏称的神灵"显应"的事迹几乎一体认可，遣官祀谢，甚至不论这些神灵是否载入国家或地方祀典。光绪三年（1877）沈葆桢请为龙神加封，文彬请谢祀河神。光绪四年（1878），广东巡抚张兆栋、刘坤一等为天帝、天后请颁匾额。左宗棠上奏请为皋兰县巴密山神女的灵应予以封号⑥，清廷命礼部议奏，并未怀疑巴密山神女的神迹。清廷屡次为所谓有神迹的神灵赐封颁匾，既为表达对神灵的感谢之情，也有意以神道维护国祚的延续。

① 葛延瑛、吴元录修，孟昭章等纂《重修泰安县志》卷六，泰安县志局，1929，第 10 页 a。
② （清）唐甄撰，注释组注《潜书》，四川人民出版社，1984，第 213 页。
③ 《清高宗实录》卷四百三十六，乾隆十八年四月丁亥，中华书局，1986，第 687 页。
④ 《江苏巡抚臣陆建瀛跪奏为恭折覆奏仰祈圣鉴事》，中国第一历史档案馆藏军机处录副奏折，档号：03 - 2830 - 018，卷号：200 - 2336。
⑤ 《江苏巡抚臣陆建瀛跪奏为恭折覆奏仰祈圣鉴事》，中国第一历史档案馆藏军机处录副奏折，档号：03 - 2830 - 018，卷号：200 - 2336。
⑥ 《皋兰县巴密山神女祠祷而灵应请加封号由》，中国第一历史档案馆藏军机处录副奏折，档号：03 - 104 - 5529 - 63，卷号：417 - 2270。

清廷信奉包括碧霞元君在内的各路神灵，却对"神道设教"的危害视而不见。晚清的众多官员因为迷信鬼神而伤身辱国，付出了沉痛的代价。鸦片战争中的杨芳对敌施以"以邪制邪"的战术，被后人讽为"粪桶当年施妙计，秽声长播粤城中"[①]。奕山在守护广州城时向道光帝奏报"白衣女神展袖拂火"[②] 的神话，贻误了战机。吏部尚书奕经大搞"五虎制敌"的吉日吉时战术，大败而归。此后在第二次鸦片战争、平定太平天国运动战争等重大国事中仍能看见清廷大员操演的鬼神之术。

咸丰七年（1857），山东巡抚崇恩在重修岱顶东岳庙的碑文中大力赞颂碧霞元君与东岳大帝，认为当时清廷镇压太平天国运动取得了暂时性胜利，在一定程度上得益于这两位泰山神灵的"默为呵护"。此外，他还称自己于咸丰六年（1856）夏天于泰山祈雨后"甘霖大沛"，以此见证泰山之神的灵验。[③] 虽然崇恩自己极力表明泰山之神的灵应，但当时焦虑不安的咸丰帝并未表现对碧霞元君的感激。当年，咸丰帝将关圣帝君与文昌帝君由群祀升入中祀，未顾及祈雨"灵验"的碧霞元君。

虽然碧霞元君未正式进入国家祀典，但清廷的一些大员仍对其怀崇敬之心。同治五年（1866），曾国藩登临了泰山，在山顶的碧霞祠与东岳庙"两庙各行三跪九叩礼。因捻匪未平，发愿默为祈祷"。[④] 光绪十年（1884）九月，左宗棠在泰山"稽首于碧霞祠下而祈梦"。[⑤] 曾、左二人来泰山祭拜神灵，虽用意不同，但均有虔诚的信仰。

（四）泰山拈香礼的终结

庚子国变之后，清廷在朝野有识之士的呼吁下开始实行新政。光绪三十二年（1906）九月一日，清廷公布了《仿行立宪上谕》，以此作为预备立宪的总纲。不过，慈禧太后还为立宪附加了四个条件，即："一曰君权不可侵损；二曰服制不可更改；三曰辫发不准薙；四曰典礼不可废。"[⑥] 这四个条件中，"君权不可侵损"一条当可理解为爱新觉罗氏的"家天下"不可变，服

---

① 《粪桶当年真妙计》，徐珂编《清稗类钞》第 4 册，讥讽类，中华书局，1984，第 1580 页。
② 转引自萧一山《清代通史》卷中，中华书局，1966，第 947 页。
③ 《重修泰山顶东岳庙记碑》，清咸丰七年（1857）立石，碑存山东省泰安市泰山玉皇顶。
④ 曾国藩：《曾国藩日记》，（《曾国藩全集》第 18 册），岳麓书社，2011，第 280 页。
⑤ 秦翰才：《左宗棠逸事汇编》，岳麓书社，1986，第 279 页。
⑥ 《瞿鸿機朋僚书牍选》（上），《近代史资料》（总 108 号），中国社会科学出版社，2004，第 21 页。

制、辫发、典礼可以理解为清廷统治的象征性符号体系不可变。因此，由山东地方官员致祭泰山碧霞元君的拈香礼得以延续。

宣统二年（1910）四月，山东提学使罗正钧来泰山碧霞祠行拈香礼。清末以山东省提学使代行碧霞祠拈香礼，这是第一次，也是最后一次。自嘉庆六年（1801）至宣统二年（1910），该礼仪一向是从山东的巡抚、布政使（藩司）与按察使（臬司）三人中拣选一人前往泰山代行。光绪三十一年（1905），清廷裁撤了提督学政，在各省设立一名正三品的提学使，由其掌管全省学务。提学使作为总督、巡抚的属官，位在布政使之后、按察使之前，由总督巡抚节制和学部指挥。罗正钧于光绪三十四年（1908）六月任山东提学使，之后用心于山东新式教育的发展。行此礼后仅五个月，罗正钧以疾病原因辞归乡里。

自光绪朝以来，地方官员代表清廷致祭泰山碧霞元君时多在泰山上留下相关的题刻。如山东按察使胡景桂题记称："山东按察使永年胡景桂，于光绪二十六年庚子四月十八日奉命祀岱宗。先一日登顶治斋，斋香供者大挑知县姚鹏图、候补知县余嘉珍，泰安县知县西蜀毛澂陪祭。"又如宣统元年（1909）山东布政使朱其煊在致祭泰山碧霞元君后，于泰山南天门的摩崖上题刻了"绝顶云峰"四字，其题跋云："宣统元年四月奉命告祀泰山，遂登岱顶。"不过，清廷最后一次致祭泰山碧霞元君却没有留下纪念此次祭礼的题刻。

宣统三年（1911）初，由于东北的鼠疫传播到了山东省，山东巡抚孙宝琦就泰山碧霞祠拈香礼之事奏请"拟请移期，所有封山典礼届期再行举行"[①]，清廷准其所奏。此后不久，政治局势骤然紧迫，直至清帝逊位，终未能补行此拈香礼。

（五）妙峰山碧霞元君祭祀的兴盛

自道光朝丫髻山遭遇皇家的冷落后，京西妙峰山的香火迅速旺盛起来，而且碧霞元君的灵验也得到越来越多的信众的认可与追捧。早在乾嘉时期，妙峰山的碧霞元君祠受到了清廷的重视。乾隆七年（1742），妙峰山在民间已享有了"金顶"之名，位在北京"五顶"之上。据说其名由清廷所封，

---

① 《宣统政纪》卷四十八，宣统三年正月丁巳，中华书局，1987，第865页。

不过此说尚未得到已知清代官方文献的证实。① 乾隆三十八年（1773），乾隆帝之六子质庄亲王永瑢亲撰了《妙峰山天仙圣母宫碑碣记》，赞誉碧霞元君的"大德广生"之功。嘉庆朝，妙峰山所祀的碧霞元君深得朝野上下的信奉。嘉庆帝将妙峰山的碧霞元君神祠改称"惠济祠"，而且很可能为其亲书了"惠济祠"匾额。嘉庆二十二年（1817），宗人府的王公、族长等人前往妙峰山进香，还借机敛财。②

晚清时期，慈禧太后对京西妙峰山的碧霞元君信仰习俗颇为青睐，曾派官员前往该地进香，也曾多次诏令该地一些擅长技艺表演的香会到颐和园进行表演，以为娱乐。

同治时期，慈禧太后以为同治帝祈神治病的名义前往妙峰山进香。因为民间盛传四月初一日的妙峰山惠济祠第一炷香灵验，慈禧太后设法上了第一炷香。据说，她曾"先期预诏庙祝，必俟宫中进香后，始行开庙，谓之头香"。③ 当时的宫词所云"昨夜慈宁亲诏下，妙高峰里进头香"④ 即言此事。她还为惠济祠赐匾三方，即"慈光普照""功侔富媪""泰云垂荫"。虽然慈禧太后虔心为同治帝祈求神灵护佑，但这位小皇帝的病情仍不见好转。

同治十三年（1874）十一月，同治帝病情恶化。经过数位御医调治，仍不见起色。无奈之下，慈禧太后将作为碧霞元君侍神的痘神娘娘迎到养心殿，宫内铺上红地毯，贴上红对联，渴望得其眷顾。当月十五日，慈禧太后和一些官员、内侍又恭送痘神娘娘于大清门外，"典礼极隆，仪卫甚盛"⑤，焚烧了纸扎的龙船，他们期盼痘神娘娘升天而去时带走同治帝的水痘，平安度过此劫。⑥ 此时，他们无暇顾及痘神的"淫祀"之嫌，但这无济于事，同治帝于十二月初五日死于养心殿。

同治帝死后，慈禧太后不曾再派官员前往妙峰山进香。据伴随两年的德龄公主回忆，慈禧太后晚年最信奉佛教的观音菩萨。她曾对德龄说："当我

---

① 郑永华：《北京妙峰山"金顶"称号始于何时》，《北京社会科学》2010 年第 6 期。

② 《清仁宗实录》卷三百三十，嘉庆二十二年五月乙卯，第 347 页。

③ 徐珂编《清稗类钞》第 1 册，时令类，第 9 页。

④ 无名氏：《患天花》，刘潞选注《清宫词选》，紫禁城出版社，1985，第 30 页。

⑤ （清）翁同龢著，陈义杰整理《翁同龢日记》（二），中华书局，2006，第 1079 页。

⑥ 当时朝中官员们也多深信痘神，如内阁侍读翁曾翰，他曾于同治二年（1863）三月初四日的日记中称："已刻祀痘神，诸儿次第出痘，均安适，可喜也。"见翁曾翰著，张方整理《翁曾翰日记》，凤凰出版社，2014，第 6 页。

祈祷的时候，当然是很虔诚的，不象你们女孩子们，匆匆忙忙的磕过一个头，便算尽了责任。"① 对她而言，妙峰山的碧霞元君不及观音菩萨灵验，该地的香会活动更多给人的是娱乐观感。

光绪时期，信奉碧霞元君的慈禧太后对妙峰山的行香走会颇感兴趣。为了在四月初八日这一天观看妙峰山的香会演出，慈禧太后于光绪二十三年（1897）在颐和园中修建了眺远斋，以便于观赏经过颐和园北宫门的各路香会。② 此外，她还特地传旨命一些有特色的香会在北宫门外表演。"光绪廿二、廿三、廿四年，慈禧太后传看各种皇会十二顶。表演团体七十余堂，会众近三千人"。③ 所谓"皇会"即受过清廷皇封或差遣表演的香会。④

自光绪十九年（1893）至庚子国变前夕，慈禧太后每年四月初都要在颐和园观赏妙峰山香会的表演，由总管内务府大臣文照、坐办堂郎中祥年等人负责安排。据金勋统计，当时奉懿旨进园承差的"皇会"有70多家，会众近3000人，表演项目12种。⑤ 从表1-1的"光绪二十二年、二十四年妙峰山皇会承差一览"中可见窥其一斑。

表1-1 光绪二十二年、二十四年妙峰山皇会承差一览

序号	时 间	皇会名称	会首或承办人	内部派别	会众人数	皇会所在地
1	光绪二十二年（1896）四月	群英乐善双石圣会	陈文英等6人	——	48人	正阳门内兵部洼
2	光绪二十二年（1896）四月	五虎棍会目	朱万年等	幼童吉祥棍等15派	636人	海淀大河庄等15处

① 〔美〕德龄公主著，顾秋心译述《清宫二年记》，云南人民出版社，1981，第161页。
② 马芷庠著，张恨水审定《老北京旅行指南》，北京燕山出版社，1997，第168页。
③ 金勋编纂《妙峰山志》，李新乐点校、整理，北京燕山出版社，2007，序。按：依照马芷庠在《老北京旅行指南》的说法，颐和园的眺远斋建于光绪二十三年（1897）。金勋所称"光绪二十二年"慈禧太后传看香会，不知其地点为何处。考虑其语境，"光绪二十二、二十三、二十四年，慈禧太后传看各种皇会十二顶"当在同一地点，即眺远斋。那么光绪二十二年慈禧太后传看香会表演的具体情况，以后再做细考。
④ 按：皇会起源乾隆年间。乾隆十九年（1754），乾隆帝观看六郎庄五虎棍会的表演之后非常高兴，赏赐了他们龙旗，红黑龙棍各一根，"回避""肃静"龙牌两面，以及銮驾仪仗一堂，并赐名"六郎庄忠孝童子棍会"，从此他们就成了"皇会"。参见姚宝苍《海淀区民间花会纵横谈》，中国人民政治协商会议北京市海淀区委员会编《文史资料选编》第3辑，1989，第69~70页。
⑤ 金勋编纂《妙峰山志》，李新乐点校、整理，北京燕山出版社，2007，第147页；以下只标准编纂者、书名和页码。

续表

序号	时 间	皇会名称	会首或承办人	内部派别	会众人数	皇会所在地
3	光绪二十二年（1896）四月	挎鼓花钹会	华斌、俞文升	太平花鼓、万年攒香长春花鼓	75人	香山胆家村、京西黑塔村
4	光绪二十二年（1896）四月	花坛圣会	德福	—	45人	正阳门内达子馆
5	光绪二十二年（1896）四月	天平圣会	张毓、金庆元	太平歌词等4家	87人	西四牌楼等4处
6	光绪二十二年（1896）四月	高跷秧歌会	李春秀等16人	吉祥歌词秧歌等16家	590人	香山门头村等16处
7	光绪二十二年（1896）四月	引善杠箱圣会	刘海龄	—	69人	正阳门内兵部注
8	光绪二十二年（1896）四月	狮子圣会	刘德忠等4人	海淀太平舞狮等4家	159人	海淀双桥等4处
9	光绪二十二年（1896）四月	开路圣会	—	同心乐善开路等10家	432人	皮库胡同等10处
10	光绪二十二年（1896）四月	太平舞狮	—	—	41人	海淀
11	光绪二十二年（1896）四月	乐善舞棍	—	—	43人	西便门内
12	光绪二十二年（1896）四月	幼童打路棍	—	—	31人	京西香山买卖街村
13	光绪二十二年（1896）四月初五	太平秧歌	超尘等13人	—	34人	海淀成府
14	光绪二十二年（1896）四月初五	太平同乐秧歌	英顺	—	31人	海淀成府三旗营房
15	光绪二十二年（1896）四月初五	童子棍会	刘福寿等4人	—	38人	海淀六郎庄
16	光绪二十二年（1896）四月初五	永乐同春棍	—	—	40人	正阳门外西河沿

序号	时　间	皇会名称	会首或承办人	内部派别	会众人数	皇会所在地
17	光绪二十二年（1896）四月初五	亿寿歌词天平圣会	福兴等6人	—	36人	西便门外蜂窝村
18	光绪二十二年（1896）四月初五	高跷秧歌圣会	宋德麟等3人	—	43人	虎坊桥
19	光绪二十二年（1896）四月初五	公议助善秧歌	兴顺等4人	—	39人	崇文门外大营房
20	光绪二十二年（1896）四月初五	太平歌词天平圣会	景顺等4人	—	36人	西四牌楼
21	光绪二十二年（1896）四月初六	万寿无疆吉祥歌唱秧歌会	韩德喜等6人	—	32人	京西香山门头村
22	光绪二十二年（1896）四月初六	乐善歌词天平圣会	刘玉祥等4人	—	41人	地安门内
23	光绪二十二年（1896）四月初七	助善秧歌	刘永泰	—	42人	正阳门内兵部洼
24	光绪二十二年（1896）四月初七	万年歌唱秧歌圣会	常寿等3人	—	45人	东城禄米仓
25	光绪二十二年（1896）四月初七	公议助善幼童吉祥棍	—	—	31人	海淀大河庄
26	光绪二十二年（1896）四月初七	万年普庆太平棍	—	—	42人	京西大有庄村
27	光绪二十二年（1896）四月初七	幼童舞棍	金元庆等4人	—	45人	地安门内置池

续表

序号	时　间	皇会名称	会首或承办人	内部派别	会众人数	皇会所在地
28	光绪二十二年（1896）四月初七	万寿无疆太平开路	—	—	42人	鞭子巷
29	光绪二十二年（1896）四月初七	恩荣舞狮	—	—	28人	地安门外方砖厂
30	光绪二十二年（1896）四月初七	万寿无疆宝善太平舞棍	哈芬布	—	34人	西城宝禅寺
31	光绪二十二年（1896）四月初七	万寿无疆太平舞棍	沈阔泉等4人	—	46人	东直门内羊管胡同
32	光绪二十二年（1896）四月初七	学善太平棍	黄庆祥	—	42人	阜成门内宫门口
33	光绪二十二年（1896）四月初七	乐善升平棍	王鉴等4人	—	40人	西便门外羊坊店村
34	光绪二十二年（1896）四月初七	长春高跷秧歌圣会	景山等4人	—	36人	宣武门内西拴马桩
35	光绪二十四年（1898）四月初六	同庆升平秧歌圣会	沈国林等4人	—	38人	右安门内
36	光绪二十四年（1898）四月初六	五斗斋乐善秧歌会	刘德恒等4人	—	42人	正阳门外西河沿
37	光绪二十四年（1898）四月初六	万年攒香长春鼓会	俞文升	—	45人	京西香山黑塔村
38	光绪二十四年（1898）四月初六	永庆石锁圣会	侯永升等3人	—	42人	正阳门内工部街

序号	时　间	皇会名称	会首或承办人	内部派别	会众人数	皇会所在地
39	光绪二十四年（1898）四月初七	群英乐善双石圣会	陈文英等6人	—	48人	正阳门内兵部洼
40	光绪二十四年（1898）四月初七	万寿双石圣会	杨德群	—	46人	正阳门外虎坊桥排子胡同
41	光绪二十四年（1898）四月初七	长清万年花坛	德福等4人	—	42人	正阳门内达子馆

资料来源：金勋编纂《妙峰山志》，第146~164页。

从表1-1可见，清末北京的皇会中仅兵部的引善杠箱圣会、助善秧歌与群英乐善双石圣会是官方的香会，其他均为民间香会中的武会。皇会成员包括成人与幼童，人员数量不等，多则636人，少则28人。其在颐和园承差的时间为农历四月初五至初七日。

庚子国变后，慈禧太后身心疲惫，但求安度晚年，这为秧歌一类的民间杂剧到宫中演出提供了契机。如时人所言，"孝钦后自光绪辛丑西巡返跸，衰老倦勤，惟求旦夕之安，宠监李莲英探孝钦意，思所以娱之，于观剧外，辄传一切杂剧进内搬演。慈禧果大悦，尤喜秧歌，缠头之赏，辄费千金。遂至一时风靡，近畿游民，辄习秧歌，争奇斗异，冀以传播禁中，得备传召，出入大内，藉势招摇，而梯荣罔利者坐是比比矣"。① 光绪二十九年（1903）四月初七，她在颐和园宴请外国公使夫人，还说起妙峰山迎神赛会的种种情形"以娱宾"。② 慈禧太后喜欢观赏香会表演之事在当时朝中颇有影响，军机章京许宝衡在宣统二年（1910）回忆道："眺远斋后，凭宫墙足以眺望宫外。每当农民报赛卿，孝钦时御此殿观之。"③

为获得皇会的称号，京津各地赴妙峰山进香的香会苦练技艺。其中一些技艺高超的香会还被召到宫中表演。今北京海淀区"西北旺村的高跷会

① 徐珂编《清稗类钞》第11册，第5067页。
② 《时事要闻》，《大公报》（天津）1903年5月7日。
③ 许宝衡：《许宝衡日记》，北京市政协文史资料委员会编《北京文史资料》第54辑，北京出版社，1996，第106页。

曾于光绪二十四年（1898）由傅家窑村当时在皇宫内当差的马太监介绍，奉慈禧懿旨去颐和园表演《万寿秧歌》一堂，慈禧和光绪看后甚喜，遂赐给了龙旗、黄幌多件，服装十二套，白银千两。后来这档会被称为'天下第一会'。蓝靛厂的少林棍会在光绪年间（约1888年）去颐和园承差表演，演员们身穿碎花图案服装，表演时但见场上刀光棍影，彩袍飘旋，如蝴蝶翩翩飞舞，慈禧大悦，乃赐该会为'蝴蝶少林会'，赐给黄色龙旗为会旗。……六里屯的中幡也曾于光绪年间去颐和园为慈禧表演，获得黄旗和龙旗的赏赐。北安河的花钹大鼓、南安河和屯店的棍会都曾得到过清廷三角旗和杏黄旗的赏赐。许多民间花会为了能去颐和园和宫廷表演而苦练技艺"①。

　　由于慈禧太后的垂青，妙峰山供奉碧霞元君的香火一度十分兴盛。宫中的一些太监对碧霞元君也虔诚信奉。光绪十八年（1892），太监刘诚印会同安德海出资重修了妙峰山的中北道（从今海淀区北安河上山，经过妙儿洼到达妙峰山娘娘庙）。此道宽七尺，用当地天然石板砌成层蹬，因其工程浩大，耗资甚巨，享有"金阶"之名。②"皇朝倡之于前，太监势利从之于后"③，妙峰山的香火因而再度兴盛。光绪朝后期，清廷部院的官员前往妙峰山进香已司空见惯。满族老香客金勋所言妙峰山"香火盛则国（运）盛，香火衰则国运亦衰，人心世道亦堕落"④，虽未必能够说明妙峰山信仰礼俗与清代国家命运之间存在对应的因果关系，但至少表明前者在某种程度上是后者的晴雨表。

三　泰山祈雨官员的公差与私利

　　清代康熙、乾隆、嘉庆、道光诸帝都曾遣官前往泰山祈雨（雪）。尤其是嘉庆、道光二帝为泰山祈雨（雪）亲自撰写相关的文辞。自汉而清，泰山祈雨灵验的观念一直延续不断。在古人看来，泰山是祈雨灵验的神圣之山。

---

① 姚宝苍：《海淀区民间花会纵横谈》，中国人民政治协商会议北京市海淀区委员会编《文史资料选编》第3辑，第69页。
② 金勋记载称："至光绪十八年，太监刘诚印者，号素云道人，俗称'印刘'，捐资修中北道。由北安河往上至涧沟，道宽七尺，砌成层磴。"详见金勋编纂《妙峰山志》，序。
③ 金勋编纂《妙峰山志》，序，第96页。
④ 金勋编纂《妙峰山志》，序，第100～101页。

这种观念源自汉代应劭之论：泰山"尊曰'岱宗'。岱者，长也。万物之始，阴阳交代。云触石而出，肤寸而合，不崇朝而遍雨天下"。① 应劭认为，作为万山之长的泰山之所以祈雨灵验，是因为它是万物初始之地，阴阳二气交通之处，具有通天地、兴风雨、主万物生长的功能。清代康熙、乾隆、雍正、嘉庆、道光诸帝深信泰山神灵具有兴云致雨的功能。

（一）嘉、道时期泰山祈雨的隆礼

嘉庆时期，清廷经常因为春夏缺雨，派遣朝中官员前往泰山祈雨。在嘉庆帝看来，泰山祈雨十分灵验，"有求必应"。嘉庆十九年（1814）夏，山东、直隶、北京地区大旱，"几有赤地千里之势"。嘉庆帝为此十分惊忧，难以释怀，认为这种大旱及其造成的"时乖岁歉"是上天因为其"不德"而降下的惩罚。是年五月十七日，山东盐运使刘清在山东巡抚同兴的委托下捧大藏香前往泰山致祭。三日后，山东、直隶、北京等地"甘霖大沛"。嘉庆帝对此次泰山祈雨"灵验"大为感慨，亲自撰写了《岱宗感应记》，称颂泰山"岱顶明神，迅赐渥泽"，"一雨而众善备，感极而敬念眂，实非笔墨所能宣述也"。在他看来，泰山祈雨"灵验"一则在于泰山神灵恩赐，二则在于其求"诚"的政治态度，即"以诚对天，以诚御众，荒歉以诚救，政事以诚求"，这种"诚"可以"上感帝慈，下化民俗，潜消乖戾，永庆绥丰"。② 显然，嘉庆帝撰写此文的目的旨在表明其"诚"可以感动泰山神灵，而泰山神灵降雨反过来证明其"诚"。其中隐约可见嘉庆帝在"邦国多事"时期治理国家、救济旱灾的心虚与焦虑。在丰歉由天的农耕经济模式下，嘉庆帝不仅深信"天人感应"，而且不自觉地沿袭了祈神求福的巫术性的思维方式。

道光十二年（1832）夏，北京地区大旱，显出凶年迹象。道光帝十分焦虑，四五月间先后亲自前往天坛、地坛、太岁坛、社稷坛和方泽坛祈雨，事后仍未见降雨。由于北京地区旱情日益严重，道光帝在忧虑中读了其父嘉庆帝的《岱宗感应记》，遂于六月派遣定亲王奕绍前往泰山祈雨，并且亲制了祝文，期望"明神降鉴，速赐恩膏，转歉为丰，以苏民困"③。翌月，北京

---

① （东汉）应劭：《风俗通义》，中华书局，1985，第241～242页。
② 《御制岱宗感应记》，嘉庆十九年（1814）六月，清仁宗以泰山祈雨获应而作，藏于圆明园之清晖阁。
③ 《清宣宗实录》卷二百一十四，道光十二年六月甲午，第158页。

及其周围地区降雨较多，缓解了旱情。道光帝将这些降雨归因于泰山神灵对定亲王奕绍祈雨的回报，于是派山东巡抚讷尔经额奉大藏香十炷前往泰山报谢，并且为此亲写了骈体的祝文，称泰山神灵"光华普照，灵爽式凭。迎生气于东方，溥酝膏于朔野"。[①]

（二）晚清泰山祈雨礼的地方化

自鸦片战争之后，每逢北京地区旱情严重时，清廷虽仍旧遣官赴泰山祈雨（雪），但其礼仪的隆重程度大不如昔。据目前可见的史料载，从1840年至1911年间，清廷仅有两次派员前往泰山祈雨：第一次在咸丰十年（1860）。由于咸丰九年（1859）冬北京地区因雨雪稀少而大旱，翌年二月，咸丰帝仅派员奉大藏香十炷交给山东省官员，由山东省官员前往泰山祈雨，并没有御制祝文。第二次在光绪四年（1878）。是年二月，清廷派山东省官员前往泰山祈雨，同样没有御制祝文。这很可能是清廷最后一次派员前往泰山祈雨。从御制祝文的角度看，清廷对泰山神灵的信仰程度降低了。

自光绪四年（1878）至清亡，虽然曾遇大旱之年，但清廷没有再派员前往泰山祈雨。光绪二十九年（1903）三月下旬，北京久旱无雨，慈禧太后禁绝肉食，每天散朝后就在宫中向天神与诸佛祈雨。据当时在慈禧太后身边的德龄公主回忆说，祈雨之时"一个太监捧着一大束柳条跪着。太后折了一小枝插在头上，皇后照样做了，叫我们也照样做。光绪皇帝折了一小枝插在帽上，以后太后又命太监宫女等各自插了柳条"。[②] 祈雨的祝词为："敬求上天怜悯，速赐甘霖，以救下民之命，凡有罪责，祈降余等之身。"[③] 四月初六日，慈禧太后连续祈雨十六天，终于迎来了一整天的降雨。慈禧太后相信自己的至诚可以感动上天与诸佛，乞得降雨，不必派员前往泰山祈雨了。

虽然光绪四年（1878）以后清廷不再派员前往泰山祈雨，但泰安的地方官员遇到旱情仍会登岱祈雨。光绪十四年（1888）四五月中，山东大旱，时任山东巡抚的张曜率同文武各官在济南设坛祈祷，结果是"偶霑（沾）微雨，无济润泽"。五月二十八日，泰安府知府全志、泰安县知县杨倬云率领

---

① 《清宣宗实录》卷二百一十五，道光十二年七月丁未，第187页。
② 〔美〕德龄公主著，顾秋心译述《清宫二年记——清宫中的生活写照》，第69页。
③ 〔美〕德龄公主著，顾秋心译述《清宫二年记——清宫中的生活写照》，第70页。

当地士民登岱虔诚祈雨。祈雨之后不过数个时辰，"阴雨四布，渥沛甘霖。接连二十九至六月初三、初六日大雨滂沱"。[①] 山东各州县的旱情得以解除。巡抚张曜接到泰安地方官员祈雨的奏报后，认为此次祈雨"异常灵应"，因此向清廷奏请赐泰山碧霞祠御书匾额，以答神庥。不久，清廷为泰山碧霞祠颁发了御书匾额"云起封中"[②]。在整个晚清时期，清廷仅此一次向泰山碧霞祠颁发匾额。光绪三十二年（1906）夏，山东"亢旱"，地方官员在泰山碧霞祠"祷雨灵应，通省普霑（沾），岁获丰稔"。[③] 翌年，他们为此奏请朝廷用官银整修泰山碧霞祠，"敬答神贶"。[④]

（三）泰山祈雨礼背后的农业水利问题

晚清时期，泰山祈雨也不是"有求必应"的，清廷因此会广求于各路神灵。咸丰十年（1860）二月降雪之后的两个月内"尚未渥霑甘霖"，山东旱情尤显严重。其间，山东巡抚文煜两次设坛"虔诚步祷"[⑤]，仍未求得一律均沾的雨泽。不得已，文煜在四月十八日亲赴泰山致祭碧霞元君"虔祈雨泽，以仰副圣主敬神布恺为民祈福之至意"[⑥]。举行过泰山祈雨礼之后，文煜"因值海氛絷念正深"[⑦] 当日即赶往省城。随后向朝廷奏称：泰山祭礼举行当日晚，济南城下了一场小雨，虽"不敷沾润"，但已表明神灵显应。下一步当"再行设坛承属虔诚步祷，务希大霈甘霖，以仰副圣主敬天恤民、重谷祈年之至意"[⑧]。同治六年（1867）六月，京师从春到夏，雨水极少，朝廷颇为着急，要求各衙门"凡有致雨之方，自应遍为设法"[⑨]。总理衙门听说直隶邯郸县

---

① 《山东巡抚张曜奏为泰山神灵应显请赐御书匾额事》，光绪十四年七月初三，第一历史档案馆藏军机处录副奏折，档号：03-5548-056，缩微号：418-3191。

② 《清德宗实录》卷二百五十七，光绪十四年七月癸亥，中华书局，1987，第455页。

③ 《吴廷斌题记》位于岱顶大观峰《纪泰山铭》西侧石壁，光绪三十三年（1907）刻。

④ 《吴廷斌题记》位于岱顶大观峰《纪泰山铭》西侧石壁，光绪三十三年（1907）刻。

⑤ 《文煜片》，中国第一历史档案馆藏军机处录副奏折，档号：03-4177-071，卷号：284-2346。

⑥ 《文煜片》，中国第一历史档案馆藏军机处录副奏折，档号：03-4177-071，卷号：284-2346。

⑦ 《文煜片》，中国第一历史档案馆藏军机处录副奏折，档号：03-4177-071，卷号：284-2346。

⑧ 《文煜片》，中国第一历史档案馆藏军机处录副奏折，档号：03-4177-071，卷号：284-2346。

⑨ 《钦命总理各国事务衙门为咨行事》，中国第一历史档案馆藏军机处录副奏折，档号：03-4674-080，卷号：339-0652。

龙神庙有一面铁牌"祈雨最为灵验"①，随即函询直隶总督有无此事。不久，直隶总督回函称：此前直隶省会为求雨曾迎请过邯郸龙神庙的那面铁牌，"已著灵应"；现在已派员前往邯郸迎请铁牌送往北京。

在"礼治"的伦理政治模式下，清廷每逢旱情就向神灵祈雨，无意发展农业水利灌溉技术。虽然康熙时期大儒颜元曾倡言以七字"垦荒、均田、兴水利"② 富天下，但"兴水利"一项到晚清时期也未被列入"师夷长技"的内容中。第二次鸦片战争之后，旨在求强、求富的洋务运动在守旧派的强烈反对下艰难兴起。守旧派大学士倭仁所说："窃闻立国之道，尚礼义不尚权谋；根本之图，在人心不在技艺。"③ 应当说，倭仁此语符合儒家重礼仪、轻技艺的思想特质，也道出了传统中国政治的因循守旧的一面，但面临西方资本主义工业文明带来的亡国危机，仍固守过去的"立国之道"，就不符合儒家通权达变的品格了。诚然，洋务派人物虽学习西方技艺，却仍坚持传统的"礼治"之道，其政治之根本如王韬所言，"肃官常，端士习，厚风俗，正人心"。④

洋务运动虽开启了中国工业化之道，但其内容集中于军事、通信、造船等工业领域，很少关注农业工程与技术的发展。因此，同光时期的农业水利工程与技术仍然十分落后。光绪元年（1875）北京一带发生了旱灾，夏同善奏请凿井溉田，但其奏没有得到清廷的重视。光绪十三年（1887）三月，北京周围地区旱情明显，清廷终于同意"用机器槌井溉田"，谕令"出使大臣徐承祖酌购机器一具，并雇工匠一名"，"来京试办"，⑤ 其结果不得而知。不过，到了光绪二十五年（1899），使用机器凿井、灌溉的做法仍处于试办的阶段。是年十一月，北京"近畿一带秋旱"，清廷仍不能确定"凿井、制器、开渠、筑堤诸法"是否可行，谕令孙家鼐、何乃莹、裕禄等官员"各就所属体察情形，因地制宜，分别核办"⑥。以当时的农业水利工程与技术条件，远不足以抗旱。每逢旱情出现，清廷仍以祭祀礼仪求助于各路神灵。

---

① 《钦命总理各国事务衙门为咨行事》，中国第一历史档案馆藏军机处录副奏折，档号：03 - 4674 - 080，卷号：339 - 0652。
② （清）颜元：《颜元集》，王星贤、张芥尘、郭征点校，中华书局，1987，第763页。
③ 《同治六年二月十五日倭仁折》，《中国近代史资料丛刊·洋务运动》（二），上海人民出版社，1961，第30页。
④ 王韬：《弢园文录外编》卷二，"洋务下"，辽宁人民出版社，1994，第49页。
⑤ 《清德宗实录》卷二百四十，光绪十三年三月癸丑，第241页。
⑥ 《清德宗实录》卷四百五十四，光绪二十五年十一月丁未，第986页。

（四）　清盛泰山祈雪时的营私

嘉庆帝为避免朝廷官员致祭泰山时滋扰地方，改由山东省官员于每年四月前往泰山碧霞祠拈香。不过，这一举措却不能防止山东省官员致祭泰山时的营私行为，尤其在晚清时期清廷仅有的两次派员前往泰山祈雨的礼仪活动中，当事官员无不借机谋取私利。

咸丰九年（1859）冬，北京、山东等地几乎没有降雪，十分干旱。翌年正月初十日，山东布政使清盛①前往泰山祈雪。其在路上口占一诗云："诏吁神麻礼典隆，式凭灵爽感能通。一诚昭格层霄应，百谷康和四海同。"② 到达泰安城后，清盛先诣岱庙，"陈设钦颁香供，并遵祀典，洁备祭品，虔诚叩祷"，"又复登山前谒碧霞祠各庙，以次分献行礼③，期待"神灵之默佑"④。第二天，清盛与泰安地方官员"又复登山前谒碧霞祠各庙，以次分献行礼⑤，并致祝词曰："皇帝悯念生灵，遣官致祭。意者泰山之云，触石而出，不崇朝而雨天下。愿沛祥霙以慰上心。"⑥ 清盛后来回忆说，当时"觉心内洞洞属属，神如在上"⑦。这就说其在致祭泰山的时候感觉泰山神灵好像存在，即所谓"祭如在，祭神如神在"⑧。至于神灵是一种怎样的存在，清盛对此没有明确的论说，只是借助祭祀礼仪表达一种真实的想法与态度。

这次祈雪祭礼后的将近一个月内仍没有降下大雪。二月初七日起，"祥霙迭沛，渥泽深霶（沾）"⑨。咸丰帝为此十分欣慰，于是年三月差内务府司官带了十炷大藏香前往山东省城交巡抚文煜，并传旨令布政司清盛登泰山虔申报谢⑩。

---

① 清盛，字辅廷，满洲正蓝旗人。道光二十一年（1841）十月由内阁中书入直，后任山东布政使，咸丰九年（1859）署理山东巡抚，咸丰十一年（1861）任山东巡抚。
② （清）辅廷撰《谒岱记》，光绪八年（1882）刊，第1页。
③ 《山东巡抚臣文煜跪奏为藩司清盛遵旨叩祷雪泽礼成恭折奏闻事》，中国第一历史档案馆藏军机处录副奏折，档号：03－4177－006，卷号：284－2109。
④ 《山东巡抚臣文煜跪奏为藩司清盛遵旨叩祷雪泽礼成恭折奏闻事》，中国第一历史档案馆藏军机处录副奏折，档号：03－4177－006，卷号：284－2109。
⑤ 《山东巡抚臣文煜跪奏为藩司清盛遵旨叩祷雪泽礼成恭折奏闻事》，中国第一历史档案馆藏军机处录副奏折，档号：03－4177－006，卷号：284－2109。
⑥ （清）辅廷撰《谒岱记》，第6页。
⑦ （清）辅廷撰《谒岱记》，第6页。
⑧ 《论语·八佾》。
⑨ 《文煜片》，中国第一历史档案馆藏军机处录副奏折，档号：03－4177－038，卷号：284－2258。
⑩ 《文煜片》，中国第一历史档案馆藏军机处录副奏折，档号：03－4177－038，卷号：284－2258。

清盛此次来泰山报谢，颇感泰山之神的灵验。在前往泰山的路上，其口占一诗《奉命谢降复游泰山记事》云："丹章两度凤城来，瑞雪欣传遍北垓。万井胜欢歌帝力，五弦合奏阜民财。"① 在从泰山回济南的路上，清盛看到"河南、山陕、直隶香灯士女不远千里而来，盖信泰山之灵能昭且格"②，于是又口占一诗云："朝山香客志虔诚，纸锞香资背负行。短杖手扶缘力弱，长短风引觉身轻。老羸蹀躞怜千状，残疾号呼惨万声。一瓣心香通上帝，只期祭庶保安平。"③

清盛对这两次泰山之行十分感慨，一则为泰山之灵应，二则为皇帝之眷顾。感慨之余，清盛特地撰写了《谒岱记》，将所见所闻记录下来，供父母阅览，同时还邀请众友朋为之作序题跋。濑江的宋晋在序言中称："岱之神非特为齐鲁之宗，实天下之宗也。"④ 上海的刘志喜题词曰："至诚能感神。"⑤ 袁江的严耆孙（英仲）题词云："能养志胜君恩重，好博亲欢纪仕游。"⑥ 铁岭的钟汇湘帆题诗云："泰岱昭灵爽，至诚能感道。……届期谒岱庙，祝告达神聪。大藏香一瓣，丹忱感太空。"⑦ 龙邱的余恩在该书的跋中说："泰山游记二篇为忠君之实录也，可为孝亲之善则也，可即为教家之彝训也。亦无不可。"⑧ 这些题词表达的意思有三：一是泰山神灵在祈雨上十分灵验，只要至诚祈祷，就可以借其神力以降雨；二是《谒岱记》反映了清盛不负皇恩，忠于清廷；三是《谒岱记》还表明清盛是一位孝子。简而言之，清盛泰山祈雨之行，被其友朋塑造成了清廷"神道设教""以孝治天下""求忠臣于孝子之门"的一种楷模。

清盛报谢泰山之神后，巡抚文煜奏称清盛在泰山碧霞祠虔诚报谢，举行祭礼时"祥云回绕，岩岫增光，敬维神灵之来歆"⑨，并说这是皇帝圣心感动了泰山神灵。虽然文煜在奏折中表示清盛在咸丰十年（1860）二月的泰山祈雪礼仪中认真行事，但实际上在清盛此行中出现了明显的官场营私。

---

① （清）辅廷撰《谒岱记》，第 10 页。
② （清）辅廷撰《谒岱记》，第 8 页。
③ （清）辅廷撰《谒岱记》，第 16 页。
④ （清）辅廷撰《谒岱记》，序。
⑤ （清）辅廷撰《谒岱记》，第 17 页。
⑥ （清）辅廷撰《谒岱记》，第 17 页。
⑦ （清）辅廷撰《谒岱记》，第 17 页。
⑧ （清）辅廷撰《谒岱记》，跋。
⑨ 《山东巡抚臣文煜跪奏为藩清盛遵旨报谢礼成恭折奏闻事》，中国第一历史档案馆藏军机处录副奏折，档号：03-4177-045，卷号：284-2283。

咸丰十年（1860）正月，在清盛奉命前往泰山祈雪时，曾任刑部郎中的其父柏龄也从北京赶来泰山烧香。柏龄此行是因"身抱小恙"，意在"祈百年福寿"，① 完全是私人的事务。其与清盛到达泰安后，一同受到了泰安县县令方振业的官方性接待，被安排住进了泰安县公馆。更甚者，地方官员借机向柏龄赠送礼金，以谋求升迁的机会。这一些情况确有假公济私之嫌。

不久，柏龄、清盛与一些山东地方官员被御史曹登庸一并参奏。清廷命僧格林沁查办此事，其查办的结果是：柏龄收受程仪之事没有确凿证据；临清州知州张延龄（曾任泰安县令）、章邱县知县屠继烈、历城县知县吴载勋汇银到北京交给柏龄一事，也没实际的证据。咸丰十一年（1861）冬，清廷依据僧格林沁查办此事的结果做出了如下处理：其一，前任刑部郎中柏龄接受了泰安县预备公馆的待遇，"虽查无收受程仪确据，究属不知检束"②，降四级调用。其二，清盛对其父因私人事务接受官方公馆待遇之事"不能谏止，亦难辞咎"③，降四级调用。其三，前任泰安县知县方振业为柏龄准备公馆，"属有意见好"④，降三级调用。其四，临清州知州张延龄、章邱县知县屠继烈、历城县知县吴载勋不予追究。

清盛致祭泰山出现的官场营私现象，从一个侧面反映当时山东吏治亟待整顿。咸丰十年（1860）五月，就有人以匿名揭帖的方式在山东济南散布山东巡抚文煜、布政使清盛卖缺得银的消息，并详细列举了具体的官位与银两数目。清廷随即派员查访此事，后因咸丰帝病逝于承德，此事遂不了了之，难知真伪。不过，为柏龄预备公馆的泰安县令方振业确是一位贪腐之官。其因柏龄来泰山烧香事被降三级任用，在"捐复原官"后挪用军需银，"专以迎合为事"⑤，不久被为官清廉、善于理财的署理山东盐运使阎敬铭参奏。同治三年（1863）十一月，方振业被"革职永不叙用"⑥，此时他还亏欠军需银一万五千余两。

从清盛的角度看，他在其父柏龄因私享用泰安公馆这一行为中存在"尽孝"与"尽忠"的矛盾。如要"尽忠"，应谏止柏龄此次因私享用泰安公

① （清）辅廷撰《谒岱记》，第6页。
② 《清穆宗实录》卷十，咸丰十一年十一月甲辰，中华书局，1987，第274页。
③ 《清穆宗实录》卷十，咸丰十一年十一月甲辰，第274页。
④ 《清穆宗实录》卷十，咸丰十一年十一月甲辰，第274页。
⑤ 《清穆宗实录》卷一百一十九，同治三年十月己丑，第626页。
⑥ 《清穆宗实录》卷一百一十九，同治三年十月己丑，第626页。

馆；如要"尽孝"，就不必谏止柏龄此次因私享用泰安公馆，听由泰安县县令安排。在这里，"孝"的表现就是包括物质与颜面在内的个人利益的最大化。因此，清盛如谏止柏龄因私享用泰安公馆，就不能算"尽孝"。在"尽孝"与"尽忠"只能选择其一的情况下，清盛选择了前者，正所谓"忠孝不能两全"。

"移孝作忠"只是儒家的伦理观念，从逻辑与实践上看，"移孝"未必能"作忠"。其内在的根源在于儒家没有现世的超越情怀。无论是董仲舒将儒学改造成了讲究"天人感应""人副天数"的政治神学，还是程朱将儒学发展成了讲究"民胞物与""存天理，灭人欲"的理学，都没有改变先秦儒家所主张的爱有等差的血亲宗法观念，而这一观念在实践中容易滑向自我中心主义的一面。从清盛、柏龄致祭泰山的事件可见，清廷"以孝治天下"的政治方略并不能确保孝子必为忠臣的统治效能。

清廷虽然以"神道设教"，但不能以神道教化官员，因为神道并不构成一个超越现世此岸的彼岸世界，神灵也不是官员生前身后追求的人生楷模。在此情况下，神灵对官员没有奖惩功能，也就无所谓威慑或笼络的教化功能了。柏龄前往泰山烧香，为自己祈百年福寿，无疑是一种现世功利性的祀神行为，并不求死后升仙。其对于泰山神灵的虔诚，只是一种人神利益交换的诚信，而不是超越现世的宗教情怀。因此，柏龄一面因私致祭泰山神灵，一面接受泰安县令安排的公馆，二者在其身上同时并存，且其并没有表现政治观念上的冲突与道德尺度下的焦虑。

清盛此次的泰山祭礼与先秦儒家的观念相去甚远。《礼记》云："夫祭者，非物自外至者也，自中出生于心也。心怵而奉之以礼，是故唯贤者能尽祭之义。"① 祭祀是贤者发自内心地通过仪式去表达忠孝、敬畏之情，而不是因为外来的要求行礼，这才算是真正实现了祭祀的意义。贤者怀孝子之心，"上则顺于鬼神，外则顺于君长，内则以孝于亲"②，才能行祭祀之礼。以此看来，清盛虽孝于其父，或顺于鬼神，却没有顺于君长，因而也就不能达到贤者的标准。其在缺少敬畏之心与贤者资格的情况下祭祀泰山神灵，这种祭礼不能表达"志意思慕""忠信爱敬"③ 的情感，因此，也就不能体现君子行祭的"人道"，反而更多像是百姓的"鬼事"。

---

① 《礼记·祭统》。
② 《礼记·祭统》。
③ 《荀子·礼论》。

（五）致祭泰山的公义与私利

光绪三四年（1877～1878）间，华北数省发生了百年不遇的特大旱灾，即后世所称"丁戊奇荒"，因灾死亡者数以万计。清廷像过去一样在北京的天神坛、地祇坛、太岁坛等地连续祈雨，但数月内没有任何降雨。光绪四年（1878）二月，清廷将降雨的最后希望寄托在泰山神灵身上，派山东巡抚文格前往泰山祈雨。随后，文格依照惯例在泰山碧霞祠行祈雨礼。

光绪四年（1878）四月，北京、河南、山西等地的降雨比较充沛。清廷将此降雨归功于泰山神灵，随即派文格前往泰山拈香报谢。文格将此次前往泰山报谢当成了观光旅行，所带"仆从过多，沿途供帐奢侈"①。以当时欺上瞒下、贪图享受的官僚习气而言，其做法并不稀奇。同年九月中旬，黄河在山东阳谷、蒲台、齐东等地同时漫决。文格将此归咎于直隶省开州的民埝决口，并上奏朝廷。有人将文格所奏的山东境内黄河漫决之事与其报谢泰山神灵时的奢侈行为一并向朝廷参奏。清廷于是派兵部右侍郎夏同善路经山东时"一并查明具奏，毋稍徇隐"②。

夏同善在泰安没有查到文格携眷致祭泰山、行为奢侈的证据，但查知其"随带员役、兵队、仆从甚多，并有巡捕、家人招摇需索"③的行为。光绪五年（1879）二月，清廷得夏同善奏报后，谕令文格"嗣后务当深自检束，屏绝浮华，力求实际。将一切应办事宜随时实心整顿。如再稍形怠肆，朝廷法令具在，不能为该抚宽也"④。不过，文格经此申饬后并不收敛其贪腐、"浮华"行为，约一个月后，其因收受下级节、寿礼物，被降三级调用。

清盛、文格于泰山祈雨时的营私行为属于官场"陋习"。由此可推知，每年四月十八日山东地方官员前往泰山碧霞祠拈香时也不乏这样的化公营私行为，只不过无人参奏罢了。

在晚清吏治腐败的政治环境中，泰山祈雨这样的礼仪也难免被山东地方官员视为经营私利的活动机会。对于他们而言，泰山神灵虽在祈雨时灵验，却不具有约束官员品行的力量。因此，即使在泰山脚下，光绪时期的泰安地

---

① 《清德宗实录》卷八十三，光绪四年十二月戊子，第274页。
② 《清德宗实录》卷八十三，光绪四年十二月戊子，第274页。
③ 《清德宗实录》卷八十七，光绪五年二月乙亥，第315页。
④ 《清德宗实录》卷八十七，光绪五年二月乙亥，第315页。

方官员不乏贪腐、受贿者。比如，光绪九年（1883）六月，泰安县训导崔梦吉应"受贿请托，不守官常"① 被革职。光绪十五年（1889）十二月，泰安县典史孙庆荣因"性情卤莽，作事荒唐"② 被革职。当然，泰安地方也有被清廷嘉奖的官员，如"才品、政绩均有可观"的泰安县知县秦应逵③。这些官员廉洁与否和清廷的泰山神灵信仰及其礼仪没有直接的关联。

清盛、文格在泰山祭礼上的营私损害了为天下祈福的公义。公与私在传统中国是一对颇受重视的道德性观念。大体而言，先秦诸子对公与私有两种不同的看法：一种是法家的，将公与私对立起来，如韩非子所云"背私为公""自营为私"④；另一种为儒家的，将公与私统合起来。宋代儒家将公私之分看成义利之别。程颐说："义与利，只是个公与私也。"⑤ 在实际的传统中国政治生活中，"公指的是皇权代表的'义'或宜，而私指的则是臣下的私下盘算或个人内心的私下图谋"⑥。从中国社会的"差序格局"看，中国没有作为私人的独立个体人，只有作为不同半径的伦理关系圈的家族人。在此情况下，公与私是相对而言的，"站在任何一圈里，向内看也可以说是公的"⑦。

不同于清盛、文格，晚清时期山东有不少地方官员为天下人向碧霞元君祈福。咸丰六年（1856），泰安县知县张延龄捐修了泰山万仙楼，并在万仙楼中奉祀碧霞元君。其为此撰文称："今例为邑人祈福，由是以推，并愿为天下之人祈福。若谓龄为一身一家邀福，而然不敢云。"⑧ 张氏在泰安颇有政声，其为天下人祈福的言语也非故作姿态。光绪十年（1884），兖沂曹济道李嘉乐在被擢为江苏提刑按察使司之际来泰山进香，为山东、江南两省的民众禳灾，为其八旬老母祈寿，同时他还称："不敢自求多福，惟名山鉴之。"⑨ 李嘉乐是光绪朝清廉有名的官员，来泰山为民众祈福，为老母祈寿，一则显其忠孝之心，二则显其对泰山神灵的虔诚信仰。在张延龄、李嘉乐等

---

① 《清德宗实录》卷一百六十五，光绪九年六月戊辰，第 316 页。
② 《清德宗实录》卷二百七十九，光绪十五年十二月己亥，第 728 页。
③ 《清德宗实录》卷三百五十三，光绪二十年十一月丁亥，第 587 页。
④ 王先慎：《韩非子集解》，中华书局，1998，第 450 页。
⑤ 程颢、程颐：《二程集》上卷，中华书局，2004，第 176 页。
⑥ 任剑涛：《公共与公共性：一个概念辨析》，《马克思主义与现实》2011 年第 6 期。
⑦ 费孝通：《费孝通选集》，天津人民出版社，1985，第 99 页。
⑧ 《重修万仙楼记碑》，咸丰六年（1856）立石，碑存山东省泰安市泰山万仙楼门洞南西侧。
⑨ 《李嘉乐登岱题刻记碑》，光绪甲申年（1884）立石，碑存山东省泰安市泰山快活三里。

地方官员看来，泰山神灵可以福泽苍生，滋润天下百姓的生活。他们为天下人祈福泰山，尚可见儒家兼济天下的胸怀。

四　地方官员对泰山信仰的支持与利用

晚清时期，泰安一些官员对当地的泰山信仰习俗表现明确的支持态度。其中既有宣扬"泰山治鬼"说以教化人心的举措，又有防范民众因迷信泰山神迹而舍身的方略，还有利用碧霞元君信仰推进废缠足运动的策略。

（一）宣扬"泰山治鬼"说以教化人心

晚清时期注重鬼神之说教化民众的泰安地方官员以毛澂[①]为最。其在光绪十八年（1892）、二十六年（1900）、二十八年（1902）三次出任泰安知县，多有政声。泰安士绅为颂其德政所立《甘棠雅化碑》称，当地的孝门"系九省通衢，回往差使络绎不绝"，当地民众因此负担沉重的杂役，深以为苦。乾隆、道光时均有地方官员奏请豁免，但该地民众负担的杂役仍未得减免，直到"毛天"（即知县毛澂）主政泰安，才得以彻底减免。[②] 毛澂不仅以实利惠及地方，还十分关注地方的民间泰山信仰习俗，这在泰山脚下的蒿里山神祠建筑上表现得十分明显。蒿里山在泰安城西南三里远的地方，相传为人死后的魂魄归宿之地，汉代发端的"泰山治鬼"[③] 说所言的具体地方即蒿里山。山下建有森罗大殿、望乡台、戏楼等建筑，殿中有"三曹对案，七十五司，各塑神像"[④]。光绪初期，蒿里山的神祠多圮，仅存大殿。光绪十九（1893）三月，知县毛澂捐款重建了这里的阎罗及三曹、七十五司。

后人追述重建后的蒿里山神祠云：

> 正殿重施金碧，焕然一新。山门塑神马，分列左右。仪门则二鬼王守焉，高丈余，巨掌攫拿，双睛睒睗，状至可怖。进仪门，由甬道直达正殿，而两庑合抱正殿，作曲尺形，共塑七十二司。神像大小，无虑千百，状貌各异，间杂以历史及小说故事，使观者惊心眩目。仪门内两旁

---

① 毛澂（1843～1906），字蜀云，又字淑云，四川仁寿人，光绪六年（1880）进士。
② 《甘棠雅化碑》，光绪二十一年（1895）立石，碑存山东肥城汶阳镇张家城宫泰山行宫。
③ 《三国志·管辂传》。
④ 赵新儒：《新刻泰山小史校注》，台北，文海出版社，1971年影印版，第148页。

为时值、日值、月值、年值四司，皆立像，宛若佛寺所塑之四大天王也。东偏院为望乡台，两庑一为三法司，一为六案司，神像左六右三，皆贵官装，嬉笑怒骂，神气栩栩欲活。工程既竣，全庙采色烂然，当时人工物料皆廉，闻所费犹银万两云。①

毛澂重修蒿里山神祠不惜工本，用银万两，营造出一个"使观者惊心眩目"的亡灵生活的地府世界。他在为蒿里山神祠题写的两副对联中交代了修建此大工程的目的。一是森罗殿对联，联云："聿古来帝祀群神，亢父主死，梁父主生，岂独草仪逢汉代；为天下人心一哭，德不能化，刑不能威，只可尚鬼学殷时。"② 二是蒿里山戏台对联，联云："销肠怜孝子忠臣，拍案冲冠，犹觉不平千古后；冷眼看神奸巨猾，收场结局，何曾放过一人来。"这两副对联表达了毛澂对礼教衰落的哀伤，更清楚地表白了他重修蒿里山神祠的心迹：其一，清末人心涣散，这一则在于朝廷提倡的伦理道德不能教化民众了，二则在于朝廷掌握的刑罚也失去了往昔的威慑力。因此，他这位知县没有能力改变这种颓废的局面，只能像殷商时期一样崇尚鬼神之说，以化导民心。其二，他崇尚鬼神之说，不是为了向鬼神祈福，而是宣扬鬼神住持参与下的善恶报应的因果律。在他看来，虽然忠臣孝子的生前死后的遭遇可能不够公平，但作奸犯科的忤逆之人没有一个得到好下场的，这就是历史因果律的公平与正义所在。民国学者赵新儒对毛澂的这两副对联论称："先生（毛澂）救世之心，可以概见。"③

当时泰安地方士民对毛澂重修蒿里山神祠议论纷纷，有人认为这是毛澂为其严厉缉捕、处死地方的大量盗贼赎罪，以防冤魂索命。民国时期的徐凌霄、徐一士在记述毛澂重建蒿里山神祠的动机时称："清光绪间，仅存正殿。癸巳，华阳毛澂官泰安令，到任即病，经久不瘥，精神惝惘，目中时若见有鬼物。因念曾作令曹州府属之菏泽、曹县、单县、定陶，皆盗风甚炽，非武健严酷，不能胜任愉快；已任内以峻法治盗，捕杀极多，得毋昔所杀者，或不无冤滥，而有怨鬼索命之事乎？此盖其心理作用，乃于蒿里山大兴土木，重修阎罗庙，以为禳解。"④ 不过，在毛澂为蒿里山神祠题写的两副对联表明

① 徐凌霄、徐一士：《凌霄一士随笔》，山西古籍出版社，1997，第72~73页。
② 赵新儒：《新刻泰山小史校注》，第149页。
③ 赵新儒：《新刻泰山小史校注》，第149页。
④ 徐凌霄、徐一士：《凌霄一士随笔》，第72页。

心迹后，人们对他的猜测之论悄然声息。显然，毛澄积极利用了"泰山治鬼"的传统信仰，发挥其教化人心的功能。这一做法得到了泰安地方士绅、民众的肯定。由此直到民国强前期，来蒿里山为宗亲亡灵祈福的香社络绎不绝，这在一定程度上稳定了社会秩序。

在宣扬"泰山治鬼"说以教化民众之外，毛澄还极力在泰安地方办新式学堂，开启民智。他认为，天下的治理在于人才，而学校是培养人才的根本。光绪二十九年（1903），毛澄在泰山西麓的天书观旧址创办了高等学堂，延访教员，分门授课；又在学堂中开设外国语教学，并多方搜求中外书籍、科学仪器；在泰山上书院旧址设立师范学堂，以培训师资，并亲自为学生讲授经学；在泰城将军庙创设阅报所，以广民识；在城关开办半日学堂，用来教育贫民子弟。此外，在毛澄的倡导下，泰安全境共立小学凡185所，一时泰山的学风之盛甲于齐鲁。其对于开启泰安地方民众的智识影响深远。

晚期时期，泰安地方像毛澄这样以"泰山治鬼"之说教化人心同时以新式教育开启民智的官员恐是绝无仅有的。大多数泰安知府、知县不过在清廷派员前往泰山碧霞祠进香时一同登山行礼，极少用心于泰山信仰下的"神道设教"。他们更多的在政治文化符号的意义上将泰山视为朝廷统治稳固的象征。清末任泰安知府的宗室玉构于光绪三十二年（1906）在泰山玉皇顶题写了"五岳独尊"四个大字①，以当时"仿行立宪"的政治局势而言，这种以山岳地理隐喻"家天下"政治权力的观念不过是清廷宗室的一厢情愿，不合乎平等、民主的世界潮流，也就不足以引起受新知识影响者的共鸣了。

此外，有河南地方官员现身说法，宣扬泰山神灵显应。光绪二十二年（1896）怀庆府知府严作霖所记泰山灵应之事可谓典型的一例。他在《重修大伾山送子娘娘庙碑记》中记述了他亲历的两件神迹：一是他在光绪十六年（1890）向泰山神祈祷后嗣，三年得了两个孙子，"由是益信神之有灵"；二是光绪二十二年（1896）春夜，梦见一位老人说他将调任覃怀太守。不过数日，严氏果然调任该职，他因而知道梦中的那位老人就是泰山神。② 严氏因

---

① 按："五岳独尊"题刻，位于泰山玉皇顶东侧石壁，款称："光绪丁未孟夏"，"泰安府宗室玉构"。

② 《重修大伾山送子娘娘庙碑记》，浚县文物旅游局编《天书地字》（大伾山文化系列丛书之二），第348页。

此出资重修浚县大伾山送子娘娘庙，并立碑留念，这在客观上促进了"神道设教"方略在地方社会的实施。

（二）利用泰山信仰的禁舍身与禁缠足

清代一些香客在泰山舍身崖轻生以显孝心的行为时有发生，所谓"孝子为亲祈寿，必投崖下"①。这种在愚孝观念下形成的舍身陋俗既不符合儒家的孝道主张，也不利于社会秩序的稳定。康熙时期，泰山普照寺的住持元玉对香客的舍身行为颇为惋惜，认为"泰山之灵在天，又远在幽"，听不到其对泰山的祈祷，因而深切希望"有如泰山之人，能代泰山之人者"尽快阻止香客的这种自杀行为。②

泰安知县毛澂为杜绝泰山舍身崖轻生的现象，用心甚多。其将舍身崖易名为"爱身崖"，又在舍身崖前修筑了一道红墙。每年三月泰山举行香会时，派十余位壮士守护于此，"不令游人窥足其间"。毛澂此举被著名翻译家林纾赞为"仁者之用心也"。③

相应于毛澂在泰山的禁舍身之举，山东地方官员还利用泰山信仰行"废缠足"之政。光绪初年兴起的"废缠足"运动虽有中外人士的极力倡导，但在推行中仍是困难重重，在中国北方各省尤其如此。庚子国变后，慈禧太后宣布要实行新政，于光绪二十七年（1901）初谕令劝止缠足。虽然清廷谕令劝止缠足，但山东地方因为守旧势力庞大，放足运动开展得较为缓慢。为加快推广这一运动，山东地方官员将泰山碧霞元君神像与天足运动联系了起来。泰山神憩宫中供有一尊碧霞元君像，"泥塑金身，三寸金莲。每届春夏，朝拜者仕女如云，且多制锦鞋为娘娘寿"④。由于北方民众普遍信仰碧霞元君，这一神像的"三寸金莲"就成为显示女性缠足正当性的神圣符号。为了利用民众的信仰习俗并打破此神圣符号，山东地方官员将神憩宫的碧霞元君神像的"小脚刖去，另换大脚两只。以娘娘亦实行放足，普告朝拜之妇女"⑤。这种顺势而为的"广告"，适应了当时乡村妇女大多不识字的文化状况，要比劝止缠足的宣传书更有效力。乡村妇女在为碧霞元君神像做鞋子的活动中，通过这位神

---

① 林纾著，林薇选编《畏庐小品》，北京出版社，1998，第317页。
② （清）元玉：《石堂答》，《石堂集》卷三，道光十年（1830）刊本，第34页。
③ 林纾著，林薇选编《畏庐小品》，第317页。
④ 姚灵犀：《采菲录》，上海书店出版社，1998，第34页。
⑤ 姚灵犀：《采菲录》，第34页。

灵的榜样作用，较为容易地接受放足的观念。官方在废止民众缠足习俗的过程中，利用了民众信仰碧霞元君的心理与习俗。受限于相关史料匮乏，尚难判断其实施的具体成效。

五　晚清官方对泰山信仰的管制

泰山神灵祭祀被清廷纳入国家祭祀体系，泰山神灵信仰因此成为清廷官方与民间共享的精神世界。在对待泰山神灵的态度、观念及其相应礼俗上，晚清官方与民间既有一致之处，也有冲突的地方。对于官方而言，民间的泰山神灵信仰习俗存在伤风败俗、有违教化的一面。对于民间而言，官方的泰山拈香礼与民众福祉没有明显的关联，而自身的泰山神灵信仰习俗才可能解决其面临的现实困境。

虽然康熙朝至道光朝，清廷对民间的泰山神灵信仰习俗未加明显的限制，但仍保持着对基于泰山神灵信仰的民间团体可能转变成"邪教"的警惕性。此外，其对民间借助泰山神灵信仰习俗组织的各种酬神活动也深怀担忧。以北京而言，"五顶"（东顶、西顶、南顶、北顶、中顶）、"两山"（丫髻山、妙峰山）、"一庙"（东岳庙）是民间在北京致祭泰山神灵的核心区域。① 每逢庙会之时，北京及附近各地的民众纷纷赶来进香。就丫髻山而言，该地的碧霞元君之祀起于明代嘉靖朝，到清代康熙朝，"每岁孟夏，四方之民，会此祈祷者，骈肩叠迹，不可胜计"②。丫髻山庙会期间，除了"肩摩毂击"的香客外，还有"鱼龙百戏，众巧毕呈"的赛会活动，因而众多游人"闻风而至于此，不惮千里之远"。③ 清廷对此习俗的隐患与风险尤为警惕。

（一）道光帝对碧霞元君信仰习俗的担忧

道光时期，地方民众越省进香的现象屡禁不止，其中一些人与地方的碧

---

① 按：清代、民国时期北京的泰山神灵庙宇多达 30 余处。据 1936 年国立北平研究院出版的许道龄编辑的《北平庙宇通检》统计，除了东岳庙外，奉祀碧霞元君的庙宇名称有 13 种，其具体名称如下：1. 碧霞元君庙；2. 元君庙；3. 元圣庙；4. 元女庙；5. 碧霞宫；6. 天仙圣母祠；7. 护国天仙庙；8. 天仙庵；9. 天仙庙；10. 泰山圣母庙；11. 泰山圣母宫；12. 圣姑寺；13. 泰山行宫。

② 《丫髻山玉皇阁碑记》，康熙五十四年（1715）四月立石，碑存北京丫髻山玉皇阁，东岳庙北京民俗博物馆编《北京东岳庙与北京泰山信仰碑刻辑录》，第 317 页。

③ 《诚意圣会碑记》，康熙四十七年（1708）立石，碑存北京丫髻山碧霞元君祠，东岳庙北京民俗博物馆编《北京东岳庙与北京泰山信仰碑刻辑录》，第 312 页。

霞元君行宫有关。道光十四年（1834）正月，河南乡民李有军、郭经组织的堆金社，直隶乡民张新杰、刘起幅、程路等人组织的关爷会，张德潮组织的游山会，周东凌组织的平安会等一同来京烧香。清廷获知此事后谕令河南巡抚琦善、藩司栗毓美、臬司陈崇礼等人急速查办。不久，栗毓美就此事奏称，前述来京进香的民众"皆安分乡民，并无不法情事"①，唯独早年曾充当道人的张新杰的师傅王致坤应解交刑部再行审讯，因其供称幼时曾跟随直隶省成安县泰山庙的道士学习经咒，具有创教授徒的嫌疑。此处的泰山庙即奉祀碧霞元君的泰山行宫。

道光帝对民间借泰山行宫烧香之名而行创立民间宗教的行为严令禁止。他认为"愚民习教徒传，最为风俗人心之害，自应严行查办"；民间泰山行宫烧香与创立教会虽然不同，但庙会期间聚集人众，难免良莠混淆。道光十八年（1838），御史步际桐奏称山东淄川县白云山泰山行宫、章邱县权丫山的庙会有汇集教徒的情况。是年八月，山东巡抚经额布对此调查后向道光帝奏报，称：淄川县白云山泰山行宫是民间香火社会，相沿已久，只为敬神祈福，并没有聚众传徒、自为头目的情况。究竟当时淄川县白云山泰山行宫是否真有汇集教徒的情况已无处查证。不过，道光帝得知经额布的奏报后谕令其立即"督饬各州县严加查访，随时饬禁"②。

在道光帝之前，雍正帝与乾隆帝对民间奉祀碧霞元君的朝山进香活动不无担忧。在其看来，民间碧霞元君的信众很有可能借朝山进香的机会谋乱滋事。尤其在长江以北的汉人居住区域，每年三四月，数以万计的民众不惜长途跋涉，越过省界到泰山、丫髻山、妙峰山等处的碧霞元君祠进香。这确实给一些另有图谋的人提供了聚众生事的机会。

乾隆帝对每年正月、二月地方民众跨省进香之事十分警惕。他认为："小民知识短浅，往往惑于鬼神之说。祈求祷祀，为费不赀，虽仰事俯育之谋皆所不计，而其中最为耗蠹者，则莫如越省进香一事。"③ 在其看来，乡民因为知识短浅而容易迷信鬼神之说，为求神赐福免灾，不惜耗费钱财"越省进香"。在进香途中，不免"男女杂遝（沓），奸良莫辨，斗殴拐窃，暗滋事端"，这种"劣习"当前是耗费钱财，将来可能就成为"邪教"。由于民众越省进香的传统相沿已久，难以"骤然加以惩治"，乾隆帝谕令各省督抚

① 《清宣宗实录》卷二百四十八，道光十四年正月辛卯，第743页。
② 《清宣宗实录》卷三百一十三，道光十八年八月丙戌，第875页。
③ 《清高宗实录》卷九十二，乾隆四年五月庚申，中华书局，1985，第418页。

对各地越省进香的民众"善为化导，徐徐转移"，以免"误农耗财，渐成人心风俗之害"。① 事实上，华北地区越省进香的民众大多是碧霞元君的信众。

乾隆帝对民间到丫髻山为碧霞元君进香的行为网开一面。乾隆十四年（1749）四月，有福建地方官奏报邵武县仲秋迎神赛会之事，乾隆帝对军机大臣称，若有"匪类邪教"借赛会"聚集滋扰"，必须严加禁止；像民间每年一定时期前往丫髻山进香，"何尝不至数千众"？若因为聚集人多，可能生事，则应当禁止。不过，丫髻山进香"历久相安，并无他虞"，就听其自然。显然，乾隆帝暂且对民间赴丫髻山进香网开一面，但仍不无担忧。②

乾隆帝对民间跨省进香的行为采取了疏导政策，而嘉庆帝则对此命令严加禁止。嘉庆五年（1800）闰四月，嘉庆帝谕令称：其一向知道民间有赴丫髻山、天台山等处进香的事情，而靠近京师的各省的民众相习成风在所难免。为了"正人心而厚风俗"，嗣后京城内外及各省衙门及各督抚等对"所有民间一切越境酬神、联群结会等事"明令严行禁止，"违者按律惩治"。③

显然，清廷虽然将碧霞元君升为官方正神，允许民间向其进香祈福，但对于民间越省为碧霞元君进香造成的聚众谋反机会还是十分担忧。

（二）查禁妙峰山走会

道光时期，外省民众跨省来北京进香的活动减少了，但北京本地民众为碧霞元君进香的走会活动仍十分活跃。鸦片战争之后，北京民间的碧霞元君祭祀中心逐渐由京东的丫髻山变为京西的妙峰山，而且在妙峰山的庙会上出现了杂剧表演。这些表演以妙峰山香会的武会为主。妙峰山香会分为文化与武会。文会又称善会，担负庙会全过程中的各项服务性事务，包括香客的饮、食、住、行等基本需要和香堂、庙会的各种物资。其代表性香会有开山会、修道会、清茶会、路灯会、缝纫会、拜席会与惜字会等。武会称花会，以表演技艺酬神为宗旨，分为会规以里（俗称"井字里"）和会规以外（俗称"井字外"）两种。"井字里"的武会表演用的道具和器械都是从娘娘庙里的器具演化而来，比如，太狮会的太狮本是娘娘庙山门前左右大石狮，中幡是庙门的高幡竿。其走会的先后顺序是：开路、五虎棍、秧歌、中幡、太狮、双石头、石锁、杠子、花坛、吵子、杠箱、天平、太平。"井字外"的

---

① 《清高宗实录》卷九十二，乾隆四年五月庚申，第418页。
② 《清高宗实录》卷三百三十八，乾隆十四年四月癸未，中华书局，1986，第655页。
③ 《清仁宗实录》卷六十六，嘉庆五年闰四月甲戌，第886页。

武会种类更多，如太平鼓、龙灯、旱船、跑驴、霸王鞭、猪八戒背媳妇等。这些武会少则数十人，多则数千人，表演时声势浩大，颇为壮观。

除妙峰山武会的表演外，妙峰山涧沟村村民为酬碧霞元君而演的大戏也是妙峰山庙会的一大景色。自明代永乐年间始，包括涧沟村在内的京西一些乡村居住着从山西迁来的乡民，他们带来了山西的地方演戏习俗，每逢上元节、中元节就闹社火，演百戏，以酬碧霞元君。其中，涧沟村的演戏最为著名。

咸丰二年（1852），妙峰山每年春秋季节的酬神演戏活动引起了一些朝廷官员的担忧。是年正月，御史伦惠奏称：每年夏秋二季，京西妙峰山的庙会上，烧香人众，"有无赖之徒装演杂剧，名曰'走会'"，应当"严禁"。[①] 伦惠所言"走会"的"无赖之徒"大多是妙峰山香会的武会。其实，他所担忧的是走会装演杂剧时男女混杂造成的风化问题。走会也称"过会"，"乃京师游手，扮作开路、中幡、贡箱、官儿、五虎棍、跨鼓、花钹、高跷、秧歌、什不闲、耍坛子、耍狮子之类，如遇城隍出巡及各庙会等，随地演唱，观者如堵，最易生事。如遇金吾之贤者，则出示禁之"[②]。

康熙朝以降，清廷对民间杂剧实行严厉的禁止政策，一则为"有伤风化"，二则为防备"邪教"。

晚清时期北京城内的杂剧演出仍不时出现。当时的所谓"杂剧"是包括秧歌、花鼓、高跷、太平鼓、莲花落等在内的民间歌舞戏剧。秧歌起源于插秧和耕田的农业劳动生活，最初是一种民间歌舞艺术。后来以秧歌化装而演唱故事，形成了秧歌小戏。北京三家店村万禄同善高跷秧歌老会成立于1892年，该会的剧目《馋老婆》唱词诙谐夸张，既表达农业丰收的喜悦，也教育农村一些好吃懒做的媳妇要学会安排生活。《棉花段》唱词以农田庄稼为主题，传播农事的物候知识、耕地播种的愉悦心情和左邻右舍的和谐关系。[③] 还有香会表演《王小赶脚》《王二姐思夫》《锯缸》等剧目，其内容多表达不受礼教约束的打情骂俏和男女私情。在一些士大夫看来，"秧歌，南北皆有之，一名鹦哥戏，词甚鄙俚，备极淫亵，一唱百和，无丝竹金鼓之节"。[④] 这种秧歌小戏在清中期一度传入宫廷，甚至还出现了专门的秧歌教习，如

---

① 《清文宗实录》卷五十二，咸丰二年正月辛巳，中华书局，1986，第702页。
② 富察敦崇：《燕京岁时记》，北京出版社，1961，第67页。
③ 孙庆忠主编《妙峰山：香会志与人生史》，第41页。
④ 徐珂编《清稗类钞》第11册，第5067页。

凌通、广福与吉升等。不过，道光后期，清廷更为严厉地禁止北京城内的秧歌戏。道光三十年（1850）四月，在北京城内拿获了"秧歌刘十"。①

在晚清朝廷看来，莲花落与秧歌一样有"诲淫"之嫌。光绪时期，女子唱莲花落被清廷禁止，其理由称："北方之唱莲花落者，谓之落子，即如南方之花鼓戏也。系妙龄女子登场度曲，虽于妓女外别树一帜，然名异实同，究属流娼。貌则诲淫，词则多亵，一日两次开演，不下十人。粉白黛绿，体态妖娆，各炫所长，动人观听。彼自命风流者，争光快睹，趋之如鹜，击节叹赏，互相传述。每有坐客点曲，争掷缠头，是亦大伤风化。"② 显然，民间杂剧突出挑逗私情的男欢女爱，在一定程度上消解了"男女授受不亲"的礼教意识，违背了"礼治"的教化方略，因此引起了清廷的担忧，进而遭到禁止。

相对于"有伤风化"而言，民间杂剧"诲盗"的"邪教"嫌疑更为清廷所警惕。嘉庆帝谕称：民间演剧"每喜扮演好勇斗狠各杂剧，无知小民，多误以盗劫为英雄，以悖逆为义气，目染耳濡，为害尤甚"。③ 其所言不识字的民众在清廷的"愚民"政策下处于文化上的弱势地位，但也因此不会从礼教上深刻认同清廷统治的正当性，反而更容易受到《水浒传》"替天行道""皇帝轮流做"等观念的影响。道光十二年（1832）夏，镶蓝旗宗室文举人奏请"严禁《鼓词》以消邪"。他称："此书多演怪力乱神，供人捧腹，似乎无害，然辞气抑扬之间，但图热闹，总以拜师学法神，驱役鬼神，啸聚山林，劫夺法场等为贤。小民何知正史，信以为真，此邪教必滋事之所由来，为害甚巨，可不禁乎？"④ 显然，这位举人意识到不知"正史"的小民也自然不知清廷的"天命"与"正统"，容易受《鼓词》的诱导，甚至在鬼神的名义下结成反叛朝廷的"邪教"。这恰好从反面说明，民间杂剧对民众意识的影响十分显著，比官方礼教更具有引导力与塑造力。

鸦片战争后，清廷认为"诲淫诲盗"的民间杂剧演出仍是禁而不止的，甚至在北京各地的庙会上不时出现。

咸丰帝依据御史伦惠的奏报认为，乡民在春秋季节的迎神报赛、进庙烧香都是照例不加禁止的，但像伦惠所言所谓"无赖之徒"以走会为名

---

① 王利器辑录《元明清禁毁小说戏曲史料》（增订本），上海古籍出版社，1981，第75页。
② 张焘：《津门杂记》卷中，天津古籍出版社，1986，第226页。
③ 《清仁宗实录》卷二百八十一，嘉庆十八年十二月癸丑，第838页。
④ 王利器辑录《元明清禁毁小说戏曲史料》（增订本），第71页。

"装演杂剧"，以致男女混淆，就有伤风化，实不应该。因此，他谕令步军统领衙门、顺天府及西北城各御史"先期出示晓谕，如有前项匪徒，即行拏究惩办"，同时警示差役人等不得借此机会"扰累"地方。① 咸丰帝此番像乾隆帝、嘉庆帝一样谕令北京地方官员注意查禁妙峰山进香有伤风化的民众行为。不过，由于北京地方官员虚与委蛇，咸丰帝查禁杂剧的谕旨对妙峰山武会演戏的影响并不明显。此外，咸丰帝对妙峰山的民间走会不存恶感，甚至一度赏赐过当时海淀镇的钢铃五狮会。据说，"在一次去妙峰山进香归途中经过颐和园北宫门外时，适为咸丰皇帝所见，当时狮子戴的铜铃铛不太响，咸丰问其缘故后赐给皇家造办处制造的铁铃十八枚，并赐该会为'万寿无疆钢铃五狮会'"。②

前文提及，慈禧太后晚年喜欢在颐和园观赏妙峰山的香会表演，这在一定程度上为妙峰山走会提供了合法化的空间，使清廷对妙峰山香会的政策由查禁转为弛禁。有学者认为，清末慈禧太后御览"皇会"的举措带有鲜明的国家控制民间社会的政治目的性，称"清朝政府通过这一举措，轻而易举地篡夺了这一宝贵的民间文化资源，民间社会与朝廷发生了更多更紧密的联系"③；"皇权代替会规，标志着皇权的力量已渗透到这项民众自己的文化的最核心部位，占有了这项民众的文化创造"④。应当说，从当时民众的立场而言，慈禧太后御览"皇会"对京津地区民间的碧霞元君信仰团体影响重大，在一定程度上"打破了原来行香走会的规范与价值标准，荣受皇封成为行香走会者追逐的最高目标"⑤。不过，其是否作为清末朝廷控制民间社会的手段还需要进一步的考察和更多的史料证据。应当注意到，慈禧太后"御览"妙峰山香会的初衷似乎不在于将国家力量渗透到民间碧霞元君的信仰活动中，以显示国家的在场，更多的在于其个人的喜好。若言清廷有意借助"皇会"控制民间社会，就难以解释此前清廷为何严厉禁止行香走会中的武会及其杂剧演出。并非此前清廷没有意识到可以借助"皇会"控制民间信仰碧霞元君的团体活动，而是他们清楚地认识到妙峰山行香走会的杂剧演出带来的"风

---

① 《清文宗实录》卷五十二，咸丰二年正月辛巳，第702页。
② 姚宝苍：《海淀区民间花会纵横谈》，中国人民政治协商会议北京市海淀区委员会编《文史资料选编》第3辑，第70页。
③ 吴效群：《妙峰山：北京民间社会的历史变迁》，第148页。
④ 吴效群：《妙峰山：北京民间社会的历史变迁》，第150页。
⑤ 吴效群：《妙峰山：北京民间社会的历史变迁》，第149页。

化"与"邪教"问题对其统治产生的直接与间接的威胁。因此，更合理的解释是慈禧太后因为个人的喜好，在民间信仰及其杂剧演出上放松了礼教的束缚。其是否有意"收买人心"，是否收到了笼络人心的实效，都是需要重新思考的问题。

（三）禁止东岳庙与各项"演剧"

由于第二次鸦片战争的打击，北京城内的吏治与社会治安状况更为堪忧，出现了衙门人员参与民间走会的活动的现象。同治五年（1866），北京景山、河滩、朝阳门外、东坝、左安门内外及内城狭隘巷口各地方，不时有白昼持刀动械、吓劫逼索的案件发生，而其他公然抢劫的案件"又复层见叠出"①。当时负责京城治安的官兵并不认真巡逻、缉拿凶犯，甚至有些官员"瓜分粮饷，临期募兵逻缉"。②京城内一些寺庙在开庙期间，一些香会"演扮杂剧"，号称"走会"，前来围观的民众充塞街巷。据御史书文奏称，各衙门人员有"扮剧游荡"，参加走会的情形。③

当时东岳庙庙会就是北京几个著名的庙会之一。清廷对这种状况颇为不满，谕令步军统领、顺天府、都察院、五城御史严行禁止此类现象再度发生。

在清廷看来，官府、民间的女性在北京城内进庙烧香是有伤风化的行为，一向加以禁止。不过，同治年间北京五城内的一些寺院在开庙时"开场演戏，藉端敛钱"④，众多妇女在看戏之外进庙烧香，一些职官的眷属多前往城内隆福寺、护国寺。清廷谕令步军统领衙门、顺天府官员发布禁止通告，以挽"颓风"。这虽不关涉奉祀泰山神灵的各类祠庙，但从中可见妇女借进香之机"结队游玩"的娱乐性需求。应当说，妇女在北京城内致祭碧霞元君、东岳大帝的进香活动同样具有"结队游玩"的娱乐性，她们并不在意是否有伤风化。

光绪时期，北京城官民内致祭碧霞元君的风化问题浮现出来。光绪十九年（1893）五月，御史端良就南顶（泰山行宫）的迎神进香一事奏称，北京南顶有"匪徒迎神进香，败俗酿弊"⑤。其所言的"匪徒"是前来为碧霞

---

① 《清穆宗实录》卷一百八十一，同治五年七月庚辰，第256页。
② 《清穆宗实录》卷一百八十一，同治五年七月庚辰，第256页。
③ 《清穆宗实录》卷一百八十一，同治五年七月庚辰，第256页。
④ 《清穆宗实录》卷二百七十一，同治八年十一月甲申，第757页。
⑤ 《清德宗实录》卷三百二十四，光绪十九年五月壬午，第180页。

元君进香并扮演杂剧的男女香客。此外，端良还称，微服的公侯大员、部院职官混杂香客中间，其中个别官员的马车轧死了小孩。因为有官员充当香客，永定门迟至亥刻（晚上十点）才关门。① 清廷据此谕令步军统领、南城御史按时关闭永定门。其将微服的官员前往南顶进香的行为责为"不成事体"，但没有明确的查禁措施。

由上可见，晚清时期清廷对于北京民间致祭碧霞元君时的男女香客混杂现象仍然实行禁止的政策，以申明礼教之大防，但由于公侯大员、衙门官员作为香客参与了进香活动，所谓有伤风化的进香演戏活动依旧禁而不止。

诚然，有学者通过考察明清时代北京的"顶"与东岳庙信仰团体的碑刻，从国家正祀与民间信仰之关系的角度，认为"国家－民间社会关系，会有着相当不同的表现：在这里，民间社会利用了国家，国家也利用了民间社会；前者这样做的目的依然是为了自己的壮大，后者这样做的目的则仍是为了控制后者，只不过表现出来的不是激烈的冲突，而是温和的互动而已"②。这段话用来解释庚子国变后朝廷与妙峰山香会活动的关系，不无可取之处。"温和的互动"只是一面，不能因此忽略清廷对民间信仰碧霞元君活动的另一面，即庚子国变前的清廷始终奉行严厉禁止妙峰山香会"装演杂剧"酬神的政策。

庚子国变中，京师"五顶"皆遭浩劫，其中南顶的神像大都残毁。虽然宣统二年（1910）该庙一度开放，举行庙会，但随即停办。其他四顶的庙会活动也不复现往昔的繁华景象。

（四）官方对"四大门"信仰的查禁与默许

晚清时期，为防止民众遭遇香头之害，清廷曾谕令禁止"四大门"香头的降神治病活动。在华北民间信仰中，"四大门"是碧霞元君管理的四种灵异动物，与民众的日常生活密切相关。但民间不时发生香头借用"四大门"之名谋财害命的案件。据经学家俞樾记载：天津紫竹林有李氏妇得了寒疾，当地一位顶神的巫师为其治病，索取高额的药费，屡变药方，结果"不及十日，李氏妇竟死"。③ 类似的案件不时发生，清廷因此禁止香头为人治病。不

---

① 《清德宗实录》卷三百二十四，光绪十九年五月壬午，第 180 页。
② 赵世瑜：《国家正祀与民间信仰的互动——以明清京师的"顶"与东岳庙为个案》，《北京师范大学学报》（社会科学版）1998 年第 6 期。
③ 俞樾：《右台仙馆笔记》卷十三，上海古籍出版社，1986，第 336 页。

过，地方官府在执行此禁令时并不严格。当时，满汉旗人十分信奉"四大门"，将其视为"保家仙"。① 或者说，"四大门"信仰已经渗透到了满族的萨满教信仰中。②

慈禧太后对"四大门"信仰并未表示反对态度，甚至对狐狸有一定程度的崇信。曾在慈禧太后身边生活过的德龄回忆说："有一次她告诉我，假使看见一个人在旁边走着忽然不见了，这就是狐仙的作怪，没有什么希（稀）奇，它们往往变成人的样子，以达到各种目的。它们在西苑中已住了几千年，而且一直是这样的变幻无常。她说太监们都说是妖魔的精灵，其实不然，它们不过是狐仙罢了，对于我们不会有什么伤害的。"③ 这从一个侧面反映慈禧太后对狐仙信仰的熟悉与认同。据民国时期燕京大学学生李慰祖调查，传说慈禧太后有一顶珠冠，某天这顶冠上的一颗珠子意外丢失。负责此事的太监非常着急，后经住在成府的曹香头指示，终于在殿中找到了失落的珠子。慈禧太后得知此事后便下旨在三旗营西门外修一座楼，赏与曹香头，当地人都称该楼为"曹家大楼"。④

晚清宫中的太监、宫女等人将"四大门"视为"殿神爷"，虔诚信仰。据末代皇帝溥仪回忆："宫中的太监，对于'殿神'是一贯异常信仰的。要问'殿神'是什么？按照他们的话来说，就是'四大家'——长虫、狐狸、黄鼠狼和刺猬。并说这四种动物——'殿神'，都是曾受过皇帝封为二品顶戴的仙家，太监们还活灵活现地互做警告说：夜间千万不可到乾清宫的丹陛上去走，否则就会被'殿神爷'给扔到丹陛之下。……我从幼时，就是在这种迷信漩（旋）涡里的宫廷生活中，相信了'殿神'之说。"⑤ 对于这些太监、宫女而言，"四大门"是直接关系他们福祸的神灵，既畏之，又敬之。

或许因为皇室对狐仙信仰的默认态度，晚清官府对于妙峰山、丫髻山奉祀"四大门"之事听之任之，对东岳庙后罩楼二层玉皇殿的东侧所设供奉胡门的大仙爷殿也默许之。

① 北京市平谷区文化委员会编《畿东泰岱——丫髻山》，第 220 页。
② 李慰祖著，周星补编《四大门》，第 108 页。
③ 〔美〕德龄公主著，顾秋心译述《清宫二年记——清宫中的生活写照》，第 161 页。
④ 李慰祖著，周星补编《四大门》，第 90 页。
⑤ 溥仪：《我的前半生》（灰皮本），群众出版社，2011，第 117 页。据说，努尔哈赤因为胡门对其有救命之恩，向胡门封赠了"二品顶戴"，并于辽宁闾山望海寺下的大石棚洞内设胡仙堂，岁时供奉。

六　清末"庙产兴学"对泰山信仰的冲击

戊戌新政时期，清廷实施的"庙产兴学"政策在一定程度上冲击了民间的泰山信仰。为解决教育改革费用不足的问题，康有为于光绪二十四年（1898）五月十五日上奏了《请饬各省改书院淫祠为学堂折》，建议将民间的"淫祠"改为学堂。其在奏折中说："中国民俗，惑于鬼神，淫祠遍于天下。……若改诸庙为学堂，以公产为工费……则人人知学，学堂遍地。"① 康氏所说的"淫祠"是指不在官方祀典范围的民间祭祀鬼神的祠庙。是年五月二十二日，光绪帝颁布了兴学的上谕，要求将各地不在祀典者的民间祠庙一律改为学堂，以节省费用，振兴教育。这些祠庙不仅包括所谓"淫祠"，还包含会馆、宗祠等民间的公共建筑及其财产。依据这一政策，各地奉祀碧霞元君的泰山行宫均属于"淫祠"，而东岳庙则是不可毁的"正祀"祠庙。由于戊戌变法推行时间较短，各地的泰山行宫未受到明显的影响，但在后来"庙产兴学"运动中难以避免遭遇冲击的命运。

光绪三十一年（1905），清廷废除了科举制，在各地利用庙产兴建劝学所与新学堂。翌年，清廷正式颁布了《劝学章程》，要求各村的学堂董事查明本地不在祀典的庙宇与乡社，允许将其租赁给学堂，将迎神赛会、演剧的存款充当学费。由此兴起了大规模的"庙产兴学"运动。在此运动中，民间的一些泰山行宫被改为学校或移做他用。

清末，一些地方的新学教育与民间的碧霞元君信仰发生了剧烈的冲突。庚子国变后，曾任河南高等学堂教务长的王筱汀与李敏修在河南禹州首倡新学教育，其弟王舆三任该县官立高等小学堂堂长。光绪三十二年（1906）十二月，禹州之饮牛口奉祀碧霞元君的三仙庙开庙会，演戏剧，善男信女纷纷前往求子。该地高等小学堂的学生前往观看，堂长王舆三憎恶民众的愚昧无知，于是捣毁了三仙庙中的一尊塑像。未料此举引起了进香民众的愤慨，他们在"毁学堂"口号下蜂拥而至高等小学堂，"撞门入室，见物即毁"。后来他们报复王舆三未遂，但砸毁了李敏修的家舍。② 可见，在民智未开的情况下，清末的新学教育与民间的泰山神灵信仰习俗存在观念上的矛盾。"庙

---

① 汤志钧、陈祖恩编《中国近代教育史资料汇编·戊戌时期教育》，上海教育出版社，1993，第 54 页。

② 童坤厚：《王筱汀先生年谱》，民国二十八年（1939）铅印本，第 22 页。

产兴学"之所以引发了官民冲突，其中关键问题在于官方新学教育与民间传统信仰在思想观念与公共财产上有所争夺。

有学者认为，对于清末乡村社会而言，新式学堂的建设打破了原有的利益平衡关系，"引起各种新旧势力间错综复杂的矛盾冲突"①，造成主管新式教育的学董与庙首（会首）之间的诉讼连绵不断，"其实质是国家权力不断下移，渗透进乡村既有的权力结构的过程"。② 这未必是清廷推行新式教育的初衷，但"庙产兴学"无疑是国家依靠暴力侵夺民众公共资产的行为。在此过程中，国家试图扮演启蒙者的角色，这个角色并未得到民众的普遍认同。在此情况下，国家通过扶持新学教育及其关联的学董等新的乡村权威，直接侵夺庙产，无疑损伤了某些庙神信仰者的情感与利益，不能不引发后者的反感与抗争。显然，清末"庙产兴学"，既是一个经济利益问题，也是一个将民间信仰政治化的问题。

诚然，一些地方精英将信仰神灵的民众视为愚民，对其不支持新学教育十分不满。光绪三十三年（1907），山东邹平县人赵仁山在《捐田兴学碑记》中称：迷信之人为其崇拜的偶像或动植物修建祠宇，供奉香火，"岁糜金钱以巨万计，曾不少加吝惜"③，但谈到为传播科学、修建学堂捐款，他们却说"无款"。他慨叹道："迷信愈深，科学思想愈不发达，盖非一朝一夕之故"。对比"迷信之人"无款建设学校的做法，他由衷地赞许本地的梁一里、蔡景云等人将十八亩八分良田捐给了新兴的学校，认为这才是"祛迷信心，发达科学思想"的善举。④ 应该说，在民间神灵信仰观念与习俗尚未得以改变的情况下，清末"庙产兴学"的运动无疑会引发官民之间的冲突。其背后更关键的问题是，清廷的"神道设教"方略与排斥神灵信仰的新学之间的理念冲突尚未得以从容解决。因此，对于当时匆忙走上仿行立宪道路的清廷而言，其"庙产兴学"的政策显得过于激进，在策略与技术上缺乏充分的准备，将"启民"的新学教育变成了"扰民"的信仰政治化问题。

宣统二年（1910）十二月，与"神道设教"密切相关的祠庙改革问题

---

① 桑兵：《晚清学堂学生与社会变迁》，学林出版社，1995，第150页。

② 梁勇：《清末"庙产兴学"与乡村权势的转移——以巴县为中心》，《社会学研究》2008年第1期。

③ 赵仁山：《捐田兴学碑记》，栾钟垚等修纂《邹平县志》卷四，建置考七，民国二十二年（1933）刊本，第56页。

④ 赵仁山：《捐田兴学碑记》，栾钟垚等修纂《邹平县志》卷四，第56、57页。

提上了法律修订的日程，此事涉及国家祀典内外的神灵信仰的合法性问题。《大清新刑律》第 257 条是关于国家保护坛庙的条款，资政院议员对该条的讨论围绕着"迷信邪说"与"信教自由"展开。议员许鼎霖认为，若任民众随意信仰，"迷信邪说"之事将日多一日。① 议员刘景烈主张，"不能指定哪一种庙轻，哪一种庙重，若说人民信教自由，只可视人民之信仰而已"②；"信教自由，尊拜神像将来是宪法所应规定的"。③ 议员陆宗舆也认为，不在祀典的小庙，"法律上就应有相当之保护"④。议员汪荣宝也主张"庙改学堂，神像仍是应当孝敬的，凡合于习惯者皆不为罪"⑤。经过反复讨论，当年年底通过的新刑律草案规定："对坛庙、寺观、坟墓及其余礼拜所有公然不敬之行为者，处五等有期徒刑、拘役或一百元以下罚金。"⑥ 这一法律条文依据信仰自由的宪政原则，确立了包括妙峰山在内的祠庙及其神灵信仰的合法性。

不过，由于此时清廷在革命潮流的激荡下摇摆不定，《大清新刑律》保护民众神灵信仰礼俗的条文并未引起新知识人的关注与认可。他们更在意的是清廷利用礼教、神权与鬼神教化手段造成民众普遍贫困、愚昧、软弱和分散的事实。换言之，其批判迷信与神权的重心是反对包括"神道设教"在内的"礼治"政治，寻求国家振兴与文明复兴之道。对他们而言，引导民众学习西方先进的文明与科学，将其从传统的神灵信仰礼俗中解放出来，要比讨论和保障其信仰自由的权利更为急迫。正是在这个意义上，作为新知识人代表的严复一面批判中国传统的鬼神信仰，一面疾呼鼓民力、开民智、新民德。因此，在新知识人发起的反迷信的社会舆论中，泰山信仰礼俗仍是要被批判和改造的对象。

小　结

晚清时期，清廷沿袭清代前中期祭祀东岳的礼仪制度，泰山信仰在日常

---

① 李启成点校《资政院议场会议速记录——晚清预备国会论辩实录》，上海三联书店，2011，第 648 页。
② 李启成点校《资政院议场会议速记录——晚清预备国会论辩实录》，第 646 页。
③ 李启成点校《资政院议场会议速记录——晚清预备国会论辩实录》，第 647 页。
④ 李启成点校《资政院议场会议速记录——晚清预备国会论辩实录》，第 647 页。
⑤ 李启成点校《资政院议场会议速记录——晚清预备国会论辩实录》，第 647 页。
⑥ 高汉成主编《〈大清新刑律〉立法资料汇编》，社会科学文献出版社，2013，第 547 页。

政治生活中仍旧发挥着"神道设教"的功用。不过,这一时期清廷的泰山信仰出现了新的变化:其一,由于财力匮乏和慈禧太后的偏好,清廷在北京为碧霞元君进香的首要圣地从京东的丫髻山转向了京西的妙峰山。其二,在西方列强对北京的劫掠下,皇家内部奉祀泰山碧霞元君的祠庙及相关礼仪均受到不同程度的破坏。其三,在泰山祈雨(雪)礼的筹备中,山东官员清盛、文格等人借机谋取私利。其四,由于慈禧太后对香会表演的喜好等因素,清廷放松了对华北民间社团化的祭祀泰山神灵活动的查禁。上述泰山信仰礼俗的变化,反映"礼治"与"神道设教"方略的衰落。

晚清时期,中国不可避免地被卷入资本主义的世界潮流中,也不得不进行从君主专制转向君主立宪的政治改革。在复杂的政治变局中,一方面有地方官员利用泰山信仰继续进行伦理教化,推行禁止女性缠足的政策;另一方面"庙产兴学"政策在促进文化启蒙的同时,也冲击了华北民间的泰山祠庙与民众的日常生活。宣统二年(1910)通过的《大清新刑律》规定祀典内外的所有民间祠庙都受法律保护。这从国家法律层面上为华北民间泰山信仰的正当性提供了不可或缺的制度性支持,但因为时局骤变而难以落实到日常生活中。值得注意的是,人民信仰自由的权利问题已经引起宪政改革者的关注,这意味着华北民间泰山信仰将从根本上去除"淫祀"与"邪教"的嫌疑,而清廷一以贯之的日常统治方式再也无法继续。天已变,道亦不得不变,社会各阶层的日常生活都在不同程度上进入了一个新旧并存的转型时代。

第二章 近代泰山信众的社团、观念及时局因应

　　近代华北民间的泰山信仰以山东泰山、北京的妙峰山与丫髻山及河南浚县的浮丘山为典型的泰山神灵奉祀中心。华北各县均有奉祀泰山神的祠庙。有学者统计，清末山东各地的碧霞元君庙有 300 多座，东岳庙大约有 160 余座，这个数字还不包括大量的没有被方志记载的乡村泰山庙宇。[①] 晚清时期，仅直隶深州就有奶奶庙 43 所，青县有娘娘庙 65 所。[②] 可以说，这里的奶奶庙与娘娘庙大多数为奉祀泰山神的庙宇。晚清北京城内奉祀泰山神的庙宇不下 30 座，而妙峰山顶的惠济祠作为京津地区最负盛名的泰山娘娘庙，不仅在北京东岳庙的西跨院设有妙峰山娘娘行宫，而且在天津城内亦设有下院。北京、天津与河北三地奉祀王三奶奶的祠庙联结成一张区域化的信仰习俗网络。

　　朝拜泰山神灵的民间信仰社团多称为"香社"或"香会"。其中，前往妙峰山与丫髻山朝顶的民间信仰社团分为文会与武会，文会如"诚意会""平安会"等，武会如"五虎棍会""小狮子圣会"等，这些香会的朝山活动通常被称为"走会"。虽然受到官方禁令的约束与基督教等外来力量的影响，华北泰山香会的演进时起时伏，而信众因为时局的动荡不安而愈发增强了对泰山神灵的心理依赖。他们对于泰山神灵信仰的观念及生活方式体现了社会革命的滞后与困境。

一　泰山香社的起伏

　　在近代战乱频仍的社会环境中，山东、河北与河南等地的一些泰山香社

---

① 代洪亮：《泰山信仰与明清山东社会》，硕士学位论文，南开大学，2000。
② 王庆成：《晚清北方寺庙和社会文化》，《近代史研究》2009 年第 2 期。

仍不时前来泰山朝顶进香。这些香社新旧不一，但通常会在泰山立碑，记录其会众的姓名及其对碧霞元君与东岳大帝的感念。

（一）旧有香社在泰山的奉祀与报谢

晚清时期一些旧有香社几乎每年都来泰山朝顶进香。山东历城的北斗永善社延续时间长达 300 多年。该香社财力丰厚，信众近千人，每年三月前往泰山进香。咸丰五年（1855），在会首陆庵熙与发起人韩乐善、王诚心、孔悟善的倡议下，北斗永善社向泰山碧霞元君神像供奉的神龛、枕头、铺垫、宝盖等物品 160 多件。① 从目前可见的近代泰山香社碑刻看，这次供奉的物品规模之大十分罕见。

嘉庆年间创立的泰安高兴官庄香会，拥有会首 16 位，会众近 600 人，其在道光二十五年（1845）为泰山碧霞元君供奉了一件"洋红缎袍"。② 咸丰五年（1855），刘凤仙等 240 余位信徒向碧霞元君敬献了一袭精美的神袍。③ 同治八年（1869），以监生刘忠一为会首的泰安县城东焦家林香社在泰山红门立题名碑，列会众姓名 170 多个。④

光绪、宣统年间，泰山香社的活动尤其繁盛。光绪十八年（1892），兖州滋阳县信士为泰山的天仙圣母台前敬献两把黄罗伞。⑤ 光绪十九年（1893），泰安东部的合山会在泰山红门立题名碑，其上列信徒张生麟、张松麟等 1150 余人的姓名，涉及北石汶、大马庄等 90 多个村庄。⑥ 宣统二年（1910），山东昌邑县伍塔社在泰山立题名碑，列信徒徐文策、徐文选与徐文尉等 53 人的姓名。⑦

---

① 按：清单如下：泰山圣母贡檀牌位一尊并神龛，黄绣花枕头一个，黄绣花铺垫二副，黄缎绣花黄罗宝盖一把，黄绣花大宝盖一把，黄洋绉万名善男信女宝盖二把，黄洋绉龙凤旗四杆，黄洋绉宝幡八杆，绸子五色旗四杆，朱红洋标大社旗四杆，朱红洋标小社旗六十杆，本社大纱灯两对，龙拐铜荷花提炉两对，铜凤烟炉两对并铜盘，大红全幅彩绸一匹；十献供品：香、花、灯、水、菜、茶、食、宝、珠、衣，朱红木盘十个；金桥银桥：黄白布的竹子架，蓝布小垫三十个，旗伞座大小八个。《山东历城北斗永善社题记碑》，咸丰五年（1855）立石，碑存山东省泰安市泰山红门。
② 《香会善信挂红袍记碑》，咸丰五年（1855）立石，碑存山东省泰安市泰山孔子登临处。
③ 《刘凤仙等题名碑》，道光二十五年（1845）立石，碑存山东省泰安市泰山红门。
④ 《泰安县城刘忠一等题名记碑》，同治八年（1869）立石，碑存山东省泰安市泰山红门。
⑤ 《滋阳县信士题名碑》，光绪十八年（1892）立石，碑存山东省泰安市泰山灵应宫。
⑥ 《合山会记碑》，光绪十九年（1893）立石，碑存山东省泰安市泰山孔子登临处派出所。
⑦ 《昌邑县伍塔社信士题名记碑》，宣统二年（1910）立石，碑存山东省泰安市岱庙配天殿西侧。

民国肇兴至日军占领泰安之时，一些延续数十乃至上百年的香社仍连年前来泰山进香。1916 年，济南府济阳县南乡的岱社在泰山红门立题名碑。[①] 艾圣忠倡立了该社并任第一任会首，后由其子、其孙分别任该社的第二任和第三任会首。济南府历城县五里沟庄的神女郭张氏因常向碧霞元君祈祷，"数果千万，不胜条章"。[②] 其为纪念此事，于 1922 年在泰山红门立题名碑，列信众张坛、赵琴轩与金毓瑛等 190 多人的姓名。1923 年，泰安故县城东北埠庄香社社首张大荣、韩树德等约 400 人在泰山红门立了题名碑。[③]

民国时期，还有信徒以个人的名义在泰山上立碑称颂碧霞元君的灵应。1931 年，山东定陶的张毅忱自称碧霞元君的皈依弟子，在泰山红门至万仙楼的道边立《"仰答神庥"题词碑》，以报答其所受碧霞元君的"呵护"。[④] 1949 年，皈依弟子郭殿富在泰山红门至万仙楼路边的摩崖上题刻"有求必应"四字，以彰显碧霞元君的神通与恩泽。

（二）近代新增的泰山香社

依据目前所见泰山香社碑，可知近代新立了 12 家香社，其具体情况如表 2-1。

表 2-1　近代新增泰山香社一览

序号	成立时间	名称	会首	会　众	分布区域	会　碑
1	光绪初年	芝隍庄香社	不详	刘闫氏、张孟氏等人（因碑残无法统计）	山东济南府平原邑城西南芝隍庄	《济南府平原邑信士题名碑》，光绪十九年（1893）立石，碑存山东省泰安市泰山灵应宫
2	光绪初年	恩县香会	左思义	牛天才、陈建堂等 28 人	恩县（今山东省平原县西恩城）城南三乡八图郝家庙	《恩县左思义等信士题名碑》，光绪十六年（1890）立石，碑存山东省泰安市泰山灵应宫

---

① 《艾圣忠等结社题名碑》，民国五年（1916）立石，碑存山东省泰安市泰山红门。

② 《郭张氏祷神记碑》，民国十一年（1922）立石，碑存山东省泰安市泰山红门。

③ 《故县城东北埠庄信士题名记碑》，民国十二年（1923）立石，碑存山东省泰安市泰山红门。

④ 《"仰答神庥"题词碑》，民国二十年（1931）立石，碑存山东省泰安市泰山红门至万仙楼路边。

续表

序号	成立时间	名称	会首	会众	分布区域	会碑
3	光绪初年	乐善会	不详	杨丹成、陈盛奎等48人	直隶河间府东光县城西张会头店	《大清国直隶河间府乐善会记碑》，光绪十七年（1891）立石，碑存山东省泰安市泰山灵应宫
4	光绪六年（1880）	香火社	不详	梁振交、梁振典等约30人	营山庄、楼子庄等7个村庄	《香火结社题名碑》，光绪二十六年（1900）立石，碑存山东省泰安市泰山红门
5	光绪八年（1882）	莱芜陈家楼庄香社	陈毓来	周茂亭、万起同等约100人	莱芜县陈家楼庄、李家庄、王家庄等8个村庄	《莱邑陈家楼庄陈毓来等题名碑》，光绪十二年（1886）立石，碑存山东省泰安市泰山红门
6	光绪十三年（1887）	同心社	邢有田	监生索万亿等32人	武定府蒲台县（1956年并入山东省博兴县）西南路仁字乡赵店	《同心社信士题名碑》，光绪二十五年（1899）立石，碑存山东省泰安市泰山红门
7	光绪十四年（1888）	香社	不详	崔任氏、陈守鲁、车景茂等30余人	邹县齐东庄等5个村庄	《邹邑李正咸等题名碑》，光绪十四年（1888）立石，碑存山东省泰安市泰山红门
8	光绪十八年（1892）	茌家庄香会	赵士璋	僧刚司安长、赵秉道等12人	泰安东茌家庄、兴隆官庄	《茌家庄结会记碑》，清光绪十八年（1892）立石，碑存山东省泰安市泰山红门
9	清末民初	北斗圣会	许昌玉	成画、卜孚嘉等约140人	山东岱北道历城县	《北斗圣会题记碑》（之一），民国四年（1915）立石，碑存山东省泰安市泰山红门；《北斗圣会题记碑》（之二），民国四年（1915）立石，碑存山东省泰安市泰山红门
10	民国初年	灯油会	法霖、于刘氏等9人	王汝后、张玉生等262人	泰安姚家坡	《灯油会记碑》，民国十一年（1922）立石，碑存山东省泰安市泰山红门

序号	成立时间	名称	会首	会众	分布区域	会碑
11	民国十一年（1922）	沧县泰山香会	不详	朱永福、朱茂林等129人	河北省沧县	《沧县同会题名碑》，民国十三年（1924）立石，碑存山东省泰安市泰山红门
12	民国时期	索镇街香会	齐义远、苗杏村等11人	王书田、周京方等35人	济南府桓台县索镇辛庄子、胡家庄等7个村庄	《济南府桓台县索镇信士报恩碑》，民国二十四年（1935）立石，碑存山东省泰安市泰山红门

说明：本表依据目前可见的山东省泰安市泰山所存的香社会碑制作。由于一些泰山香社的会碑损坏或遗失，难以完整统计近代泰山香社新增的具体数目。

从表2-1可见，从光绪朝到1935年间的泰山香社一直在不断增加。相对而言，民国时期泰山香社增加的数量要比光绪时期少一些。有学者认为，光绪时期"是泰山香社由盛而衰的关键时期"。[1] 从现存的香社会碑来看，此说基本可信。

近代新增的泰山香社来源区域为山东泰安、莱芜、济南、德州与淄博，以及河北的沧县与东光县。这些区域距离泰山较近，大致在泰山周围的100公里内。鸦片战争之前曾来泰山进香的山东莱州、河南开封和江苏沛县等地的香社是否延续到了晚清时期则不得而知。

（三）香社信众对泰山神灵护佑的诉求

近代新老泰山香社朝山供奉碧霞元君与东岳大帝，既为自家求福，也为游览观光。他们报谢泰山神灵的情况大致如下。

其一，近代一些未受战乱冲击的泰山香社信众，将其幸存归功于碧霞元君的护佑，特地于泰山立碑颂其恩德。

咸丰年间，捻军与太平军一度在直隶、山东地区活动，不免滋扰当地的民众。由于缺少官方的即时保护，当地民众深感孤立无助。又逢黄河改道，农业歉收，这些民众为求活命，乞灵于碧霞元君。从咸丰四年（1854）至咸丰八年（1858），直隶州的臬署、盐署等机构，候补县丞姜某等官员和张孟氏、陈张氏等100多名信徒捐资为碧霞元君供奉钟鼓、黄罗宝伞、龙凤旗幡

---

[1] 叶涛：《泰山香社研究》，第129页。

与幡杆等物品，以感谢其护佑之恩。① 泰安城东南的王庄受到捻军的袭掠，村里民众在危急之时向泰山神灵祈祷，后"合村安全"。这些民众认为自身脱险的一部分功劳在于泰山神灵的护佑。他们因此联系曲沟店、油房庄、五里井、山口与姚家坡等村的乡民共同来泰山报谢。② 光绪五年（1879），据传教士马提尔观察，泰山香会的会首总带着一面三角旗帜，有些香客从六七百里远的地方来朝山，多数是为了祈福与还愿。③

光绪十六年（1890），基督教在鲁西北地区的传播引发了越来越多的教民冲突，其中的大刀会等民间武装团体在泰安、德州、济南一带游荡。这对于不明真相的民众来说，有一种莫名的生存威胁。光绪十九年（1893），济南府平原县的芝隍庄香社来泰山报谢，其在碑文中称："光绪十六年，叛逆突来，而于社中里居，入而复出，独无剽掠灾。此固防守者之力，抑不尽防守者之力，而以数三年进香于兹，默默中自有庇荫者欤。"④ 此所谓的"叛逆"即为大刀会一类的民间武装团体。他们认为自己能在这些不受约束的民间武装团体的滋扰中幸存，既有防守者的功劳，也有泰山神灵的护佑。

民国时期，泰安、济南的一些信徒仍将自身幸存于战乱的一部分功劳归结于泰山神灵的护佑。1928 年，日军在济南制造了骇人听闻的"五三惨案"，死伤了不少当地民众。在此劫中幸存的济南府西关的刘修善、马进修等人为感谢东岳大帝的护佑，于 1932 年共同登岱顶"敬献大匾一块，万民伞一把，袍五身，旗帜等件"。又于 1935 年在泰山红门碧霞宫前建醮立石，以志不忘神庥。⑤

在 1930 年的中原大战中，泰安城被围 20 多日，遭巨炮轰炸。据说在此期间，每天早晨有云雾从泰山顶上飘来，笼罩住泰安城的四周。城中居民都认为这是碧霞元君"默相庇护"。泰安城解围后，城内居民群向岱顶报恩。信女宋善人在泰安、济南两地劝捐，为碧霞元君供奉十一袭锦袍。同为发起人的高玉龙、赀学曾等认为，这次供奉微不足道，但碧霞元君的灵异"不可不有所记载，俾后人观感起信"，因此特在泰山红门立碑记录此事。⑥

---

① 《张孟氏许愿进香碑》，咸丰八年（1858）立石，碑存山东省泰安市泰山红门。

② 《城东南王庄还愿记碑》，同治八年（1869）立石，碑存山东省泰安市泰山红门。

③ C. W. Mateer, "T'ai San—Its Temples and Worship," *Chinese Recorder* 10.6 （Nov. – Dec. 1879）: 403 – 415.

④ 《济南府平原邑信士题名碑》，光绪十九年（1893）立石，碑存山东省泰安市泰山灵应宫。

⑤ 《济南府西关信众建醮记碑》，民国二十四年（1935）立石，碑存山东省泰安市泰山红门。

⑥ 《高玉龙等施锦袍记碑》，民国二十二年（1933）立石，碑存山东省泰安市泰山红门。

当然，近代泰安地方民众在遭逢战乱时并非都乞灵于泰山之神，其中一些人对其周围生活环境中的其他神灵同样深怀诚敬之心。咸同年间，今泰安市岱岳区夏张镇的河西上章、河东上章与太平官庄等 7 个村庄的民众建筑山寨，避免了太平军带来的生命危害。他们认为此事虽是尽了人事之力，但也有赖于当地小山之山神、土地神与龙王的护佑。因而为这三位神灵修建了三圣堂与山神庙。① 1927 年，这 7 个村庄的民众又捐资重修了山神庙。② 显然，在北洋政府时期的战乱中，这些民众对当地山神的护佑之恩念念不忘，没有将自身的安全寄希望于官方的保护。

其二，祈祷碧霞元君祛病驱疫，成为近代泰山香社朝山的一大动因。在晚清时期的信众看来，碧霞元君可以祛病驱疫。光绪十二年（1886），莱芜县的庠生王维序在为陈毓来倡立的香社所撰碑文中称颂碧霞元君的慈母之德："凡男妇欲祈年免病，求嗣保寿，竭诚于元君前者，元君既如其意佑之。"③ 光绪时期，山东武定府蒲台县西南路仁字乡赵店的邢有田抱病赴泰山诚祷，返回后其病"一了如抽"，因此倡立了同心社。④ 当地乡民都认为这是碧霞元君的灵应，遂于光绪二十五年（1899）筹资立碣，以显其心悦诚服的意愿。

民国时期"闯关东"的一些山东人仍将泰山神灵视为自己的保护神。1921 年农历二月，吉林省宾江县瘟疫流行，死者甚多，见者触目惊心。当时有来自泰安、莱芜的贾联斌与郑书箴祈祷碧霞元君护佑苍生，祛除瘟疫。此后，瘟疫很快停止了传播，贾、郑二人安然无恙。约 3 个月后，他们和另外 6 位信众为此来泰山立碑答谢碧霞元君与东岳大帝。⑤ 此外，在辽宁省西丰县齐家堂小孤山营生的山东人还将碧霞元君视为保护行路平安的神灵。离别故土之后，这些山东人以碧霞元君为共同的精神支持，"假香会名义来团结"，共同应对陌生的社会环境。⑥

---

① 《创修三圣堂碑记碑》，同治十二年（1873）立石，碑存山东省泰安市岱岳区夏张镇南陈村红岭子三圣堂。
② 《重修山神庙记碑》，民国十六年（1927）立石，碑存山东省泰安市岱岳区夏张镇南陈村红岭子山神庙。
③ 《莱邑陈家楼庄陈毓来等题名记碑》，光绪十二年（1886）立石，碑存山东省泰安市泰山红门。
④ 《同心社信士题名碑》，光绪二十五年（1899）立石，碑存山东省泰安市泰山红门。
⑤ 《贾联斌等答神碑》，民国十年（1921）立石，碑存山东省泰安市泰山红门。
⑥ 《还愿记碑》，民国二十六年（1937）立石，碑存山东省泰安市泰山红门。

其三，信众在泰山进香立碑的活动彰显了融为一体的孝道与神道。咸丰五年（1855）立于泰山红门的《阳邱王母贤德碑》云：阳丘县明水寨的王宇伦、王宇和兄弟之母"坤范可钦"、乐善好施，但她不以贤德自居，只说如果泰山神灵有知的话，就让她多活些年数。后来，这位王家老母以百岁而终，并留下遗言，让其子王宇伦、王宇和在泰山上种植千株松树。王氏兄弟谨遵其母遗言，在泰山东面种植了千株松树。举人褚文华、进士郑芳兰等人以为这是母贤子孝、泰山神灵报施善人的灵验。[①]

民国时期，山东郓城西北二十里徐家桥的徐松岩多次登岱为其母祈祷、还愿。徐氏是一位虔诚的碧霞元君信徒，民国初年为其母之病曾 5 次来泰山朝拜碧霞元君，每次登山朝拜时都是披发赤脚，丝毫无伤。其母病愈后，徐氏又发愿为碧霞元君"献神袍五十身"，30 多次来泰山还愿，并因此成为泰山斗母宫的知名香客。[②] 1930 年，徐氏还愿终了，年已 88 岁。在斗母宫住持能庆的介绍下，郓城县儒学生员李希沆为其撰文记录此事，以显示碧霞元君的灵应与徐氏的孝心。在徐松岩的感召下，追随其朝山进香的信徒有林玉环、徐敬修等 39 人。

因连年虔诚朝山进香，徐松岩与泰安安驾庄的张继闾交好。1913 年农历四月初八，徐、张二人对酒谈心，张氏向徐氏赠以偈词：

> 募化兴功莫乱劳，虔诚向善品行高。
> 采兰寻竹结益友，扫地焚香会仙曹。
> 年迈依然身益壮，德隆卓尔名可褒。
> 年年登岱参圣母，寿比苍松任风摇。[③]

翌年农历四月，张氏又向徐氏赠偈语：

> 八九之年身犹强，重来登岱归故乡。
> 同心为善多知己，一体相交对上苍。
> 情愿群黎皆向化，更思万国尽改良。
> 欣逢民国新世界，斗母宫中观圣光。[④]

---

① 《阳邱王母贤德碑》，咸丰五年（1855）立石，碑存山东省泰安市泰山红门。
② 《泰山行宫记碑》，民国十九年（1930）立石，碑存山东省泰安市泰山斗母宫。
③ 《泰山行宫记碑》，民国十九年（1930）立石，碑存山东省泰安市泰山斗母宫。
④ 《泰山行宫记碑》，民国十九年（1930）立石，碑存山东省泰安市泰山斗母宫。

在张继闿看来，不同于清朝的民国"新世界"令人欣喜，而斗母宫中的碧霞元君仍旧灵应如昔，不因"新世界"而改变。更值得他感叹的是徐松岩"虔诚向善"、朝拜"圣母"背后的神道与孝道的融合。可见，民国时期的碧霞元君信徒仍遵循传统的孝道观念，并极力通过碧霞元君信仰的神道彰显和体验孝道观念的正当性。这种信仰习俗与观念在当时山东民间仍具有广泛的社会基础。

除祈福和还愿之外，华北信众前去泰山进香也有出门旅游的精神需求。1920 年代，据山东基督教大学教师德怀特·贝克（Dwight C. Baker）观察，在春天进香季节中的泰山上，每一天都有几千来自全国各地的百姓前来进香，有些香会的首领举着镶红边的旗帜，以表明其来自华北各地不同的乡村。他们在回家途中，"总是满载从这座圣山的灌木丛路边购得的纪念品，有龙头拐杖，给孩子的玩偶和哨子，还有给留在家中的妻子的锡制护符和耳环"。[1] 对这些香客而言，朝山进香无异于一次远离家乡的观光之旅。

1937 年底，日军占领了泰安城，在其殖民统治下，泰山香社的活动急速转向了沉寂。

二　蒿里山与总司大帝庙香社的式微

汉乐府歌词云："蒿里谁家地，聚敛魂魄无贤愚。"[2] 自汉代以来，蒿里山一直被认为是华人死后世界——冥界的所在地，泰山神东岳大帝为冥界主宰者。蒿里山的神祠创建年代无考，但应不晚于元代。元人徐世隆《重修东岳蒿里山神祠记碑》（今碑存于泰山岱庙）中称："今东岳山有地府，府各有官，官各有局，皆所以追生注死，冥冥之中岂无所宰而然耶。其祠距东岳庙之西五里许，建于社首坛之左，自唐至宋，香火不绝，望之者，近则威然，入则肃然，出则怖然。"后毁于金季兵燹。元初泰山全真道士张志纯重建，并置有"七十五司"神房及像设。明许仲琳在小说《封神演义》中让姜子牙封周朝武将黄飞虎任东岳泰山天齐仁圣大帝之职，"执掌幽冥地府一十八重地狱，凡一应生死转化人神仙鬼，俱从东岳勘对，方许施行"[3]。明成化朝乡众重修蒿里山神祠。光绪十九年（1893），泰安知县毛澂重修岱麓蒿

---

① Dwight C. Baker, *T'ai Shan: An Account of the Sacred Eastern Peak of China*，第 8 页。

② 吴小如主编《汉魏六朝诗鉴赏辞典》，上海辞书出版社，1992，第 80 页。

③ （明）许仲琳：《封神演义》，时代文艺出版社，2009，第 1001 页。

里山神祠，并将社首山顶的相公庙一并改建。

（一）蒿里山香社活动的终结

元代以来，华北各地的民众纷纷前往蒿里山进香，尤其注重在此刻碑奉祀"三代宗亲"或"先代宗亲"，这是其他地方香社不曾有的现象。曾目睹蒿里山香社碑林的耿静吾记述称：该地阎王殿下有晋代的总持咒幢子，信士修斋建醮碑"多至数百计"①。民国初年亲临此地的法国学者沙畹特地描述了这一现象：

> 我们从刻着"蒿里山"字的大门进入院落之内，就亲感了这种民间信仰的兴盛。在经过戏楼的两条小道上，林立着多方墓石，形成碑林，碑石之上多铭刻着"昔故三代宗亲享祭之所"。大多墓石都由一村或数村的信众集资而立。举一个事例："山东济南府长山县南路孟家堰人等，敬祀先代宗亲之所。时继大清光绪丙午年仲春二月吉日阖庄公立。住持张能纯。"另一个例子："山东济南府长山县东路理顺约五里桥、道庄，三代宗亲之位。光绪二十九年二月立。住持高毓智。"其他的墓碑文字更加冗长，都体现了蒿里山信仰的风俗。这种环境，使人感到正置身于死者丛集的阴魂世界中。②

从沙畹的这段描述可见，晚清时期蒿里山聚敛鬼魂的观念在山东民间广为流行，民众将此观念与孝亲的伦理观念结合在一起。他们因为财力微弱，集体结社来蒿里山进香以祭祀安魂于此的祖先。因史料匮乏，难窥近代蒿里山香社的分布及其活动情况。

蒿里山神祠中的赵丞相殿③与传统孝道颇有关联。民国时期泰山民间还流传着宋代丞相赵普孝母的故事。当时家住蒿里山的卢建曾记述了其母所言赵普与蒿里山七十二司的故事，其大意如下：赵普天性至孝，但他的母亲赵老太太是当时乡里知名的泼妇，经常闹得四邻难安。后来赵普成为宰相，而

---

① 孟昭水校点、集注：《岱览校点集注》（下），泰山出版社，2007，第577页。
② 〔法〕爱德华·沙畹：《泰山：中国人之信仰》，〔日〕菊地章太译，第62~63页。译文参照周郢《清蒿里山香社碑重现泰城》，周郢读泰山博客，http://blog.sina.com.cn，最后访问日期：2014年7月27日。
③ 按：蒿里山神祠赵丞相殿建筑时间无考。卢建曾称该殿毁于19世纪90年代。见卢建曾《赵丞相和蒿里山七十二司的故事》，《礼俗》1931年第2期。

赵老太太仍旧打东邻骂西舍，实在有伤体面。为改变这一窘相，赵普编出了七十二司奖善罚恶的故事，并绘出图样，经常说给他母亲听。赵老太太相信了七十二司的故事，变得和蔼可亲，不但再不搅闹四邻，反而劝人行善。①这一故事表明，泰山的阴司信仰与传统孝道观念密切相关，建立了阴阳两界交通的渠道，其在潜移默化中影响着民众的精神世界与活动方式。

自晚清至北洋时期，蒿里山神祠香火十分旺盛。每年三月这里搭台演戏，游人如云，百货杂陈，宛如闹市。不过，由于蒿里山神祠毁于中原大战，这一热闹景象随即消失。1931 年 2 月，蒿里山神祠已是倾颓不堪，不能引人注意了。20 世纪三四十年代，经历了中原大战与解放战争后，蒿里山的神祠荡然无存，香客所立的石碑几乎不见踪影②，从此再无香社前来进香朝拜。

（二）总司大帝庙香社的演进

泰山南麓的总司大帝庙（以下简称"总司庙"）是蒿里山神祠的区域性延伸，其承载的总司大帝信仰与蒿里山阴司信仰密切相连。可以将总司大帝信仰视为阴司信仰的简化或提炼。

总司大帝庙位于今天的泰安市岱岳区祝阳镇，约创建于明代。庙中奉祀的总司大帝未见于传统的官方祀典中，是泰安、莱芜地区民间发明的神灵。③总司庙每年农历十月初四举行庙会，是颇具地方性特色的民间信仰习俗。从总司庙现存的碑刻可知，清代乾隆朝至民国时期，该庙在泰山东部与莱芜地区的民间颇有影响，尤其在嘉庆朝，其香火之旺几乎可与泰山东岳庙比肩。

总司庙香社的信众以泰安、莱芜的民众为主，也有部分信众为山东济南、淄博、兖州和江苏吴县的民众。从总司庙现存碑刻可知，该庙最早的香社是乾隆年间的解洪尹发起并担任会首的总司庙社。解氏因"赏罚明，约束严"，颇得会众的拥护。④嘉庆时期，总司庙香社的数量明显增多，其发起缘

---

① 卢逮曾：《赵丞相和蒿里山七十二司的故事》，《礼俗》1931 年第 2 期。按：蒿里山神祠有七十五司，卢建曾称这里有七十二司，不知何故。
② 按：2007 年 7 月 23 日，在泰安城南关道路施工中发现了 3 方石刻残块。经周郢先生考证，此系蒿里山香社的碑刻。
③ 按：张萌从民俗学的角度对泰安祝阳总司大帝信仰及其信仰社团的历史沿革进行了较为系统的梳理。见张萌《总司庙与总司信仰——泰安祝阳总司庙调查与初研》，硕士学位论文，山东大学，2009。
④ 《总司大帝庙阖会立碑文记》，乾隆四十六年（1781）立石，碑存山东省泰安市岱岳区祝阳镇总司大帝庙。

由各有特色。其一，祝阳人冶士魁久病不愈，因梦总司大帝要求行善，遂结社进香。① 其二，祝阳人李张氏因其第五子李增礼染时疫，于是祈祷于总司大帝，并发起了"孤魂社"。后连续三年依照佛教超度亡灵的观念与仪式进行"放焰口"，其子病愈。② 其三，祝阳人张韩氏发起香社，其缘由之一是当地流传的某老人"阳魂入阴司"的故事。在这则故事中，这位老人"见其阴律判冥，聪明正直，寔凿然不误"，因此确认了善恶各有其报的因果报应观念。③ 祝阳镇徐家楼崔门隔氏、梅家官庄刘门王氏、莱芜县的水北村妇女、莱邑张里大下二保李杰等人因为服膺善恶报应的观念而分别结社。④ 除"孤魂社"仅延续三年外，这些香社往往延续数十年，其会众多则一百余人，少则数十人。目前可知的清代中期最大的总司庙香社为嘉庆三年（1798）冶士魁倡立的香社，拥有会众142人。⑤

嘉庆时期总司庙的香火颇为旺盛，尤其在十月初四庙会举行时，远近的香客、商贩云集于此，"几与岱岳天齐之庙同一显赫"。⑥ 嘉庆二十五年（1820）的一则香社碑记称：祝阳镇及邻近地区的"一切闾暗黎庶、妇人、女子咸奔走而奉祀之。不惮车马之劳，不惜香烛之费"。⑦ 总司庙这种繁盛的景象一直延续到道光朝，每年在此"建醮焚香致祝者岁不下数千焉"⑧。

道光年间，总司大帝在香社的塑造下，从主管阴界的神灵升级成无所不管的神灵。道光十四年（1834）的香社碑记对总司大帝赞道：

令老者祈寿、幼者祈福，贾者祈财、疾病者祈愈、乏子者祈嗣，无

---

① 《冶氏结社礼神记碑》，嘉庆三年（1798）立石，碑存山东省泰安市岱岳区祝阳镇总司大帝庙。
② 《"孤魂社"记碑》，嘉庆十五年（1810）立石，碑存山东省泰安市岱岳区祝阳镇总司大帝庙。
③ 《祝阳镇张门韩氏等结社记碑》，嘉庆二十年（1815）立石，碑存山东省泰安市岱岳区祝阳镇总司大帝庙。
④ 《徐家楼崔门隔氏结社记碑》，嘉庆二十年（1815）立石，碑存山东省泰安市岱岳区祝阳镇总司大帝庙。《梅家官庄刘门王氏结社记碑》，嘉庆二十年（1815）立石，碑存山东省泰安市岱岳区祝阳镇总司大帝庙。《总司西社记碑》，嘉庆二十二年（1817）立石，碑存山东省泰安市岱岳区祝阳镇总司大帝庙。《莱邑张里大下二保李杰等结社记碑》，嘉庆二十五年（1820）立石，碑存山东省泰安市岱岳区祝阳镇总司大帝庙。
⑤ 《冶氏结社礼神记碑》，嘉庆三年（1798）立石，碑存山东省泰安市岱岳区祝阳镇总司大帝庙。
⑥ 《梅家官庄刘门王氏结社记碑》，嘉庆二十年（1815）立石，碑存山东省泰安市岱岳区祝阳镇总司大帝庙。
⑦ 《莱邑张里大下二保李杰等结社记碑》，嘉庆二十五年（1820）立石，碑存山东省泰安市岱岳区祝阳镇总司大帝庙。
⑧ 《莱邑谭家庄等信士结社记碑》，道光二年（1822）立石，碑存山东省泰安市岱岳区祝阳镇总司大帝庙。

不如愿以偿，如是哉。是诚道书所谓众生慈母、万国医王，在盛朝即谓总督，在阴冥即谓总曹，真能代天宣化，为生人立命之总裁者矣。①

显然，在当时泰安东部、莱芜等地民众的眼中，总司大帝具有无所不能的神通，是人间生活的"总裁"。总司庙因此被视为"四方之福地"。②

在清代中期，泰安民间发明的总司大帝信仰不曾受到官方的提倡与禁止，在当地几乎一直享有旺盛的香火。可以说，这是地方民众在"神道设教"观念的影响下，依据相对封闭的乡村社会生活方式而进行的自我教化。他们塑造的总司大帝不仅是一位令人顶礼膜拜的神灵，还是一面可以照见自身行为与心灵的公共镜鉴。地方民众通过祭祀仪式，在其与神灵的互动中完成自我的认可与安慰。诚然，这种信仰的背后是对人有灵魂、阴间（地狱）与善恶报应等观念的深切认同。

晚清时期，总司庙的香社不断增加，信众的规模也不断扩大。道光后期，祝阳旌松元倡立的香社结集了215名信徒，其于道光二十五年（1845）十月初四不仅向总司大帝行祭礼，还"奉献匾、帐、绫袍、彩幡数□"。③此时期因为总司大帝进香而结社的还有莱芜县中荣保庄的李明江等人，莱芜县郝家沟庄的王沈氏等人。④

道咸之际，戚乃县秋林庄与泰安县赵家汶等8个村庄的75位信众结社为总司大帝进香。

咸丰年间，范镇的刘贾氏、刘李氏倡立了总司庙香社，于咸丰九年（1859）为总司庙进"佛龛一座，仪从一道，神袍一领"。⑤莱芜县陈村庄等7个村庄与泰安县山口镇太平官庄等8个村庄的200余位信众成立了香社。⑥

同治年间成立的夹谷香社在总司庙香社中十分突出。该香社于光绪元年

① 《莱邑水南保王淦等结社记碑》，道光十四年（1834）立石，碑存山东省泰安市岱岳区祝阳镇总司大帝庙。
② 《泰邑祝阳旌松元等信士结社记碑》，道光二十五年（1845）立石，碑存山东省泰安市岱岳区祝阳镇总司大帝庙。
③ 《泰邑祝阳旌松元等信士结社记碑》，道光二十五年（1845）立石，碑存山东省泰安市岱岳区祝阳镇总司大帝庙。
④ 《总司庙会记碑》，道光二十五年（1845）立石，碑存山东省泰安市岱岳区祝阳镇总司大帝庙。《香社记碑》，道光二十九年（1849）立石，碑存山东省泰安市岱岳区祝阳镇总司大帝庙。
⑤ 《范镇信女刘贾氏等结社记碑》，咸丰九年（1859）立石，碑存山东省泰安市岱岳区祝阳镇总司大帝庙。
⑥ 《莱邑信士结社记碑》，咸丰九年（1859）立石，碑存山东省泰安市岱岳区祝阳镇总司大帝庙。

（1875）在总司庙进香后，其结社记由当地某县的知县张建桢撰文，正黄旗教习魏鹏展书丹。[1] 莱芜县水南保陈家楼的刘玉桂、周茂亭等倡众结社。[2]

　　光绪年间总司庙香社继续增加，不仅出现了太学生与监生的香社，而且还有较大规模的联合进香活动。这时期，泰安县某村的刘启倡立了总司庙香社。[3] 泰安东徐家庄的徐张氏"有感于善恶殃祥之说，乃约附近女士结香火社，奉总司神"。[4] 该社有信众150余人。光绪十年（1884），太学生张暗如、陈启时与监生张用中等70人结成了带有鲜明的文化精英色彩的香社。光绪十八年（1892），出现了泰安县祝阳镇、山口镇与莱芜县水北镇的众多村庄联合为总司庙进香的集体活动。这次集合的香社会首达53人，信众多达572人。[5] 翌年，高家店庄陈启时等结成了完全为男性成员的香社。[6] 光绪二十二年（1896），莱芜县的周隆义等近百人结社。[7] 光绪三十二年（1906），泰安县的六品衔赵中鳌与监生赵中佐、赵就正倡立了总司庙香社，其会众多达400余人。[8] 显然，晚清时期总司庙香社因为有地方士绅的参与，呈现规模越来越大的趋势。这有力地扩大了总司大帝信仰的民间社会基础。

　　由于总司大帝信仰具有深厚的民间社会基础，总司庙成为关系地方宗族声望的公共场所。泰安祝阳镇的赵氏宗族是当地望族，其宗族代表赵锡嘏、赵次方均为光绪十八年（1892）解王氏等人结社的会首，其中赵次方还参加了赵中鳌发起的香社。赵锡嘏、赵次方一族于清末两度重修总司庙。[9] 泰安

① 《夹谷香社结社记碑》，光绪元年（1875）立石，碑存山东省泰安市岱岳区祝阳镇总司大帝庙。
② 《总司会记碑》，光绪元年（1875）立石，碑存山东省泰安市岱岳区祝阳镇总司大帝庙。
③ 《善士刘启者等结社记碑》，光绪四年（1878）立石，碑存山东省泰安市岱岳区祝阳镇总司大帝庙。
④ 《泰安东境徐家庄徐张氏结社记碑》，光绪七年（1881）立石，碑存山东省泰安市岱岳区祝阳镇总司大帝庙。《善士赵中鳌等结社记碑》，宣统元年（1909）立石，碑存山东省泰安市岱岳区祝阳镇总司大帝庙。
⑤ 《解王氏等结社记碑》，光绪十八年（1892）立石，碑存山东省泰安市岱岳区祝阳镇总司大帝庙。
⑥ 《高家店庄陈启时等结社记碑》，光绪十九年（1893）立石，碑存山东省泰安市岱岳区祝阳镇总司大帝庙。
⑦ 《莱芜周隆义等结社记碑》，光绪二十二年（1896）立石，碑存山东省泰安市岱岳区祝阳镇总司大帝庙。
⑧ 《善士赵中鳌等结社记碑》，宣统元年（1909）立石，碑存山东省泰安市岱岳区祝阳镇总司大帝庙。
⑨ 《重修总司庙记碑》，立石时间不详，碑存山东省泰安市岱岳区祝阳镇总司大帝庙。按：该碑有"总司大帝庙自光绪十九年间有赵锡嘏倡率修葺，十余年来风剥雨蚀"之句；又，撰文者自称"太学生王鲁瞻"。据此推测，该碑立于光绪末年或宣统年间。

祝阳镇的赵氏宗族（以赵俊卿为代表）在光绪年间独自出资修复了总司庙的大殿、山门与院墙。① 通过重修总司庙，两大赵氏宗族深得地方民众的尊敬，从而获得了更多的社会声望。

民国时期总司庙香社持续发展。1916 年，泰安县祝阳镇的解铎轩等人联合了 57 个村庄的 916 名信众，同时为总司大帝进香。② 1921 年，泰安县与莱芜县水北镇的 25 个村庄的信众联合在总司庙进香，"香火之盛几与东岳相媲"。③ 1938 年，祝阳镇赵次方之妻张氏出资大洋 100 元作为基资，又有近千人追随捐资，共同重修了总司庙。此时的总司庙香会"车马缤纷，香烟缭绕，送阴碑者、行愿醮者皆为之络绎不绝，锣鼓喧天，人烟匝地"④，实为"岱东之一大香会也"。⑤

20 世纪 30 年代，祝阳镇的总司庙庙会虽一时繁盛，但当地农村的经济状况并不景气。据 1939 年 11 月日本兴亚学院华北联络部的调查，当时泰安县农村金融已近枯竭，"农民的负担又有巨额增加，农村的破产也是不可避免的。不仅如此，农民的生活也困苦不堪，实属惨淡经营"⑥。当地农民虽生活困苦，仍希望在庙会中寻求短暂的欢愉。不过，1942 年日军侵占了祝阳镇，总司庙的各香社在其封锁之下，不敢前往该庙进香，庙会传统因此中断了。

（三）晚清地方精英对总司庙信仰的认识

清中期，地方儒生对总司大帝信仰的认识并不一致，或以为鬼神可以感通，或以为鬼神存在与否不可知。嘉庆十五年（1810），候选知县赵以鳌认为，"匹夫匹妇一念之善可以感鬼神、格天地，转□为福，理本至常"。⑦ 此

---

① 《泰安赵氏族谱》，《例贡生先考闻远府君行述》，转引自张萌《总司庙与总司信仰——泰安祝阳总司庙调查与初研》，第 37 页。

② 《祝阳庄解铎轩等结社记碑》，民国五年（1916）立石，碑存山东省泰安市岱岳区祝阳镇总司大帝庙。

③ 《总司庙记碑》，民国十年（1921）立石，碑存山东省泰安市岱岳区祝阳镇总司大帝庙。

④ 《重修总司庙记碑》，民国二十七年（1938）立石，碑存山东省泰安市岱岳区祝阳镇总司大帝庙。

⑤ 《重修总司庙记碑》，民国二十七年（1938）立石，碑存山东省泰安市岱岳区祝阳镇总司大帝庙。

⑥ 王士花译《日伪时期山东鲁西道各县状况》（上），《近代史资料》总第 110 号，中国社会科学出版社，2004，第 132~133 页。

⑦ 《"孤魂社"记碑》，嘉庆十五年（1810）立石，碑存山东省泰安市岱岳区祝阳镇总司大帝庙。

说明确表示民众的善念可以与鬼神结心，祈得福禄。从为总司庙香社撰文的儒生群体来看，其中多数人对总司大帝以及因果报应等观念将信将疑。道光十二年（1832），庠生石化东在一篇总司庙香社碑记中称："泰安祝阳庄有总司庙，善者彰之，恶者瘅之，其事不易，其理不爽也。"石氏此语也肯定总司大帝确有奖善惩恶的功能。

不过，这一时期泰安、莱芜为总司庙香社撰文的多数儒生对总司大帝将信将疑。嘉庆二十年（1815），莱芜县的禀生朱继让在为祝阳镇张门韩氏发起的香社撰写碑记时猜测"大约鬼之统于神"，又对总司庙香会的繁盛颇感惑，问道："岂果神之灵耶？于神不自灵而灵于人之灵耶？"① 他对鬼神存在与否没有清楚的认识，只是把总司庙祭祀看成官方"神道设教"影响下的民间社会现象。嘉庆二十二年（1817），莱芜县的禀生王曰倬在为总司庙香社写的碑记中也称："因果报应之说，沉沦鬼狱之论，其事类杳冥不可知。"尽管如此，但他还是从"孝道"的角度充分肯定了莱芜县水北村妇女结社事神的行为，认为孝顺之妇、柔贞之女都能遇难呈祥、福寿无量。② 庠生戴庚玉称"以神明之可畏而为善之志愈坚"，肯定尽人之道的事神之礼足以劝善祈福。③ 还有人称：总司大帝的信仰可以使"四方善人君子无不战兢惕厉"，从而实现了为善去恶的自我教化。④

晚清时期，泰安、莱芜地方的一些文化精英对总司大帝的态度也不尽相同，多是立足于儒家"神道设教"的立场，将总司庙香社活动视为劝善的一种手段。道光二十九年（1849），署名为"香山老人无名氏"的儒生认为"天道福善"的说法并非确有根据，其为总司庙香社撰写碑记不过是"因善而善"。⑤ 咸丰元年（1851），李楠在一则总司庙香社碑记中称：总司大帝来源不清，"即善男信女虽未知创自何人，大抵亦劝善之一端云"。⑥

光绪元年（1875），知县张建桢认为，总司大帝信仰就是一种针对不肖

---

① 《祝阳镇张门韩氏等结社记碑》，嘉庆二十年（1815）立石，碑存山东省泰安市岱岳区祝阳镇总司大帝庙。
② 《总司西社记碑》，嘉庆二十二年（1817）立石，碑存山东省泰安市岱岳区祝阳镇总司大帝庙。
③ 《"山川林麓之神能为民"记碑》，道光十二年（1832）立石，碑存山东省泰安市岱岳区祝阳镇总司大帝庙。
④ 《莱邑周家洼信士结社记碑》，道光十八年（1838）立石，碑存山东省泰安市岱岳区祝阳镇总司大帝庙。
⑤ 《香社记碑》，道光二十九年（1849）立石，碑存山东省泰安市岱岳区祝阳镇总司大帝庙。
⑥ 《总司庙记碑》，咸丰元年（1851）立石，碑存山东省泰安市岱岳区祝阳镇总司大帝庙。

者的"神道设教"的策略。他在为总司庙香社撰文时明确地说，对于践行儒家伦理的士君子，不必论鬼神、报应之说，但是对于沉溺于私利的不肖者讲伦理道德是没有用处的，只能悚以鬼神、报应之说，阻止其为非作歹。① 光绪十年（1884），莱芜县的庠生杨怀良就持类似的看法，他说："神道设可以化顽梗，可以齐政刑。彼无鬼远神之说顾已矫矣。不然，愚夫愚妇有何劝惩语？"② 在其看来，对于缺少诗书教化的所谓"愚夫愚妇"而言，神道是统摄其身心的最有效的手段。光绪十八年（1892），邑增生赵中侬、解王氏等结社时称，该香社会首，好善之诚，亦以神明有以默启之。③ 宣统元年（1909），庠生赵用之明确、肯定地说："祝阳镇之总司庙为赏善罚恶之神。"④ 从前述地方儒生对总司大帝的态度可知，在晚清时期泰安东部与莱芜地方民间社会，总司大帝已经成为民众生活的重要参与者，维系着奖善罚恶的儒家伦理规范。

北洋时期，泰安与莱芜的文化精英沿袭了传统的"神道设教"与乡民教化关系的看法。1916年，解开轩在祝阳庄的解铎轩等人结社碑记中称：乡民不懂得天人相应之理，教以礼仪，他们不愿接受；教以刑政，他们不害怕；但以鬼神进行威慑，他们就很信奉此道。⑤ 在地方文化精英的认可下，北洋时期的总司庙香社不断延续、更新。1921年，庠生张希绚为总司庙香社撰文称总司大帝"聪明正直"，每年十月初四泰莱之间的善男信女前往进香膜拜，像是神灵召唤一样。⑥

南京国民政府成立伊始即开始了破除迷信的运动，但对泰安祝阳地方的总司大帝信仰并没有明显的影响。1938年，祝阳的赵次方宗族并不在意官方破除迷信的政策，反而倡导重修了总司庙。为此事撰写碑记的庠生赵中乔说："乡村建祠宇以事神，使人人有所敬畏，有所尊奉，亦足征民心之乐善，风俗之敦庞焉。"⑦ 可见，当时泰安东部乡村在缺少维护社会公正的政治制度

---

① 《夹谷香社结社记碑》，光绪元年（1875）立石，碑存山东省泰安市岱岳区祝阳镇总司大帝庙。
② 《香社记碑》，光绪十年（1884）立石，碑存山东省泰安市岱岳区祝阳镇总司大帝庙。
③ 《解王氏等结社记碑》，光绪十八年（1892）立石，碑存山东省泰安市岱岳区祝阳镇总司大帝庙。
④ 《善士赵中鳌等结社记碑》，宣统元年（1909）立石，碑存山东省泰安市岱岳区祝阳镇总司大帝庙。
⑤ 《祝阳庄解铎轩等结社记碑》，民国五年（1916）立石，碑存山东省泰安市岱岳区祝阳镇总司大帝庙。
⑥ 《总司庙碑记碑》，民国十年（1921）立石，碑存山东省泰安市岱岳区祝阳镇总司大帝庙。
⑦ 《重修总司庙记碑》，民国二十七年（1938）立石，碑存山东省泰安市岱岳区祝阳镇总司大帝庙。

的情况下，总司大帝信仰仍旧具有神圣性与权威性，担当着维系该地传统乡村社会秩序的重要角色。

三　北京丫髻山香会的新动向

在晚清时期内外战争的影响下，京东丫髻山之皇家近畿福地的地位急速衰落，但其仍是京、冀地区民众朝拜碧霞元君的畿东泰岱。

有清一代，在慈禧太后青睐妙峰山碧霞元君祠之前，丫髻山的香火十分旺盛。来此朝顶的香会大多为民间香社，个别如工部献灯老会者为官方香会。① 其中一些香会经营有道，连续两百余年前往丫髻山进香祈福。如大兴、宛平两县的诚意会和顺天府香河县西小屯庄的花儿老会从康熙朝一直延续到民国时期。

晚清时期，虽然妙峰山取代丫髻山成为北京地区碧霞元君信仰的中心，但丫髻山泰山行宫的香火仍较为兴盛。从现存的丫髻山碑刻与拓片来看，这里的香会呈现一些新的变化。

其一，一些香会在丫髻山置地或租地，收取租金保障香会朝顶进香的费用。同治朝之前丫髻山香会很少有通过置地的方式维系香社经营的现象。仅见乾隆二十四年（1759）北京德胜门内绦儿胡同的信徒袁士库同妻钱氏二人出资在丫髻山娘娘宝顶设立了108盏金灯，又在丫髻山下买了一顷七十五亩田地，每年收租银35两作为维护金灯的费用。② 同治朝，丫髻山碧霞元君祠主持赵承学向人字灯会、善字灯会的信众募集了270两纹银租地生息，以此作为丫髻山的"干果素烛与人工之费"。③ 北京怀柔的永远济贫放堂老会每年四月初五在丫髻山回香亭赈济放堂，帮助孤贫的信众。光绪元年（1875），

---

① 按：根据丫髻山现存的碑刻与拓片可知，康熙年间出现了二顶放堂老会、永远胜会、诚意会、福善圣会与工部献灯老会；乾隆年间出现了报恩源留放堂老会、如意攒香供献鲜花寿桃胜会、如意掸尘净炉老会、福善香茶斗香老会、四顶源流子孙老会、永远帝子老会、合意进供鲜花老会、龙灯老会、纯善源溜老会与子午香长香会；嘉庆时期出现了一山善人灯会；道光时期有万诚老会；同治时期有顺天府宝坻县如意老会；光绪时期有顺义县助善老会。参见北京市平谷区文化委员会编《畿东泰岱——丫髻山》，第37~86页。

② 《制造引路——山神灯序》，清乾隆二十四年（1759）立石，今碑已佚，仅存碑阳拓片，北京市平谷区文化委员会编《畿东泰岱——丫髻山》，第65页。

③ 《立众善供俸干果素烛以及照善士拜顶碑文》，同治十二年（1873）立石，今碑已佚，现仅存碑阳拓片，北京市平谷区文化委员会编《畿东泰岱——丫髻山》，第80页。

该会集资买了民田一顷九十亩，以其租金作为每年的放堂之费。① 光绪十二年（1886），北京城内帘子库的信众"共捐银六百两，交紫霄宫置租地生息，以为作冠之费"。② 丫髻山的香会朝顶时所用财力浩繁，若每年临时劝捐，并不能保障募集到足够的香资。一些香社置地收租，试图一劳永逸地解决每年的香资问题。这种资本化的经营方式确实比临时向信众劝捐更有保障性，从而更有益于香社自身的稳固与延续。

此外，还有个别信徒将地租作为丫髻山四月香会献戏、舍粥的费用。光绪三十二年（1906），顺天府三河县庞里庄寨的刘作清、刘作霖愿意分年将4000 余吊钱地租施舍给丫髻山，其租地位于梨各庄与坨头寺，每年秋后起现租380 余吊。③

其二，一些延续长达百年的老香社在晚清时期重立石碑，以表达其对碧霞元君的诚意。从康熙朝到光绪朝，顺天府香河县西小屯庄的花儿老会每年四月初五前来丫髻山焚香献烛，深感碧霞元君的灵应。康熙时期，该香社曾立碑于丫髻山的回香亭，光绪十九年（1893）又重新立碑以维系善念及其对碧霞元君的虔诚信仰。④

重新立碑最富有神话色彩的是康熙朝大兴、宛平两县共结的诚意会。该会曾在康熙四十七年（1708）立碑于丫髻山，未料其会碑因倒塌的山墙掩盖而不见踪影，直到 1920 年才重新现世。延续至当时的诚意会信众认为这是碧霞元君的"神恩之呵护"，因此又重新立碑，共勉向善之心。⑤

其三，光绪时期新起的香社中，地方精英发挥了不可替代的主导作用。光绪十八年（1892），顺义县的碧霞元君信众结成了助善老会，此后每年四月该会前往丫髻山供奉花、爆火盒、各样盆景、花边等物，每次朝顶历时 4 天。由于山路崎岖，用财浩繁，收入微薄的信众们颇感朝顶艰难。光绪二十三年（1897），助善老会遇到了香资难以维持的困境，该会中曾在兵科任职

① 《京东怀邑寅洞里众善引右各村人等永远济贫放堂老会碑记》，光绪元年（1875）四月立石，今碑已佚，仅存碑阳拓片，北京市平谷区文化委员会编《畿东泰岱——丫髻山》，第82 页。
② 《敬献翠冠碑序》，清光绪十二年（1886）四月初一立石，今碑已佚，仅存碑阳拓片，北京市平谷区文化委员会编《畿东泰岱——丫髻山》，第83 页。
③ 《立施舍香火地租碑记》，光绪三十二年（1906）四月立石，碑存丫髻山碑厂子，北京市平谷区文化委员会编《畿东泰岱——丫髻山》，第91 页。
④ 《天仙圣母九位元君灵感显应碑记》，光绪十九年（1893）四月初五立石，今碑已佚，仅存碑阳拓片，北京市平谷区文化委员会编《畿东泰岱——丫髻山》，第85 ~ 86 页。
⑤ 《诚意圣会碑记》，民国十年（1921）四月立石，碑存丫髻山碑厂子，北京市平谷区文化委员会编《畿东泰岱——丫髻山》，第93 页。

的士绅言振廷极力劝捐，众人追随于后，才得以筹齐香资。他们深感香社经营与延续的艰难，遂在丫髻山立碑记载此事。①

顺天府香河县、武清县共结的大后家湾恭意老会曾于同治三年（1864）于丫髻山立碑。当时该会有执事人，有河间府、京都虎坊桥、二享顺山场等处的信士110人。② 其中有文生唐桂本、王邦本，武生唐隆际、唐际春、刘绅，知县路金声，河间府武进士唐殿麟。该会延续不久就解散了。光绪三十二年（1906），大后家湾恭意老会重新建立，其会众与此前明显不同，在会碑上列名的有46位官员或具有官方色彩的精英：三品衔署理务关路督河府戴世文；同知衔的候补知县吴鸿春等5人；务关王家务汛千总王普庆等5人；五品顶戴的卢起旺等5人；六品顶戴的李廷栋等5人；五品顶戴的文生李廷槐等5人；补用守府路巡等11人；文生李绹等9人。③ 此可见晚清的一些地方官员与文化精英在碧霞元君的共同信仰下结成了新的交际圈与共同体。由于他们的倡导，大后家湾恭意老会得以重新建立。限于史料，不知此时该会的其他信徒情况。

其四，晚清时期的丫髻山香社将碧霞元君抬高为万能之神，甚至将信徒在战乱中幸存视为碧霞元君护佑的奇迹。同治朝之前，丫髻山香社将碧霞元君看成聪明正直、护国佑民、驱邪卫善、有求必应的"神之最灵者"。④ 自同治朝始，丫髻山香社赋予碧霞元君越来越多的神通。同治二年（1863），顺天府香河县南窝头村的合义会称颂碧霞元君"有求必应，遇急难而呈祥"，"逢险凶而化吉"。⑤ 同治三年（1864），大后家湾的恭意老会称，碧霞元君"操亿万众生灵之民命"，"保十方中赤子之安康"。⑥ 光绪十

---

① 《顺义县助善老会碑》，光绪二十三年（1897）四月立石，今碑已佚，仅存碑阳拓片，北京市平谷区文化委员会编《畿东泰岱——丫髻山》，第86页。

② 《香武大后家湾恭意老会碑记》，同治三年（1864）四月立石，今碑已佚，仅存碑阳拓片，北京市平谷区文化委员会编《畿东泰岱——丫髻山》，第79~80页。

③ 《大后家湾恭意会重建碑记》，光绪三十二年（1906）三月立石，今碑已佚，仅存碑阳拓片，北京市平谷区文化委员会编《畿东泰岱——丫髻山》，第90页。

④ 《丫髻山天仙圣母庙碑记》，康熙四十五年（1706）三月立石，今碑已佚，仅存碑阳拓片，北京市平谷区文化委员会编《畿东泰岱——丫髻山》，第41页。《子午香长香会碑记》，乾隆六十年（1795）四月立石，碑存丫髻山厂子，北京市平谷区文化委员会编《畿东泰岱——丫髻山》，第86页。

⑤ 《香河县南窝头村合义会碑》，同治二年（1863）四月立石，今碑已佚，仅存碑阳拓片，北京市平谷区文化委员会编《畿东泰岱——丫髻山》，第77页。

⑥ 《香武大后家湾恭意老会碑记》，同治三年（1864）四月立石，今碑已佚，仅存碑阳拓片，北京市平谷区文化委员会编《畿东泰岱——丫髻山》，第80页。

二年（1886），帝子库的信众将碧霞元君视为"泽被寰区，恩周海内"的神灵。① 光绪十九年（1893），顺天府香河县西小屯庄的花儿老会称颂碧霞元君的神通说："病症垂危，祈祷焉而功效之见；吉凶莫测，警觉焉而祸害消潜。"② 光绪三十一年（1905），万诚老会将碧霞元君视为"无善而不臻""无恶而不化""煎之济艰救苦"的女神。③ 顺天府宝坻县的如意老会将碧霞元君抬为万能的神灵，称其"德包天地之外，慧烛日月之晦，恩周江海之表"。④ 至此，碧霞元君从保护天下苍生的神灵升级为恩泽"天地之外"的万能之神。

宝坻县的如意老会之所以如此信仰碧霞元君，是因为他们认为结社40多年来，在会的信徒各家"天灾不染，人害不侵，耄耋康强，鬓龄精壮，转祸为福，易危为安"。⑤ 更重要的是，他们认为自己在碧霞元君的保佑下，躲过了"庚子大劫"的兵火之灾。⑥ 显然，如意老会的信众庆幸自己能够在庚子国变中存活下来，并因此对碧霞元君的神通极力夸赞，却没有想到碧霞元君如何没有保护那些在这次灾难中不幸身亡的无辜民众。他们将自己的平安解释为碧霞元君的灵应，不过是借助神灵自我安慰而已。

丫髻山香会通过连年的朝顶进香，反复诉说碧霞元君灵验的神话，同时在这一神灵的光环笼罩下不断进行自我塑造。香会的信众普遍相信，如果他们在丫髻山进香途中有近乎非礼的话语或动作，碧霞元君一定会立即运用神通对其进行谴责，或者使其手足拘挛，或者使其自揭暧昧的心思。因此，朝山的信众会自觉恪守礼教的"四勿之戒"，畏惧杀身的"五辟之刑"。香会信众的这种基于碧霞元君信仰的自我约束十分符合官方"神道设教"的意图。康熙时期，陈元璋在为顺天府大兴、宛平二县的福善圣会所撰的香会碑记中称：信众前来

---

① 《敬献翠冠碑序》，光绪十二年（1886）四月初一立石，今碑已佚，仅存碑阳拓片，北京市平谷区文化委员会编《畿东泰岱——丫髻山》，第83页。

② 《天仙圣母九位元君灵感显应碑记》，光绪十九年（1893）四月初五立石，今碑已佚，仅存碑阳拓片，北京市平谷区文化委员会编《畿东泰岱——丫髻山》，第85页。

③ 《万诚老会碑》，光绪三十一年（1905）四月立石，碑存丫髻山碑厂子，北京市平谷区文化委员会编《畿东泰岱——丫髻山》，第89页。

④ 《宝坻县城南如意老会碑记》，光绪三十一年（1905）四月立石，今碑已佚，仅存碑阳、碑阴拓片，北京市平谷区文化委员会编《畿东泰岱——丫髻山》，第88页。

⑤ 《宝坻县城南如意老会碑记》，光绪三十一年（1905）四月立石，今碑已佚，仅存碑阳、碑阴拓片，北京市平谷区文化委员会编《畿东泰岱——丫髻山》，第88页。

⑥ 《宝坻县城南如意老会碑记》，光绪三十一年（1905）四月立石，今碑已佚，仅存碑阳、碑阴拓片，北京市平谷区文化委员会编《畿东泰岱——丫髻山》，第88页。

丫髻山进香时"洗心涤虑，卓然有以自立"，就是圣贤学说的教化功能也不过如是；人们如果这样看待丫髻山碧霞元君信仰习俗，那么"必能谨其行习，闲其性情，服其恒业"，从而都成为良民。这实在是神道之教"裨于君道"。[①]果如陈氏所言，光绪三十一年（1905），万诚老会在丫髻山所立会碑上在为自己祈福的同时，还要祝愿"圣寿于无疆"，表达对皇帝的忠诚拥护。[②]

其五，民国前期丫髻山的香会活动仍较为活跃，而且为碧霞元君信仰添加了更多的佛教色彩。在抗战全面爆发之前，碧霞元君在北京城乡民众生活中仍旧具有广泛而深入的影响。1935年丫髻山大规模重修之事充分体现了这一点。是年，丫髻山的玉皇上帝宝阁、天仙圣母牌楼、钟楼、鼓楼、回香亭、碧霞元君祠以及盘道全部重修，其所需款项由"贵官长者，众会董事"与众信徒捐助。据残存的《重修回香亭殿宇以及盘道碑记》，为此捐款者有如意会、同善会、念佛会、平安会等30多家香会，还有义顺号、杨各庄镇商会和张鲁一等众多信众。[③]值得注意的是，民国时期丫髻山的碧霞元君信仰与佛教信仰明显融合了。前述1935年丫髻山大规模重修的捐款者有念佛会，该会既名"念佛"，很可能是佛教居士的社团，他们也积极参与到碧霞元君的信仰活动中。当时丫髻山的住持道士赵大安在记载此次大规模重修事件的碑文中写道："古者神道设教，昭然列乎祝典；佛法流通，运动本夫民情。"[④]显然，他认可佛法契合民情"向善敦化"的看法，有意拉近碧霞元君与佛教的距离。此前，在北京城内奉祀碧霞元君的祠庙中确有将此神与佛教菩萨混为一谈的碑文。不过，丫髻山住持道士明确表示对佛法的欢迎态度，确是前所未见的景象。以丫髻山对于北京碧霞元君信仰的核心地位而言，这意味着民国时期北京的碧霞元君信仰已经十分明显地染上了佛教的色彩。

七七事变后日军迅速占据了北平地区，丫髻山香会的活动大量减少。在抗日战争中，丫髻山的碧霞元君信仰习俗逐渐沉寂了。

---

① 《福善圣会朝山碑记》，康熙五十五年（1716）三月立石，碑存丫髻山碑厂子，北京市平谷区文化委员会编《畿东泰岱——丫髻山》，第55页。

② 《万诚老会碑》，光绪三十一年（1905）四月立石，碑存丫髻山碑厂子，北京市平谷区文化委员会编《畿东泰岱——丫髻山》，第89页。

③ 《重修回香亭殿宇以及盘道碑记》，东岳庙北京民俗博物馆编《北京东岳庙与北京泰山信仰碑刻辑录》，第341页。

④ 《重修回香亭殿宇以及盘道碑记》，东岳庙北京民俗博物馆编《北京东岳庙与北京泰山信仰碑刻辑录》，第341页。

四　妙峰山的信众结构、社会交往与生活观念

由于"慈禧太后赐额、看皇会之提倡于前，复有权监有钱有势、修理香道响应于后"[1]，京西"金顶"妙峰山逐渐成为京、津、冀、辽等地奉祀碧霞元君的第一神山。近代妙峰山的信众仍旧保持着富有乡土气息的信仰习俗，香会的交往日渐江湖化，每年的妙峰山庙会既有友善相处的温情，也不乏谋一己之福的功利。不过，北京的香会形成了江湖化的社会交际网络，并以政治权势为依托，争夺社会声望与地位。

（一）妙峰山香会的增加与社会颜面

晚清时期，一些老香会在妙峰山上立碑纪念。该地香会有"三年挂匾，五年立碑"的传统，一些历时超过 5 年的香会在立碑方面并不完全遵守此传统。康熙朝北京海淀新庄、保福庄、保福寺三村成立的二顶进香引善圣会，于咸丰七年（1857）七月在妙峰山上立了会碑，上有刘贵、刘荣等人的题名。嘉庆朝安定门外哈口喀馆成立的敬献香灯会，于同治二年（1863）秋在妙峰山立《重修光明海灯碑》，上有赵国梁等题名。右安门外关厢的万善长青献鲜圣会于光绪二十二年（1896）四月立了会碑。

晚清时期，妙峰山的各式香会不下 300 档，还新增了一些香会。比如，京西北坞村的净道圣会发起于同治四年（1865），于光绪二年（1876）、三年（1877）分别立了《天仙圣母感应碑》与《净道圣会碑》，以记载其整修妙峰山中道的善举。限于史料，尚难以具体统计此时期新增香会的名目与数量。

北京本土的妙峰山香会成立要遵守一定的规矩。当时他们有"井字里"与"井字外"之分。"井字"是以皇宫为中心将北京城画作一个"井"字，"井字外"专指"井"字的西南一块（即北京丰台区花乡），其余的都属于"井字里"。晚清北京"井字里"的花会主要为十堂官会，即兵部的杠箱会、刑部的棍会、礼部的大执事、户部的秧歌会、工部的石锁会、吏部的双石会、掌仪司的狮子会、太子府的花坛会、学祠的棍会和翰林院的棍会。

"井字里""井字外"的香会交往不多。"井字里"的武会称为正会，共

---

[1] 金勋编纂《妙峰山志》，序。

有开路会、中幡会等 13 档，俗作"幡鼓齐动十三档"。"井字里"的香会一直严格地按"十三档"的规矩发展。这些武会在一定程度上承袭了约兴起于乾隆时期的皇宫"内八档"的技艺。"内八档"分别为：兵部的杠箱会，礼部的中幡会（大执事），户部的秧歌会，工部的石锁会，吏部的双石会，刑部的棍会，太子府的花坛会（小执事），掌仪司的狮子会。据说，兵部的杠箱会曾于同治十三年（1874）在妙峰山表演后销声匿迹。

民国初年，"井字里"的武会新增了旱船会、小车会与踏车会 3 档，形成了后来的"十六档"。其一，旱船会又称"跑旱船"，古代称"旱划船"，是"十六档"会中为庙宇神佛从水路运送钱粮的。旱船会主要表演的故事是白蛇水漫金山寺，主要人物有白娘子、小青、许仙、法海等，演唱时词曲有《小拜年》《姑娘标》《绣门帘》等。以故事情节生动、表演精彩、道具丰富等特点而深受香客众的青睐。该会有时也和小车会一起走会。其二，小车会又叫"云车"或"太平车"，以轩辕黄帝为祖师。作为主要表演道具的小车一般是用竹子或木料扎成一个长方形的框子，两侧有把手，上有带彩球的布凉棚，下有围布，两边各画一个车轮（还有的增饰两片云朵）。小车会一般有 10~12 个演员，主要角色有：坐车的媳妇、拉车的姑娘、扶车的丫鬟、推车的老汉、文扇、武扇、丑老妪、盲人、和尚、傻柱子、傻丫头等。表演时一般以锣、鼓、唢呐等乐器伴奏，表演气氛活跃，其中一些动作如走平路、走弯路、走泥路、上坡、下坡、上桥、下桥、卧车等，颇显日常生活气息。其三，踏车会的全名为"万里云程踏车圣会"，于 1919 年在什刹海会贤堂成立，第一任会头名叫章慧民，会员都是八旗子弟的文人，奉轩辕黄帝为祖师爷。踏车会走会时跟其他会所不同的是：走会时没有文场伴奏，不化装；统一的服装上印有"万里云程"四个字。走会时，他们充分利用自行车的车把、大梁、斜梁、车座、车后架、脚蹬子等部位，做出各种让人惊心动魄的杂技动作。该会不时前往三山五项和各大庙会献艺，分文不取，亦不卖艺。1925 年，李景汉记述当年妙峰山庙会的香会时说："万里云程踏车圣会，是几个善于骑自行车的人，将车带到金顶，将车立在神前，在上面做去种种花样形式，如拿大顶等。……众人都登在桌凳上围观叫好。"① 由此可见，踏车会的表演颇受香客的欢迎。

① 李景汉：《妙峰山"朝顶进香"的调查》，北京市东城区园林局汇纂《北京庙会史料通考》，北京燕山出版社，2002，第 181 页。

新会的成立要举行复杂的仪式，必须邀集北京所有香会的会头前去贺会。① 新的香会成立后要连续三年前往妙峰山进香，若没有出现失礼的情况，才能正式被其他香会接纳。没有前往妙峰山进香的香会在民间社会中不仅没有令人尊敬的社会声望，而且会被其他朝山的香会轻视，低人一等。若无上述认可的仪式，"井字里"新成立的香会就会被"井字里"的香会视为"黑会"。"黑会"若前往妙峰山进香，很容易遭遇其他香会的打砸。相比之下，"井字外"的新香会成立就没有这么多规矩约束。

妙峰山的天津香会与北京香会没有直接的来往，自成一个体系。民国时期天津的香会多达 18 个，其中部分香会与大连的香会关联密切。1923 年 3 月 17 日，老北道老爷庙馒首粥茶老会、河北关上崇善堂修补老北道会、老北道估衣商诚献洋灯会与天津磅础石河馒首粥茶会等 15 家香会共同加入了天津全体联合会。另外，天津西窑洼公议代香会、天津堤头村公议随路大乐会与天津公善汽灯会保持独立，不加入天津全体联合会。②

清末天津的香会不追求成为"皇会"。由于会首财力雄厚，天津香会"以华丽、热闹、铺张、新奇为追求"，其中武会以高跷最多，大多表演传统的故事，如"老西游"——三打白骨精，"新西游"——盘丝洞等。③ 即使有的天津香会是"黑会"，其在妙峰山的表演也不受北京香会会规的影响，更不会遭遇打砸的境况。

晚清妙峰山的所有香会在朝山进香时没有统一的制度与秩序，只有各香会自定的会规、约定成俗的交往套路和临机应变的博弈规则。香会不仅要自我约束，还要具备礼让精神。在妙峰山香道上，上山的香会与下山的香会相逢，两会的"前引"手持会旗互致三鞠躬，然后交换会帖。交换会帖后彼此谦让一番，说"贵会承让路"等客气话，互请先行。④ 香会交往的礼让是常态，但礼让不能产生社会声望。因此，有意或无意的失礼以及由此造成的冲突反而成为香会扩展自身社会声望的一种不可少的手段。

清末妙峰山的不同香会及其茶棚，因礼节不周、应对不妥或故意为难而时常发生冲突。奉宽在《妙峰山琐记》中称："文武各会，亦须逐棚交纳香

---

① 吴效群：《妙峰山：北京民间社会的历史变迁》，第 150～151 页。
② 李景汉：《妙峰山"朝顶进香"的调查》，北京市东城区园林局汇纂《北京庙会史料通考》，第 192 页。
③ 吴效群：《妙峰山：北京民间社会的历史变迁》，第 185 页。
④ 吴效群：《妙峰山：北京民间社会的历史变迁》，第 114 页。

烛粮，呈献技艺"；如果礼节不周，或破了规矩，"则敛门纛以拒。斯时必须有调人左右之；否则两造必至凶殴，涉讼而后已"①。香会之间的较量总是从对方没有顾及的失误处着手，如礼节不周、器物缺陷、会规知识的缺乏及错误理解，等等。

香会的较量发生时要由中间人进行调节，调节不下，就会演变成严重的暴力冲突。按香会（包括茶棚）较量的惯例，取胜的一方可以冲散理屈一方的队伍，砸烂其所有的器物与用具，取消其走会资格。"更甚者，严重违反会规的香会，其成员被人打死亦为惯例所默许，不受王法的约束"。② 可以说，妙峰山香会的公共交往空间是一种相对独立于官方管制的明显带有江湖色彩的流动性社会。③

在妙峰山这个江湖化的社会中，"抢洋斗胜，耗财买脸"是基本的规矩。④ 组织和资助香会的会首通常是财力雄厚的士绅，他们在物质生活富足之余，期望赢得民间社会的威望与解决民间纠纷的能力，并将这种威望与能力视为体现与扩展个体生活成就感的社会资本。⑤

在妙峰山的香会交往过程中，所有的冲突都由香会自行解决，不受官方

① 奉宽：《妙峰山琐记》，叶春生主编《典藏民俗学丛书》下册，黑龙江人民出版社，2004，第2504页。
② 奉宽：《妙峰山琐记》，叶春生主编《典藏民俗学丛书》下册，第2504页。
③ 按：这里的"江湖"是指脱离了宗法秩序的游民的谋生场所。王学泰对传统社会的"江湖"有如下解释：我们经常说的江湖有三个意义。第一是大自然中的江湖。江湖作为一个词在先秦就已经出现，最初的意义就是指江河湖海。这是最原始的意义。第二是文人士大夫的江湖。这个江湖偏重其人文意义，是文人士大夫逃避名利的隐居之所。如果在争名夺利的斗争中，或者失败了，或者厌倦了，他便全身而退，向往一个安静的所在，这个所在往往称为江湖。第三是游民的江湖，也是我们现在经常活跃在口头的江湖。这种江湖充满了刀光剑影、阴谋诡计和你死我活的斗争。见王学泰《游民与运动》（上），南方网，http://www.southcn.com，最后访问日期：2005年11月24日。
④ 按：吴效群先生解释说：①"抢洋"：行为上标新立异，大致可理解为体力上的比赛；②"斗胜"：智慧上的较量；③"耗财买脸"：在碧霞元君信仰活动中表现得慷慨与大度。在这些方面的优胜者，将得到广大民众英雄般热烈的瞩目和称赞，有可能成为人人敬重的民间权威。主要是希望借助于此类举动让别人了解自己慷慨大方、"公而无私"，了解自己热心于公共活动，了解自己富有能力和魄力，以此建立起良好的社会声誉和社会关系，有利于自己的社会活动。见吴效群《妙峰山：北京民间社会的历史变迁》，第134、138页。
⑤ 按：作为社会学概念的"社会资本"尚无统一的定义。这里运用的"社会资本"是指：在社会交往网络中，个人赢得的社会声望、信任与威权以及由此对其他人产生的凝聚、裁判与支配功能。社会资本是无形的，可以表现为声誉、人缘、口碑等，可为社会其拥有者带来现实的和未来的精神收益，有助于提高社会运行效率与社会整合度。社会资本在运营中带有不确定性与不可预期的风险。

的约束。从民国时期妙峰山香会的历史看，其大部分冲突本可以礼让的原则避免，但因一时的脸面之争而不惜大打出手。香会可以为了颜面，不惜群殴拼命。可以说，香会的交往空间是典型的博弈场所，以技艺与财力为基础，以博取社会声望为最大原则，而香会是不是真正信仰碧霞元君是无关紧要的事情。这种空间平时潜隐在社会日常生活中，仅在一些节庆日的朝圣地方显示其形态。可以将其视为时隐时现的民间江湖、礼治社会的一种缩影。

民国时期，妙峰山香会虽不乏加强自律者。普兴万缘净道圣会的会帖标明了其内部要求，称："本把人等不准拥挤喧哗玩戏，亦不准沿途摘取花果，以及食荤饮酒，一概禁止。人多，饮酒不免有乱性妄为、口角淫词等事。……恐其有失善道，不成体制。如不遵约束者除名不算。各宜戒之慎之。"[1] 香会自我约束的动机一是获得与神灵交通的善道，二是向外界展示并获得社会尊重的体面。对清末民国妙峰山香会深有了解的金勋称："各顶香会组织最完备之会规，虽然不是国家法律，但各会众心存信仰，皆以触犯规则为最耻。"[2]

不过，民国时期妙峰山香会之间的较量仍在延续，甚至不惜以命相拼。"各会常因细故，而演成凶殴，按此等娱乐，虽无关生计，然若辈视之，直同生命，譬如今日之会，共为数十档，某档在某档之前，某档居某档之后，秩序均须大费斟酌，尤以同样之会最费踌躇，倘或安排不当，即发生冲突，好勇斗狠，牺牲生命，往往有之"。[3] 名声显赫的京都二闸钢铃武太狮老会在船上的一次表演中，一位装扮狮子的演员不小心落入水中，他靠着自己非凡的水性，在水中完成了精彩表演，赢得了观众的赞叹。但事后，这位演员难以忍受表演的失误及其给香会带来的负面影响，准备自缢。幸亏老会头及时赶到，将其劝止。[4] 广安门外的万寿无疆圣水长春秧歌老会，以琉璃厂的大财主周子庄为会首，是一档技艺和财力都相当出色的武会。有一次，该武会来到三家店的三道浑河，进了永佑平安绳络老会的茶棚，不经意间在此茶棚因礼数不周而丢了面子。第二年，万寿无疆圣水长春秧歌老会又来到这座茶

① 顾颉刚：《妙峰山》，叶春生主编《典藏民俗学丛书》中册，黑龙江人民出版社，2004，第1025页。
② 金勋编纂《妙峰山志》，序。
③ 旧吾：《旧京风俗志（稿本）》，孙景琛、刘恩伯编《北京传统节令风俗和歌舞》，文化艺术出版社，1986，第51页。
④ 吴效群：《妙峰山：北京民间社会的历史变迁》，第139页。

棚，参驾时故意唱错歌词，羞辱茶棚的祖师爷。双方因此大打出手。后经老
会头们说和，万寿无疆圣水长春秧歌老会请了城里的一百多档会前去三道浑
河表演以表赔礼道歉，才了结此事。①

　　每年二月初二涿州碧霞元君庙会的头香，是当地和北京一些花会竞抢的
重头戏。清末民初成立的石门营高跷会曾几次前往涿州抢烧头香。据说，石
门营高跷会的第一代演员以史自方、王友、贺德宝等人为主。有一次，他们
到达涿州后，因为头香之事与当地人争执起来。双方僵持不下，当地人扬言
不许他们在庙里做饭。石门营高跷会不甘示弱，依靠同来的石厂村边老先
生，借用当地上缴给朝廷的银两，将涿州南关半条街的点心铺子全包了下
来。这一举动令涿州当地人服气，双方由此议定，以后石门营高跷会来涿州
进香，永烧头香。②

　　近代北京的一些花会不仅朝山进香，还为地方富贵人家表演助兴。1930 年
前后，地处南横街的江南城隍庙七月十五举办庙会，请了几十档香会前往助
兴。那天，广渠门外唐家坟的万寿无疆同心助善秧歌老会与广安门外的万寿无
疆圣水长春秧歌老会排在一起。当队伍走到南横街东拐弯下坡地的时候，唐家
坟万寿天疆同心助善秧歌老会中的一位演员"膏药"非要表演倒着走，在紧跟
其后的万寿无疆圣水长春秧歌老会的阵营中三番两次的随意出入。该圣水长春
秧歌被"膏药"激怒，将其痛打了一顿。进而，两会陷入了混战，不少人被打
得头破血流。最后由老会头们出面说和，打斗才被平息。③ 在这场冲突中，万
寿无疆同心助善秧歌老会与万寿无疆圣水长春秧歌老会两败俱伤，可谓"赔了夫
人又折兵"。1931 年，北平门头沟地区石门营村的刘怀金夫人去世，该村的高跷
会与大峪高跷会、石景山地区古城的秧歌会等十几档花会应邀前去表演，颇显刘
家的气派。1947 年，在当地权势人物刘玉宝的胁迫下，石门营高跷会等花会为
庆祝其新生之女进行表演，由于土地湿滑，摔伤了两位石门营高跷会的演员。

　　20 世纪二三十年代，妙峰山不复有北京"井字里"十六档香会的联袂
表演。1921 年前后，尚能勉强维持全堂的武会，当时北京自来水公司曾举行
急募赈款大会，有全堂的香会大显身手。④ 事实上，一些皇会因失去官方的

---

① 吴效群：《妙峰山：北京民间社会的历史变迁》，第 119 页。
② 安武、董学勤、韩志有：《石门营的高跷会》，中国人民政治协商会议北京市门头沟区委员
　会文史资料委员会编《门头沟文史》第 13 辑，2004，第 332 页。
③ 吴效群：《妙峰山：北京民间社会的历史变迁》，第 114～115 页。
④ 北京市东城区园林局汇纂《北京庙会史料通考》，第 152 页。

支持而逐渐衰落，甚至在表演结束后无钱用餐，也就较少前往妙峰山献艺。据俞平伯回忆，其在1936年5月游览妙峰山，仅在金仙庵茶棚见到了前来参驾的五虎棍。① 七七事变爆发后，北平的香会很少前往妙峰山进香了。

（二）妙峰山的香客构成及其福祉观念

近代妙峰山的信众数以十万计，他们为求世俗生活的改善，每年四月前往该地进香祈福。

庚子国变前的四五十年间，每逢农历四月初，香客多由妙峰山中北道的北安河上山。清人富察敦崇在光绪二十六年（1900）成书的《燕京岁时记》中云："近日之最称繁盛者，莫如北安河，人烟辐辏，车马喧阗，夜间灯火之繁，灿如列宿。以各路之人计之，共约有数十万。以金钱计之，亦约有数十万。"由此可见，当时妙峰山的香火之盛，香客之多。

光绪二十六年（1900）四月初六，妙峰山忽降大雪。来此进香的香客猝不及防，仅在中北道上就有62名香客因寒冷丧命。随即庚子国变爆发，妙峰山"昔年之丰富气象不复可寻"。第二年四月的庙会，朝山者只有来自山东省的一位香客。由此到辛亥革命，妙峰山的香客逐渐多了一些，但较庚子国变前差之太远了。1917年后，前来妙峰山的人数增多，"灯影香烟，恍然如昔"。②

近代妙峰山的信众不乏太监、官员及其眷属。同治九年（1870）四月，钟粹宫的太监范平喜修整了中北道，并建立了茶棚。光绪时期，太监李莲英还捐资修建了妙峰山的金仙庵。光绪十六年（1890）七月二十九日晚，户部主事那桐梦见刚刚病愈十二天的母亲又生病了，惊醒之后心悸不已，竟彻夜未眠。③ 第二天一早，他在家中的佛像前许愿，明年再去京西妙峰山烧平安香。而在此前的四月初二，那桐亲到妙峰山顶供奉泰山女神碧霞元君的惠济祠，还了其母代为许下的疮病愈后三年朝山进香的心愿。④ 民国时期，一些军绅的家眷如皖系曹锟的太太、张宗昌的姨太太与奉系张作霖的如夫人等，纷纷前来这里进香。1932年农历四月，奉军的将领张宗昌携眷属来妙峰山进香，见玉仙台的娘娘庙残破，遂捐资重修。事后，他特地在此立了《修妙峰

---

① 俞平伯：《夜游妙峰》，北京市东城区园林局汇纂《北京庙会史料通考》，第248页。
② 奉宽：《妙峰山琐记》，叶春生主编《典藏民俗学丛书》下册，第2503页。
③ 北京档案馆编《那桐日记》上册，新华出版社，2006，第30~31页。
④ 北京档案馆编《那桐日记》上册，第20页。

山玉仙台娘娘庙记碑》。七七事变爆发前，妙峰山四月庙会时的香客人数几乎又恢复到了庚子国变前的规模。

据李景汉 1925 年所做的调查，香会成员在香客中所占的比例为 10% ～20%。当时妙峰山进香的散客的构成大致如下：（1）农民占 70% ～80%，城市居民占 20% ～30%；（2）香客大多数为男性，女性占 7% ～8%；（3）香客中的北京人最多，其次是天津人，保定、张家口、关外和南方的香客也不少；（4）为父母、亲人疾病还愿而来的占 20% ～30%，为灾难、疾病、贫穷、无子、忧苦而来求圣母救助解难的占 50% ～60%，为香会而来的占 10% ～20%，为游览山水而来的不过 2%，为调查而来的不过十数人。① 从七七事变到新中国成立，妙峰山的香客因为战乱而人数锐减，不复有以十万计的规模。

在近代妙峰山的进香活动中，天津信众因为财力丰厚，表现一种超过北京本地信众的优势。其不仅将碧霞元君的信徒王三奶奶塑造为新的神灵（后文将详述），而且不惜财力，在妙峰山庙会上为过往香客提供多种便利。北道大风口（大峰口）的馒馒施茶会，是天津人在妙峰山香道上开设的最大的茶棚。当年的馒馒施茶会由金瑞安、李颂臣、李子赫等人承办。1919 年农历四月初七，奉宽挈第三子朝顶妙峰山来此，除吃到馒头、稀粥外，另有四盘极好吃的素菜。1937 年 11 月，该茶棚毁于日军之手。规模仅次于大风口茶棚的是 1932 年天津乐善社在磕头岭创设的茶棚，其奉祀碧霞元君，配祀王三奶奶，此处殿檐悬挂的灯具制作精良。

北洋时期，天津的一些富裕信众在妙峰山上广施钱财，为朝山的香客提供了多种方便。他们为来往香客较多的妙峰山北道与中北道安装了路灯。北道"沿途每隔十余步有路烛，皆天津估衣商所献"。② 北京师范大学的常华等人于 1995 年前往妙峰山调查，当地老人回忆起民国时期妙峰山的庙会情景时称："当年北道与众不同的是，朝顶进香期间，入夜其它山道或点煤油灯，或手提纸灯笼、举火把，唯有北道路上点的是汽灯，十分明亮，如同白昼。"③ 妙峰山的中北道是信众朝山最主要的道路，不过这条道崎岖不平，在夜间尤其峻险难行。以中北道玉皇庙为公所的天津合郡路灯会，先是在北安河村到金顶的道路上遍设明灯，后于光绪十二年（1886）、十六年（1890）

---

① 北京市东城区园林局汇纂《北京庙会史料通考》，第 179 页。
② 金勋编纂《妙峰山志》，第 266 页。
③ 常华等：《妙峰香道考察记》，北京出版社，1997，第 4 页。

在大觉寺添设了明灯，建造了大雄宝殿。[1] 光绪三十二年（1906）四月，该灯会已为中北道添设明灯达 20 年之久。北安河村的村民因此承诺将玉皇庙作为天津合群路灯会的永久性公所。

天津的信众还在妙峰山北道和中北道建造了布施粥饭的茶棚。在妙峰山北道上，天津信众修建了磨镰石河茶棚，并于光绪十六年（1890）在该处灵宫殿上镶嵌了"牟尼古沙"的匾额。当年在此茶棚当过"都哏"（即总管）的刘旺老人（86 岁）介绍说：

> 当时每天均忙忙碌碌，要招呼手下人收拾好棚内桌椅，做好热粥、热茶等，招待来往的香客。好在这里紧靠泉水，用水方便，这是有别于其它茶棚的。对往来香客，不管是敬神请香的，还是歇脚休息的，都哏都热情招待，送吃送喝，绝无"看人下菜碟"之举。所以每位香客一进茶棚，都倍感亲切。……每年的四月初六前后几天为香客最多的日子，一天里最多接待过 300 多人，而有一年庙会，最少的一天仅仅来了 2 人。[2]

天津公意馒首粥茶会在北道的双龙岭茶棚施粥及馒头。据涧沟村王姓老人（72 岁）介绍，这个茶棚除供应馒头、粥和茶水外，有时还有炖肉。农村贫苦的孩子一年也吃不上两回肉，所以每到庙会期，小伙伴们都抢着往有炖肉的茶棚跑，揽点活计，既能挣俩钱儿花，还能吃上炖肉。[3]

中北道北安河西的馒首会座香神棚施舍最为大方。在入棚的香客在此参驾后，该棚即向其赠两个大馒头、硬米粥与八宝菜。这种施舍行为昼夜不断，而妙峰山的其他茶棚仅在华灯初上时施舍米粥。有人因此将馒首会座香神棚赞为妙峰山的"诚献粥茶之香棚冠"。[4] 据吴效群先生访谈，上山乘轿的大都是富裕的天津香客，他们一边上山，还一边向山道两边的乞丐撒钱。[5]此外，中北道清福观之西为天津信义馒首会茶棚，系天津西门外的船户于光绪三十三年（1907）二月间立此。该茶棚为进香者供馒头二枚，回香者只供一粥。天津崇修堂在中北道设立的茶棚名为"金仙庵"，为香客施送粥茶、

① 金勋编纂《妙峰山志》，第 268 页。
② 常华等：《妙峰香道考察记》，第 17 页。
③ 常华等：《妙峰香道考察记》，第 19 页。
④ 痴呆：《妙峰山香会记略》，北京市东城区园林局汇纂《北京庙会史料通考》，第 243 页。
⑤ 吴效群：《妙峰山：北京民间社会的历史变迁》，第 180 页。

馒头，并补修老北道与中北道。1933 年，天津的信徒刘宝珍、卢玉等出资重修了瓜打石茶棚，并在此舍粥茶。"香客到此，可随意取用馒首及米汤，并备有铜牌二百个，临时发给轿夫，持有（者）可换取馒首二枚。"① 翌年，在此立了一座《瓜打石茶棚碑》。

天津富商不仅在妙峰山建立了多处茶棚，还在中北道万福寺西面的宽敞空地上搭台演戏。清末至北洋时期的每年四月初，天津富商通常会请北京天桥的伶人前来演戏，"四郊来观者，踵趾相接，尤以妇孺为多"。② 另外，天津信众还将山顶的碧霞元君殿后的三间旧房加以重饰，以供香客小憩。1924 年，他们又在碧霞元君殿的后殿添设罩棚。翌年，又为其增设了灯屏与供器。

天津茶棚在妙峰山的慷慨施舍为来此进香的信众提供了诸多方便，也让北京本地的碧霞元君信众自叹不如。妙峰山中道的茶棚由北京的信众设立。同治初年，张维经等出资重修了中道寨尔峪天仙圣母娘娘头道行宫的茶棚，不过该茶棚"同、光以降，始渐衰也"③。光绪十一年（1885），北京崇文门税司在妙峰山中道的萝卜地修建了兴隆万代茶棚，正殿奉娘娘，旁奉增福财神及山神。该茶棚在民国时期因崇文门税司被裁撤，外蒙古生意日渐衰微等因素，无力维系，颇为冷清，以致整个中道衰落不堪，鲜有香客由此朝山。

前往妙峰山进香的信众多虔诚祈神保佑。李景汉在 1925 年调查了妙峰山香会后写道："（香客）要先在净手烧香的盆里洗过手，只因那水污浊，故多不举行。然后点着香，拿到神前，恭恭敬敬的跪下行三跪九叩或一跪三叩礼，拜完后将那香送入香炉内，给那轰轰烈烈的火光烧得化作袅袅婷婷的香烟，直升云表。香客一队队的摩肩接踵而来，当当的磬声、嘶沙嘶沙的签筒声和入香资于进香大吉时星霜星霜声，错杂响应，比那丝竹管弦之声还觉好听。"④ 尽管南京临时政府废除了祭礼的跪拜礼，改行鞠躬礼，但乡村民众并不以为然，他们固守着原有的信仰习俗，对神灵仍行跪拜大礼。

香客们前往妙峰山进香多半带有求吉的心理，因而进香之后还要在惠济祠的碧霞元君神像前求签。这里设有《妙峰山圣母灵签》，分为上中下三等。其中第二签为大吉，签词云："心直德厚福无疆，恁意求财定有方，守分自

---

① 金勋编纂《妙峰山志》，第 272 页。
② 金勋编纂《妙峰山志》，第 269 页。
③ 金勋编纂《妙峰山志》，第 265 页。
④ 李景汉：《妙峰山"朝顶进香"的调查》，北京市东城区园林局汇纂《北京庙会史料通考》，第 219 页。

然多吉庆，名利双全荣与昌。"解曰："求官得位，财源大通，婚姻可成，谋事遂意，孕生男子，利见大人，行人即至，疾病必痊。"诗曰："此签详之诸事安然，所求必得。存心向善，不必再求。婚姻全美，孕产麟儿。行人不过数日，有事大吉。"① 显然，此签词、解与诗满是世俗安乐的吉利话。香客若得此签，自然十分高兴。

妙峰山的一些香客不只是朝山礼神，还为游山观景。1925 年，关璞田在《妙峰山》一文中描绘了一些香客的装扮与神态："那女香客，洋绉绢子包头，满排绒球儿玻璃镜儿，身上霞缎花丝葛，特意露出花汗巾来，在车辕上一跨，东瞧西望，得意扬扬，从旁边一过，喷鼻儿的香。再看那男香客，真有为上山，多费点子板儿油玉容油的，特意打扮得风流标致，三五成群，摇头晃脑，说说笑笑。"② 这些打扮入时的香客来妙峰山，更多是为了休闲娱乐。他们不像贫困的农村香客来此进香为求一家康安之福。

（三）妙峰山庙会的"两张脸"

近代妙峰山的庙会生活是不同于日常生活的另一个世界。在这个世界中，香会的交往空间为其带上了鲜明的江湖色彩，占绝大多数的普通香客则为其带来了温情的佛国色彩。应当说，近代妙峰山的庙会生活具有温情与功利的两张脸。

其一，妙峰山庙会的温情之脸。

清末民国时期连续 30 余年前往妙峰山的金勋对妙峰山的庙会世界描述称："开山日各路景象一新，香客热烈团结，互相亲爱，欢声载道，虔诚代（戴）福还家之词不绝于耳。真有同作佛国民之概。"③ 可见，金勋对妙峰山香会的印象十分好，置身其中如同到了佛经中描绘的充满光明与温暖的西天极乐世界。金勋的这种印象在很大程度上得到了 1925 年前往妙峰山调查香会的李景汉的印证。李景汉也观察到这里的和平气象，他说："这里人人都是极其诚恳，没有发现一次不规矩的行为，与平常所见的庙会大不相同。"④

---

① 李景汉：《妙峰山"朝顶进香"的调查》，北京市东城区园林局汇纂《北京庙会史料通考》，第 219 页。

② 关璞田：《妙峰山》，叶春生主编《典藏民俗学丛书》中册，第 1106 页。

③ 金勋编纂《妙峰山志》，序。

④ 李景汉：《妙峰山"朝顶进香"的调查》，北京市东城区园林局汇纂《北京庙会史料通考》，第 171 页。

1925 年，顾颉刚先生对妙峰山庙会做了比李景汉还要细致的调查，他十分感慨地写道："那里耀眼的是汽油灯，摩肩的是人，迷眼的是香烟，扑鼻的是烟香，塞耳的是钟磬鼓乐之声，只觉得自己迷迷糊糊的，不知到了什么世界里来了。在这一个世界里，是神秘得可爱，真挚得可爱，快乐得可爱，男女老少活泼得可爱。"① 在顾颉刚看来，妙峰山庙会的生活世界虽带有一些神秘气息，但充满了人间的快乐幸福感。1929 年，他再次来到妙峰山时更深切地感到这里难得一见的人间的温情与友善："那时香客们如何地便利，一路上随处有招待，如熟识的朋友一般。开茶棚的人也如何地便利，茶叶是有人送来的，供品设备是有人送来的，打破了的碗盏也自有人来修补的。大家虔诚，大家分工互助，大家做朋友！他们正在高兴结缘时，又如何地音乐班子来了，玩武艺的人来了，舞幡舞狮的人来了，他们眼中见的是生龙活虎般的健儿的好身手，耳中听的是豪迈勇壮的鼓乐之声。这一路的山光水色本已使人意中畅豁，感到自然界的有情，加以到处所见的人如朋友般地招呼，杂耍场般地游艺，一切的情谊与享乐都不关于金钱，更知道人类也是有情的，怎不使得着无穷的安慰，仿佛到了另一个世界呢！"② 从顾颉刚、李景汉与金勋对妙峰山香会的印象看，这里的香会生活世界确有不同于世俗人间的一面，即不染世俗功利，充满爱与同情。将其看成"另一个世界"，也不为过。当然，顾颉刚也注意到妙峰山庙会不是免费的集体欢乐活动，普通香客在香会的组织下每年要向碧霞元君这位"女皇"交纳钱粮。③

信众在妙峰山的信仰生活世界中表现得十分虔诚。20 世纪 20 年代，北京某教会大学组织了妙峰山布道团，打算把朝山的香客劝化过来改信基督教，结果他们看到香客的虔敬态度，竟自没法开口，跑回来对人说："我们本打算感动人，没想几乎反而被人感动了！"④ 由此可见信众对碧霞元君信仰的热衷不亚于基督信徒的严肃的宗教情感。

信众还通过为碧霞元君敬献礼器与乐器以表达其诚心。光绪九年（1883），信众捐献一座铁钟，上铸有"妙峰山天仙圣母娘娘驾前"的字样。光绪十三年（1887）四月，樊永昌因咽喉病痊愈，为天仙圣母娘娘诚献了一座铜钟。光绪十八年（1892）、二十三年（1897），两位信徒分别为中北道

① 顾颉刚：《游妙峰山杂记》，叶春生主编《典藏民俗学丛书》中册，第 1091 页。
② 顾颉刚：《妙峰山的香会》，叶春生主编《典藏民俗学丛书》中册，第 1047 页。
③ 顾颉刚：《妙峰山的香会》，叶春生主编《典藏民俗学丛书》中册，第 1024 页。
④ 北京市东城区园林局汇纂《北京庙会史料通考》，第 148 页。

的瓜打石茶棚捐献了一个铁香炉。1924 年，北京右安门外的郭公庄村为妙峰山南道的同心乐义粥茶棚捐献了一个铁磬。1929 年，天津长发栈佛照楼敬献了一个铁香炉。

值得注意的是，晚清妙峰山的温情世界中还出现了儒家伦理教化与官方颂扬皇权的声音。光绪七年（1881），沈廷枢为妙峰山北道最大的茶棚——大风口（大峰口）茶棚题写了对联，其文云："忠孝节廉惟善是佑，富贵寿考随意所求。"光绪十年（1884），造办处长春宫捐献了一座铁钟，上铸"当今皇太后皇帝万岁万岁万万岁"字样。可见，妙峰山庙会的温情世界并不纯粹，其中官方与文化精英仍占据着某种优势。

其二，妙峰山庙会的功利之脸。

在近代妙峰山庙会的温情之脸的背后，还有一张谋求世俗功利的脸。前文提到的香会交往的江湖世界自不待言，在妙峰山庙会上还有些十分不友好甚至是趁机打劫的现象。每逢妙峰山举行庙会时，一些扒手上山趁机行窃，并不在意碧霞元君奖善惩恶的神力。另外，华北一些地方的泰山庙会上常有盗贼出没。据 1933 年傅热的调查，济宁县的鲁桥会庙会以奉祀碧霞元君为主，不过该庙会举行时，"每有出色的拐骗人的人，不下百十号。到会者必需报名，有失物者，也必需报名，村长好找他的头领，按几成或折半赔偿"。这种恶习流传已久，当时仍未得以改革。[1]

更令香客苦恼的是，若庙会遇到风雨天，妙峰山涧沟村的居民会毫不客气地向前来避雨的香客收取费用，甚至以冷言冷语对待贫苦的香客。[2] 1939 年，一位署名为"瓠屑"的追述称："香客进香最愁值雨，若逢月离于毕，则山家之檐下窗前，莫非山民婪索之资，昔以四千起码，今成四角矣。山家售食又极昂贵，词又不驯，谑者遂有'鸡子喝烧酒'、'要吃合漏给你挤上'之语，即一香椿拌豆腐，亦昂若八珍之馐。"[3] 原来并不厚实的庙会温情因此而打了折扣。

相对于普通香客而言，争取庙会"头香"的往往是皇族贵戚。清代民间传说，四月初一妙峰山惠济祠的头炷香十分灵验。同光年间，慈禧太后十分在意此传说。其派官员数次前往妙峰山进香，预先谕令惠济祠的住持，必须

---

① 傅热：《鲁桥会庙会》，李文海主编《民国时期社会调查丛编（一编）·宗教民俗卷》，第 233 页。

② 金勋编纂《妙峰山志》，序。

③ 瓠屑：《妙峰丛缀》，北京市东城区园林局汇纂《北京庙会史料通考》，第 224 页。

待其进得"头香"之后才能开庙。显然，在争取碧霞元君的护佑上，皇家仍然具有毋庸置疑的优先权与垄断权。因此，妙峰山庙会并没有脱去世俗功利与特权的底色。

信众朝山途中损伤身体的自苦行为，固然体现了其对碧霞元君的虔诚，却也显示了人格与尊严的卑下。有因父母病愈还愿的信徒或身负马鞍，或戴全副镣铐，行四十里山路登妙峰山顶为碧霞元君上香。更有一种还愿的信徒赤裸两臂，将锋利的铜钩扎入肘前腕后的臂肉，并在铜钩的下端悬挂重一二斤的牛角灯。"其状虽惨极，然挂之者则谈笑自若，毫无痛苦状。相传此为神灵所感，非伪作者"。① 碧霞元君信仰本身作为一种积极的心理状态或许有助于疾病患者的康复，但还愿信众通过自苦其身的行为，以人格与尊严的卑微反衬出了碧霞元君神格的高大与神圣。民国时期，信众自苦其身的还愿行为仍有延续。

走会要消耗大量的民脂民膏。晚清北京有俗语云："八角村唱戏，卖口袋赎屉；大峪村唱戏，典房子卖地；古城村唱戏，吹灰之力。"其意是八角村与大峪村为了走会不惜变卖家当、房屋和土地，唯有古城村走会不费劲，因为该村的民众平时攒钱舍不得花，就惦记着走会。② 像古城村人自愿出资走会的情况毕竟较少，不少花会仍需挨家挨户地收取香资。晚清时期，华北农民生活贫困，消费结构不合理。在正常年景，华北农民仅能维持温饱。据光绪九年（1883）《华北捷报》报道，直隶"农民虽然大部分都很贫穷，但无法维持最低生活的人还比较少。……在最好的年头，他们也是吃最低级的食物，穿着朴素的衣服。他们的食物几乎完全是用大豆或豆腐渣混合起来的高粱玉米及小米。一块白面馒头便是一种特别的款待，当然更难吃到任何肉食"。③华北其他几省的情况也基本如此。虽然生活条件低下，但华北农民在建庙祭神方面花费较多，加之婚丧之礼的大操大办，致使其日常生活质量下降，生产性开支得不到保障。④

天津的一些香会为"争奇斗胜"，压倒他人，花费甚多，但"因为地方贫穷，或是因为承办人声望不著，影响经费困难，致有敛钱之事，沿门按户劝募，或先行表演，再捧捐册，使人因情面关系，碍难拒绝"，⑤致使一般人

---

① 北京市东城区园林局汇纂《北京庙会史料通考》，第 235 页。
② 杨金凤编著《秉心圣会》，北京美术摄影出版社，2014，第 110 页。
③ 李文治编《中国近代农业史资料》第一辑（1840~1911），三联书店，1957，第 917 页。
④ 徐浩：《清代华北农民生活消费的考察》，《中国社会经济史研究》1999 年第 1 期。
⑤ 来新夏主编《天津皇会考·天津皇会考纪·津门纪略》，天津古籍出版社，1986，第 83 页。

怨声载道。还有一些香会在走会路上因为接受富户商家的茶食、点心而随时停下来为之表演，"看会的人样样看全，可以说是大饱眼福，但是出会的人接受点心就表演的事，也是不免受人讽刺的"。①

（四）香会的资历、特权与社会荣耀

在妙峰山庙会上，"井字外"的香会的资历与其社会声誉及特权密切相关。北京门头沟陈家庄的万诚老会与下苇甸村的万年老会、担礼村的万义老会以及苏家坨村的万仁老会，是北京仅有的四档带有"万"字的老香会，号称"守山老会"，在妙峰山香会上享有不同于一般香会的行动特权。据说，一般的香会不能从妙峰山惠济祠的正门进去，只有"守山老会"、古城村的秉心圣会与天津的狼垡会才有此资格。万诚老会是皇会，守着妙峰山的南道，被邀去妙峰山献艺的香会由此上山，必须到万诚老会这里参驾。妙峰山有一个总会头，想上山进香的香会先向其提出申请，经批准并受邀请之后，听其安排才能上山。下苇甸村万年老会的起源可追溯至明末。据说妙峰山修建娘娘庙时的"破土奠基三块砖两块瓦"是下苇甸村立的，于是该村的香会得了"开山老会"的名号，并由某位皇帝御赐了一把"开山斧"、一把"开山锯"和一座铜碑。这座铜碑被保存在妙峰山的惠济祠中，象征着其特殊的资历与权威地位。

民国时期，北京一些香会的负责人在地方社会享有较高的威望。民国北京古城村的秉心圣会的老都管常永富对会礼、会规颇有研究，能言善辩，从而成为妙峰山香会界的头面人物。据梁云龙记录，"村里红白喜事面面俱到，打官司告状有求必应，别人解决不了的问题，只要他老人家一出面，事情迎刃而解"。② 顺义县仁和镇的念佛老会，是丫髻山民间进香史上的"霸王会"，在同治年间达到鼎盛，至民国时期仍有余威。日军占领北平期间，每年走会都由该香会的总督言丹枫出面主持。言氏曾任伪县政府财务科的科长，言家是北门里的大地主，祖上几辈都在县户部主事，因而在当地具有实际的社会影响力。

可以说，北京的泰山庙会是一种相对独立于官方的社会权力网络。在这个网络中，皇会因为官方的背景而享有走会的种种特权，而这些特权也造成

---

① 来新夏主编《天津皇会考·天津皇会考纪·津门纪略》，第85页。
② 杨金凤编著《秉心圣会》，第202页。

了皇会成员相对于普通香会与信众具有优越感。这种特权与优越感表现为走会的规矩与礼节，如北京香会的传人赵宝琪所说，"所谓走会，走的就是规矩和礼节"。①

在北京与涿州的泰山庙会举行时，各地香会竞相展示财力与技艺，以获取社会声誉与影响力。涿州每年二月二的娘娘庙会，是北京与当地香会耗财买脸，争进头香的比拼舞台。光绪时期某年，涿州当地的香会"在香道上每隔一步摆放一袋大米"，以此向各香会炫耀财力，争取烧头香的资格。成立于光绪二年（1876）的北京南安河善缘老会得知后，由老督管与当时在皇宫当太监的米绪忠商量，决定从宫廷银库借出一箱银元宝。米绪忠说："咱们在他们的每个大米口袋上，放上一个银元宝。问他只有米没有菜怎么行呢？"此举使南安河善缘老会在竞争中占了上风，最终烧得头香。② 民国时期，该会有一天路经永德门，被警察拦下搜查，结果没有搜到什么可疑之物。该会中的王姓演员一气之下，将负责搜查的两个警察打伤。该会创始人刘德胜的掌门大弟子白锦当时负责北京警察局与宪兵队的管理，听到此事后，命令警察局开除那两个挨打的警察。③ 这两个警察是例行公事，但因为香会的某些特权而丢了工作。对于该香会而言，其掌门大弟子白锦确有公权私用的嫌疑。

可以说，香会之间的博弈不断巩固江湖化的社会交往网络及其差序格局。香会渴望在泰山信仰圈内获得特权与权威及所谓社会"脸面"，目的是在日常生活中获得相对于他人的优越感。无疑，香会江湖的所谓规矩与礼节压抑了香会的个性发展，也存在对弱势香会的歧视。尤其在民国时期，这种交往规则阻碍了平等观念与民主思想的传播。

小　结

由于社会革命远滞后于政治变革，近代华北社会底层的民众基本沿袭着传统的生活方式。在物质生活、文化教育与医疗条件没有得到根本改观的情况下，民众比过去更加依赖泰山神灵，克服生活的困境。对他们而言，能在凶年保全性命，是受惠于泰山神灵的庇佑。因此，泰山、丫髻山与妙峰山等

---

① 孙庆忠主编《妙峰山：香会志与人生史》，第277页。
② 孙庆忠主编《妙峰山：香会志与人生史》，第110页。
③ 孙庆忠主编《妙峰山：香会志与人生史》，第241页。

三地的香会均有不同数量的增加。

华北民众在日常生活中不断建构和叠加所谓泰山神灵验的奇迹，形成了"心诚则灵"的集体无意识。这种信仰行为虽不乏安分守己的自我教化作用，也未构成对他人的危害，但在客观上制约了信众对新知识、新技能的追求，使之消极地应对社会困境。

民众的泰山信仰活动只是世俗日常生活的一部分，并非出世意义上的宗教生活。北京妙峰山香会的活动与交往构成了一个江湖化的社会网络，他们在这个网络中追求所谓社会"脸面"与特权，而最大的特权依据还是官方的认可与支持。对他们而言，所谓走会，走的是区域社会内的规矩与礼数。这种规矩与礼数在一定程度上维系了社会的差序格局与皇权心态，不利于人的个性成长与民主意识的传播。

第三章　近代泰山信仰下的世俗
经营与社会失范

从日常生活的角度看，近代华北泰山信仰的民间习俗与佛教、道教在相当程度上融合在一起。在此信仰下，借机经营世俗利益的僧尼与据此谋生或寄生的乞丐，典型地反映了社会的失范状态。东岳大帝信仰虽不及碧霞元君信仰盛行，但仍有一定的社会教化与规范人心的作用。

一　泰山斗母宫的会馆化

近代泰山上奉祀碧霞元君与东岳大帝的祠庙多有道教或佛教的信徒住持。碧霞祠、岱庙、灵应宫等由道士住持，后石坞元君庙、红门小泰山行宫、斗母宫等由比丘或比丘尼住持。因史料缺乏，这里仅以泰山斗母宫比丘尼为例，从一个侧面展示近代泰山祠庙内的碧霞元君侍者生活的变迁。

乾隆朝以降，泰山斗母宫从妓的比丘尼即成为泰山极为别致的风景，甚至到了 1946 年还有人宣称："泰山的尼姑，不仅京沪名娟不及远甚，就是天南地北，也找不到第二处。"[1]

此前的中国妓女文化史、中国尼姑史研究对近代泰山斗母宫尼姑从妓之事多有提及，认为这是晚清社会奢靡纵欲风气的一种反映。[2] 从妓仅是斗母

---

① 俊生：《泰山妙尼》，《东南风》1946 年第 6 期。

② 蔡鸿生在探讨中国"花禅"文化时提到泰山斗母宫比丘尼从妓的现象，并注意到她们对斗母宫的经济义务。见蔡鸿生《尼姑谭》，中山大学出版社，1996，第 133～134 页。武舟在探讨中国妓女文化时认为"晚清社会的侈靡纵欲之风，已污染到佛门净地"，并将晚清泰山斗母宫比丘尼从妓之事作为该论断的一个重要例证（见武舟《中国妓女文化史》，东方出版中心，2006，第 261 页）。此外，日本佛教、道教学者泽田瑞穗认为泰山香客与斗母宫尼姑的性交意味着其与泰山女神（以碧霞元君为代表）的灵肉结合（见〔日〕泽田瑞穗《中国之泰山》，东京，讲谈社，1982，第 100～104 页）。这种容易让人联想到"巫山神女"的看法仅是一种猜测，事实并非如此。

宫比丘尼生活的一个侧面，她们的实际生活方式与人生际遇远比从妓更为复杂、丰富。迄今为止，人们对泰山斗母宫比丘尼的真实生活仍是知之甚少。

（一）从妓与世俗婚姻

泰山斗母宫位于龙泉峰下，兴建于明嘉靖年间，初名为龙泉观，在清兵入关后成为宗室阿府的香火院。① 康熙十二年（1673）龙泉观增奉道教的神灵斗母，遂改为"斗母宫"（又名"斗姥宫"，别称"妙香院"），由比丘尼住持。乾隆十二年（1747），京师天仙庵的住持比丘尼心海因"仪度庄雅，经卷通达"② 被尊为斗母宫的第 11 代住持，其香火因此而大盛。心海殁后，斗母宫香火随之衰减。由此至道光后期，斗母宫的比丘尼们依靠微薄的香火收入勉强度日，但她们还守持着"戒杀、戒妄语、戒偷盗、戒淫邪、戒饮酒"的基本戒律。

1. 从妓生涯及其终结

道光后期比丘尼广平升任斗母宫住持③，此处依靠香火费勉强度日的境况开始改变。广平的徒弟绪魁和徒孙本三因为"通文字，善酬对"④，吸引着前来游山的达官显贵、文人墨客驻足于此，而且一些"宦室瀛眷"多将此作为休息地，斗母宫的香火也因而兴盛起来。光绪元年（1875），为重修斗母宫的山门与钟鼓楼，时任住持的绪魁借助其善交际的本领，化来了数百两银子。为此捐款的官民既有山东布政使司、蒲阳县知县与泰安县知县等官员，还有顺天府、济南府、济宁州、新泰县、宁阳县、长清县、洛口镇、历城县、邹平县以及湖北、陕西等地的官员、缙绅、商号和民众。⑤ 当时斗母宫在华北社会的影响之大由此可见一斑。

在诗文的酬对中，宫中的年轻比丘尼与一些游客不免暗生情愫，悄然留客住宿。尤其是比丘尼绪魁在同治年间住持斗母宫时，这里的"幼尼皆妙婉秀丽，解文字，衣装如美少年。其室宇陈设，饮食供客，极其豪奢，故游客多乐而忘返"。⑥ 斗母宫比丘尼正品在新中国成立后回忆说，光绪时斗母宫

---

① 《重修斗母宫后殿西配殿记碑》，道光二十四年（1844）立石，碑存泰山斗母宫。
② 《重修斗母宫前后殿东西配殿记碑》，乾隆四十四年（1779）立石，碑存泰山斗母宫。
③ 按：《重修斗母宫后殿西配殿记碑》记载，至晚在道光二十四年（1844），比丘尼广平开始住持泰山斗母宫，其徒弟有绪魁、绪龄等人。
④ 《斗母宫增修记碑》，民国三年（1914）立石，碑存泰山斗母宫。
⑤ 《斗姥宫重修山门钟鼓楼记碑》，光绪元年（1875）立石，碑存泰山斗母宫。
⑥ 赵新儒：《新刻泰山小史校注》，第 50 页。

"年轻的尼姑不削发，留着大辫子、穿红戴绿，涂脂抹粉，致使一些城乡纨绔子弟入庙流连忘返"。① 晚清著名思想家王韬在《淞隐漫录》中提道，这里"瑶光夺婿，天女散花，虽尼而实妓焉"，② 一语道出了斗母宫尼姑从妓的实质。

斗母宫尼姑从妓的主因固然在于绪魁、本三等人的世俗化经营，但也有其历史前因。乾隆年间，斗母宫已经出现了比丘尼追求世俗家庭生活的现象。据曾任楚北江夏县令的曾衍东记载，当时来泰山朝拜求子的香客多到斗母宫"认亲家"，其中一些富贵的香客初次来这里，会受到"盏茶佳果"的招待。如果祈嗣的富贵香客希望与庙中比丘尼结缘，帮助生育子嗣，那就有可能成一段"姻娅"。所谓"客择其美而亲之，再至，则旧婚媾焉"③，就是说客人可以一再与中意的比丘尼共宿于此处。斗母宫比丘尼代孕生子的风气在当时已传闻于大江南北，曾衍东在《小豆棚》中特地记载了斗母宫中比丘尼常静莲与肥城士人郑某两情相悦，并生育一子的故事。④ 不过，这种风气到嘉庆年间已不明显了。

斗母宫从妓的尼姑多是来自当地家贫而貌美的女子。她们来斗母宫仅为谋生，而不为学佛。约从同治初年到光绪二十九年（1903），在住持比丘尼绪魁、本三等人的安排下，她们"每招人止宿如勾栏"⑤，以此来增加宫中的收入。她们大多不甘心如此长久下去，而是期望与客人交往中寻求择偶配婚的机会。不过，其对俗世婚姻的祈求大都是不幸的结局。刘鹗在《老残游记续》中曾借逸云之口，讲述了斗母宫比丘尼嫁于富贵人家为妾而惨遭折磨至死的悲剧命运。⑥ 像王韬所述的光绪年间斗母宫比丘尼妙香、妙莲共嫁吴生而求得百年之好的情况恐是一个特例。⑦ 不过，在刘鹗与王韬的笔下，斗母宫中那些从妓的比丘尼从不因破戒从妓而产生宗教信仰上的愧疚感，更不曾为此忏悔。

斗母宫比丘尼从妓的行为不仅破坏了佛规，而且在官方看来"有伤风

---

① 正品：《五十八年的尼姑生活》，山东省政协文史资料委员会编《山东文史集粹》（修订本）上集，中国文史出版社，1998，第632页。

② 王韬：《淞隐漫录》，人民文学出版社，1983，第512页。

③ （清）曾衍东著，盛伟校点《小豆棚》，齐鲁书社，2004，第111页。

④ 参见（清）曾衍东著，盛伟校点《小豆棚》，第111~113页。

⑤ 傅振伦：《重游泰山记》，《地学杂志》1931年第4期。

⑥ 参见《晚清双记（浮生六记·老残游记）》，重庆出版社，2008，第375~376页。

⑦ 参见王韬《淞隐漫录》，第510~514页。

化"，助长了地方社会的嫖妓风气。从以教化民众为己任的"礼治"之道而言，比丘尼从妓的行为对醇化风俗具有明显的破坏力。由于"风俗之变，迁染民志"①，关系到国家的盛衰，明清士人普遍认为"天下之患，莫大于风俗之颓靡而不觉"。② 因此，风俗好坏就成为地方社会治理的晴雨表。

为了醇化地方社会风俗，泰安县县令毛澂于光绪二十九年（1903）将斗母宫的比丘尼全都驱逐，并将"斗母宫"改为旧名"龙泉观"，换上道士住持。未料，斗母宫因此香火锐减，不足以维持道士们的生活。在此情况下，被驱逐的斗母宫比丘尼法霖③向县令毛澂再三陈说，表示此后严守佛戒，肃改庙风。加之泰安士绅钱寅宾、贾鹤斋等人从中斡旋，毛澂准许被驱逐的比丘尼回到斗母宫，并以法霖为住持。这些比丘尼由此剃度如常僧等，"布衣粗粝，仅以自存"。④

若言斗母宫比丘尼从妓"有伤风化"，那么泰安城的娼妓业则更是如此，为害严重。泰安城的娼妓业兴盛于明代，明人张岱在《陶庵梦忆》中记录了当时泰安城中娼妓业的兴盛景象："余进香泰山，未至店里许，见驴马槽房二三十间；再近，有戏子寓二十余处；再近，则密户曲房，皆妓女妖冶其中。"⑤ 近代泰安城的娼妓业虽不如往昔兴盛，但仍然维持经营。20 世纪 20 年代，泰安城的娼妓到了明码标价的程度，"马班（叫条子二元，点戏每出一元），妓院（城内每夜五元，叫条子二元。西关每夜一、二、三元不等。约共二百余家）"。⑥ 从对地方社会风俗的影响看，城中这些娼妓在礼教上的伦理责任不会少于斗母宫的比丘尼。泰安县令毛澂没有查禁城中的官妓与私妓，仅以"有伤风化"之名查禁斗母宫的比丘尼，其中的真实缘由不得而知。诚然，"对于僧尼在社会中行为的规范，各地方官在执行时弹性很大，有权根据该地具体情况及其个人对律法或朝廷政策的理解，作出些特殊的要求"⑦。毛澂此举虽表明其重视文治教化，有意改变当时泰安地方的嫖妓风气，但实际上并没有取得其预期的移风易俗的功效。毕竟当地的一些绅商、

---

① （宋）王安石：《风俗》，《王文公文集》卷三十二，上海人民出版社，1974，第 380 页。
② （明）王阳明：《拟唐张九令上千秋金鉴录表》，《王阳明全集》卷二十二，上海古籍出版社，1992，第 866 页。
③ 按：法霖俗姓宋，泰安人，因家人担心其"命短"，幼年时被送至斗母宫，生卒年不详。
④ 赵新儒：《新刻泰山小史校注》，第 51 页。
⑤ （明）张岱著，淮茗评注《泰安州客店》，《陶庵梦忆》卷四，中华书局，2008，第 81 页。
⑥ 胡君复：《泰山指南》，商务印书馆，1923，第 39 页。
⑦ 严耀中：《佛教戒律与中国社会》，上海古籍出版社，2007，第 208 页。

富家子弟不会因为礼教而放弃追逐风月的生活欲望。

20 世纪 20 年代，斗母宫仍不乏从妓者。1921 年，据时任《山东日报》《山东商务日报》编辑的王献唐实地观察，该处"有老尼住持，弟子数十人，过客中之好事者，多流连于是，情缘既投"。其中有一位比丘尼"色不佳而工应酬"，最有名气，颇得张勋的眷恋。这位比丘尼的居室"陈设雅洁，迥异堕俗"。该宫还容留野客卧吸鸦片烟。王献唐对于斗母宫兼营的妓院与烟馆，深感"佛法末流"弊端的可怕，慨叹此处比丘尼"未能参禅还入俗，红鱼清磬更何人"。①

法霖住持斗母宫之后，这里的比丘尼从妓的现象一仍其旧。据说，20 世纪 30 年代初下野的冯玉祥将军隐居泰山时，对斗母宫经营"勾栏"生意很不满意，将其中几位从妓的比丘尼驱逐出了斗母宫。1935 年秋冯玉祥离开泰山之后，斗母宫的比丘尼是否重新恢复了从妓的行为，不得而知。从 1937 年底到 1945 年 8 月，由于日军占领着泰安城，来泰山的香客十分稀少，斗母宫比丘尼从妓的现象很可能消失了；坊间流传的斗母宫比丘尼代孕生子的现象是否仍旧存在，也难以知晓。

从同治初年到 1937 年底，泰山斗母宫作为社会边缘的一个角落，几乎一直延续着从妓的现象。无论是声势浩大的太平天国运动，还是遍及全国的辛亥革命，抑或是 1928 年 5 月至 1929 年 6 月驻泰安的国民党山东省政府，都不曾对其产生明显的影响。反过来说，这一时期政府对社会底层生活方式的控制力度十分有限。更关键的是，晚清、民国时期的官员、士绅一方面讲究男女有别，另一方面留恋风月场所的现象，十分普遍。在此情况下，斗母宫比丘尼才有了破戒从妓而不被官方惩处的生活空间。

2. 从妓遭遇的批判与同情

在毛澄查处斗母宫后的 40 余年中，仍有人对泰山比丘尼大加赞赏。一位叫黄南丁的人认为，泰山尼与江苏的南浔、盛泽、吴江、周庄及浙江的湖州、嘉兴等地庵堂中的女尼有异曲同工之妙，但二者的区别是：后者"大都是本地风光，差不多便是女闾变相，只尚乎体态风流，容光艳丽"；前者"却在娇媚之中，含有刚健之气，真是婀娜而兼刚健"。②他还带有劝诱性地

① 周郢：《王献唐先生佚文〈登岱笔谈〉述略》，山东省中华文化促进会、日照市中华文化促进会编《国学大师王献唐学术研讨会论文集》，中国文史出版社，2014，第 285 页。
② 黄南丁：《泰山尼》，《红玫瑰》1931 年第 22 期。

说道："有时只要游山的人解得风流，还能陪伴了享那旖旎艳福。"①

1936 年，有人在《生路》杂志上介绍说，泰山的许多尼姑庙经年收容一些并不吃斋念佛的比丘尼，她们"蓄着短发，不读经典，除了侍奉长辈之外，便学针□。每天粉脂满面，俨如大家闺秀，说不定什么时候就被师傅派出去伴眠，代人生子"。② 这些尼姑与需要生子的人还要签订契约。在此人看来，所谓代孕生子的比丘尼"变成了单纯的生殖器械"，"也就是卖淫的女人"。③ 虽然他没有明说到是泰山的哪些尼姑庙，但泰山唯一的尼姑庙即斗母宫。

一位署名为"何人"的作者也撰文称山东泰安县有尼姑代孕生子的风俗。他在文中说："老家山东泰安县有一个奇怪的风俗，那里庵堂里尼姑，可以替人家包养儿子。如果你是寡身男子，没钱讨不起老婆的，可以向当地庵里老尼商量，由伊指定一名尼姑前来说明期间，像妻子一样替你管家。一待有了身孕，伊当即整备脱离。生育之后，仍返老家。同时由老尼向你索取养育代价，而替你生儿的尼姑还不时前来探望，像亲戚般往返。……彼的行动完全大大方方，比上海人做生意还要弹硬。"④ 所谓泰安县比丘尼代人生子的习俗并不是一种普遍的地方社会现象。作者的这种叙说很可能是在影射斗母宫比丘尼从妓的历史，因为泰山上下的尼姑庵确实很少。在一定程度上，作者是将此风俗当作供人调侃的笑料。另外，中华书局的编辑孟默闻曾对历史学家顾颉刚说，20 世纪 20 年代山东"泰安一带亦有租妻、典妻之风，甚至尼姑亦可出租出典"。⑤ 这表明法霖住持斗母宫期间，这里的比丘尼代孕生子的风气依旧存在，而且其名声流传甚广。

有人于 1946 年讥讽泰山斗母宫比丘尼出卖色相的行为赛过北平与上海。他说："泰山的尼姑，不仅京沪名娟不及远甚，就是天南地北，也找不到第二处。值得一提的，她们虽为尼姑而不念经，不做功课。她们的工作是习歌舞，玩丝竹管弦，三千烦恼青丝概不剪剃，只是不烫不卷而已。穿高跟鞋，服装华丽，虽不摩登洋派，然雍荣大方，要不是住在泰山斗母宫里，谁人当她们是尼姑呢？"他甚至还说斗母宫"犹如妓院一般，任君自拨，环肥燕瘦

---

① 黄南丁：《泰山尼》，《红玫瑰》1931 年第 22 期。
② 《泰安的尼姑》，《生路》1936 年第 3 期。
③ 《泰安的尼姑》，《生路》1936 年第 3 期。
④ 何人：《泰安尼姑包养儿子》，《东南风》1946 年第 6 期。
⑤ 顾颉刚：《史林杂识初编》，"赘壻"条，中华书局，1963，第 110 页。

尽有"，而这里的比丘尼"也有私生子，这里还有乳母保母司其事"。① 作者没有将斗母宫尼姑从妓之事看成晚清时期的历史现象，而是当成了民国时期的实际状况。依照比丘尼正品对民国时期斗母宫生活的回忆，作者所言斗母宫比丘尼"穿高跟鞋，服装华丽"之事很可能是杜撰之言。

晚清时期斗母宫比丘尼追求世俗爱情，寻求生活依靠而遭遇不幸结局的故事也受到了后人的关注。民国时期的文士吴述文以斗母宫的一则真实故事为素材创作了小说《岱庵恨史》，讲述了其故友宋仪玉（化名）与斗母宫比丘尼祥云（化名）一度相爱而造成祥云被老尼殴打致伤的经历，意在表达其对当时世风日下、人心不古的忧虑，主张重温儒家所主张的情感方式与伦理观念。

在吴述文看来，世界的成立在于一个情字，而情的正宗与常规就是天经地义的"极端相对之一夫一妇"。② 除此以外，无夫妇之名而有夫妻之实的宠姬艳婢、野草闲花以及其他类型的第三者、第四者，都是情的支流，情的变局。这种支流、变局的结果是"将光明正大之情字，成为黑暗凄凉之恨字"③；滥用情、误用情的流弊到了以情杀人的地步。陈竹隐在该书的序言中赞赏说："言皆信而有征，不作一字妄语，非寻常寓言八九者所可相提并论。……深喜述文用心良苦，即谓之为情海慈航，亦无不可。"④ 吴述文撰写此书以教化人心的用意颇有理想化的色彩。在一夫一妻多妾制的传统社会，通常男人的感情很难做到专一，更何况民国时期妾的现象仍然存在。他不曾指责斗母宫老尼的霸道，更不曾设想如果不是老尼横加干涉，其故友宋仪玉与祥云就可以成就一段两情相悦的姻缘。

与《岱庵恨史》不同，泰山民间传说《四阳庵》则描写了小比丘尼妙静历经四阳庵老尼的折磨，最终与心仪的小伙赵汶生结为夫妻的故事。⑤ 这则故事明显宣扬了比丘尼追求世俗爱情的正当性。依照当地民间的看法，出家是不得已而为之的，世俗爱情仍是现实人生的幸福要义之一。

在民国时期斗母宫并非佛法修行场所的环境中，这里的比丘尼寻求俗

---

① 俊生：《泰山妙尼》，《东南风》1946 年第 6 期。

② 吴述文：《岱庵恨史》，青岛华昌大南纸印刷局，1932，第 135 页。

③ 吴述文：《岱庵恨史》，第 136 页。

④ 吴述文：《岱庵恨史》，序。

⑤ 《四阳庵》，山东省出版总社泰安分社编《泰山传说》，山东人民出版社，1985，第 80 ~ 88 页。

世的爱情与婚姻实无可厚非，即使其从妓、代孕也有不得已的理由。顾颉刚评点泰安比丘尼出典、出租之事时称，"凡此皆呻吟于黑暗统治下之悲剧"。① 可见，他对近代斗母宫比丘尼的半世俗化的生活方式给予了充分的同情。

（二）"宴会之所"与人际交往

近代斗母宫比丘尼生活方式的守旧与其自身的经济生活方式密切相关。自绪魁、本三依靠"通文字"的本领积极交际、应酬后，斗母宫逐渐成为当地知名的"宴会之所"，颇有客栈化的意味。

1. 营造鲁大夫"宴会之所"

斗母宫主要招揽官商士子一类的客人，在餐饮上十分用心。咸丰朝进士李榕②记载，他与张文斋、陈序珑、曹再兴等人游览泰山时曾在斗母宫"袒胸赤足，与张道士对饮，谈昔年南岳之游，淋漓至醉"。③

近代斗母宫继续经营餐饮，大凡来游泰山的富贵客人多来此用餐，斗母宫因而成为当地官绅、士子宴会的重要场所。刘鹗在《老残游记》中借轿夫之口称："但凡上等客官，上山都是在这庙里吃饭。"④ 民国初年，时为商务印书馆编译员的庄俞与朋友一起游览泰山，以为斗母宫不过是寻常庙宇，在朋友浮邱的催促下没有来得及细致瞻顾。下山后，他才知道"斗母宫为尼庵，老幼十余辈，皆以善交际闻。有客室，绝清洁，且备名厨肴酒，仓猝可办，无不佳妙。鲁大夫类以此为宴会之所"。⑤ 因此，他十分后悔错过了斗母宫的佳肴。被梁启超誉为"徐霞客第二"的蒋叔南也在民国初年游览泰山，他十分欣赏斗母宫的景色与美食，在游记中称赞道：斗母宫"危楼临涧，极其清敞，盆栽花木，颇繁盛。女尼居之宫左。谷中水汇为潭，折而得六，清净滢澈，袁寒云题流水音三字于石上，纪实也"；"在宫午餐，菜颇精美"。⑥

① 顾颉刚：《史林杂识初编》，"赘婿"条，第110页。
② 李榕，原名甲先，字申夫，号六容居士。四川剑州东北何马沟（今广元市剑阁县下寺镇友于村）李时荣之子。道光丙午年举人，咸丰二年（1852）二甲六十四名进士，选授翰林院庶吉士。精通诗文，工书法，晚年治学谨严，授业有方，著有《十三峰书屋全集》。
③ 李榕：《游泰山记》，《十三峰书屋全集》（《清代诗文集汇编》第677册），上海古籍出版社，2010，第7页。
④ 《晚清双记（浮生六记·老残游记）》，第348页。按：此处轿夫所言的"庙"即斗母宫。
⑤ 庄俞：《济泰游览记》，刘家平、周继鸣主编《古籍珍本游记丛刊》第2册，线装书局，2003，第704页。
⑥ 蒋叔南：《蒋叔南集》，卢礼阳编校，黄山书社，2009，1921，第181页。

1921 年，在济南任《山东日报》《山东商务日报》编辑的王献唐游览泰山时看到斗母宫有比丘尼数十人，一些风流过客"多流连于是"，甚至留宿于此。王氏经该地的熟人介绍，得以参观这里的一位受到张勋眷恋的比丘尼的居所，惊奇于其"陈设雅洁，迥异堕俗"，不由得感叹"佛法末流，乃见此弊甚，足怖也"。[①]

为赢得客人的欣赏，斗母宫在膳食服务上颇为讲究，侍候客人的小比丘尼"得站在一旁，毕恭毕敬地给客人装烟、奉茶和听候差使"[②]。如果她们出了差错，就会被罚跪，甚至挨打。

全面抗战期间，由于日军一直占领着泰安城，斗母宫经营的食宿生意大受影响。日军为加强对泰安的控制，先后在城东关、南关、夏张、大汶口等地设立据点、碉堡 120 余处。4000 余日伪军不断对周围村庄进行"扫荡"。在此社会环境中，泰山游客的数量锐减，而在斗母宫驻食宿的香客更是少之又少了。

自抗战胜利到泰安解放前夕，斗母宫再也不见昔日门庭若市的盛景。

2. 结交地方社会权威

法霖任住持时的斗母宫虽逐渐成为泰安地方官绅的宴会场所，但仍难以避免一些怀寻花问柳之心的不良分子不断来此骚扰。即使是辛亥革命后成立的泰安县政府也不能为僧尼提供有效的安全保护，深受其苦的法霖不得不寻求地方"靠山"，以图仗其威望，吓退那些前来滋事的不良分子。她首先想到的是泰安城南关的赵家公馆。

赵家公馆是汉军旗人、进士赵尔萃于光绪二十五年（1899）购置的房舍。赵家在晚清时甚具声望，赵尔萃之兄赵尔巽曾为奉天总督，另一兄赵尔丰曾为四川总督。民国成立后，赵尔萃虽赋闲在家，但其曾在夏津县知事任上"颇有惠政"[③]，因而在泰安城中深受官民尊重。为了攀附赵尔萃，法霖让其徒弟能庆认其做了干爹。[④] 因为这层特殊的虚拟血缘关系，民国初期的几任县令对斗母宫多加保护，而地方的不良分子再也不敢前去纠缠。在法霖

---

① 周郢：《王献唐先生佚文〈登岱笔谈〉述略》，山东省中华文化促进会、日照市中华文化促进会编《国学大师王献唐学术研讨会论文集》，第 284 页。

② 正品：《五十八年的尼姑生活》，山东省政协文史资料委员会编《山东文史集粹》（修订本）上集，第 633 页。

③ 叶景葵著，顾廷龙编《叶景葵杂著》，上海古籍出版社，1986，第 95 页。

④ 吴延文：《斗母宫轶闻——尼姑法霖》，泰安郊区政协文史资料研究委员会编《文史资料选辑》第 2 辑，1982，第 133 页。

的请求下，赵尔萃出资在斗母宫东侧修筑了天然池。

除了攀附泰安城中的赵尔萃外，法霖还十分注意结交泰安城的重要官僚、绅商。她以城中的济盛永布庄为消息来源，每逢这些官僚、绅商家有红白喜事，即送上一份礼品，以图他们关照斗母宫的香火与安全。

1917年赵尔萃去世，斗母宫比丘尼的安全问题随即浮现。不仅地方的不良分子会来滋事，而且一些警察也会欺凌宫中的比丘尼。据日本的著名评论家德富苏峰记录，他和朋友曾在1917年游览泰山时住过斗母宫，当时法霖一再请求他们和随他们一同来的两个中国巡警住在一起。德富苏峰解释说："原来在中国，巡警是一般老百姓所害怕的人，把他们安置在尼姑庵，无疑等于放虎归山。所以，老婆婆想让我们监视着他们。在这里，本来是让巡警来保护我们的，可是现在我们却要管理他们。结果，我们只好让他们住在我们的隔壁，这才相安无事。"① 这从一个侧面表明，当时的巡警很容易在尼姑庵这种地方肆无忌惮地骚扰比丘尼。

在北洋政府时期，斗母宫不时被军阀部队的士兵骚扰。奉系军阀张宗昌督鲁之初，其手下的士兵纪律涣散，不时滋扰斗母宫。为此，法霖派其徒弟能庆到济南拜访张宗昌军中的师长、旅长一级的将领，并在这些将领的寿辰等特殊日子送上贺礼。由于这些将领的关照，不时有打着张宗昌名义的纠察队巡逻于斗母宫及其周围区域，使那些来斗母宫游逛的士兵不敢胡作非为，从而有力保障了法霖等人的安全。法霖凭借其机智，一度从前来斗母宫用餐的张宗昌那里化来了700元的布施款。1929年成立的泰安佛教协会尚不足以保障斗母宫比丘尼的安全。

20世纪30年代初，能庆接替法霖做了斗母宫住持，一仍法霖的经营之道，通过打点官绅的渠道获取安全的保护。这种境况一直延续到日军占领泰安城。从1937年底到1945年8月，斗母宫的比丘尼偏安于山中，她们因为法霖的遗泽，收留了法霖的侄妇和她的两个年幼的儿子，使其避免了泰安城中日伪军的欺凌。

从同治初年到1937年底的大部分时间内，斗母宫很少受到国家权力的干预，仅是清末县令毛澂查禁比丘尼从妓之事显示了国家权力的在场。其他如1925年任山东军务督办的张宗昌来此，只做个人访客，而非国家

---

① 〔日〕德富苏峰:《中国漫游记·七十八日游记》，刘红译，中华书局，2008，第221～222页。

权力的代表。衍圣公孔令贻等来此，只做普通香客，而非儒家文化的使者。因此，泰山斗母宫在近代逐渐成为具有地方特色与文化包容性的公共场所。

（三）多神信仰与求子习俗

虽然同治初年以降斗母宫比丘尼的生活呈现了明显的世俗化状态，但她们仍保留比丘尼与道教神灵侍卫者的身份。也就是说，她们既做了比丘尼，奉祀佛教的观音菩萨，又作为侍神者，奉祀道教的神灵斗母与碧霞元君。在民间信仰中，观音菩萨是有求必应的慈祥女神；碧霞元君是主管人间生育的神灵。自明代以来，碧霞元君逐渐成为中国长江以北区域最为著名的女神，俗称"泰山老奶奶"，深得民众信仰。斗母宫并祀佛、道两教神灵的传统由来已久，生活于此的比丘尼并未因此产生信仰上的冲突感。

1. 早期的多神奉祀与求子习俗

在"不孝有三，无后为大"的传统宗法社会中，男子才是"后"，对于宗族的存在与延续具有天然的重要性。这种制度化的宗法伦理观念造成了男子的性别优势，也长期延续着男尊女卑的主流观念。因此，长期没能生育儿子的夫妇迫于传统伦理观念与社会舆论的压力，很容易走向主管生子且"有求必应"的碧霞元君、观音菩萨等神灵，向其许下求子的愿望。

在地方民众的心目中，泰山斗母宫祈神送子的信仰活动十分灵应。康熙十二年（1673）的《斗母宫新建白衣殿记碑》称："于能响应不爽之中，碧霞元君、观音大士犹为至灵"，"白衣送生子孙殿也，白衣能满世人求子之愿"。[①]乾隆四十四年（1779）的斗母宫《高恩等进香碑》云："斗母宫更为灵应，求子得子，求孙得孙，凡会中善人之资其福者甚众。故特建碑以颂功德于不朽。"[②]斗母宫的《重修前俊殿东西配殿记碑》也称："一切□子求孙，无不回应。"[③] 斗母宫求子灵应的观念流传甚广，在斗母宫许愿求子的一个重要程序是由这里的比丘尼在神像前拴一个象征送子的泥娃娃。

由于斗母宫求子的灵应，清末的总兵张勋偕夫人来庙拴娃娃，后果生一子。民国初年，中年无子的衍圣公孔令贻在张勋的建议下前往斗母宫拴娃娃。二人和

---

① 《斗母宫新建白衣殿记碑》，康熙十二年（1673）立石，碑存泰山斗母宫。

② 《高恩等进香碑》，乾隆四十四年（1779）立石，碑存泰山斗母宫。

③ 《重修前俊殿东西配殿记碑》，乾隆四十四年（1779）立石，碑存泰山斗母宫。

其他一些信众共同出资增修了斗母宫殿宇。[①] 后其子孔德成出生，曲阜孔府为此向斗母宫施舍了不少钱财，而孔德成与法霖还结下了特殊的师徒缘分。

虽然民国时从西方输入了男女平等的观念，但其对社会启蒙的作用十分有限，人们仍普遍固守着儿子才能继承家族香火的伦理观念。即使到了 20 世纪 30 年代斗母宫衰败的时候，"乡间一些无知的女子还常到庵里来烧香，她们烧香的目的是在求得儿子"[②]。

2. 法霖住持时的斋戒与祀神

法霖任斗母宫住持后，这里的比丘尼将主要精力用在食宿经营上，并没有回归佛门的清修之道，其侍神者的身份呈现明显的职业化色彩。这一点在斗母宫比丘尼日常的修行上表现得十分突出。法霖的徒孙正品后来回忆说，在日常生活中，"庙内尼姑大部时间用于应酬游人、香客和礼神活动上，对佛法经义没有精湛的研究"[③]。仁声师父对她只是用口授的方法教部分经文，但她因为没有正式读过书，只能念滑句，不懂得经义。虽当时斗母宫一度设有学校，聘请教师教徒尼学文化（也吸收庙外儿童入学），但因师父（祖）们多，师兄弟少，7 岁的正品在 1924 年出家入斗母宫后主要帮助师兄弟推磨轧碾，烧水做饭，侍候师叔、师祖和外来客人，没有精力读书。"另因迎接游人和开展香火的任务重，没有讲经的专人，徒尼对佛经学习很差，懂得很少"。[④] 显然，斗母宫的比丘尼志不在学习佛法与依教修行。

法霖、能庆住持斗母宫期间，这里的比丘尼吃斋有两种：一是吃全斋，二是吃花斋。吃全斋，即全年食素，不食任何荤腥。吃花斋即每年农历六月、腊月和每月的初一、十五吃素，其他时间可以吃荤。一般是师父吃全斋，也要求自己的徒弟跟着吃全斋；师父吃花斋，徒弟也就吃花斋。可见，斗母宫比丘尼吃斋没有严格划一的规定，因人而异，徒弟依照师父的选择确定自己的吃斋方式。

斗母宫的日常礼神活动为上香、送食和念经拜禅。每天早晚两次为所奉各位神灵上香。六月、腊月和每月初一、十五，除早晚上香外，中午要增加

① 《斗母宫增修记碑》，民国三年（1914）立石，碑存泰山斗母宫山门外盘路西侧。
② 胡祖荫：《泰山社会教材》，《儿童教育》1936 年第 5 期。
③ 正品：《五十八年的尼姑生活》，山东省政协文史资料委员会编《山东文史集粹》（修订本）上集，第 633 页。
④ 正品：《五十八年的尼姑生活》，山东省政协文史资料委员会编《山东文史集粹》（修订本）上集，第 634 页。

一次送食。当时法霖规定斗母宫的念经方式为单日经、双日禅。单日经即每逢一、三、五、七、九单日在北院正殿神前念经，先念《鱼子经》（《信经》《弥陀经》），再念《赞子经》（有韵，配以钟鼓）。双日经即每逢二、四、六、八、十双日，除念经外，还要拜禅，就是边念经边跪拜磕头。以上念经拜禅叫功课，所有徒尼必须按时参加，住持和师父们也尽量参加。另外，在所供斗母元君、观音菩萨、碧霞元君、文殊菩萨、普贤菩萨等神的圣诞、出家、成道等节日还要举行祝拜仪式。

虽法霖、能庆等人在斗母宫中出家为比丘尼，但其中多数人没有正式受戒。根据正品的回忆，新来的比丘尼进庙后要守基本的五戒，但民国时期真正去北京大寺院受戒的斗母宫比丘尼仅能祥一人。严格来说，斗母宫中的大多数比丘尼并不是真正的佛门弟子。在佛门看来，真正的出家弟子"禁戒守真，威仪出俗。图方外以发心，弃世间而立法。官荣无以动其意。亲属莫能累其想。弘道以报四恩。育德以资三有。高越人天，重逾金玉"。[1] 依此标准，注重世俗安乐生活的斗母宫比丘尼只是寄身佛门的侍神者，即帮助人们拜神求子并满足其愿望的媒介。

3. 无缘政治嬗变与佛教改革

民国时期斗母宫的比丘尼并非没有机缘接触风云一时的文化人物，但她们与来此暂住的这些人物鲜有论及时代变迁的交流。1914年，袁世凯次子、著名文士袁克文与寒庐七子之一的易顺鼎重登泰山，借宿于斗母宫中。袁克文为斗母宫东侧的石壁上刻写了"流水音"三字。易顺鼎这次登泰山，深感沧桑事变，于是在斗母宫的舍壁上题写了《重登泰山书感四首》。[2] 易顺鼎这组咏岱诗气象深沉，视野开阔，既追溯了泰山封禅的历史，又表达了对中

---

① （唐）释道世：《敬僧篇·述意部》，《法苑珠林校注》卷十九，周叔迦、苏晋仁校注，中华书局，2003，第611页。

② 全诗内容如下：

太一东皇赋九章，游山真到九天阊。苍龙雍時迎青帝，白马吴王待素王。赤县未沉今大陆，黄河如画古明堂。秦松汉柏俱零落，添得人间几树桑。

儿孙万嶂祢昆仑，嵩华衡恒弟仰昆。三代后留元气在，九州中让此山尊。海开阊是天开阊，云吐吞为日吐吞。欲访金泥寻玉检，青山寂寞不堪论。

风光犹是暮春余，山气浑如在古初。双十八盘如蜀道，小三叠水是匡庐。千岩花气思行药，万壑松声想步虚。重向霞君来稽首，速将金简召相如。自注：司马相如梦泰山神君以金简召之，旋卒。

翠华历代有留题，御帐行宫剩旧基。七十二家飞鸟影，五千余丈祖龙碑。天鸡一唱还今日，海鹤重来定几时？手把残书松下读，泰山道里汉官仪。

华民国之前景的期待。陈三立称其"饱历世变及忧患危苦，于是悉以身世之故，寄托于山水之间"①。对于易顺鼎的这组咏岱诗，当时的斗母宫比丘尼因为不通文字而没有明显的感受与回应。

此后，不乏名流贤达来斗母宫借住。1917年张勋复辟活动失败后，参与此事的康有为来到泰山斗母宫隐居。因为住这里不方便，就委托法霖买下了斗母宫附近的山西会馆商人别墅，价洋100元。应法霖之请，康有为为斗母宫题写了"春松秋菊"四字的条幅。未料北洋政府对其下了通缉令，康有为不得不将新买的别墅托给当地的住户郭传宝看管，②离开了泰山，其与斗母宫的关联也就终结了。在这一过程中，法霖等人并不关心康有为与张勋复辟帝制的政治关系，在她们看来，出家人不必关心尘世的政治变迁，何况中国有一种文化传统，即"保国者，其君其臣，肉食者谋之"③，即政权的更替与普通百姓无关。

在民国时期的佛教宗教改革声浪中，斗母宫的比丘尼似未予以关注，遑论其参与其中了。1912年4月1日，中华佛教总会筹备处于上海留云寺召开会议，选敬安法师为会长，不久在全国成立了22个（省）支部，400多个（县）分部，但至今未看到泰山斗母宫与中华佛教总会的关联。无论是1915年10月北洋政府发布的《管理寺庙条例》，还是1928年南京国民政府提倡的"庙产兴学"，都对寺庙经济产生了很大冲击。由于泰山斗母宫一向没有土地等庙产，因而并未受到泰安县政府的经济干预。在太虚法师倡导"人间佛教"的社会化运动中，也看不到泰山斗母宫比丘尼的身影。对于民国时期的佛教改革运动及其政治的复杂互动而言，斗母宫不过是无声的边缘地带，并未因东岳泰山而显著。

可以说，近代泰山斗母宫的比丘尼生活在汉传佛教的边缘地带，延续着守旧的生活方式，几乎感受不到现代文明的潮流。在民国现代文明进步的情况下，泰山斗母宫的比丘尼固守世俗化的经营方式。这种世俗化经营与太虚法师倡导的"人间佛教"的社会化并不相同。前者志在谋求世俗生活安乐的满足；后者是发展了佛教社会化传播的形式。

---

① 易顺鼎著，张之洞评点《庐山诗录》，自纪，光绪三十四年（1908）琴志楼丛抄本。
② 参见翟所淦《康有为游泰山》，中国人民政治协商会议山东省泰安市委员会文史资料研究委员会编《泰安文史资料》第3辑，1988，第94~96页。
③ （清）顾炎武：《正始》，《日知录集释》卷十三，（清）黄汝成集释，秦克诚点校，岳麓书社，1994，第471页。

近代泰山比丘尼于 1949 年告别了世俗化经营的生活方式，其根本原因在于新中国地方政府的政治学习与统战工作。新中国成立后的数年内，斗母宫的比丘尼被纳入了地方统战的对象行列，在中国共产党泰安县委统战部和县政协的安排下，不定期地学习以宗教政策为重点的时事政策和社会主义教育课。她们获得了地方政府提供的生活与安全保障，不必再用心于世俗化的商业交易，但也不可避免地被赋予了新的政治身份，接受地方政府组织的政治教育。其生活方式因此在一定程度上被重新塑造，带上了另一种世俗化的色彩。从 1949 年到 1966 年，斗母宫的 9 位比丘尼中有 5 位还俗嫁人，剩下了能祥、仁德、仁义和正品。可以说，在新中国成立后的数年内，国家成为斗母宫中隐形的在场者，将其重塑为比丘尼生活的宗教空间，而民众在此祀神求子的习俗则在意识形态的引导下潜隐了，这为国家权力可以暂时改变微观社群的生活方式做了一个典型的注脚。

（四）斗母宫的日常生活

自同治初年至 1937 年底，泰山比丘尼的生活表现明显的世俗化特色，这固然有绪魁、本三等人的个人因素及其造成的传统，但更多的在于社会底层民众生活的贫困与艰难。在近代泰山斗母宫这种非纯粹修行佛法的场所，来此谋生的贫家女子成年之后追求世俗爱情与生活保障实无可厚非。诚然，她们的从妓与牟利行为确是违反了佛门戒律，有碍于官方的道德教化。不过，若单纯从佛门戒律与儒家名教的立场出发，对其进行道德指责，则不免苛之过甚，毕竟她们来斗母宫的目的不在参禅礼佛。此外，斗母宫比丘尼从妓的现象得以长期延续的一个重要原因在于地方官绅享受风月的需要，这种需要在很大程度上使得礼教难以化导民俗的淫靡之习。

在国家政权不能提供基本生活保障的情况下，近代泰山比丘尼这样的社会群体谋求世俗生活利益的活动及其观念，具有明显的地方自治性，是泰安地方社会习俗。其可能与当时官方的礼教存在一定的冲突，但得到了地方士绅、民众的支持，因为她们的角色与活动在某种程度上满足了地方社会生活的信仰需要，提供了多样化的旅行、交际便利。可以说，她们多渠道地参与了世俗社会生活，具有一定的稳定地方社会生活秩序的作用。进而言之，地方社会依托共同的神灵信仰、生活习惯与交际方式，具有明显的区域自治性与民俗自主性。

近代泰山比丘尼生活方式的变迁从一个侧面表明，在儒家文化观念主导的近代中国乡土社会中，大多数民众以儒家主张的伦理生活为本位，注重现世安乐，并不具有超越现实的宗教情怀。他们在很大程度上把宗教神灵看成在自己有所求时需要向其表示尊敬，并可以进行诚信交易的对象。其宗教信仰带有强烈的实用主义色彩，缺少宗教信仰本身所要求的虔诚。

可以说，泰山比丘尼生活方式的形成与当时佛教管理的不规范颇有关联。民国成立之初，佛教界成立了佛教大同会、佛教会、佛教协同会，以及中华佛教总会等团体，后经协调，这些团体都归入全国统一的中华佛教总会。不过北洋政府总统袁世凯及其继任者对佛教的正当权益并不重视。1915年，袁世凯政府颁发《管理寺庙条例》，并明确取缔中华佛教总会。虽该条例引起了佛教界的一致反对，但北洋政府置之不理。1919年，北洋政府再次公布《管理寺庙条例》。经程德全呈请，北洋政府于1921年颁行了《修正管理寺庙条例令》，对佛教的压制有所减轻。当时北洋政府对于佛教的保护缺乏诚意，诸种法令名为保护，实则压制，因而引起了佛教界的强烈抗争。从1928年到1937年，南京国民政府与佛教界始终保持着一种既合作又对抗、既妥协又监管的关系。1929～1936年间，先后颁布了《寺庙管理条例》《监督寺庙条例》《令禁止幼年剃度》《寺庙兴办公益慈善事业实施办法》《佛教寺庙兴办慈善公益事业规则》《寺庙登记规则》等管理制度，这些制度主要在庙产的层面上保护佛教，但同时也因其过于简略而致使各种庙产纠纷的解决缺乏直接的法律依据。这一时期，佛教界内部纷争不断，太虚、谛闲、印光、圆瑛等著名法师在佛教改革上存在分歧，以至于无法建立起全国性的佛教自治团体。由于政府对佛教管理不善，统一的全国性佛教自我管理团体也被取缔，佛教界内部因而乱象丛生，违规犯戒之事经常发生，泰山比丘尼的世俗经营不过是其中的一个注脚而已。

近代泰山比丘尼生活方式的"变"与"不变"，都是其与社会环境互动的结果。其一，她们的世俗化之"变"在于她们追求世俗利益的策略与能力。从同治初年到1937年的约80年间，斗母宫的比丘尼为了自身世俗利益的最大化，不惜破戒而从妓，经商，变单一身份为多元身份，而且她们善于运用世俗的机智，为其世俗化之"变"寻找可依托的权威"靠山"，尽可能避免官方教化与地方不良分子带来的种种不确定的威胁。其二，她们固守比丘尼身份与多神信仰传统，这种身份与信仰传统"不变"的主要原因还在于当时的信仰习俗与宗法观念为其提供了正当性和社会环境。至少在1937年底之前，近代泰山地方社会普遍存在着碧霞元君、观音菩萨送子的信仰习俗与"不孝有三，无后为大"的宗法观念，而且这种信仰习俗与宗法观念并没有因为政治嬗变而明显衰落。在此社会环境中，斗母宫比丘尼凭借地方信众的需要和支持而获得了身份与多神信仰的正当性。

由于身处社会边缘地带并披着宗教的外衣，她们避开了政治变革与文明进步的影响，使自身半世俗化的生活方式得以长期延续。进而言之，近代泰山比丘尼生活方式的变迁并没有呈现由传统向现代的社会进化趋势，而且这一变迁过程中很少看到国内政治嬗变、佛教改革的影响。换言之，她们生活的乡土社会的变迁速度远远落后于政治嬗变的节奏。

二　侍神者与香会的经营

近代华北碧霞元君及其属神的一些侍神者，利用泰山信仰谋求私利或庙款，这种现象在北京妙峰山、天津乡村庙宇和山东的部分香会中并不罕见。

（一）泰山祠庙的僧人谋取私利

自天津信众在妙峰山为所谓碧霞元君弟子王三奶奶建筑了专门奉祀的殿宇王三奶奶殿后，这位新神迅速赢得了京津民众的信仰。光绪初年，该殿中的王三奶奶塑像忽然失踪，后竟意外出现于北京蓝靛厂西门外花坞村的旗人富延元家中。一时间，王三奶奶显灵的消息不胫而走，引得诸多香客前往富延元家进香。这一所谓显灵的奇迹实际是妙峰山住持僧妙静与富延元合谋私财的诡计。究其原委，富延元本为医生，但因医术不精，上门求医者甚少。为聚敛虔钱财，富氏与妙峰山僧人妙静将此像偷运到自己家中，共同制造了妙峰山王三奶奶塑像降临其家的神话，并将其家庙改成殿宇式的灵感宫，一时间当地民众舆论哗然，惊为奇事。"自是香火极盛，富竟藉此生财，胜达数十年"。[①] 光绪十九年（1893），由于分赃不公，僧人妙静向步军统领衙门控告富延元。该衙门提督荣禄颇疑其情，严讯后得知这二人借王三奶奶塑像敛财的密谋，遂将其缉拿入狱，并将灵感宫充公。显然，民众为向碧霞元君供奉香火的信仰习俗容易被个别人利用为谋取不义之财的门道。

约20年后，王三奶奶显灵的奇迹再次重演。民国初年，北京永定门外观音台也设了一个王三奶奶行宫，其四壁挂满了信众们捐赠的戴有红布的

---

① 马芷庠著，张恨水审定《老北京旅行指南》，第213页。

"有求必应"的匾额。这里香火之所以如此旺盛，源于该庙住持导演的一次王三奶奶显灵的奇迹。据李世瑜记载，1920年代，一位老太太自观音台到妙峰山朝顶，回来时走到西直门，因疲惫而雇了辆东洋车回永定门外的观音台，车资言明40个铜子儿。车子到观音台停下，这位老太太下车后，遇到在庙门外卖芍药花的老妇人，两铜子儿一朵。她顺便买了两朵，一朵戴在头上，一朵拿在手里，进庙前说是请车夫和卖花的老妇人稍等一会儿，就给他们送钱出来。哪知车夫和卖花妇人左等右等也不见这位老太太出来，他们急了，朝着庙里大喊，继而大吵大闹起来，弄得街坊四邻都出来看热闹，行人也驻足围观。这时庙里的住持僧出来了，听完车夫和卖花妇人吵闹的原委后，他说："阿弥陀佛！小庙是座清净禅林，哪里能有女人在里面住？"两人当然不依，非要进去搜查，住持僧只好允许，结果并没有搜出什么老太太。忽然那个卖花妇人在王三奶奶殿里喊了起来，说："找到了，就是她！"她手指着王三奶奶的塑像惊呼："你看这不就是刚才那位老太太吗？她头上戴的那朵芍药不是我刚卖给她的吗？"车夫和卖花婆又在供桌上发现两堆铜子儿，一堆是40个，一堆是4个，分明那是王三奶奶给的车钱和买花的钱。见此情景，跟着进来看热闹的行人立刻下跪祈福。这个消息不胫而走，在北京城轰动一时。不久，这位住持僧得了诸多香资，将观音台装饰一新。今天看来，王三奶奶在观音台显灵的事件显有人故意导演，但在当时能蒙蔽诸多没有知识的民众。又过了不久，有人言明，那个拉车的车夫是住持僧的舅舅，那个卖花老妇人是住持僧的老姨。这三人合谋自导自演了一幕王三奶奶显灵的奇迹。[1]

即使在山东泰山上，一些僧人也有借香会进香而牟利的行为。晚清泰山上香会进香时常有大量焚烧纸钱的情况，因为香客众多，进香者在焚香炉前等不到纸钱全部烧完就要为后来的香客让位。据美国基督教公理会来华传教士明恩溥（Arthur Henderson Smith）观察，一些僧侣借机偷偷留下香会即将焚烧的纸钱中的一部分，再卖给其他香客。[2] 这无疑是一种投机取巧的牟利方式。

（二）泰山神侍者的迫捐

一些侍神者通过自残的方式，刺激信众的恻隐之心，达到迫捐庙款的目的。民国初年，天津的王三奶奶信仰呈鼎盛之态。该城西北郊一个名为梁家

---

① 李世瑜：《王三奶奶的故事》，《社会历史学文集》，天津古籍出版社，2007，第670页。
② 〔美〕明恩溥：《中国乡村生活》，午晴、唐军译，时事出版社，1998，第140页。

嘴的村中有一座土地庙，庙中住持是 70 多岁的黄老道。他想利用庙内西侧的一块空地建筑天仙圣母王三奶奶行宫。这个倡议得到许多绅董和信众的支持，经过半年的捐资，积聚了三四百元现洋，于是动工兴建。但当殿宇将要完成时，黄老道却发现为天仙圣母、各位娘娘以及王三奶奶塑像的钱不够了，十分着急。于是，他又去找几位绅董们合计，有人指出陆白毛是个一毛不拔的财主，应该借机敲其一笔。数日后的一天早晨，黄老道在庙门前盘膝打坐，高声念起《高上玉皇经》。等村民纷纷围观时，黄老道左手拿了一个大耙头钉，右手拿了一个铁榔头，将脸紧贴在东侧庙门扇上，把钉子头扎在左腮内侧，拿榔头照着耙头钉捶了四五下，把自己钉在门扇上，然后一动也不动。按照当时的修庙规矩，谁将耙头钉取下，谁就得承担修庙的款项。围观的村民大为惊奇，纷纷转聚到陆白毛的宅门前，几位绅董进去找到他，又作揖又打躬，请他为修庙解囊。陆白毛生怕留下吝啬之名，更担心村民借机滋事，于是在村民的簇拥下来到土地庙，亲手拔出了黄老道口中的耙头钉，捐了塑像所缺的款项，黄老道叩头致谢。数月后，梁家嘴土地庙的天仙圣母王三奶奶行宫正式开光。

无独有偶，20 世纪 20 年代，妙峰山一位名为连九的茶棚会首也以耙头钉穿腮的方式迫使奉系军官张宗昌的姨太太出资修庙。当时兴隆十八盘的一处茶棚毁坏，需要大量钱款维修，恰逢张宗昌的姨太太要来妙峰山进香。连九在她路过此茶棚时，让人用一根大钉子从其口中刺穿过腮部，再钉在门框上，故意让她看到这种鲜血直流的惨状。张宗昌的姨太太见此情景，果然于心不忍，答应为修建茶棚捐资，于是连九同意拔下其腮上的钉子。[①] 显然，连九沿袭了京津一带传统的修庙规矩，以自残的方式迫使进香祈福的权贵与富人出资修庙。

（三）香会的高利贷与吃喝风

晚清时期，鲁西北的一些泰山香会利用会费经营高利贷或大肆吃喝。该地的香会分为行山会与坐山会。前者定期前往泰山进香，而后者只是在当地的泰山行宫中进香，并不到泰山。为了实现集体去泰山进香的目的，行山会向会员收取会费，然后再将这笔钱放贷给香会中的某个成员，月息百分之二或百分之三。这种贷款在短期内通过连续的高利贷方式进行重复和积累，一般以 3 年为期限。实际上，经常出现那些非常贫困的借贷人到期还不起贷款

---

① 吴效群：《妙峰山：北京民间社会的历史变迁》，第 137~138 页。

的情况。对此，香会的会首并不会因为碧霞元君信仰而行善，而是迫使借贷者拆房卖地以偿还欠款。"即使如此，也并不总是那么容易筹措所需归还的贷款，遇上这种情况，不幸的借贷者甚至被迫自杀"。① 可以说，这样的香会已经变成某些人控制的高利贷机构，已无所谓泰山信仰下的行善观念。

相对于行山会，晚清鲁西北的坐山会进香活动的"基本内容就是吃喝"。② 每年农历三四月，他们找一处地方悬挂碧霞元君的画像，连续数日焚香烧纸，祈福禳灾。其间，这些会众"每天享受三顿美宴，在吃喝和观看演出的间歇期，他们也抽空对画像上的泰山娘娘或多或少做些朝拜，这种画像被安置在用纸做的'山'上，这个所谓的'山'，则是真实泰山的简单虚构"。③ 坐山会因此得到一个绰号"蹲膘会"。在传教士明恩溥看来，"尽管中国人敏锐地注意到了他们自己习俗及信仰的矛盾和荒唐，但他们更明白，只要与自己既有的习俗保持一致，就会快活，似乎并没有什么'严肃的现实'在密切监视"。④ 这种并不具有严肃的宗教戒律的祭拜神灵的活动，虽说在一定程度满足了人们的心理需求，但每年焚烧掉了大量的财富，而且其中一部分财富用于集市上的赌博。

三 侯芳缘的修道及其政治遭遇

民国时期，在泰山西溪筑庙修行的侯芳缘是一位特殊的侍神者。侯芳缘本名侯素敏，字淑泉⑤，以"芳缘"为法号。她是兖州镇守使张培荣的夫人，自号"无极真人"。其借助张氏的官位得以在泰山建立道场，但也因张氏政治生涯的终结而遭到南京国民政府的追查。

（一） 在泰山出家修行

1913 年，侯芳缘跟随升任沂防营统领的丈夫张培荣⑥前往山东，之后，

---

① 〔美〕明恩溥：《中国乡村生活》，午晴、唐军译，第 138 页。
② 〔美〕明恩溥：《中国乡村生活》，午晴、唐军译，第 139 页。
③ 〔美〕明恩溥：《中国乡村生活》，午晴、唐军译，第 139 页。
④ 〔美〕明恩溥：《中国乡村生活》，午晴、唐军译，第 139 页。
⑤ 张培荣夫人侯氏的名字，见《重修正阳县志》卷五《人物·烈女》，1936。
⑥ 张培荣（1875～?），字耀臣，河南省驻马店市正阳县人，山东督军郑士琦部属。1913 年任沂防营统领，1915 年任山东陆军第五混成旅旅长，1918 年调任曹州镇守使，1923 年任兖州镇守使兼山东陆军第六混成旅旅长，同年被授予"迅威将军"称号，1928 年被南京国民政府通缉，下落不明。

又随着张氏的升迁与驻地调整，侯芳缘先后寓居沂州、曹州、兖州等地。
1919 年，张培荣升任曹州镇守使，遂在泰山小西关营建张家公馆，并在泰山
白龙池西南的山地上修建张家祠堂，在扇子崖东侧营建长寿桥林场。[①] 扇子
崖上有元始天尊庙等建筑，庙中诸神深得泰安民众信仰。早在 1917 年，侯
芳缘曾出资重修泰山盘路。此后，侯氏还捐资重修扇子崖圣贤洞与天胜寨寨
门盘路。前往元始天尊庙进香必经西溪的百丈崖，每年山洪暴发时，都有乡
民在此失足坠崖。侯氏每次进香过此地"辄虑其险"[②]，有一天她"因梦圣
母现相屹立崖上，觉而金光璀灿（璨），如在目前"，于是焚香发愿在百丈
崖上修筑长寿桥。1924 年，张培荣任兖州镇守使兼山东陆军第六混成旅旅
长，侯氏捐出积攒的"寿金"，加上张培荣的部分薪俸及诸善信士的捐助，
凑足筑桥费用。为修筑长寿桥"亲总其成，尝于烈日酷暑之中，徒行悬崖危
磴之上，恬然不以为劳，怡然不知所苦"[③]。同年，侯氏"又以独力建无极
殿，以祀金母，志灵异也"[④]。无极殿即无极庙，由山门、正殿、东西配殿和
禅房组成。[⑤] 殿内除了供奉主神瑶池金母外，还兼奉其他神灵。据民国时人
赵新儒所见，无极庙"满室土偶，上天下地，聚于一堂"[⑥]。在筑庙过程中，
有一位自称"三宝弟子、无极和尚、道号不二"的僧人侯不二赠送了三块题
字的窗额。

　　无极庙建成后，侯芳缘即成为该庙的住持，自号"无极真人"。限于史
料，尚不能获知侯氏的出生时间。以其与张培荣成婚的时间推断，侯氏入住
无极庙时当在 45 岁左右。

　　侯氏以镇守使夫人的身份出家修行实属鲜见，但并非因为遭遇劫难而遁
入空门。据称，侯氏"幼好道，生平不茹荤腥"，成年后"尤嗜修行经典，
常本学道智觉"。[⑦] 在其看来，西方传来的自由、平等观念对中国社会造成了

---

①　《民国山东通志》编辑委员会编《民国山东通志》第 1 册，山东文献杂志社，2002，第 618 页。

②　王同海：《创建百丈崖长寿桥碑记》，1924 年立石，碑存泰山长寿桥西侧。

③　王同海：《创建百丈崖长寿桥碑记》，1924 年立石，碑存泰山长寿桥西侧。

④　王同海：《创建百丈崖长寿桥碑记》，1924 年立石，碑存泰山长寿桥西侧。

⑤　山门联曰："天台岩下藏五百，须弥顶上隐三千。"院内石筑正殿三间，门额题"太虚灵
　　妙"，楹联云："玉楼琼华高山阆苑，青琳翠水俯视昆仑。"东配殿前窗额题"泰岳仙宗"，
　　楹联云："涵阴育阳两仪之始，开天辟地万法所宗。"西窗额题"乾坤正体"，楹联云："普
　　降甘霖慈云垂荫，宏开觉路宝月增辉。"上述三方题额石均为济南僧人"侯不二"于 1924
　　年捐献。

⑥　赵新儒：《新刻泰山小史校注》，第 104 页。

⑦　《人物·烈女》，《重修正阳县志》卷五，1936。

严重的扰乱，"世俗浇漓，道德沦胥"，"男女之大防溃决，赤氛猖獗"，国家纲纪废弛，黎庶深陷水火。① 因此，她"立志修道，绝意超凡"。②即使成婚后，侯氏仍秉持清修之道，并得到丈夫张培荣的支持。

无极庙建成后，张培荣为侯芳缘举行了"安神大典"，"当时庙成，其夫人衣袈娑坐莲座中，镇守使率所属县官绅，顶礼摹拜"③当时的侯芳缘身穿浅色僧袍，双手合十，在大殿供桌前跏趺坐，接受四方信众的膜拜。

（二）日常修行与社会交往

侯芳缘住持无极庙后的数年间，惠济当地的山民与信众，一仍坚持其数十年的"酷夏则施茶施药，严寒则施粥施衣"的善举，曾被总统徐世昌赐予"壶则昭宣""急公好义"等匾额。④

在无极庙中，侯芳缘削发修行，她自言："余虔修道，上举首，望前途。"⑤ 侯氏自称三宝弟子，而在修行上兼容佛、道，其"无极真人"的名号颇具道教色彩，其日常的诵经修行今已无可考。

自1924年起，侯芳缘为传其道法，"印经万言，劝世人以救拔苦难"⑥。侯氏所印经籍名为《无极真经》⑦。此举得到察哈尔都统张之江、济南武术家沃云兴等人的支持。从该经的题词插页可见，张之江题"无我相无人相无众生相，极平常极超脱极乐世界"；宋哲夫题"唤醒众生，共登彼岸"；沃云兴题"慈航普渡"，又以"鹊华剑僧"之名题"然后那个是什么"；泽佛题"阿弥陀佛"；刘崇峻题"法门不二"；谢燮题"玄之又玄，众妙之门"。该经还有一张沃云兴在济南大明湖表演武术的照片，上有康有为所题"攀巢试身手，浩然养气功。立志在鸿鹄，翱翔摩苍穹"等字句。侯氏获得这些僧俗两界人物的支持，当与其夫张培荣在山东的政治影响力有关。

不过，侯氏并非纯粹的佛门弟子，这一点在其刊印的《无极真经》上体

① 沃云兴：《芳缘法师事略》，泰安无极庙芳缘大法师藏版，印行时间不详（约在1924年），《无极真经》，第2页。
② 沃云兴：《芳缘法师事略》，《无极真经》，第3页。
③ 赵新儒：《新刻泰山小史校注》，第104页。
④ 沃云兴：《芳缘法师事略》，《无极真经》，第2页。
⑤ 《无极真经》，题词第6页。
⑥ 沃云兴：《芳缘法师事略》，《无极真经》，第3页。
⑦ 关于侯芳缘印经事，赵新儒《新刻泰山小史校注》（第104页）言："《无极真经》首印无极真人道装像，下印其所谓无极经语，散布僧俗间。"

现得颇为清楚。该经正文分为上下两卷。其中，上卷篇目依次为"木人开山品""劈破鸿蒙品""挑开四相品""唤醒当人品""静中淘海品""开荒苦功品"；下卷篇目依次为"三魂七魄品""六贼叛真品""景中开关品""见性命心品""法船普渡品""性定雷音品"。经文有《木人开山宝卷》①《销释木人开山宝卷》② 等名称。有学者考证，该经内容实际为明末清初大乘天真圆顿教经典《销释木人开山宝卷》③ 的第一、二卷。④ 该教于嘉靖四十三年（1564）由王森创立，以罗清为祖师，以《五部六册》⑤ 为教中圣典，其核心思想是继承与发展无为教的"三世三佛"理论，所不同的是，它以弥陀佛代替弥勒佛，向往的是弥陀治世。因其发祥地在京东，故名东大乘教。约从清初起，东大乘教为躲避官府查禁，改名清茶门教，在直隶、河南、山西、湖北、江南等省扎根串联，广收徒众，清乾嘉时期呈鼎盛之态，在一定程度上引领了后世民间宗教的走向。嘉庆十八年（1813），该教遭到清廷的全面清剿，随之衰微。从经书教义上看，侯氏可谓是东大乘教的信徒。

前文提及，侯芳缘建筑无极庙的一个目的是彰显西王母的神异。在明清宝卷中，西王母逐渐转变为与无生老母抗衡的瑶池金母，甚至二者经常换用。⑥ 这两位女神与碧霞元君多有关系，西王母为碧霞元君的前身，而无生老母为碧霞元君的化身。这种三位一体的关系在东大乘教的神灵信仰中得以集中体现。对于侯氏而言，只需按照自己认定的道路修行，而不必区分佛教、道教与东大乘教的差异。

---

① 《无极真经》，第 50 页。

② 《无极真经》，第 51 页。

③ 《销释木人开山宝卷》原书共四卷二十四品，除《无极真经》所印十二品外，还有开闭存守品第十三、性命交宫品第十四、弓长传法品第十五、受如意轮品第十六、生来死去品第十七、业苦众生品第十八、搬柴运水品第十九、替祖传灯品第二十、铁树开花品第二十一、报祖深恩品第二十二、临延知觉品第二十三、立命安身品第二十四十二品内容。该宝卷由木人撰写，又称"李祖三部经"，较为系统地总结了以无为教为源头的民间宗教教义。

④ 张琰：《从泰山无极庙变迁历程看民国女性精神生活的嬗变》，《泰山学院学报》2014 年第 1 期。

⑤ 罗清《五部六册经》宝卷包括：第一部《苦功悟道卷》，一卷一册不分品；第二部《叹世无为卷》，一卷一册不分品；第三部《破邪显正钥匙卷》，上下两卷两册，二十四品；第四部《正信除疑无修正自在宝卷》，一卷一册，二十五品；第五部《巍巍不动泰山深根结果宝卷》一卷一册，二十四品。该经是罗清口述，由其弟子福恩和福报二人笔录整理而成。

⑥ 刘永红：《明清宗教宝卷中的西王母形象与信仰》，《青海社会科学》2011 年第 5 期。

（三）遭遇政治冲击

侯氏在无极庙的修行不足 4 年，就因政局变幻而被迫离开此地。1928 年，山东军务督办张宗昌在国民革命军的北伐中落败，张培荣亦被通缉，其在泰安的张家公馆被没收。在此政治变局中，张培荣突然失踪，侯氏顿失依靠，不得不离开无极庙。该庙改由一位从黎元洪卫队中退伍的老兵看管，这位老兵曾习武术，"后来耳聋了，在此出家"。①

侯氏离开无极庙后前往济南魏家庄的张培荣公馆。为保全性命与财产，其"将公馆变为佛堂"②，即易张家公馆为菩提寺，带领全家集体入佛门。侯氏取法名元炎，张培荣的两妾法名分别为广发、广林，四位婢女法名分别为续直、续道、续庆、续严。③ 她们在此处"每日晨钟暮鼓，闭户自修"④。据称，侯氏在"五三"惨案发生后，"曾联合慈善同志，发起妇孺救急会，于枪林弹雨之下，亲赴各灾区，看护受伤军士，拯救被难妇女"，⑤ 但目前尚无其他史料可佐证。

1929 年，中国佛学会在上海成立，随后通电全国，要求各省县组织佛学会。侯芳缘响应中国佛学会的号召，于是年年底协同印古法师、道然法师、空一法师、王香岩居士、高静安居士等组织山东佛学会，并向中国佛学会汇报了相关筹备情况。随后，侯氏按照中国佛教会的要求向山东省政府呈送山东佛学会章程并请备案，但遭到后者以"淫祠"为由的拒绝。同时，山东省政府下令清理山东所有"淫祠"性的庙宇。⑥ 几经周折，由张公馆改成的菩提寺在佛教寺院的名义下得以保存。1940 年，该寺住持已由广林和广发担任，而侯氏最后的经历鲜为人知。⑦ 这位无极真人在乱局中艰难自保，其道去自由、平等、民主的时代潮流甚远，更不足以救世济人。

---

① 老太婆：《泰山游记》，北平读卖社，1934，第 56 页。
② 山东省政协文史资料委员会编《山东文史集萃·民族宗教卷》，山东人民出版社，1993，第 271 页。
③ 山东省政协文史资料委员会编《山东文史集萃·民族宗教卷》，第 272 页。
④ 山东省政协文史资料委员会编《山东文史集萃·民族宗教卷》，第 272 页。
⑤ 《泰安菩提寺住持芳缘沙弥尼事略》，黄夏年主编《民国佛教期刊文献集成》第 175 卷，全国图书馆文献缩微复制中心，2006，第 120 页。
⑥ 《致山东省政府、党部请令各县、各级党部保护寺宇及佛教团体函》，黄夏年主编《民国佛教期刊文献集成》第 20 卷，全国图书馆文献缩微复制中心，2006，第 140 页。
⑦ 兴亚宗教协会：《华北宗教年鉴》，新民印书馆，1941，第 79 页。

四 东岳庙对民众的教化

近代华北东岳大帝信仰在民间的影响力虽仍不如碧霞元君信仰，但仍发挥着一定的社会教化作用。在华北区域社会中，北京朝阳门外的东岳庙是东岳大帝信仰的代表性庙宇，属于道教的正一派，同时也是国家祀典中两处祭祀东岳大帝的庙宇之一。光绪十年（1884），清廷谕令以后每年十月初十（即慈禧太后万寿圣节）遣官致祭东岳庙。在民间习俗上，东岳庙每月初一、十五日开门迎客，每年三月举行庙会。民国学者顾颉刚认为，"北京的东岳庙的规模固然不能及玄妙观大，但至少可以说是北京人的迷信的总汇。他们的生活上无论起了何种的不安，或生了何种的要求，都可以到东岳庙里去请求解决"。①这一看法表明东岳庙对于当时北京人的日常生活具有相当普遍的影响。

（一）东岳庙道士的世俗教化

清末民初，北京东岳庙深得当地绅民信赖的一个重要因素在于该庙的住持道士华明馨（1841~1921）。华住持常为周围民众排忧解难，而且从不受礼，也不吃请。唯一的一次例外是帮助朝阳门外一位姓冯的回民摆脱收税者的诬告，并将其从衙门的牢房中解救出来。冯为表示感激，托人买了两只小烧猪送到庙里。华知道冯是回民，只好破例接受了他的礼物。

在为地方民众解决实际困难外，华住持还积极对其进行道德教化。1919年，他将东岳庙七十六司门前木板上的说明文字辑录成册，刊印了《东岳庙七十六司考证》一书，以劝诫民众正心修身、行善积德。在该书的序言中，华道士称东岳大帝为地祇的首领，护法爱民，对于儒僧道同赋保护之权；编辑此书是为"补鬼神护法之不足"，"补教育法律之不足"。②从1919年到1941年，《东岳庙七十六司考证》一书经章止定、黄太太、国太太、包头张美段长、张吉阴道长、工务局姜潜菴科长、日本的山柳博士、刘澄圆居士等翻印了9版。1932年3月，信士章止定所作序云，东岳庙设七十六司，并塑鬼神之像，目的是"善恶双彰，阐扬因果，披露报

---

① 顾颉刚：《东岳庙游记》，《歌谣周刊》1924年6月29日，第1版。
② 叶郭立诚等：《北平东岳庙》，第63页。

应，俾人民知善有所赏，恶有所罚。总不外弭患无形，改良社会，纠正人心，使家齐国治"。① 1941 年，宛平县的刘澄圆居士翻印该书，平绥路包头机务第七段段长张美题词云："明有国法，暗有鬼神。人虽不见，神已早闻。……神本无私，惟佑善人。东岳至尊，神之重要。操纵五行，护持三教。"② 此前，刘澄圆还翻印了《东岳大帝灵感录》，以此作为《东岳庙七十六司考证》的补编，旨在"救正人心，而挽劫运"。③

为维护东岳庙的庄严氛围，华明馨命人取下了阜财殿财神爷塑像前悬挂的大钱，以免香客向大钱的钱眼投掷钱币而损伤神像。这虽让庙里减少了收入，但恢复了神殿内的严肃气氛。他还命人将忤逆司内的秦桧之妻王氏的跪像移至庙后，以防香客向该跪像的脸上吐痰，抹鼻涕，从而维系了神庙的观瞻和尊严。诚然，香客这种表示憎恨的行为由来已久，也确实与神庙的严肃氛围不协调。光绪二十一年（1895），山西举人刘大鹏曾来此游览，特地写道："速报司门首塑宋奸臣秦桧妻王氏像，游人过之必唾其首，唾涕相继，时常淋漓，睹之欲呕。"④ 显然，任人吐唾的王氏像确实从观感上给人不良印象。

在华住持东岳庙期间，先后发生了戊戌变法、庚子国变、辛亥革命、张勋复辟、五四运动等事件。他凭借自己的宗教地位和社会威望，从容应变，使东岳庙躲过了历次政治事件的冲击。值得一提的是，八国联军侵入北京时，德、法、日三国部队强行进驻东岳庙，并大肆掠夺。该部队的指挥官萨震德对齐化门（即今朝阳门）一带的民众动了杀心，华住持闻听后持极力劝阻，终使其未对当地居民下毒手。事后，齐化门、东直门、东便门三地的百姓为感谢华的救命之恩，联名给他送了一块题有"大德曰生"四字的匾额，但华认为不应当感谢他本人，而应感谢东岳大帝保佑，力辞不受。后来送匾者只好在"大德曰生"四字上方添了一个"献"字，并依华住持的意见，将此匾挂在育德殿正面。⑤

因为华住持的感召与遗泽，一些社会名流、士绅纷纷为东岳庙捐资。松

---

① 叶郭立诚等：《北平东岳庙》，第 63 页。
② 叶郭立诚等：《北平东岳庙》，第 59 页。
③ 叶郭立诚等：《北平东岳庙》，第 174 页。
④ 刘大鹏：《晋祠志》，慕湘、吕文幸点校，山西人民出版社，2003，第 37 页。
⑤ 灵子整理，姜为田襄写《北京朝阳门外道教胜迹东岳庙——傅长青老道忆述东岳庙兴衰史》，中国人民政治协商会议北京市朝阳区委员会文史资料委员会编《朝阳文史》第 1 辑，1987，第 52～53 页。

佑亭为东岳庙仅有的六根旗杆重新披麻、挂灰。后来，京剧名家梅兰芳将这六根旗杆从上到下全用铁皮包上，以防腐朽。1939 年，曹锟的一位刘姓姨太太出资约现洋三万元，重修了东岳庙的山门、钟鼓楼、牌楼，以及大殿佛面和门窗，后又修缮七十二司的塑像。1944 年，北平贫民救济会在东岳庙开办粥厂，救济贫苦百姓。

（二）北京东岳庙与民众生活

在近代华北民间社会中，东岳大帝信仰是日常生活的重要内容，深刻影响着人的死亡观念，正如北京俗语所言，"活着不去东岳庙，死了没着落"。在民众信众，东岳大帝掌握着人的寿命及亡魂在阴间的待遇。

民国时期，北京的东岳大帝信仰习俗仍有一定的活力，尤其是满族人多到东岳庙中进香。据家住该庙附近的满族人李清莲回忆，其外高祖母从 30 多岁开始守寡，为养育 3 个儿子历尽艰辛。她平时信仰东岳大帝，即使年过百岁，仍不忘到庙中进香。有一年，其外祖父劝阻说："本来您是落下的人，您活到一百多岁判官还没勾那个勾，这是给您落下了，您还非得上那儿报到去？您去吧您去吧，待会让阎王爷看见了，把您留下。"这位老太太就反驳说："哎哟我就是得报到去哟，我得求求老天爷哟，您把我收回去吧，您让我这么老活着呀，这不是受罪吗，我活腻啦。"在这次东岳庙进香回来后不久，老太太故去。李氏因此听到其外祖父抱怨说："你太姥不听话，还是让阎王爷看见了，给收走了。"①

李清莲还回忆起其外祖父关于东岳庙的以地狱的悲惨景象警告世人不要为非作歹的讲述。他曾对李氏说："那里头呀，说有七十二司，一司一司的，大鬼小鬼，判官阎王爷，一进去就瘆得慌"；"这人哪得做好事，要是做了坏事啊，就把这人倒立着，提搂一条大腿，搁到一个砚台上，拿这人当墨，研这人。那时候都让你节约呀，女的不是都梳头么，要是抹头油抹多了，得吊起来，把那油从脑袋上控下来。什么说瞎话，小鬼就把你舌头往出一揪。还有偷人东西剁手的"。其实，当时东岳庙有七十六司。李氏对东岳庙七十六司的教化意义十分认可，认为"它就让人学好，别学坏"，并感叹说："这么着是管点事儿，那时候哪儿这么多坏人哪。"②

① 定宜庄：《老北京人的口述历史》（上），中国社会科学出版社，2008，第 416 页。
② 定宜庄：《老北京人的口述历史》（上），第 417 页。

民国时，北京城中的民众生活仍旧困窘，他们仍沿袭着去东岳庙祈神治病的传统，该庙中的道士傅长青即因病出家的典型事例。傅氏生于1911年，世居北京朝阳门外草场，家境贫寒。7岁时患病，无钱医治，其母亲遂到东岳庙求神，许愿称，如傅氏病好，情愿将其送进东岳庙做道士。后来，经华住持准许，傅氏病愈后即被其母送入庙中。① 与傅长青相似，满族人关松山因伤而在东岳庙出家。他回忆说，儿时曾随姐姐去外面买粥，半道上被一个小姑娘端的粳米粥烫伤了脖子，当场晕倒。"到家以后，反正是有点儿气儿，也不死，也不活，就在地下躺着。那阵儿没有这大医院，找这老中医也瞧不好。怎么办，后来一来二去，就说找瞎子算命，哗啦哗啦求签，这瞎子就告诉说啊，这孩子命硬，签上写着是出家好，得给他跳个门槛，找个命硬的干妈求。"② 后来在老熟人郑二的帮助下，关氏入东岳庙为道士。

在当时的医生陈端白看来，东岳庙"是一所大医院，虽没有住院病人，但是各式专家、历代名家，以及帝子式的医药祖师，都排列得齐齐整整，分头招待各路病人，还有一匹全能的骡子晶晶发光，哦，这里是大众所归，假使没有协和医院，这里是最伟大的了。退一步说……也可算医学史上的博物院。"③ 将东岳庙看成医院或医学史的博物院，虽似戏谑，但也不无道理。贫困民众患病后常祈于神，既出于巫术信仰的传统，也出于财力上的无奈。当然，即使有请医生或去医院就医的财力，也未必能将病治愈，因为医生并无把握治疗所有疾病。因此，医生也顾不上祈神治病的迷信观念，"让许多病人，一本他们呼天呼父母的本色，去呼号于菩萨之前。呼号的结果，由于心理作用之特殊，往往显出奇迹。所以菩萨一向与名家分庭抗礼"，而"东岳庙里亮晶晶的骡子自可与医院门前雄赳赳的狮子各擅千秋"。④

1928年，东岳庙开办了民众小学，对附近的学龄儿童进行现代知识教育。

依据日常生活的实践，人们对于东岳庙祈祷灵验的说法并不完全相信。据称，1938年的一个周六，北平某学校的4位学生小邓、小刘、小安、小齐因家里不给钱听戏，商量后决定由小邓出面向门房老李借大洋一元，买利济

① 傅长青：《回忆东岳庙》，中国人民政治协商会议北京市委员会文史资料研究委员会编《文史资料选编》第22辑，北京出版社，1984，第201页。
② 定宜庄：《老北京人的口述历史》（上），第512页。
③ 陈端白：《游东岳庙》，《澄光医药季刊》1940年第4期。
④ 陈端白：《游东岳庙》，《澄光医药季刊》1940年第4期。

奖券3条，静候发财好音。胖子老刘说东岳庙财神灵验，提议大家第二天去东岳庙拜财神。这4位学生依其言到东岳庙中许愿。结果到了开奖之日，并没有中奖，空欢喜一场。① 诚然，这种极其功利性的许愿有些荒诞，他们将东岳庙的财神当成可以不劳而获的发财工具。

（三）东岳大帝信仰与民众的报应、轮回观念

东岳庙对世人进行生死轮回、善恶报应的教化，以七十六司的神像与场景为主。东岳庙瞻岱门的梁上悬挂着书有东岳大帝宝训的匾额，其文云："天地无私，神明鉴察，不为享祭而降福，不为失礼而降祸。凡人有势不可使尽，有福不可享尽，贫穷不可欺尽。此三者乃天运循环，周而复始。……天网恢恢，报应自速。"② 这主要是劝诫世人生活要有所节制，不可放纵自己，否则来世就要遭受苦难。光绪二十一年（1895），山西举人刘大鹏与郝济卿、李仙洲入北京东岳庙游览，发现相信地狱之说的士人在庙中"题咏甚夥"，而且两廊悬挂的宣称"福善祸淫"观念的匾额颇多。七十六司所塑的鬼神诸像"最足寒人心胆"。③ 这种教化基于大众最基本的生命信仰："生命本身是永恒的，不可摧毁的，是宇宙围绕的中心；一个流动的生命，从一种形式到另一种形式，但本质都是一样的"；生命不仅仅以活着的人为存在形式，还存在于无数灵魂中，它们对人的生活带来的影响要远超过对人本身。④ 具体而言，每一个人死后的灵魂必须到阴间的某个"法庭"上去，那里将决定这个灵魂未来的角色。一部分人的灵魂可以封为神，其他的灵魂或升入天堂，或以人或动物的形式重新转世，或进入某一层地狱，或四处流浪成为孤魂野鬼；而主管人死后轮回的神灵即东岳大帝。

北京东岳庙不仅以七十六司展示人死后的善恶报应场景，还辅助种种现世报的传说。据说，1934年北平东岳庙发生了小学生损坏神像而立即遭报应的奇事。其大意是，当年在东岳庙所办民众小学就读，家住南营房四甲的一位小学生将土地司小鬼塑像的两个眼珠抠下当球弹玩。抠了之后，这个小学生立即又哭又闹，用手去抠自己的眼睛。其母向同行的同学一问，才知道孩

---

① 在贤：《东岳庙许愿记》，《立言画刊》1938年第14期。
② 陈巴黎：《北京东岳庙》，中国书店，2002，第22页。
③ 刘大鹏：《晋祠志》，慕湘、吕文幸点校，第37页。
④ Anne Swann Goodrich：《民俗宗教与皇家祭祀：北京东岳庙供奉诸神之考察》，李锦萍译，北京民俗博物馆编《北京民俗论丛》第3辑，学苑出版社，2015，第127页。

子在庙里抠了小鬼的眼珠。她急速跑到土地司小鬼像前磕头祷告，请求宽恕孩子。祷告后回家一看，这个小学生果然恢复了常态。此事不胫而走，民众小学的学生再也不敢毁坏东岳庙中的神像。① 这一传言的真实性无法考证，可能是庙中为了保护庙中神像等设施而编的，但同时也宣传了神灵对善恶行为的现世报。

近代华北民间流传着东岳大帝掌管阴间事务的多种传说。比如，鞋匠郑三与吝啬财主评理，聘正直无私的石朗为"枉死城"司主；让吃猫肉的人死后不得转生而成为流浪鬼；用法宝帮助善良人家解决生火之忧；等等。② 其中，鞋匠郑三与吝啬财主评理的传说颇能体现善恶报应之理，这则传说大要如下：泰山附近石百村有个鞋匠名叫郑三，他手艺好，还是孝子，每天给他母亲买只鸡炖着吃。郑三的邻居郑财主，既不孝顺，又十分吝啬，见郑三家天天炖鸡，心中不服。有一天，郑财主也买一只鸡炖吃，却因鸡骨卡喉而死。在阴间地府，郑财主向东岳大帝抱怨说："我不明白，郑三每天一只鸡，我是财主，只吃半只鸡就卡死了，是你不公。"东岳大帝说："不是我不公，是你不积阴德，所以折了你的阳寿。"之后，在牛头鬼的带领下，郑财主看到郑三的仓库满是鸡，而自己的仓库里只有半只鸡。他因此更为恼怒，说："补鞋的一屋鸡，我为何只有半只鸡？"东岳大帝对他说，你之所以只剩半只鸡，是因为有如下 8 项罪过：打骂父母，不敬天地，坑兄驱嫂，与邻不合，欺压地邻，欺老害幼，毁桥破路，心术不正。至此，郑财主无言以对。随后，郑财主转世为张老汉家的牛，以偿还自己无故骂他 3 年的过错。当魂魄附在张老汉家新生的小牛犊身上时，郑财主后悔莫及，方知在世不修善果，来生变成牛马。这一则传说情节动人，宣扬了行善积德、因果报应的思想，也传播了人有魂魄与来生的观念。

华北其他地方的东岳祠庙也具有类似北京东岳庙的教化功能。据晚清山西举人刘大鹏观察，太原的两处泰山庙香火旺盛，而山西各州县也有取悦东岳大帝的赛会演剧，民众相信东岳大帝掌握"天下人民生死"，因而"酬答尤虔"。③ 晋祠中也有东岳祠（原名为泰山庙），其规模不及当地的城隍庙，

① 刘灵子整理，姜为田襄写《北京朝阳门外道教胜迹东岳庙——傅长青老道忆述东岳庙兴衰史》，中国人民政治协商会议北京市朝阳区委员会文史资料委员会编《朝阳文史》第 1 辑，第 61 页。
② 陶阳：《新采集的泰山神故事启示录》，《民间文化论坛》1999 年第 1 期。
③ 刘大鹏：《晋祠志》，慕湘、吕文幸点校，第 141 页。

144

也没有设立地狱鬼神塑像，但所奉的东岳大帝像"特极严赫，土人尊崇之惟谨"。人们来这里"为父母翁姑祈年"，"求福求子"，但这里没有"男女混杂，奔走若狂，藉敬神而售其奸"的种种恶习，可见是"一方之俗美"。①刘大鹏为东岳大帝的"神道设教"功能解释说，平民百姓不明白"积善余庆，积不善余殃"的道理，往往为所欲为而无所忌惮。一旦他们相信东岳大帝"掌人间善恶、生死之事。凡为恶不悛者，生则加以奇祸，死则置诸地狱"的观念，就会在东岳祠庙中不仅感受到"帝像尊严，两旁侍立鬼卒凶恶异常"，而且目睹刑杖、签筒等如同阳间审讯罪犯的情状而懔然股栗，生出改恶从善之心。他因此十分赞同在晋祠中建造东岳祠，称："晋祠地极名胜，人民杂遝，斯祠之建，大有关于世道人心，非徒为之壮观耳！"

东岳大帝信仰不仅具有道德教化意义，而且在一定程度上鼓舞了抗战时期民众渡过难关的信心。卢茅居记录了福州的一位信奉东岳大帝的中年农民对日军侵华的看法。他说，1939年的一天，福州响起了空袭的警报，自己跟着一群人躲入了东岳庙。在庙里，一位中年农民有把握地说："泰山爷迟早总要给日本一个利害。"面对其他人的质疑，这位农民解释说："泰山爷是最讲情理的。没人心没天理的日本仔一定会受责罚的"，"你想，泰山爷在情理上讲不过去时还是让人三分，不肯仗着神力欺负凡间弟子。他最恨的就是不讲道理的人"。②此话虽没有得到其他避难者的认同，但至少表明这位农民相信世间还有良心与天理，东岳大帝作为良心与天理的维护者，一定会惩罚侵华日军的罪行。这可以看作基于泰山信仰的抗战必胜的信心。

五 泰山信仰下乞丐的多种面相

在泰山信仰下寄生的乞丐，既有艰难谋生的穷苦者，也有富裕且懒惰的寄生者。

（一）泰山庙会上乞讨的穷人

每逢泰山庙会举行时，穷苦者常来庙会向香客乞讨。据传教士马提尔观察，光绪初年山东泰山的一次庙会上大约有250个以上的乞丐。"这些乞丐

---

① 刘大鹏：《晋祠志》，慕湘、吕文幸点校，第37页。
② 卢茅居：《在东岳庙里》，《改进》1939年第6期。

当然都是想得到香客的施舍才来的，而香客大都本着行善之心而来，所以形成这种特殊现象。"① 可以说，乞丐也清楚在庙会上更容易乞得钱物。1908年 5 月 10 日，日本东洋史京都学派学者桑原骘藏游览泰山时发现，这些乞丐"望见人影则吵吵嚷嚷乞怜不止，令人厌恶。据说每年春三月泰山庙会时，岱麓一带的民众，老幼相伴来路上乞食者数以千计。如今庙会期已过，四邻的乞食者已散去，现有的均为山中居民。从一天门至中天门，其间有不少利用岩罅构筑的蜗舍。壮夫于山间捡柴拾薪谋生，老幼则沿路伴拥香客乞求施舍，几乎以乞食为副业"。② 可见泰山上的乞丐有本地与四邻、主业与副业之分。

20 世纪 20 年代，泰山上的乞丐男女老少皆有，"手足之有残废者，特暴露之以动人怜"。这些乞丐手里拿个盘子，坐在盘道的正中央，各有自己的势力范围。在当时游览泰山的美国议员沃斯本看来，这些乞丐是泰山"最难堪之点缀品"，而中国的乞丐"自成一种阶级，有首领，有组织，有规律"，是对普通商家带有威胁性与抢掠性的寄生阶层。③ 美国著名旅行家、英国皇家地理学会会员盖洛感叹说："泰山的盘路上竟然有这么多的乞丐，这是我们在世界其他任何一条路上也没有见过的场面。"据盖洛观察，"他们并不是不分严寒酷暑，终日摆出很难受的姿势向来人点头哈腰，而是做了个稻草人，放在朝圣路的战略要点上，诱使虔诚的人施舍。"④ 能做稻草人的乞丐或许是本地以乞讨为业的寄生者。1935 年 3 月，泰山上的诸多乞丐"非畸型即病弱"，让来此游览的德国外交部参事墨尔心生不忍。⑤

诚然，华北各地的泰山庙会上都有乞丐。晚清北京妙峰山庙会期间，乞丐在各条山道上接连不断。乘轿而行的天津香客一边上山，还一边向山道两边的乞丐撒钱。⑥ 民国时期，徐州南郊泰山庙会上有香客将铜板、线绺散给

---

① C. W. Mateer, "T'ai San—Its Temples and Worship," *Chinese Recorder* 10.6 (Nov. – Dec. 1879): 403 –415.

② 〔日〕桑原骘藏：《考史游记》，张明杰译，中华书局，2007，第 129 页。

③ 〔美〕沃斯本著，项衡方、康时达译述《美国议员团远东视察记》，申报馆，1921，第 19 ~ 20 页。

④ 〔美〕威廉·埃德加·盖洛：《中国五岳》，彭萍、马士奎、沈弘译，第 81 页。

⑤ 〔德〕墨尔：《蒋介石的功过：德使墨尔驻华回忆录》，张采欣译，台湾学生书局，1994，第 79 页。

⑥ 吴效群：《妙峰山：北京民间社会的历史变迁》，第 180 页。

沿路的乞丐。①

（二）泰山上既乞又劫的"丐官"

泰山上的乞丐除了穷困者外，还有一些并不贫困的寄生者，即所谓"丐官"。这些"丐官"身体健全，世代通过对香客半讨半劫的方式积累资财，是泰山红门盘道上的富裕人家。"丐官"家中，七八十岁的老婆婆和三四岁的小孩都做这项营生。民国时期，每人每期庙会所入最多的可至百余元，一些"丐官"就此起家，买地筑房，过着富裕生活。不过，"丐官"家的男人则大多不务正业，饱食终日，无所事事。

"丐官"家的妇女对香客半乞半劫。庙会期间每晚的 12 点，红门盘道路旁的"丐官"家开了门。妇女带着孩子，拿着盘子和火把，各占据一个"要隘"。这种"要隘"通常是用一条或两条板凳并排放在路口临时搭成的，中间仅留下一个人过身的空档，乞盘就放在这个空档处。有的"要隘"用石头垒成一段或两段障碍物，横拦去路。那些年轻的或年老的妇人都化妆，穿着破衣裳，显出不整洁的样子。也有化妆粗心的妇女，往往在破衣服下面露出粉红色新洋袜、新鞋子和印花布裤子。香客由"要隘"经过时，每走过三五人，总有一两人从褡裢里摸出铜子丢到乞盘里。有的香客不丢铜子，做"丐官"的老婆婆就有一种权利伸手掏查他的褡裢，确认实在没有铜子后才放他过去。这些乞讨的妇女还"有权利扭住一个香客的衣裳，不让过去，直到别人代给了钱才放他走"。②"丐官"以坐地户的身份与霸道对香客强行索取所谓施舍行好的钱，几乎不受官方和社会舆论的约束。

20 世纪二三十年代，新知识人不断批评泰山的"丐官"。1921 年，时任《山东日报》《山东商务日报》编辑的王献唐登临泰山时，便发现"山中居民有一恶习，无论男女老弱，见游客行过，必向之乞钱，即家中衣食足给，亦不克免此，儿女偷惰，或以呵骂从事，熏染成性，几视如金科玉律，不以为羞耻矣！"③ 他认为这些乞丐本无所谓善恶，而其乞讨陋习的形成半归于家庭，半归于社会。1931 年，有人批评说，泰山路旁极多贵族式的乞丐，"他们是很可以过活的，而且受过训练，说话很动听"；其中的小

---

① 济航：《记徐州之泰山会》，《申报》1928 年 6 月 12 日，第 19 版。
② 吴组缃：《泰山风光》，向弓主编《名家经典散文选》，四川文艺出版社，1992，第 214 页。
③ 周郢：《王献唐先生佚文〈登岱笔谈〉述略》，山东省中华文化促进会、日照市中华文化促进会编《国学大师王献唐学术研讨会论文集》，第 285 页。

孩子自小已养成摇尾乞怜的习惯，将来也会成为叫花子，而泰山也因此成为"叫花子养成所"。[①] 1937 年，又有人批评说，泰山的山民"以行乞为荣"，"有些大姐以乞讨所得准备嫁妆，有些山民里面穿着皮袄，外面加着破褂子也在要钱"。[②] 在这位批评者看来，"泰山山民十足地代表了人道主义下的寄生性"。[③] 据说韩复榘主鲁时，曾嘱咐泰安县县长禁止山民行乞，但结果是禁而不止。

被泰山"丐官"索要钱财的香客几乎全是农民。1935 年，应冯玉祥之邀来泰山的吴组缃细致刻画了泰山上的农民香客。他说，香客"都是黑皮粗衣，神情严肃得带有苦痛成分，无论从哪一点看显然都是乡下农人"。[④] 夜半登山进香时，他们"低着头，神气严肃又带着苦痛成分，一步挨一步的从要隘的缺口处走过去"[⑤]。由于生活贫困，地位低下，这些香客的表情并非真正的严肃，而是对异地世界的恐惧与木讷。他们甚至对泰山的"丐官"心存恐惧，不敢招惹。在泰山这样的神域空间中，农民香客仍是没有人身安全制度保障的弱势群体。这种景象与前来游山观景的士绅、学生与小市民等游客完全不同。

陪同吴组缃的一位外号为"劳瑞"的教官对朝山的农民香客既同情又惋惜。他说："他们这些庄稼汉，太可怜。饭吃不饱，不要紧；衣裳穿不暖，不要紧，菩萨是一定要信的。可了不得！瞧他们这些疯狂劲儿！唉，我见了，我心里就难过！这都是国家的主人啊，国家主人糊涂昏聩得这样子！开通民智，开通民智，一句话，还是要开通民智！"[⑥] "劳瑞"把个人信仰、代表民智的知识素养与国家政治混为一谈。这三者分属于不同的生活领域，在政治层面上并不具有因果关系。个人信仰既是情感问题，也是政治权利问题。从信仰的角度而言，即使是开通民智，也不意味着会消除泰山信仰的某些社会功能。就政治权利而言，在开通民智之前，这些农民香客仍旧延续着臣民的身份与意识，并没有自己是国家主人的观念。即使在泰山庙会上，他们仍表现社会底层的卑微姿态与神情。他们信仰泰山神灵，与其说是民智闭

---

① 慕逸：《泰山岩岩》，《艺园》1931 年第 5 期。
② 鲁客：《泰山香市杂写》，《中兴》1937 年第 3、4 合期。
③ 鲁客：《泰山香市杂写》，《中兴》1937 年第 3、4 合期。
④ 吴组缃：《泰山风光》，向弓主编《名家经典散文选》，第 206 页。
⑤ 吴组缃：《泰山风光》，向弓主编《名家经典散文选》，第 213 页。
⑥ 吴组缃：《泰山风光》，向弓主编《名家经典散文选》，第 207 页。

塞的结果，不如说是他们在社会等级制度下强颜欢笑的表现。

1933 年，一位名为"示土"的新知识人对泰山的农民香客表示了深切的同情。他在游览泰山之前，先去参观了山东邹平的乡村建设情况，在那里看到了仍旧普遍存在着"迎神赛会，民风守旧，妇女缠足"等现象，普通民众实在缺乏"国家观念"。在观察了泰山的农民香客后，他更深切地感觉到农民对知识的匮乏，思想观念陈旧，其生活情形"比起城市来简直是有天渊之别"的。① 在民国时期城乡社会日益二元化的情况下，需要被启蒙的农民生活在比过去更为恶劣的乡村社会环境中。对于主导国家现代化的南京国民政府而言，"鼓民力""开民智""新民德"仍是任重道远的政治使命。

需要提及的是，20 世纪二三十年代的泰安，还是一座不具备现代气息的传统小城市。1928 年 6 月到 1929 年 5 月间，国民党山东省政府临时驻泰安，其在提高当地民众素养与改善民生环境上缺乏有力的举措。当时有名为"土龙"的新知识人批评说，山东省政府迁到泰安后，这里的饭馆、旅馆勃兴，大半的"妖冶之卖淫妇"由济南迁至，招摇过市；仅有的一二家报馆，"开口闭口主义，而于民生疾苦及时局新闻，毫无叙述"，只字未提泰安四乡的蝗灾；所谓智识阶级，又为廖仲恺大开追悼会，"唱其不成腔调的丑角戏"。这种"穷形恶相"简直就是中国现状的缩影。② 可以说，他对国民党山东省政府忽视民生疾苦的批评并没有夸大其词。1932 年，记者王文彬记述当时泰安的景象说："（泰安城内）贫民甚多。各街道垃圾满地，泥泞不堪。尤以小脚的妇女，肮脏的小孩，与蓬首垢面的乞丐之流，到处皆是，实予游人以不良的印象。"③ 这从一个侧面表明，当时泰安城市的生活方式与生活环境在相当程度上仍旧停留在辛亥革命前的状态。在这样的城市中，无论是进香的农民，还是泰山上的"丐官"，都感受不到民主政治的气息。

小　结

近代中国社会的转型在古今中外诸种观念与力量的冲突下进行，不可避免地出现社会失范的问题。尤其在民国时期，中央政权的更迭及其内外斗争加剧了社会秩序的混乱。在此乱世环境中，华北的泰山神灵侍者在日常生活

---

① 示土：《游泰山八日记》，《南大半月刊》1933 年第 1 期。
② 《土龙登泰山记》，《会报》1928 年第 43 期。
③ 王文彬：《泰山一日游》，《采访讲话》，三江书店，1938，第 162 页。

中难以安守本分，转而积极谋取世俗利益。泰山斗母宫的比丘尼虽名为佛教信徒，但同时信奉碧霞元君，她们将该宫经营成一家兼容酒家、妓院与烟馆的消费娱乐场所，谋取世俗的物质利益。这在相当程度上损毁了佛教的名声。与之相反，兖州镇守使张培荣的夫人侯芳缘在泰山筑庙修行，其信奉东大乘教，宣扬了泰山信仰的神迹。由于受张培荣被南京国民政府通缉的牵连，侯氏不得不携家中女眷全部出家为尼，以免遭政治打击。北京妙峰山等处碧霞元君祠庙的住持僧编造了王三奶奶显灵的神话，借机聚敛钱财。这些泰山神的侍者虽有佛门弟子的名义与身份，却看重世俗物质利益，突破了应守的道德底线。他们庸俗化的日常生活，既是社会失范的体现，同时也加剧了社会秩序的混乱。

清末民国时期北京东岳庙的华明馨等道士谨守道教的相关戒律，充分运用东岳庙的设施对民众进行道德教化，而该庙也成为北京民众日常生活的重要信仰圣地，依托东岳大帝的生死轮回与善恶报应观念，在一定程度上发挥了教化民众的作用。清末山西举人刘大鹏游览东岳庙的观感，以及北京旗人关松山等人的相关回忆，颇能说明这一点。

近代华北泰山庙会上的一些乞丐利用信众的行善积德观念求取温饱，实无可厚非，但泰山上有些所谓的"丐官"对信众半乞半劫，像寄生虫一样生活，不劳而获。他们不惧怕泰山神灵的惩罚，也不顾社会舆论的谴责，其乞讨行为有扰乱公共秩序的犯罪嫌疑，但不见地方政府的干预。

可以说，近代华北泰山信仰下的侍神者与乞丐的日常生活缺乏职业规范与道德意识，也缺乏有效的社会监督与政府治理。

第四章　近代泰山神灵谱系的增扩与
日常生活经验

在近代华北民众看来，泰山信仰是其生活中习以为常的风俗，也是他们应对生活困境经验的一部分。晚清时期，"四大门"① 以不同的方式介入民众的生活，或带来福利，或带来灾祸，但它们都由泰山女神碧霞元君管理。作为"四大门"之一"黄门"的灵媒（即所谓"香头"②），王三奶奶在天津城享有盛名，死后被塑造为碧霞元君麾下的新神。泰山民间信仰中的盗跖与"四大门"中的"柳门"密切相关，其在民国时期被塑造成当地的河神。在朝野多方力量的推举下，泰山女神碧霞元君与天后妈祖逐渐合为一体，主管人间的吉凶福祸与善恶报应。这些新神的塑造与碧霞元君的身份变化，展示近代华北民众生活的一种特殊面相。

一　社会底层生活中的"四大门"

近代华北民间信仰中的"四大门"，作为泰山碧霞元君治下的"仙家"，在城乡民众的日常生活中扮演着十分重要的角色。这些"仙家"不时出没在乡村中，成为民众难以回避或不打交道的特殊邻居。"四大门"信仰属于地方性的神灵信仰，是华北民间社会的典型的地方性知识。

---

① 按："四大门"是指四种民众认为具有神圣性的灵异动物，即"狐门"（也称"胡门"，狐狸）、"黄门"（黄鼠狼）、"白门"（刺猬）和"柳门"（也称"常门"，蛇），也称"四大仙儿"。在民间信仰中，这些灵异动物不是仙或神，而是处在修仙阶段的妖魅，但通常被称为"仙家"。有的地方在"四大门"外增加了兔或鼠，将其并称"五大门"或"五大家"。民国时期山东临清民间有所谓"五仙坛"，就是以宣扬并供奉蛇、蛙、黄鼠狼、刺猬、老鼠为五仙进行降神活动的场所。

② 按：香头是"四大门"的代言人，在"四大门"与信众之间担当灵媒的角色。李慰祖先生将其定义为"一种替仙家服务，以行道修福的人"。见李慰祖著，周星补编《四大门》，第38页。

至少自清代中期以来，华北民众普遍认为泰山碧霞元君是"四大门"的总管，在"四大门"与民众交往的过程中负责维护正义、赏善罚恶。可以说，"四大门"信仰是碧霞元君信仰的一种延伸。二者组合在一起，在华北民间社会中形成了一种深厚的民间集体无意识。学界或认为这是一种民俗宗教①；或认为这是一种融合了儒释道三教的"北京地方性的民间秘密宗教组织"②；或认为具有神秘性的"四大门"信仰是一种动物崇拜，在"近代北方民间广泛流行"，"人们崇拜的已不再是四种动物的自然属性，而是把它们作为巫教的神来崇拜"。③

一种虚构的形象或观念被作为神灵来信仰，其对信仰者的身心感受与日常生活的影响的确是真实的。华北地区的民众与"四大门"、碧霞元君交往的细致生活场景，十分耐人寻味。

（一）碧霞元君与"四大门"

华北民间社会流行"四大门"信仰是清代中期以后才出现的。晚清经学家俞樾曾描写过天津的香头的"顶香"情形，对"五大门"做了如下解说："天津有所谓姑娘子者，女巫也。乡间妇女有病，辄使治之。巫至，炷香于炉，口不知何语，遂称神降其身，是谓顶神。所顶之神，有曰白老太太者，猬也；有曰黄少奶奶者，鼠狼也；有曰胡姑娘者，狐也；又有蛇、鼠二物。津人合而称之为五家之神。"④俞樾所言这种"五大门"信仰与女巫降神的现象在华北民间社会十分普遍。晚清外交家薛福成也说："北方人以狐、蛇、猬、鼠及黄鼠狼五物为财神，民家见此五者，不敢触犯，故有五显财神庙。南方亦间有之。"⑤光绪时期百一居士所著《壶天录》云："南方多鬼，北方多狐，此常谚也。乃津人现又有五大家之说，家喻户晓，供奉不遑，则奇而险矣。五大家者何？盖谓狐、蛇、鼠、鼠狼、刺猬也。"光绪时期天津人李庆辰云："予乡有供五仙像者，其神为胡、黄、白、柳、灰。胡，狐也；黄，黄鼠也；白，猬也；柳，蛇也；灰，鼠也。"⑥这些笔记表明，晚清华北民间

---

① 周星：《四大门——中国北方的一种民俗宗教》，李慰祖著，周星补编《四大门》，北京大学出版社，2011，第146页。王建新、刘昭瑞编《地域社会与信仰习俗：立足田野的人类学研究》，2007。
② 方彪：《九门红尘：老北京探微述真》，学苑出版社，2008，第207页。
③ 阴法鲁、许树安：《中国古代文化史》，第430页。
④ 俞樾：《右台仙馆笔记》卷十三，上海古籍出版社，1986，第336页。
⑤ 薛福成：《物性通灵》，《庸庵笔记》卷四，江苏人民出版社，1983，第134页。
⑥ 李庆辰：《醉茶志怪》，齐鲁书社，1988，第134页；此处"顶神"即"顶香"。

普遍流行五大家（"五大门"）的信仰，尤其以天津地区为盛。

与天津的"五大门"略有不同，近代北京民间盛行"四大门"的信仰。老北京人方彪先生说："清末民初时，北京城、郊有不少秘密宗教组织进行活动，其中四大门在群众中很有影响"；"四大门""声称京西天台山、妙峰山、潭柘寺、京东丫髻山、二里寺（通县南门外）、东岳庙都是仙家之本，丫髻山则总管天下四门仙家"。① 方氏所言的"四门仙家"即前面提到的"四大门"，"丫髻山"是指北京丫髻山奉祀的泰山女神碧霞元君。

其一，碧霞元君与"狐门"。碧霞元君总管"四大门"这一信仰观念的起始时间难以梳理清楚，至少在清初已有小说家注意到民间流传的碧霞元君管理狐仙的说法。西周生所著的《醒世姻缘传》提道："雍山洞内那个狐姬，他修炼了一千多年，也尽成了气候，泰山元君部下，他也第四五个有名的了。"袁枚《子不语》有三则关于碧霞元君主管狐狸修仙的故事。一是碧霞元君为群狐的主考官。有狐生员向赵大将军之子曰："群狐蒙泰山娘娘考试，每岁一次，取其文理精通者为生员，劣者为野狐。生员可以修仙，野狐不许修仙。"② 二是碧霞元君可调群狐听差。绍兴陈圣涛与一狐女成夫妇。每月朔，妇告假七日，云："往泰山娘娘处听差。"③ 三是碧霞元君执掌对群狐的奖惩权。有妖狐迷糊了一位民女，一日其对民女泣曰："我与卿缘尽矣，昨泰山娘娘知我蛊惑妇人，罚砌进香御路，永不许出境。"④ 此外，纪昀在《阅微草堂笔记》中记录了其族侄竹汀所讲的一则传闻：密云县东北部有狐女嫁给文安的一位佣工为妻，侍奉公婆极尽孝心，感动了土地神与东岳大帝，遂提前修得正果，被派到泰山碧霞元君麾下为"女官"。⑤ 这些小说与笔记表明在清代初期和中期，泰山碧霞元君管理群狐的说法颇为流行，进入了"南袁北纪"的视野。不过，在晚清之前的文献中，尚未见到有关碧霞元君主管"黄门"、"白门"和"柳门"的记载。

在碧霞元君信仰的祖庭——泰山，民间并没有碧霞元君主管"四大门"的说法。诚然，该地民间信奉"四大门"的传统由来已久，而且泰山之上不

---

① 方彪：《九门红尘：老北京探微述真》，第207页；此处"二里寺"应为"李二寺"，又名"佑民观"，位于今通州张家湾里二泗村。
② 袁枚编撰《子不语》，申孟、甘林点校，上海古籍出版社，1986，第12页。
③ 袁枚编撰《子不语》，申孟、甘林点校，第93页。
④ 袁枚编撰《子不语》，申孟、甘林点校，第113页。
⑤ 纪昀：《姑妄听之三》，《阅微草堂笔记》卷十七，上海古籍出版社，1980，第415页。

乏奉祀"四大门"的庙宇。清代蒲松龄所著《聊斋志异》中的《胡四姐》
《周三》《长亭》等有关狐仙的故事就发生在泰山或泰安当地。岱庙北门内
的"洞九狐妾玲珑石"更是令人称奇。至今当地民间的一些接骨先生或有大
病的人家特地在家中设狐仙牌位，称之为"安客"。① 迄今为止，尚没有看
到这里流传泰山碧霞元君主管天下"四大门"之说的文献。

其二，妙峰山与丫髻山上的"四大门"。从北京妙峰山与丫髻山的神灵
谱系看，碧霞元君与"四大门"的关联从道光后期开始。

妙峰山是奉祀碧霞元君的神域空间，道光晚期以来这里开始奉祀"四大
门"。妙峰山中北道的青龙山朝阳院茶棚建于道光三十年（1850），此处正殿
奉碧霞元君、眼光娘娘与子孙诸娘娘，北角还有用黄条书写的神位，"奉已
故三代宗亲观众都管、柳十大仙静修、黄七大仙静悟、白二真人馨顺、柳四
真人长真"。② 其中"柳十大仙静修"与"柳四真人长真"是"四大门"中
的"柳门"（"常门"），"黄七大仙静悟"是"黄门"，"白二真人馨顺"是
"白门"。

光绪年间修建的瓜打石玉仙台尊义堂茶棚的正殿奉碧霞元君，山门内正
奉灵官，配以江蟒爷、山神爷、傻大爷与土地爷。其中"江蟒爷"是"柳
门"。③

1934年，天津信士张玉亭在妙峰山北道的贵子港独资修建了玉亭粥茶
棚。其入门处为灵官殿，内为三楹的圣母行宫，中祀碧霞元君像，旁奉王三
奶奶。西为大仙堂，祀蟒大爷、老蟒爷、蟒四爷之牌位。蟒大爷牌位上注
"五月十五日生，年几百岁，老蟒爷五月十三日生，年一千五百岁，蟒四爷
年六月十四日生，年五百岁"。旁配以胡大爷、胡三太太之塑像。④ 这里的
"蟒大爷""老蟒爷""蟒四爷"属于"柳门"，"胡大爷""胡三太太"属于
"狐门"。近代妙峰山附近乡村的民众十分信奉"四大门"。据民俗学者吴效
群调查，涧沟村的一般村民至今仍在屋后建有供奉"四大门"（狐狸精、长
虫精、刺猬精、柳树精）的神阁。⑤

① 贾运动：《泰山民间的"四仙"信仰》，《民俗研究》2005年第3期。
② 金勋编纂《妙峰山志》，第270页。
③ 金勋编纂《妙峰山志》，第271页。
④ 金勋编纂《妙峰山志》，第267页。
⑤ 吴效群：《走进象征的紫禁城——北京妙峰山民间文化考察》，广西人民出版社，2007，第
68页。按：吴效群将"四大门"解释为狐狸精、长虫精、刺猬精和柳树精，其中"柳树
精"与通常所说的"四大门"没有关系，不知其所据为何。

由上可见，近代妙峰上的"四大门"之祀一应俱全，而且"四大门"都是作为碧霞元君的配角出现的，不可入正殿奉祀。这是道光晚期之前妙峰山上未曾出现过的奉祀景象。

要注意的是，"四大门"在民间享有的称谓总是体现尊卑有别的伦理色彩。属于家仙的"四大门"称"胡爷""黄爷"等，属于坛仙的"四大门"称"老爷子""大仙爷""二仙爷"等，少数被称为"姑娘"。显然，这比乡民信众高出一个辈分，二者并不平等。

丫髻山的黄花顶位于金顶西北四华里的山巅处，旧有真武庙，供奉北极真武玄天大帝与狐、黄、白、柳、灰"五大门"仙家。① 真武庙内的狐仙堂是一座小庙，庙门的对联云："在深山修真养性，出古洞四海扬名"；横批是"有求必应"。有人回忆说："旧历三月三是朝拜真武庙的日子。真武庙原建在丫髻山北面五里之遥的黄花顶上，庙的正殿里供奉着真武帝君，侧殿是狐仙堂，院中有两棵合抱粗的古柏。"② 显然，丫髻山奉祀"狐门"无疑，但未见有该地奉祀其他三门的记载。

当地张友与张国锡两位老人说，黄花顶"是非常神秘难测的地方"。"北京地区仙家总门驻地在丫髻山黄花顶，胡大小姐住北京前门楼子，胡二小姐住唐山，胡三小姐统管总门之事，五大仙家归丫髻山王二奶奶管辖。"③ 他们还说，旧时夜间在丫髻山和黄花顶之间常有狐仙火飞来飞去，这是"仙家们在吸取天地之间的精华炼'仙丹'"。④ 从这些说法看，当地民众在夜间看到黄花顶上出现的奇异现象，并将其解释为"四大门"修炼的表现。他们认为，丫髻山的王二奶奶管辖着包括"四大门"在内的"五大仙"。王二奶奶是碧霞元君的圣徒。下文对此细言。

黄花顶真武庙奉祀黄、白、柳、灰诸位仙家始于何时，不得而知。依照张友与张国锡两位老人的回忆，至少民国时期已存在这种现象了。对照妙峰山奉祀"四大门"的情形看，这种现象应不早于道光时期。

---

① 北京市平谷区文化委员会编《畿东泰岱——丫髻山》，第124页。按：真武庙始建年代不详，现丫髻山林场大虫峪林区在原址上建了一座防火瞭望亭。
② 岳广铭：《北店龙灯》，转引自北京市平谷区文化委员会编《畿东泰岱——丫髻山》，第215页。
③ 北京市平谷区文化委员会编《畿东泰岱——丫髻山》，第124页；天台山、丫髻山和妙峰山上都奉祀王奶奶，依习俗称天台山上奉祀的为王奶奶，丫髻山上奉祀的为王二奶奶，妙峰山上奉祀的为王三奶奶；后文有详叙。
④ 北京市平谷区文化委员会编《畿东泰岱——丫髻山》，第125页。

有学者认为，"北京在历史上是'四大门'信仰最早发育的地区，根据灵力的大小分为五个等级。第一级，是丫髻山'四大门'的仙家灵力最大，是信仰的中心。第二级，是北京城内的东、南、西、北四顶碧霞元君庙，香火在北京的东、西、南、北四城，灵力比丫髻山次一些。第三级，是一些街道、社区的狐仙堂，或者是修建其他庙宇、道观内的狐仙堂，香火在庙宇、道观所在的街道、社区。第四级，是出马仙所建的堂口，因其灵力较小，香火范围也不大。第五级，是各个家庭、家族的保家仙，其灵力仅限于家庭和家族，香火范围也仅限于这个家庭或者家族"。① 依照近代之前北京民间"四大门"信仰的情况，这种分类大体适当。如果考虑到近代北京"四大门"信仰的变迁情况，这一分类就明显失当了，因为其忽略了中顶与晚清以来声名超过丫髻山的金顶妙峰山。

（二）民众生活中的"四大门"与碧霞元君

在近代华北地区的民众日常生活中，碧霞元君主管的"四大门"及其代表香头是颇为普遍的社区角色。"四大门"有家仙和坛仙之分，家仙直接住在普通的农户家中，坛仙则住在香头的家中。"四大门"中的每一门都是良莠不齐，有的务本参修，有的胡作非为。务本参修，就要内炼丹元，外修功德，目的是得道成仙。

其一，"四大门"与乡民的交往。"四大门"的所谓"修功德"，是帮助乡民发家致富，治病救灾，解难决疑。乡民更喜欢作为家仙的"四大门"的生财功能。比如，"黄门"会帮全子修家多收几担瓜，"常门"会帮从山东逃荒到肖家庄的王老三家迅速发展成一个大庄园；② 还有的"常门"不入户做家仙，也会给民众提供有用的信息，据说民国时期北京德胜门外西侧仍有一座奉祀白蛇的大仙爷庙（建筑年代不详），德胜门附近的老住户们对"大仙爷"的传说十分熟悉。他们说，这条白蛇极大，"头在城墙上，尾可及护城河。老百姓都到庙旁取水喝，因认为大仙爷将尾巴伸入河中，是指引他们在何处能找到清洁的水源"。③ 20 世纪 40 年代以前，大仙爷庙中的香火甚旺，每天都有人来烧香，其中有不少人是坐洋车从远处来的。

一旦乡民得罪了"四大门"，就会遭到财产的损失。清华园南边有位杨

---

① 北京市平谷区文化委员会编《畿东泰岱——丫髻山》，第 218~219 页。
② 李慰祖著，周星补编《四大门》，第 16、17 页。
③ 董晓萍、吕敏主编《北京内城寺庙碑刻志》，国家图书馆出版社，2011，第 311 页。

姓乡民靠着"四大门"发家，后来得罪了"四大门"，家中遂不断发生不幸的事情，如牲口常死，有时牲口无故走失，等等，家道由此败落。更为严重的，是"四大门"还会"拿法"①乡民，致其生病或疯癫。有些"四大门"还会向即将患病的乡民"撒灾"，然后再为之治病以修德。也有些"黄门"不仅不帮助乡民，还会对其造成威胁和灾难。

在山西徐沟县农村的乡民心中，"得罪了狐仙以后，可以受种种的损害，如失火，丢东西，家中发生不幸事故等等。平常并流传有种种关于狐仙的说法，说的像煞有介事的，同时并相信，如能讨得狐仙的喜欢，可以得许多的利益，如买卖得利，庄稼丰收，以及种种意外的财"。②

不是所有的"四大门"都具有乡民无以对付的法力，有时二者也要商量一下，互利共处。比如，北平平郊村黄则岑家的财神"白爷"在其豆腐房旁的干草堆中生了五只小"白爷"，黄则岑太太便给这些"白爷"供上饮食。几日后，一只小"白爷"咬住了黄家的一只小鸡的脚。黄则岑则祝念道："我可没错敬了您，您要是祸害我，我可让您搬家了。"次日，所有的"白爷"自行搬回了黄家的财神楼上。③

"四大门"的法力虽然超人，但并不能支配所有人，它们最怕人间的达官显贵。后者的道行往往超过了"四大门"，而且"四大门""虽然道行高深，毕竟属于邪道，所谓邪不侵正，就是这个道理"④。另外，还出现了强悍之人杀死"常门"的事情。民国初年，北京城内一位很喜欢吃"五毒"的旗人印某用石头打死了燕京大学东南三里许的保福寺村张家财神楼住的一位"常爷"。⑤

"四大门"信仰的基础是精气信仰与"万物有灵"的理论。依据佛教、道教的看法，"万物有灵"论真实地反映了世界的本相，而且原始社会的人类祖先普遍具有这种观念。当然，文化水平较低的乡民并不能深刻理解"四大门"信仰背后的认识方式、思维方式以及世界本相等问题，但他们依靠世代相传的经验和自身的直觉，能妥善处理好自身与"四大门"的邻居关系，正所谓"百姓日用而不知"。

---

① 拿法：北京方言，即"四大门"施法于人，控制其意识与身体。
② 李有义：《山西徐沟县农村社会组织》，第155页。
③ 李慰祖著，周星补编《四大门》，第24页。
④ 李慰祖著，周星补编《四大门》，第28页。
⑤ 李慰祖著，周星补编《四大门》，第8页。

"四大门"信仰反映的世界本相与秩序如下：世界有五个层次，即神、仙、人、妖、鬼。神界如碧霞元君，仙界如王三奶奶，人界如黎民百姓，妖界如"四大门"，鬼界如某些人死后的鬼魂。这五界的能力有高下，地位有尊卑，以神为最高，其下依次为仙、人、妖、鬼。

其二，碧霞元君对"四大门"香头的认证。"四大门"是平郊乡民难以回避的邻居，它们或成为乡民的家仙，或成为社区的坛仙。成为坛仙的"四大门"会强行选择一些人作为自己的"当差的"，这些人被"拿法"之后，即为"四大门"代言行道（即医病、除祟、禳解、指示吉凶等方术），并负责供奉"四大门"。这些"当差的"就叫作香头，香头的确立要经过认师、安炉、安龛、开顶等一系列的仪式。由于丫髻山是"四大门"仙家的大本营，该处由王二奶奶直辖统御。而"老娘娘"（即碧霞元君）又是王二奶奶的直辖上司，所以仙门弟子行开顶礼必来此山。①

从李慰祖的调查看，"四大门"选择香头为自己顶香完全是一种强迫乡民的行为，被选择的香头开始时是没有愿意顶香的，只是屈服于"四大门"的"拿法"而不得不接受。不过，碧霞元君认可"四大门"的这种强迫行为，而且被选择的香头还要来丫髻山向其报到登记。在香头和其他信众的观念中，碧霞元君直接管理"保家坛"的仙家与"香坛"所奉的仙家，因为他们是在山中修炼而且获得了高深道行的"四大门"，在碧霞元君治下具有正式名位。②

其三，香头对"四大门"恶行的惩罚。没有正式名位而又不务正业的"四大门"时常捉弄乡民，使其不得安宁。20 世纪 30 年代李慰祖对京郊西北区民间"四大门"信仰的调查中，发现这样的情况并不少见。比如，刚秉庙附近的孟姓青年与续娶的新婚妻子被一位仙家"拿法"。这位仙家有时借她的身体说话，家中人方知道乃是一位"黄爷"。"黄爷"告诉她如果不与她丈夫行房事就"拿法"她。每次被"拿法"，这位新娘子就要昏死过去，需三四个小时方能苏醒过来。有人将刚秉庙李香头介绍前去，李香头到达孟家，所顶的"大老爷子"（乃是"胡门"的）降坛，吩咐说："这是二尺多长的一条母黄鼠狼，我已把她捉着了，我把她带到东山（丫髻山）扣起来，令她清心修道。"自此，孟氏恢复原状。③ 再如，成府卖糖的商贩被"黄门"

---

① 李慰祖著，周星补编《四大门》，第 56 页。
② 李慰祖著，周星补编《四大门》，第 55 页。
③ 李慰祖著，周星补编《四大门》，第 20 页。

捉弄。"黄门"迫使他时常呓语，并且分别告诉他和他妻子说对方有外心，不务正业。卖糖的商贩无计可施，只得跑到张香头坛口上求老神仙救命。后来张香头所顶"老二姑姑"运用神力，打了"黄门"三掌，打去其五十年道行。此后，"老二姑姑"将此"黄门"压在丫髻山的山坡上，而卖糖的自此痊愈。[①]

香头通常将捉弄乡民的"四大门"关押到丫髻山上，由王二奶奶直接管制。"四大门"与丫髻山碧霞元君、王二奶奶的关系很像是人治模式下的民众与官府的关系。香头表达的所谓灵界是常人不能看见的世界，其与人间成为两个并存而又互相联系的世界。当时这两个世界的善恶尺度与尊卑伦理十分相似，而且没有人权与法治的观念。

其四，香头对碧霞元君的朝拜。民国北京西北地区的香头们还要定期到圣山进香，即朝顶。他们所谓的圣山是北京当地的天台山、东岳庙、丫髻山、妙峰山、李二寺和潭柘山岫云禅寺（即潭柘寺）。这些地方主要奉祀的是泰山女神碧霞元君，其中以丫髻山为最重要。

对香头而言，进香朝顶是一件极重要的事。"据刚秉庙李香头说，香头朝顶的目的乃是要引起老娘娘的注意。老娘娘知道某某'当差的'进香朝顶来了，只要向该'当差的'的'坛口'上多看两眼，该'坛口'的'香火'便更加兴旺起来，这乃是'佛光普照'之意"。[②] 这种解释表明碧霞元君与"四大门"的灵界奉行类似人治的规则。碧霞元君是不是在某个"坛口"上"多看两眼"，此事充满了不确定性，似乎没有规则可言，全凭碧霞元君一时的兴致。

不同派系的香头的朝顶时间并不完全一样。20世纪30年代，海淀杨家井十九号的张香头是他本门中现存年纪、辈分最高的一位，他说该门各香头每年进香各山寺的日期如下：天台山，三月十五日；东岳庙，三月十七日；丫髻山，三月二十八（小建）、二十九日（大建）；妙峰山，四月初六；李二寺，五月初一；潭柘寺，八月二十日。[③]

进香朝顶乃是全社区的活动，而不是香头单独的行动。有的香头在进香日快到时，往往向有关系的人家劝捐。这些人家或是香头的亲友家，或是请香头治好病的人家。各人家捐助时便量力而为，或是助资金，或是捐粮食，

---

① 李慰祖著，周星补编《四大门》，第20~21页。

② 李慰祖著，周星补编《四大门》，第77页。

③ 李慰祖著，周星补编《四大门》，第76页。

或是助大车，这些都是香头上山时的必需品。

香头各门有各门的信众，均为世代相传。其以坛口为单位，若干同门的坛口组成香会。例如，西直门丁香头结成的海灯会（此会朝顶时以香油为主要供品），刚秉庙李香头结成的蜡会（其供品以蜡烛为主），等等，不一而足。至于香会的人事、物品、行程安排及其活动场景，学界对此多有描述，此不赘言。①

香会进香活动有三点值得注意：一是香会进香中的尊卑与待遇。在丫髻山山顶的庙中，香会抬行的碧霞元君神驾与"四大门"神位尊卑分明，待遇不等。碧霞元君神驾要请到庙中；某会奉的位分大的"四大门"仙家可以进入山门之内、大殿之外的内庭（院中）；位分小的"四大门"仙家则不许进庙。庙中的执事根据历年的习惯，知道各会所奉仙家的位分大小，依序安排。香会进行交愿、交香、交供与交表等仪式时都默念大悲咒。然后，再依照本门香头的辈分尊卑相互道喜行礼。在王二奶奶殿、回香亭也是如此。

二是香会给庙中的香资与待遇。香会到丫髻山山顶庙宇内时，由住持接待，先到下院休息。据刚秉庙的李香头说，每次上山都要送给庙中住持两元到三元的香资，否则下次上山时住持会不欢迎。若是与庙中住持交往熟悉了，香头可以享受在殿内烧香的待遇。对于不付香资的人，住持便令其在殿外的铁香炉烧香，不得入大殿。②

三是作为检验香头正当性之手段的朝顶进香。朝顶进香虽然艰辛，却是检验香头正当性的必备手段。每个前往丫髻山朝圣的香头都以此为荣，但不是所有的香头都前往丫髻山拜会碧霞元君，比如，蓝旗的汪香头就从来没有上过山。李香头说："汪香头当的是黑差事（即私自当差，未曾备案），在老娘娘台前花名册上，没有她的名字。她若是上山，老娘娘便要将她的'差事'扣了，把她所顶的神压在山上，令其再行修炼。"曹香头也说，香头所顶的仙家如果没有道行，就不能上山；否则会"挨打"，"老娘娘"会将此仙扣留（即不准其再催香火）。对此，汪香头则解释说，因家中寒苦而无力上山。③ 至于汪香头顶的是不是"黑差"，无从知晓。不过，借"四大门"行蒙骗之事的假香头并不罕见。

究竟当时北京五顶奉祀的碧霞元君如何与香头交往，尚难以知晓。不

---

① 李慰祖著，周星补编《四大门》，第78页。
② 李慰祖著，周星补编《四大门》，第79页。
③ 李慰祖著，周星补编《四大门》，第80页。

过，民俗学专家叶涛对当代山东泰山香社的实地采访，可从一个侧面揭示二者之间所具有的奇异色彩的互动场景。据被采访的山东省邹城市泰山香社会首刘绪奎说，泰山后石坞元君庙的碧霞元君可以通过他降神附体，不仅能为随行的信众、香客解惑答疑，赐福禳灾，而且能举出种种证据，识别出前来供奉的陌生香客中谁是诚心的，谁不是诚心的。① 此外，碧霞元君还能借刘绪奎之口与其信众对话、逗乐。很难解释刘绪奎这种异常的精神状态与活动模式。这里不讨论其获取陌生香客本人及其家庭生活信息的超常能力。

（三）平郊村：泰山信仰下的一个华北村落

据 1941 年燕京大学社会学系的学生陈永龄调查，北平清河地区平郊村的村民生活深受包括泰山神灵在内的神佛信仰的影响。当时，"乡民知识未开，教育不进，想用人的智慧来对付控制生老病死的危难关头及其他自然现象，简直是不可能的事。加以农村社会传统与保守的力量特别大，有一套自上传下来的崇拜仪式与信仰，乡人自幼身受这信仰与仪式的熏染与训练后，也就好像满足了自己的欲望"。② 因此，神佛信仰的功能便一直存在于乡村人民的生活中。平郊村的农民对神佛的态度分为三类：一是完全信神佛；二是半信神佛，半信人力者；三是完全信人力。其中，第二类人数最多，不过第一、二类人所崇拜的神灵多为胡（狐仙）、黄（黄鼠狼）、长（蛇）、白（刺猬）"四大仙门"，而少有庙中的神灵。具体到泰山信仰上，这些村民的信仰活动上分为两类。

一类是在家庭中的信仰活动。村民最信仰的是观音菩萨，其次是碧霞元君、眼光娘娘与子孙娘娘。有的农民家中供奉着泰山娘娘的神像，在家中婴儿"降生洗三的那天，必得烧香摆供，祈祷娘娘佑福婴儿长生康健"。③ 有的农民只是信仰"四大仙门"，不信仰其他神佛。当然，农民并不完全迷信碧霞元君等泰山神灵，他们是"尽人力以待神佑"。④

另一类是在家庭外的庙宇中的信仰活动。有些村民每天到村西北不远的延寿寺娘娘殿上香，有些村民每逢初一、十五前去该处上香，上香者多是村中的妇女，她们"只是为烧平安香而已，盖视为习惯礼仪，并无特殊祈求"。

---

① 参见叶涛《泰山香社研究》，上海古籍出版社，2009，第 172～175 页。
② 陈永龄：《平郊村的庙宇宗教》，第 7 页。
③ 陈永龄：《平郊村的庙宇宗教》，第 8 页。
④ 陈永龄：《平郊村的庙宇宗教》，第 22 页。

在她们看来，平时常拜神佛，"邪魔外祟必不敢侵扰"，因而自己心中亦觉得平安。村民中去庙里敬拜神佛最虔诚、殷勤者是黄永山家，其次为于念昭、杨则锦两家。黄永山之父说："我们都是靠佛吃饭的人，这些年来家中人旺财旺，永山在村里也是很有地位，所以我们对于神佛的崇拜绝对不能间断，虽然一年里为这事也花费不少，可是只要神佛保佑一家，便什么都有了，这点又算什么？"① 对黄家而言，神佛起到保险公司的作用，只有每年交保险费，就能保佑他们家"人旺财旺"。

村民也常去附近东扬村的七圣神祠，这里供奉着王三奶奶（下文将详述王三奶奶成神的过程）。该村的一位詹姓妇人每天来此庙烧香，据说"四大门"在她身上作祟，逼她做香头，所以每天早晚来此烧香。② 另外，每年京西妙峰山、涿州等附近地方的娘娘庙会，村中不少人也会去进香祈福，他们因此获得"一种超我精神的生活"，"得到无上的内心平安与慰藉"。③

对于平郊村的农民而言，泰山碧霞元君与"四大门"都有神通，既不可得罪他们，还有求于他们。据说，晚清时期的一天，碧霞元君降神附在全祯的姐姐身上，借她之口痛责村民对于延年寺娘娘殿的忽略，以致造成污秽满地。当时殿中常堆满垃圾，难以插足。于是全村人将娘娘殿打扫干净，并烧香谢罪，以后始安。④ 1931年该村发生数十名儿童突然死亡的事件，这让村民们心有余悸。当年春，平郊村并无传染病发生，但在十天之内突然死亡了数十名儿童，不知其原因。为此，全村惶然骚动，各家皆将子女送往他村或城内亲友家寄养。当时，村民正在翻修延年寺的娘娘殿，不满十岁的杨则锦之女路经该地时突然昏厥。待醒来后，她说刚才有个老太太带她到了延年寺，后来觉得无聊而潜逃回家。村民们由此认为，泰山娘娘来到此地，因为需要侍童，才收了那么多儿童的性命。后来，杨则锦家乃依照此女糊制了一个纸女童作为替身焚烧，以求平安。⑤ 平郊村中"四大门"灵验的情况较多，据说本村的黄则岑太太通过祈祷，治好了自己的病。⑥

---

① 陈永龄：《平郊村的庙宇宗教》，第13～14页。
② 陈永龄：《平郊村的庙宇宗教》，第16页。
③ 陈永龄：《平郊村的庙宇宗教》，第22页。
④ 陈永龄：《平郊村的庙宇宗教》，第70页。
⑤ 陈永龄：《平郊村的庙宇宗教》，第70～71页。
⑥ 陈永龄：《平郊村的庙宇宗教》，第28～29页。

对于平郊村的农民而言，家庭中的泰山碧霞元君、"四大门"信仰与祠庙的神灵信仰相辅而行，因为"村民生活中各方面的需要常是畸形的复杂的，他们的生活是需要这二种不同性质的信仰来调整平衡的"。①

要注意的是，平郊村的一些农民愿意接受现代医疗观念和技术，甚至因此而改变对泰山神灵的信仰力度。在 1940 年之前，该村的农民患了眼疾，多去东殿眼光娘娘前烧香许愿，但自从燕京大学社会学系来这里进行长期的社会调查后，患眼疾的农民多来该校社会学系于此设置的急救药箱上药，不再去眼光娘娘那里烧香了。② 显然，平郊村的农民愿意接受在疾病诊疗上更有实效的现代医疗，只要有条件及时诊治病患，他们自然会放弃那种烧香许愿的消极办法。

通过对平郊村农民信仰的调查，陈永龄认为村民没有得到什么福利，反而在态度、思想与享受上受了莫大的束缚。③ 包括泰山神灵在内的民间信仰是消极的，是偏重于个人私心的信仰，不利于社会的进步。因此，一方面，乡村社会"需要一个积极的、入世的、不自私的、大爱的信仰，这种信仰能给予村民一种伟大推动的力量与勇气，使能面对当前的事实。这种信仰也是影响个人与社会两方面的，个人将这种积极、入世、不自私、大爱的信仰与日常生活打成一片，则生活必具有无可描述的真力量。另一方面，社会因此崇高信仰的存在与运行，会有一更理想更美满的新秩序新关系出现"。④ 在此基础上，个人与社会"有交互良好的发展，会造成更进步更完全的个人与社会"。⑤ 可以说，陈氏较为充分地揭示了民间信仰的自利性与消极性。就日常生活的改善、个人素养的提高与社会的良性发展而言，民间信仰的这些弊端确实需要克服。什么是崇高的信仰，如何以崇高的信仰代替低下的信仰等问题，却有待于进一步的思考和探索。

二　王三奶奶与京津冀信众的神灵信仰

近代华北信众为泰山神灵谱系中增添了一位新神——王三奶奶。王三奶

---

① 陈永龄：《平郊村的庙宇宗教》，第 30 页。
② 陈永龄：《平郊村的庙宇宗教》，第 13 页。
③ 陈永龄：《平郊村的庙宇宗教》，第 107 页。
④ 陈永龄：《平郊村的庙宇宗教》，第 108 页。
⑤ 陈永龄：《平郊村的庙宇宗教》，第 109 页。

奶是天津万缘公议代香圣会的会首，夫家姓王。咸丰末年，王三奶奶在妙峰山摔死，后被天津信众塑造为碧霞元君麾下的新神。

（一）神化王三奶奶

据李世瑜先生记述，王三奶奶是道咸年间天津的一位顶着"黄三姑"（"四大门"中的"黄门"）的香头。[①] 王三奶奶的母亲是个在乡下跳大神给人治病的"姑娘婆"，还收了许多年轻姑娘当徒弟，常常教她们练功夫，什么盘腿打坐、念咒语、跪香，等等。王三奶奶从小就不知不觉地学会了那套本领，在家当姑娘时就多次犯过"撞客"，顶下来个"黄三姑"（由黄鼠狼修炼成的仙）。后因夫家穷苦，她硬是让几个月的儿子断了奶，到天津的丁家做了奶妈。有一天，她降下了"黄三姑"，说丁家厨房的小厦子不吉利，要求拆掉；如果不拆，她就要搬出丁家，把丁家的风水都拔走，还说要掐死丁家的小孩。丁家不信此言，并将其赶出家门。不巧的是，当年秋天，丁家十一少奶奶的一个孩子得了白喉，经庸医诊治，病情更为严重，后不能进汤水，饥饿而死。不久此事在整个天津城传开，王三奶奶从而名声大噪，成了专职的巫婆了。她丈夫本来行大，她在娘家行四，可能是由于她顶的是"黄三姑"的关系，后来人们就都称她为王三奶奶。[②]

据说王三奶奶是在妙峰山最早创立茶棚的人之一。咸丰末年的一天，王三奶奶在妙峰山朝顶进香，不慎于庙儿洼坠崖身亡。第二天，天津来的一位女香客在惠济祠的大殿中宣称自己是王三奶奶降临，并自言王三奶奶是东岳大帝的第七个女儿，现在功德圆满，被东岳大帝召回宫中。由此，王三奶奶正式成为妙峰山的神灵。可以说，这是妙峰山碧霞元君信仰的一种变相延伸，也是天津信众在妙峰山上显示自身优势的一种表现。

同治十二年（1873），天津的敬善、长春两个香会重修了王三奶奶墓，墓前石碑上刻着"王三奶奶之墓"六字，上款题"创化施主建立茶棚"，下款题"同治十二年孟夏敬善、长春众等重修"。此外，信众还在惠济祠大殿的西偏殿中为其塑像。

王三奶奶死后的一段时期，妙峰山每年都会发生王三奶奶降神附体的事情。据满族老香客金勋的记载，妙峰山上的东岳天齐庙（即回香亭）速

---

① 李世瑜：《王三奶奶的故事》，《社会历史学文集》，天津古籍出版社，2007，第662页。
② 李世瑜：《王三奶奶的故事》，《社会历史学文集》，第668页。

报司旁为大仙殿及财神殿，大仙殿中有老村妇为人治病时先点三炷香，然后向大仙牌位行礼，礼毕后合目默坐二三分钟，随即口呼"哈！哈！哈！"完成这些仪式，随后老村妇用手摸病者的头部或胸部，颇似按摩，此之谓"大仙附体"。①

民国时期，妙峰山的王三奶奶信仰兴盛起来。1925年，顾颉刚在妙峰山的惠济祠看到王三奶奶塑像身着青布衫裤，头挽喜鹊窠的发髻，完全是一个老妈子的形状。1929年，顾颉刚、白涤洲、周振鹤等人又上妙峰山，看到王三奶奶塑像的装束已经不是老妈子的模样，变为菩萨身了：头上戴着凤冠，身上披着黄色华丝葛大衫。脸带笑容，肤色像晒透的南瓜蒂腹，红中带黄，盘膝坐，像高约五尺。而王三奶奶殿前的匾额赫然写着"慈善引乐圣母广济菩萨宝殿"。当时在妙峰山金顶最高的旗杆上挂着一条两三丈长的长幡，上写"敕封护国金顶妙峰山天仙圣母王三奶奶默佑四方有求必应"。② 此外，王三奶奶的信徒仿照碧霞元君信仰，为其设计并制作了表、牒、印，其印文云："金顶妙峰山灵感宫王三奶奶宝殿之印"。当时有带发修行的妇女自愿守护惠济祠的王三奶奶殿。

京西天台山与妙峰山上增加了奉祀王奶奶的殿宇。1923年，天台山慈善寺大殿左侧新建了一间精舍，即王三奶奶行宫。该行宫设施华丽，桌案都是闽中漆具，中间悬挂王三奶奶画像，香案上只有一副香炉与烛台。1915年，一位王姓信徒在慈善寺山门内建筑了王奶奶殿，其中有王三奶奶泥像：白发盘髻，面带笑容，肤色淡黄，上身穿一件蓝色圆寿字的长袄，下身穿一条墨色的朝裙，隐隐现出两只小脚的鞋尖。③ 1932年，天津乐善社在妙峰山磕头岭创立的茶棚中奉祀碧霞元君，配祀王三奶奶。1934年，天津的信士张玉亭在妙峰山北道的贵子港独资修建了玉亭粥茶棚。其入门处为灵官殿，内为三楹的圣母行宫，中祀碧霞元君，旁奉王三奶奶。西为大仙堂，祀"蟒大爷""老蟒爷""蟒四爷"之牌位。④ 民国时期天津的信众尤其热衷祭祀王三奶奶。1936年的一天，天津信众在天后宫等处大规模祭祀王三奶奶。当天，火

① 金勋编纂《妙峰山志》，第262页。
② 周振鹤：《王三奶奶》，李文海主编《民国时期社会调查丛编（二编）·宗教民俗卷》（上），第282页。
③ 周振鹤：《王三奶奶》，李文海主编《民国时期社会调查丛编（二编）·宗教民俗卷》（上），第289页。
④ 吴效群：《走进象征的紫禁城——北京妙峰山民间文化考察》，第68页。

车票减价，一些信众争先恐后到天津观看盛会，一些电影公司也赶去拍摄新闻片，市政府特地出动保安队维持秩序。① 一位名为柳小沫的人以漫画的形式讽刺"华北民众都跪在王三奶奶跟前"的景象。②

北京的王三奶奶信众极力宣传其神迹，还编印了《妙峰仙山慈善圣母王奶奶平安真经》。据周振鹤观察，这一经书由北京宫门口的吉祥经法宝室编写。吉祥经法宝室起初是个信众学经学道、诵经念佛的地方，与正阳门外西皮条营贯妙山家的乩坛关系密切。该坛坛主为天云居士曹鸣岐（字凤山），法名忠真，后被赐名普济法师，坛下弟子有200多人。乩手张士贤为是曹鸣岐的义子。该经的正文包含三部真经和一篇真言，即《警迷速悟真经》、《智慧光明保安真经》、《吉祥真经》与《救劫真言》。其前所附《慈善圣母王奶奶亲说在世之历史》一文叙述从1925年到1927年王三奶奶降坛收徒的经历，主要内容如下：其一，1925年，王三奶奶降到北京吉祥经法宝室的鸾坛赐训，并收了若干弟子。其二，1926年，以吉祥经法宝室弟子忠真即曹鸣岐为首率群众拜《慈航救劫太平忏》，得知王三奶奶被玉皇大帝敕封为"妙峰仙山灵应慈善引乐圣母吉祥经法宝室开示佛"。其三，1927年，收男女弟子60余人。是年腊月十九日正午，在北京正阳门外西皮条营贯妙山弟子家显身，并摄影留念。在曹鸣岐为代表的一干信徒的鼓吹下，王三奶奶在妙峰山神界的地位不断上升。他们还一并宣传了王三奶奶座下的狐仙与蛇仙，为狐仙设的神位称"南无引乐圣母驾下胡二爷仙长之神位"，为蛇仙设的神位称"南无三界救急普渡真君柳修因之仙位"。③

据周振鹤在1929年的观察，"王三奶奶的势力，不过在平津一带罢了。名义上虽然尊为圣母，同天仙圣母分庭抗礼；实际上的势力，差得远哩！"从王三奶奶的信众性别看，"女子总要比男子强一些；因为女子的心理，容易受精神上的暗示，而走入迷信的道中"。④ 不过，北京的香会一般不接受妙峰山的王三奶奶，甚至不会在香会的会单上提及她。

值得注意的是，信众去妙峰山为王三奶奶进香的一个重要目的是求取治

---

① 云子：《天津繁荣市面第一声——皇会期间之种种》，《上海漫画》1936年第2期。
② 柳小沫：《华北民众都跪在王三奶奶跟前》，《上海漫画》1936年第2期。
③ 周振鹤：《王三奶奶》，李文海主编《民国时期社会调查丛编（二编）·宗教民俗卷》（上），第297页。
④ 周振鹤：《王三奶奶》，李文海主编《民国时期社会调查丛编（二编）·宗教民俗卷》（上），第292页。

病药方。他们通过王奶奶灵签获取治疗疾病的中医药方。比如，第 20 签（男科）药方为"肝有火，胃不开，心胃相交，病无来。白茯苓一钱，次生地二钱，柴胡一钱，酸枣仁八分。引藕节二个。二剂完"。[1] 究竟这些药方是否有用，不得而知。1929 年 5 月 17 日，容媛在妙峰山上观察到，"由金仙庵起行，一路贴着'金顶妙峰山真灵，弟子某某叩'、'报恩单，妙峰山王奶奶有求必应，信士弟子某某因病叩酬'"。[2] 她就此禁不住感慨道："妙峰山的王奶奶近来也与碧霞元君一样的灵威了。"[3]

（二）王奶奶的分身

民国时期，在北京的一些香头心中，王三奶奶是碧霞元君的信徒，直接管理"四大门"，也就是说碧霞元君是王三奶奶的顶头上司，与丫髻山的王二奶奶相似。有人认为，近代北京民间奉祀的王奶奶、王二奶奶、王三奶奶是"一尊神灵，三位分身"。[4] 这种看法与民国时期"四大门"的香头所降王奶奶之神的自述颇不一致。

依照"四大门"香头的说法，王奶奶、王二奶奶与王三奶奶并非一人。20 世纪 30 年代接受燕京大学学生李慰祖访谈的李香头说，"东大山、妙峰山、天台山三处的娘娘乃是亲生三个姊妹，总管各地的四大门仙家，四大门对于娘娘便等于属员对于上司的身份一样。在圣山上当差的四大门，较在农村中的四大门身份为高。香头乃是供四大门驱使的。"[5] 他访谈的北平西直门外大柳树村的关香头对此有更细致的说法，这位香头说自己下"王奶奶"神的时候自述道：

> "王奶奶"不是一个，有东山（丫髻山）"王奶奶"，有西山（天台山）"王奶奶"，我是东山"王奶奶"，原本是京东香河县后屯村的，娘家姓汪。西山"王奶奶"，跟我是同村的人，娘家姓李，我们不是一个人。天津称"王奶奶"作"王三奶奶"，现住妙峰山，那是另外一个

① 李景汉：《妙峰山"朝顶进香"的调查》，北京市东城区园林局汇纂《北京庙会史料通考》，第 180 页。
② 容媛：《游妙峰山日记》，北京市东城区园林局汇纂《北京庙会史料通考》，第 218 页。
③ 容媛：《游妙峰山日记》，北京市东城区园林局汇纂《北京庙会史料通考》，第 218 页。
④ 王新蕊：《京、津、冀民众创造的地方神灵——丫髻山娘娘的圣徒王二奶奶》，北京市平谷区文化委员会编《畿东泰岱——丫髻山》，第 224 页。
⑤ 李慰祖著，周星补编《四大门》，第 25 页。

人，她并没有弟子，也并不降神瞧香。我本来是七世人身，在第八世成了道。在成道的那一世的人身，夫家姓王，娘姓汪，我们"当家的"（即其丈夫）磨豆腐卖，我们吃豆腐渣。白天，去野地里挖"刺儿菜"（一种野菜，叶如柳叶状，一个茎上结朵花，作浅玫瑰色），放在大缸里酸起来，就着豆腐渣吃，很是苦楚，现在的"窝窝头"那真是"玉筵"了（乡民俗称美味酒席作"玉筵"，也称作"御筵"）。后来，我们"当家的"死了，剩下我和一个傻儿子，更是困苦！有一年丫髻山盖铁瓦殿，我给山上背铁瓦，每一块"背钱"（即工资）才"四儿钱"（即四个制钱），背一天，够个吃饱就是了。赶到铁瓦殿盖好，我进去看看，哪知道我成道的时辰到了，就"坐化"（肉体坐殿中成了正果）在殿（即今丫髻山铁瓦殿中坐化的肉体"王奶奶"）。①

从王奶奶的这份自述看，丫髻山（东山）的王奶奶娘家姓汪，西山（天台山）的王奶奶娘家姓李，妙峰山的王奶奶是另外一个人。前两位有神力，可以附体于香头，瞧香看病，后一位则没有这样的神力。

可见，即使是作为局内人的香头们对丫髻山、妙峰山与天台山的王奶奶身份没有统一的看法。对比香头降神的自述与相关文献，仍难以确定丫髻山、妙峰山与天台山的三位王奶奶之间的关联。在京、津、冀地区信众的观念中，她们都是碧霞元君的圣徒。

三　泰山盗跖的河神化

由于南京国民政府在基层社会的控制力薄弱，其推行的"破除迷信"运动在距离城市偏远的乡村社会中影响力并不显著。这就为民间社会留下了塑造新神的空间。泰山民间社会在传统的河神信仰与盗跖崇拜观念的熏染下，借助灵蛇出现的非常事件与扶乩活动，将盗跖塑造成了可以祈福禳灾的泰山神灵。②

盗跖在古代主流话语中一向被脸谱化为横暴的造反者，但在地方社会被

---

① 李慰祖著，周星补编《四大门》，第 64 页。
② 目前学界对这一历史问题鲜有问津者，仅见周郢先生从文献学的角度提及了盗跖庙与大王庙的关系。参见周郢《后陡山大王庙与柳展雄之祀》，《周郢读泰山》，http://blog.sina.com.cn/zy4821330，最后访问日期：2011 年 8 月 28 日。

看成民众利益的护佑者与代言人。有清一代，泰山民间社会的盗跖已成为能兴风致雨、护佑安全的神灵，甚至有民众为其修建了盗跖庙。20世纪20～40年代，由于金龙四大王信仰与扶乩降神的特殊因缘，泰山上先后修建了两座专祀盗跖的大王庙，而盗跖明确作为河神顶替了明清时期官方的河神金龙四大王谢绪。

（一）泰山民间私祀盗跖

盗跖又称为柳下跖、柳展雄，鲁国柳下（今山东新泰西柳）人。《庄子·盗跖》云："孔子与柳下季为友，柳下季之弟，名曰盗跖"，"其从卒九千，横行天下，侵暴诸侯"，所到之处"大国守城，小国入堡"。据说他年九十才死，在山西太原辛村留下后人。明人李长祥叹息说："异哉！盗跖以寿终，太史公叹之矣，其后人之不绝又如此，是又何哉？"柳下跖被后世官方视为大盗、元凶，在清代泰山民间却被看成禳灾捍患的神灵。据说泰山上曾有民间奉祀盗跖的庙宇。清人唐焕在《游岱杂记》中云："今泰山下有庙，不知何神，相传以为跖也。"此言中的"庙"所指不清。清初王士禛《居易录》卷四记各地"逆贼"之庙时云："某处亦有盗跖庙、黄巢庙。"周郢先生据泰山之阴有黄巢庙的事实推断，此说的盗跖庙很可能也在泰山。[1] 不过，清代泰山的盗跖庙之说仍未得最后坐实。

清初，可能有人在泰山金龙四大王庙中附祀了盗跖。清人唐仲冕称："金龙四大王庙，康熙初祠河神，祠前有像设狞恶者，或曰盗跖也……盖鲁人设祠以为禬禳，如祭蚩尤及方相之意。"[2] 这是金龙四大王庙与盗跖产生关联的最早记载。在金龙四大王庙前的这尊面容狰狞的神像不知其名，有人称之为盗跖。当地人不识金龙四大王谢绪，但熟悉盗跖，确也有可能将金龙四大王庙呼为盗跖庙。但现在还不能确定泰山的金龙四大王庙就是盗跖庙。

虽然明清时期的金龙四大王一直列入国家祀典，但在泰山上并无官方修建的金龙四大王庙。康熙元年（1662）在泰山岱宗坊北侧出现的金龙四大王庙，是一座民间修建的奉祀河神谢绪的庙宇，并没有官方的背景。乾隆《泰安县志》云："金龙四大王庙，在玉皇阁北偏。按：神为南宋谢绪，明天启中以拥护漕河封今号。祀于单县之黄堌。国朝康熙中□人私祀于此。"[3] 究竟

---

① 周郢：《"盗圣"柳下跖与泰山"盗跖庙"》，未刊稿。
② 孟昭水校点、集注《岱览校点集注》（下），第398页。
③ 黄钤、萧儒林：《祠祀志》，《泰安县志》卷七，乾隆四十七年（1782）刊。

是何人，出于哪种动机将金龙四大王"私祀于此"，不得而知。泰山金龙四大王庙虽是私庙，但因其所祀之神为官方正神，在整个清代并未受到官方查禁，而且一直延续到了民国时期。1929年刊印的《重修泰安县志》记录金龙四大王庙时基本延承了旧志的相关文字，但改变了该庙为私祀的说法，称"清康熙元年祀此，有王纪碑"①。此说容易给人留下泰山金龙四大王庙是官庙的印象。

明清时期，作为国家祀典的金龙四大王祭祀久行不衰，尤其在运河流域和黄河中下游地区的地方社会中享有盛名。金龙四大王，即南宋人谢绪，排行第四，曾居于金龙山，明代被封为河神，号"金龙四大王"，在江苏、山东、河南等地广有庙宇。晚清时期，金龙四大王在朝野上下深得信仰，小说《二十年目睹之怪现状》中就有官兵奉祀金龙四大王的生动描写。②

民国元年，金龙四大王祀典被废止，不过，其在官方的水利活动中仍有余绪。南京国民政府时期，一些水利官员虽注意运用传统经验与西方技术，但仍然十分信奉黄河的河神。1936年5月，孔祥榕出任黄河水利委员会委员长，对黄河心存敬畏。每遇黄河决口等大事多行扶乩仪式，求神相助。每次堵口工程竣工后，他必高搭彩棚，中奉一条小蛇，为其唱戏庆功。这条小蛇就被尊为"金龙四大王"。是年为庆祝黄河未成灾，孔祥榕特地在青海举行了黄河安澜礼，山东省主席韩复榘派了代表参加。显然，河神金龙四大王化身为蛇的现象仍广泛地被时人信以为真。

盗跖附祀于泰山金龙四大王庙，因而很容易被当地民众塑造为类似于金龙四大王谢绪的河神。

（二）泰山民间意识促使盗跖河神化

在泰山的民间传说中，盗跖是保佑当地百姓不受水灾的河神（为行文方便，下文中称盗跖的原名柳展雄）。一则传说中，玉帝要求水淹泰山的一千个村庄和所有的寨子，而柳展雄仅仅淹了两个分别名为"十百"和"寨子"的村庄就交了差；③ 另一则传说中，河神柳展雄以"淹山中"敷衍了玉皇大帝要求"淹山东"的命令。④ 当然，在当地的民众看来，柳展雄违抗玉皇

---

① 葛延瑛、吴元录、孟昭章编纂《舆地志》，《重修泰安县志》卷二，泰安县志局，1929，第66页a。
② 吴沃尧：《二十年目睹之怪现状》第六十八回"笑荒唐戏提大王尾　恣嚣威打破小子头"，三秦出版社，2007，第463～465页。
③ 《河神大王柳展雄》，《泰山传说故事》，中国民间文艺出版社，1981，第109～110页。
④ 侯中兴：《风景这边》，新华网，http：//www.news.cn，最后访问日期：2014年7月24日。

大帝命令，不是真正的天意。虽然没人能说清楚真正的天意是什么，但当地的民众至少认为他们自身不应该受到任何天灾人祸，即使他们无意间触犯了神灵，也不应被神灵惩罚。如即将要遭受天灾人祸，也应该有柳展雄这样的英雄及时发挥保护作用，以造就逢凶化吉、遇难成祥的奇迹。可以认为，柳展雄神话呈现的是泰山地方处于弱势的普通民众在抗风险能力极低的情况下渴望平安、求助神灵的集体心理与公共意识。在这个意义上，柳展雄就成为民间意识的代言人和保护神，他可以抗衡制造天灾人祸的玉皇大帝。

柳展雄每次为泰山民众防御水灾成功后，当地民众都要为其搭台唱戏。传说中柳展雄的化身就是一条"小鲨"，因此，每次请其听戏前，就有人用铺了红布的船盘（一种木制的长方形端菜的工具）放到泰安汶河边，等一只乌龟拖"小鲨"上来。[1] 也有传说称，和圣柳下惠"卒后被封为汶河河神，一直护佑乡民，因和圣生前，爱与乡亲一道听戏，所以西柳旧时每逢庙会，乡民必备齐鼓乐，抬着轿，到和圣墓前焚香祭拜，请他来听戏，戏台对面设有神棚，供奉和圣神位，庙会后再用鼓乐送回。当地人讳其名，尊和圣为'柳大老爷'"。[2] 这可能是一种误会，通常民间不会将儒家的圣人塑造为河神。

柳展雄如何成为河神已不可考。在泰山地方的传说中，柳展雄兵败后退到了黄河岸边，官兵想将其活捉，他宁死不屈，纵身跳入滔滔的黄河之中，于是成为河神。新泰民间至今流传着如下故事：

> 有一年夏天，黄水泛滥成灾，一条木船在黄水中飘（漂）泊，狂风巨浪，船摇欲翻。正危机间忽听天上有人高声说道："乡亲们，不要惊慌，俺展雄在此保佑您！"不一会，风平浪静，众人得救。从此，人们称展雄为"河神大王"。因为柳展雄是山东人，故每当开船时，为求保佑平安无事，船老大就先问："有山东人吗？"[3]

在这则故事中，柳展雄就成了山东籍的特地保护山东人的水上救护

---

[1] 《河神大王柳展雄》，《泰山传说故事》，第 110 页。

[2] 柳方来：《柳下地望考辨》，中华和圣网，http://www.liuxiahui.com，最后访问日期：2014 年 9 月 21 日。

[3] 《河神大王的故事》，牛尊先编《金斗山的传说——新泰民间故事选》，泰安市新闻出版局，1997，第 81~82 页。

神。在《扬子江与红鱼》的传说中，有人冒充山东人乘船过江，差点儿因此而丧命。①

另有传说称，河神柳展雄的形象是一条白色的头上有"王"字的蛇。山东民间传说当年柳展雄奉周天子之命到扬子江修筑桥梁，不料落水而死，死后变成了一条白色水龙，人称"展大王"。"遇到大王的人，便用盘子接入家中供奉，族人都来朝拜。一般住三五日就走。走的时候，族人要敲锣打鼓，鸣放鞭炮，载歌载舞，用八人抬的轿相送，很是热闹。送到村外不远的小河，轿夫再也抬不动了，于是，由一位德高望重的长者，请大王下轿，将它放入水中。大王对着送行的人，龙头三点，隐入水中，不一会便见水雾腾空而起，大王驾云乘风绕人们头顶飞行三遭，然后向远方飞去。众族人跪拜好久，口祝大王一路平安。直到再也看不到大王的影子了，大家才归回村里"。② 从中可见，河神柳展雄的化身是一条头上有"王"字的蛇，深得地方民众的信仰与崇拜。这与传说中金龙四大王的化身——头上有"王"字的蛇几乎一致了。当然，作为"小龙"的蛇与河神密切关联的民间信仰传统由来已久，宋人周密在《齐东野语》中曾提到蛇、龙王与河神一体化的故事③。此作另文考述。

（三）盗跖化蛇与泰山民间庙祀

民国时期，泰山地方的河神柳展雄信仰再度兴盛。"民国十七年（1928），传有蛇至岱西后陡山村中，喧传为'柳大王'化身，乡老遂于村中之龟形地，建一小庙奉之，名大王庙。其庙前有泉，或取水供于香案，掺入香灰，云可疗疾，曰'取花茶'。又言神能开药方，患者自述病情，神划其方于沙盘。远近信者甚众"。④ 这里的"神划其方于沙盘"即扶乩，也称扶箕、扶鸾。据后陡山村的83岁的王君德老人说：

　　叫"柳大王"的这条蛇头上有个"王"字，脖子上是一片金色。

---

① 《展大王的故事》之《扬子江与红鱼》，小故事网，http：//www.xiaogushi.com，最后访问日期：2014年5月28日。
② 《展大王的故事》之《展大王返乡》，小故事网，http：//www.xiaogushi.com，最后访问日期：2014年5月28日。
③ （宋）周密：《朱芮杀龙》，《齐东野语》，高心露、高虎子校点，齐鲁书社，2007，第138～139页。
④ 周郢：《"盗圣"柳下跖与泰山"盗跖庙"》，未刊稿。

村里人用船盘将其请到村中，就进行扶乩降神。"柳大王"在扶乩所得的乩词中称，自己叫柳展雄，家在新泰柳下。它要求为其在村中建庙，并说要给村里人看病。这条蛇在船盘中盘成几圈，头仰着，不吃也不喝。村里人当时都很穷，各家各户都捐东西，庙很快建好了，就是大王庙，庙里北墙上有四个字"大王祠堂"。村里人将蛇供在庙里。过了一个多月，蛇就死了。它死前（通过扶乩的乩词）说要把它埋在村南边的两条河交汇的三岔口，还说要把那里的一座土地庙搬到大王庙这边。

　　大王庙很灵验，很多人来"取花茶"，庙里香火很旺。我十三四岁的时候，好来看这庙里的扶乩。病重的人要吃中药，在庙里扶乩的人就给人开药方。开药方的人认识一些字，不懂中医，是按大王的话开方子。管扶乩的另外两个人都不识字。解放后，政府不让办了。庙里就没有香火了。[①]

　　王君德老人关于大王庙的讲述揭示了在泰山柳展雄顶替谢绪成为河神的特殊过程。显然，扶乩习俗与"常门"（蛇）信仰在这一过程发挥了关键作用。如果没有扶乩降神，人们不会知道这条蛇就是柳展雄的化身。当然，其前提是当地人认为头上有"王"字的蛇一定是神。这与河神金龙四大王化身为蛇的信仰有关，也带有"常门"信仰的影子。

　　无独有偶，泰山西麓桃花峪口南马套村于1942年也建了一座奉祀柳展雄的大王庙。该庙今存《创建大王庙碑序志》，该碑云："泰山西麓泰安城西辛庄地方南马套庄，距城四十五里，桃花峪西口。此地有崇山峻岭又有茂林修竹，水抱灵秀，真胜地也。自古及今，旧惟关帝庙一座，后有将军庙一所，去年六月间周时武德大王刘姓者，现为河伯，为民御菑捍患来此，有人见之，请到民家。愚民焚香上叩，跪祈虔祷风调雨顺，保佑平安。神于乩语示之，欲占地创建庙宇，不要高楼大厦，亦不用画柱栋梁，但茅屋不漏，吾乃愉矣。于是□□□、□□□等鸠工阃庄，意欲修之，不日月而成，以人力不能至此，亦神力之默助也。众皆悦之，特此刻碑勒石，永垂不朽云。前清邑庠生高孟□顿首撰，高立□、高立□，高文□沐手书。（以下修庙人名略）中华民国叁拾壹年岁次壬午阳月上浣谷旦。"[②] 碑云神姓"刘"盖"柳"口

[①] 王君德讲述，李俊领、周郢、张琰于泰山后陡山村访谈，2011年9月12日。
[②] 《创建大王庙碑序志》，民国三十一年（1942）立石，碑存泰山西麓桃花峪口南马套村。

传之讹。碑文显示，柳姓的"武德大王"是河神，被乡民遇到，即扶乩降神，以求平安。可以推测，乡民所见的河神化身很可能是一条蛇，而且这位显身为蛇的柳姓河神可以推测是柳展雄。

当地乡民为河神建大王庙费用较多，不是一家一户所能承担的。桃花峪口南马套村的这座大王庙竟能"不日月而成"，显然是当地的民众集资而建。岱西后陡山村修建大王庙，该村与附近村庄的各家各户都能捐物捐钱。由此可见，河神柳展雄深得当地乡民的信仰与崇奉。尤其在岱西后陡山村，柳展雄不只是河神，还是可以为人治病的医生。这对于穷困而难以出钱请医生治病的乡民而言，无疑是一种神灵的恩赐。

岱西后陡山村和桃花峪口南马套村的大王庙均祀河神柳展雄，根本不见谢绪的踪影。这意味着在金龙四大王祀典废止的民国时期，柳展雄代替了谢绪成为河神。当地人证明柳展雄作为河神存在的方式即扶乩降神。诚然，他们不仅信奉柳展雄这一位神，还同时信奉着碧霞元君、观音菩萨、关圣大帝等多位神灵。他们与神灵的关系很像是现实社会的朋友关系，讲究诚信互惠，即所谓"多一个朋友，多一条路"。

由于在泰山民间深得信众，柳展雄受到了当地民间宗教皈一道的注目。民国时期泰安的皈一道也不时宣称请了大王柳展雄临坛降训。据1932年刊印的《救世金鉴》称，此前不长时间内的某年八月初十，泰安车站南青山街的明真坛在扶乩降神时请下了柳展雄，他在鸾训中自称"吾大王柳展雄也"，并说其临坛的目的是"救劫救灾"，"欲劝化有根人行善持斋"；当时大劫将至，一旦到来，将是"十分人，九分亡，剩下有限；万万里，皆如此，无不苦哀"的场景；避开大劫并得救的方式就是"快回心，入皈一，修炼道胎"，"不皈一，想逃脱，难以逃脱。虽深山与古洞，也难离开"。[①] 显然，皈一道在传道时利用了当地关于柳展雄是河神大王的传说。在扶乩时借柳展雄的身份，威逼利诱人们入道。不过，此时泰山地方的民众似乎并不知道，皈一道的最大首领马士伟在1912年时于山东长山县称帝，国号"新明"，年号"熙顺"，而且于1929年时被国民政府镇压。因此，即使在皈一道被镇压后，仍有人在泰山地方民间传播皈一道，其所宣传的"向善"仍不出儒家的忠孝伦理。

更耐人寻味的是，这位柳展雄还宣称："吾大王，为救劫，不遵天命；

---

① 《救世金鉴》，泰安车站南青山街明真坛，1932，第7页。

重挪轻，轻挪无，人难知哉。违天命，天心怒，屡次罚吾；贬下方，化世人，立功兑灾。"① 这番话展示的是一位以世人利益为中心而不惜叛逆天命，甚至牺牲自己的神灵形象——柳展雄不遵天命救助临劫的世人而被上天一再惩罚，但他在屡遭惩罚之后仍不遵天命，继续到人间救劫救难。当然，柳展雄这么做也是为了自己积累功德，重返仙道，正如他的训词所言"吾大王，今日训，救人脱难；也想着，培下功，重返瑶阶"。在他看来，这种帮助世人的抗命行为符合修德积功的仙道。柳展雄临坛的训词十分符合泰山地方流传的其抗天命救世人的传说。至于他劝人入皈一道的功效不得而知。

除去皈一道为传道需要而刻意利用柳展雄临坛降神的手段而言，泰山民间社会通过扶乩仪式与建庙祭祀的行为将柳展雄塑造成了能治病救人、保障水上安全的河神，而明清时期官方的河神金龙四大王谢绪则被排斥在当地认同的包括大王、将军在内的河神谱系之外。

（四）泰山盗跖信仰遭遇知识精英的质疑

泰山民众对河神柳展雄的信仰、奉祀不同于寻常的河神祭祀，也不同于一般的"常门"信仰，而是通过建庙、扶乩，与治病、过河保平安等日常生活紧密相连。河神柳展雄对泰山的信众除了奉祀之外，没有其他的要求，即使在扶乩降神时，也仅要求扶乩者漱口而已。就摆渡者问"有没有山东人"而言，这至少是一种心理安慰。在风险不可预料的环境中，民众对神灵往往抱着"宁可信其有，不可信其无"的实用态度，但并非将其看成主导人生命运的终极信仰。正如费孝通先生在对比中美两国民众对鬼神的态度时所说："我们对鬼神也很实际，供奉他们为的是风调雨顺，为的是免灾逃祸。我们的祭祀有些像请客、疏通、贿赂，我们的祈祷是许愿、哀乞。鬼神在我们是权力，不是理想；是财源，不是公道。"② 这段话深刻揭示了传统中国民众对待鬼神的实用心理。

作为河神的柳展雄信仰不仅在泰山地方社会中广泛流传，而且在清代传播到了安徽淮北一带。清初以来，淮北地方将柳展雄视为河神的信仰十分盛行。③ 柳展雄与淮北相山庙（显通寺）的关系起源于何时不得而知。据传当

① 《救世金鉴》，第7页。
② 费孝通：《费孝通人生漫笔》，同心出版社，2006，第257页。
③ 朱永德：《相山庙、柳展雄和三月十八会略考》，《淮北文史》2009年第2辑。

年柳展雄兵败于伍子胥后，云游四方，后来到了相山。其留下遗迹的歇马亭的旧址在淮北市东与濉溪县交界处的烈山脚下。有人认为柳展雄是濉溪县柳子集人。此外，当地还流传着其与碧霞元君争夺相山，最后以埋靴取胜的故事。显然这个故事是化用了碧霞元君与黄飞虎争夺泰山之故事的情节。不过，这至少说明相山、泰山、柳展雄与碧霞元君在神话谱系上具有关联。

清乾隆时期以来，泰山民间对河神柳展雄的奉祀多受儒家士子的非议。清人唐焕对泰山当地人冷落和圣祠而热祀柳展雄的现象很是伤感，他在《游岱杂记》中慨叹："余每至岱城，观和圣祠摧圮颓落，狼藉苓通，未尝不泫然流涕。"[1] 在他看来，柳展雄就是对抗儒家、侵凌王朝的大盗、元凶。唐焕之子唐仲冕也不满时人对柳展雄的信仰，他痛斥道："凶人"都害怕其死后的评价，但像盗跖这样的"凶人""乱贼残忍之鬼"死后竟然还受人的"美报"，这真是"人心渐灭殆尽"啊；而为盗跖庙的始作俑者不都是"草泽剧贼"吗？[2] 显然，唐氏父子站在儒家文化精英立场上激烈反对民间"淫祀"盗跖。

民国时期，泰安的庠生高孟口等人最初对桃花峪口南马套村修建大王庙不以为然。其在《创建大王庙碑序志》中称向柳姓河神"跪祈虔祷"的乡民为"愚民"。这些"愚民"修庙感觉有"神力之默助"十分高兴，要立碑纪念。所谓修建河神庙"永垂不朽"也仅仅是乡民的意愿。在这位高姓庠生看来，他仅仅是作为一位被请的局外人帮助不识字的"愚民"写一篇《创建大王庙碑序志》而已。

民国时期包括柳展雄在内的扶乩降神现象，被当时的许地山等文化精英看成"迷信"。许地山在1930年出版的《扶箕迷信底研究》一书中认为：扶乩"不过是心灵作用，与鬼神降现本无关系，至于借箕眩惑人的就更谈不上什么灵感了"，"若只信它是神秘不可思议，沙盘上写什么就信什么，那就会坠入魔道了"。[3] 他还批评说："扶箕者的心理多半是自私自利的"，"还不如信赖科学使人类在精神与物质上求得进步"。[4] 许地山的建议不无道理，但以当时的社会条件而言，全社会普及科学知识还是一件很遥远的事情。当然，

---

① （清）唐焕：《游岱杂记》，《唐石岭集》，乾隆年间刻本。
② （清）唐仲冕：汤贵仁、刘慧主编《泰山文献集成》第3卷，第266页。
③ 许地山：《扶箕迷信底研究》，商务印书馆，1999，第115页。
④ 许地山：《扶箕迷信底研究》，第115页。

他注意到"许多扶乩故事都是反映我们民族的道德行为与社会政治生活的"①。但他没有回答扶乩这种习俗为什么有久远的历史传统与生活基础。

相对于文化精英的认识与建议，南京国民政府则是以国家政策的方式强行破除民间神灵祭祀迷信。南京国民政府内政部于 1928 年 10 月颁布了《神祠存废标准》，废除民间对日月星辰、山川土地、风云雷雨等神祇的信仰和崇拜，取缔张仙、财神、送子娘娘、齐天大圣等偶像的淫祠。② 在其看来，扶乩等迷信是推行训政的巨大障碍。虽然南京国民政府在 20 世纪 30 年代开展了全国性的破除迷信运动，但这对于泰山民间社会兴建大王庙并没有产生任何影响。

特别要说的是，泰山盗跖河神化的信仰习俗并不能简单地判为迷信，从而忽略其实际的积极意义。在当时的社会条件下，盗跖河神化无疑在一定的范围与层次上满足了人们的实际生活需要。正如英国学者弗雷泽在为迷信辩护时所言：迷信在一定程度上"加强了人们对人类生命的尊重，因而大大有助于建立人身方面的安全保障"。③ 虽然盗跖河神化的迷信习俗在某种程度上蒙蔽了人们的心智，阻碍了科学观念的传播，但"也不应该使我们无视迷信通过给那些无知、懦弱、愚蠢的人提供一个虽然是坏的但却产生了好行为的动机而对社会作出的贡献"。④ 从社会的角度而言，普通民众的行为要比其观念更重要，只要他们的行为是正义的、善良的，那么他们的观念是否错误就与其他人毫不相关。

泰山民间对河神柳展雄的信仰虽然没有得到精英们的认可，但一直延续到 1949 年。不过，在新中国成立之初的破除迷信运动中，泰山民众至少在生活表象上放弃了盗跖信仰。在这个过程中，没有民众为这种信仰的正当性申辩或作证。内中原因有二：其一，从实际的生活需要来看，他们认为中国共产党领导的新中国政权可以保障民众生活的基本需要，无须再将河神化的盗跖作为其公共利益的代言人与赐予者了。其二，从传统民间信仰与政治立场的关系而言，他们在新中国政权所坚持的唯物主义与无神论的政治思想主张下，首先要保证自身政治立场的正确，然后才会考虑民间信仰的取舍。简而言之，近代泰山地方民众主要以现实生活利益为本位，并没有显示强烈的

① 许地山：《扶箕迷信底研究》，第 117 页。
② 中国第二历史档案馆编《国民党中央执行委员会秘书处奉发〈神祠存废标准〉致各级党部函》，《中华民国史档案资料汇编（第五辑第一编）·文化》（一），江苏古籍出版社，1994，第 495～506 页。
③ 〔英〕J. G. 弗雷泽：《魔鬼的律师——为迷信辩护》，阎云祥、龚小夏译，东方出版社，1988，第 148 页。
④ 〔英〕J. G. 弗雷泽：《魔鬼的律师——为迷信辩护》，阎云祥、龚小夏译，第 149 页。

宗教热情。在他们眼中，盗跖更像是讲究诚信、爱护百姓、具有某种超常能力，可以向其祈福禳灾的清官。

（五）泰山盗跖信仰中的民间文化主体性

民国时期泰山盗跖河神化及替代金龙四大王的历程表明，近代泰山盗跖信仰的民间意识从不具实体的观念形态转变为具有建筑空间与文化符号的实存形态。从这一角度看，泰山民间意识综合了神灵信仰、祠庙建筑、仪式符号与日常生活习俗，既蕴含着具有明显地域边界的社群利益，又延续着不同于官方立场与精英意识的地方性知识。

盗跖河神化体现了泰山民间意识区别于精英态度与国家立场的主体性。在民国时期官方河神缺位而科学知识尚未普及的情况下，泰山民间社会仍会出现地方性的造神运动，而且这种运动属于纯粹的民间行为，与政府破除迷信政策完全背道而驰。即使不被文化精英与民国政府认可，这种信仰习俗也会被传承下去。泰山民间社会选择盗跖作为河神，无疑是充分利用了地方性的可以为民意代言的传统文化资源。这与民众对具有官方色彩的"和圣"柳下惠的冷漠形成了鲜明的对比。

盗跖信仰习俗深得人心，依靠的是扶乩治病的灵验性和水运安全的实效性。无论是"取花茶""开药方"，还是保证风调雨顺，总要有相当的灵验程度才能保持民众对河神盗跖信仰与奉祀的连续性。对于灵验如何解释，民众对其有可以自圆其说的认识与理解。事实上，民众意识的理性并不比文化精英低下，其主体性还没有被充分地认识。

诚然，泰山民间社会并没有将盗跖作为唯一神，而是仍保持着多神信仰。当地民众崇拜盗跖只有现实利益的考虑，并没有精神超越的终极关怀。即使在盗跖下乩语时，也没有对民众进行道德教化与戒律规范。也就是说，这种没有组织、教义与专门神职人员的盗跖信仰习俗并不具有宗教性，其与皈一道的柳展雄临坛降训是不同性质的信仰活动。因此，近代泰山盗跖信仰，既不是民俗宗教，也不是民间宗教。

泰山民间的盗跖信仰习俗无力对抗国家权力的社会控制。在新中国成立之初，盗跖信仰习俗虽没有对社会造成灾难，但也难以逃脱被判为迷信进而遭到查禁的命运。不过，这仅仅是一时的沉寂，并不意味着泰山盗跖信仰习俗会永远消失。要补充的是，2011年9月泰山后陡山村重修了奉祀柳展雄的大王庙。当地人并不缺乏科学观念，但他们更需要地方性共享的信仰符号与精神世界，而不是要为那条叫"柳展雄"的蛇筑庙招魂。

民国河神化的盗跖是泰山民间意识的一个地方性文化符号与信仰偶像，完全自洽于当地的日常生活。在国家政府不能提供社会保障，文化精英不能为其利益代言的情况下，这种信仰习俗在民间社会自有其存在的合理性。

四　碧霞元君与妈祖的融合

自明以降，泰山女神碧霞元君与湄洲妈祖分别为江北、江南民间信仰的两大女神，遥相呼应。有清一代，朝野将碧霞元君与妈祖混淆的现象日渐普遍，从而形成了二者共享碧霞元君之名的格局。尤其在晚清时期，这种混淆现象变得更为复杂，天津天后宫的一些香会甚至认为该地奉祀的碧霞元君才是清廷敕封的天后，而妈祖不过是借用了碧霞元君的天后之名。

碧霞元君与妈祖封号混淆的历史源头，即康熙朝翰林院检讨汪楫在杭州见到的《天妃经》。该经书称，崇祯帝曾封妈祖为"天仙圣母青灵普化碧霞元君"和"青贤普化慈应碧霞元君"。清廷对妈祖的最终封号多达六十四字[1]，其中并无"碧霞元君"四字。究竟二者为何混淆，迄今尚不清楚。[2] 已有研究成果在

---

[1] 按：清廷对妈祖的最终封号只有 64 个字，即"护国庇民妙灵昭应弘仁普济福佑群生诚感咸孚显神赞顺垂慈笃祐安澜利运泽覃海宇恬波宣惠导流衍庆靖洋锡祉恩周德溥卫漕保素振武绥疆嘉佑天后"。见昆冈、李鸿章等修《大清会典事例》卷 414，礼部，群祀，惠济祠，光绪二十五年（1899）石印本。

[2] 按：相关研究如下：其一，郑丽航认为，以妈祖附会碧霞元君的始作俑者为清初的道士（郑丽航：《天妃附会碧霞元君封号考》，《莆田学院学报》2005 年第 6 期）。鉴于汪楫《使琉球杂录》提及的《天妃经》来历不明，恐始作俑者另有他人。其二，王见川认为，新发现的《道缘汇录》可能为明嘉靖时陆西星所作，该书称天妃"证位碧霞元君"应是指妈祖修炼的境地，因此妈祖的碧霞元君封号是"道封"（即民间私封），而非帝王敕封（王见川：《妈祖封号"碧霞元君"的由来：读〈妈祖文献史料汇编〉札记之一》，《2012 华人宗教变迁与创新：妈祖与民间信仰国际研讨会会议论文·手册》，台湾嘉义新港奉天宫，2012）。周郢不同意王说，认为《道缘汇录》是汪楫所见《天妃经》之后的产物。其三，周郢先生依据康熙《颜神镇志》等史料，认为崇祯帝曾将泰山玉女碧霞元君加封为"青灵普化慈应碧霞元君"，妈祖与泰山玉女拥有相同封号的直接原因是"明清时期二者同有'天妃'之称"，其根本原因是此时期的"南北两大女神渐呈融合之势"（周郢：《明崇祯朝敕封"碧霞元君"考辨——兼论泰山娘娘与妈祖信仰之关系》，《世界宗教研究》2014 年第 4 期）。不过，崇祯帝将泰山玉女碧霞元君加封为"青灵普化慈应碧霞元君"之说，尚需更多证据才能坐实。其四，孙晓天、李晓非对崇祯帝敕封妈祖为碧霞元君之事持存疑态度（孙晓天、李晓非：《妈祖与泰山女神共享"天妃"、"碧霞元君"称号考辨》，《福建论坛》2014 年第 5 期）。其五，张富春先生依据明末管绍宁《赐诚堂文集》的相关记载，认为崇祯帝根本没有封妈祖为碧霞元君（张富春：《新发现的南明天妃封号》，《莆田学院学报》2009 年第 6 期）。

史料分析上存在着误读，从而使二者混淆的历史更为复杂。

（一）"碧霞元君"封号与《天妃经》

根据现有文献推断，明末崇祯帝很可能将泰山女神碧霞元君封为"天仙圣母青灵普化慈应碧霞元君"。康熙《颜神镇志》云："崇祯十三年九月二十三日，敕谕另道经掌坛官梁之洪虔贡香、帛，前往东省泰山设醮，恭告行礼，加封群神：天仙圣母青灵普化慈应碧霞元君。"①此系孤证，但崇祯帝敕封碧霞元君之说并非空穴来风。明嘉靖四十一年（1562）《重修（浚县）碧霞元君行宫记碑》云："明兴，敬神恤民……历圣天子封神为'天仙玉女广灵慈惠恭顺普济护国庇民碧霞元君'，敕赐庙额。"②该碑文表明，明代皇帝曾封泰山女神碧霞元君为"天仙玉女广灵慈惠恭顺普济护国庇民碧霞元君"。这一封号多达二十个字，在时间上早于康熙《颜神镇志》所载的相关封号。当然，《重修（浚县）碧霞元君行宫记碑》所言的碧霞元君封号，不见于目前已发现的明代官方文献，很可能借自明代道教《元始天尊说碧霞元君护国庇民普济保生妙经》与《太上老君说天仙玉女碧霞元君护世弘济妙经》中的相关说法。③当然，从现有明代官方文献看，明廷不曾将"碧霞元君"之名敕封给其他任何女神。这至少可以说，在明代道教与民间信仰中，碧霞元君是泰山女神的专有名号

不过，清初却出现了崇祯帝敕封妈祖为"碧霞元君"的说法。此说始于康熙二十三年（1684）刊本的汪楫《使琉球杂录》一书。汪楫（1626～1689），康熙十八年任翰林院检讨，曾任册封琉球王国正使。在此书中，汪楫自言其于康熙二十一年（1682）经过杭州孩儿巷的天妃宫时得到了一函《天妃经》，该经书称崇祯帝曾于崇祯十三年封妈祖为"天仙圣母青灵普化碧霞元君"，后又加封"青贤普化慈应碧霞元君"。④可惜汪楫所言的《天妃

① （清）叶先登等纂《颜神镇志》卷三，飨祀，康熙九年（1670）刊本，第17页b。
② 《重修（浚县）碧霞元君行宫记碑》，浚县文物旅游局编《天书地字》（大伾山文化系列丛书之二），第176页。
③ 按：《元始天尊说碧霞元君护国庇民普济保生妙经》称：泰山玉女碧霞元君"位证天仙之号，册显碧霞之封"，被尊为"天仙玉女广灵慈惠恭顺溥济保生真人护国庇民弘德碧霞元君"。《太上老君说天仙玉女碧霞元君护世弘济妙经》为泰山灵应宫内明万历铜钟铭文，属藏外遗经。该经称泰山玉女"受敕天仙玉女碧霞护世弘济真人"，也被称为"天仙玉女广灵慈惠恭顺溥济保生真人护国庇民弘德碧霞元君"。见范恩君《〈碧霞元君护世弘济妙经〉考辨》，《宗教学研究》2006年第1期。
④ 故宫博物院编《使琉球杂录》（故宫珍本丛刊），海南出版社，2001，第30页。

经》今不见传本，也难辨其真伪。

今有学者据汪楫之言推论，《天妃经》所谓崇祯帝敕封妈祖为碧霞元君的说法，是清初杭州的道士为抬高妈祖在道教神灵谱系中的地位而进行的"炒作"之术。① 其立论的前提是崇祯帝从未将妈祖敕封为碧霞元君。不过，道士"炒作"说目前尚不能成为定论，因为其前提的相关历史问题需要继续考探。

应注意的是，汪楫所见《天妃经》的编写者未必是清初的道士。以当时写经、刻经的情况而言，印行《天妃经》这样一部经书非一人之力。若是杭州孩儿巷天妃宫道士的"炒作"结果，至少是该处道士们的集体行为。这是第一种可能的情况。不过，细推之，若他们确实有意"炒作"，自然会广为传播所谓《天妃经》，但据汪楫的观察，当时相距不过数公里的吴山天妃宫道士竟对此一无所知，颇令人费解。第二种可能是，《天妃经》系当时杭州民间信众私刻的经文，他们将此经文放到孩儿巷天妃宫，赠送给来此祈祷的香客。仅凭汪楫之言，难以断定是前述两种可能情况中的哪一种，抑或二者皆非。

由于相关文献的匮乏，目前仍不能确定崇祯帝是否敕封过妈祖。据官方史料可知，明代朝廷对妈祖的敕封共有两次，一为明太祖于洪武五年（1372）封其为"昭孝纯正孚济感应圣妃"，二是明成祖于永乐七年（1409）封其为"护国庇民妙灵昭应弘仁普济天妃"。此外，明末管绍宁《赐诚堂文集》称，弘光政权于崇祯十七年（1644）封妈祖为"护国庇民妙灵昭应宏仁普济安定慈惠天妃"②。以管绍宁晚年曾任礼部右侍郎的经历而言，该记载虽系孤证，但具有较高的可信度，可由此推测崇祯帝很可能没有敕封过妈祖。

从康熙《颜神镇志》、《重修（浚县）碧霞元君行宫记碑》与《赐诚堂文集》的记载看，崇祯帝敕封泰山女神之说还需要直接证据的支持，也不能由此确证崇祯帝是否将"碧霞元君"名号敕封给妈祖。不过，迄今未发现任何证据可以支撑《天妃经》关于崇祯帝敕封妈祖的记载。至少在崇祯朝之前，明廷不曾将女神封过"元君"，而且"元君"一词也不曾出现在明朝祀典的封号中。可以说，崇祯帝封妈祖为"碧霞元君"之说既缺乏证据，也不

① 郑丽航：《天妃附会碧霞元君封号考》，《莆田学院学报》2005年第6期。
② （明）管绍宁：《赐诚堂文集》卷五《加封水神疏》，《四库未收书辑刊》第6辑第26册，北京出版社，2000，第193页。

符合明代朝廷敕封女神的体制与惯例。再考虑到《赐诚堂文集》与康熙《颜神镇志》对崇祯帝敕封妈祖说的否定，《天妃经》的真实性不能不引起人们的怀疑。康熙朝曾任礼部侍郎的纳兰揆叙虽然相信"明崇祯朝封天妃为天仙圣母青灵普化碧霞元君"之说，但因为明白"元君与天妃非一神"，因而质疑崇祯帝对妈祖的敕封"果何据乎"。① 因此，《天妃经》关于崇祯帝敕封妈祖为碧霞元君的记载很可能是该经书编写者的杜撰。

当然，清代道士对于建构妈祖封号及其与碧霞元君的关联并未全然无关。他们已经看到，明代碧霞元君的地位远高于天妃妈祖，尤其是万历、崇祯两朝的皇室将碧霞元君当作生命的皈依之神，而视妈祖为其治下的俗世水神，不可皈依。况且明代道家确有借碧霞元君名号抬高其他神灵地位的做法。明艾南英《论宋天地合祭》一文就批评当时的道家妄祀山川后土之神，"一切冠以天妃圣母碧霞元君之像而后已"。② 因此，为进一步神化妈祖，清初道士确有可能将妈祖与碧霞元君联系在一起。康熙三十九年（1700）问世的《历代神仙通鉴》一书称"（妈祖）累封天妃，证位碧霞元君"③，其将碧霞元君看成道教修炼的一种等级或境界，而非泰山女神的专用名号，并认为妈祖只是修炼到这种等级或境界的一位女神而已。该书作者虽非道士，但这一说法从一个侧面反映包括道士在内的清初时人以妈祖攀附碧霞元君的心理倾向。道光朝道士李西月编撰成书的《吕祖全书》认为，天妃妈祖由麻姑化身而成，"功德崇高，证位碧霞元君，历代敕封不可具述"。④ 这可以说是清代道士对妈祖享有"碧霞元君"封号的另一种解读，而"证位碧霞元君"一语当是延续了《历代神仙通鉴》对妈祖的说明。另外，清代福建的方志将该地女神临水夫人陈靖姑附会于"天仙圣母青灵普

---

① （清）揆叙：《隙光亭杂识》（《续修四库全书》第1146册），上海古籍出版社，1996，第3页。

② （明）艾南英：《论宋天地合祭》，（清）秦蕙田《五礼通考》卷14《祭祀志》（四库全书本），第12页b。按：或以为艾南英所言的"天妃圣母碧霞元君"是指作为天妃圣母的妈祖与泰山女神碧霞元君。若此说为真，则可以推定排在前面的妈祖要比排在后面的碧霞元君显要、尊贵，但事实并非如此。或以为明代妈祖与碧霞元君在神职上出现了重叠的现象，因此在神灵的名称上也出现了将两神并作一神的情形。这种情况在普通民众视野中不为罕见，但对于天启年间举人出身的艾南英而言，不至于如此混淆二者。

③ （明）徐道编撰，程毓奇续撰《历代神仙通鉴》卷十九，第六节，王秋桂、李丰楙主编《中国民间信仰资料汇编》第一辑第16册，台湾学生书局，1989，第3191页。

④ 吕洞宾著，陈全林点校，董沛文主编《新编吕洞宾真人丹道全书》（下），团结出版社，2009，第916页。

化碧霞元君"①，其背后有道教闾山派道士活动的身影。由此推测，清代道士确有可能参与将妈祖封号附会碧霞元君的信仰活动。

（二）汪楫对两位女神的混淆及其影响

虽然《天妃经》所言崇祯帝敕封妈祖之事尚无确证，而且该经书也未必是清初道士所作，但汪楫相信了《天妃经》之言，在对天妃进行介绍时称：

> 天妃，莆田林氏女也……明太祖封"昭孝纯正孚济感应圣妃"，成祖封"护国庇民妙灵昭应弘仁普济天妃"，庄烈帝封"天仙圣母青灵普化碧霞元君"，已又加"青贤普化慈应碧霞元君"。皇清仍如永乐时封号。②

此说经过《使琉球杂录》一书的传播，深刻影响了后来出使琉球的官员。他们路经泰山时拜谒碧霞元君，以示对海神妈祖与泰山女神的双重尊重。康熙朝奉使琉球的徐葆光有"何代山巅祀碧霞，万里应同护客槎"的诗句，并自注称"海神天妃，亦有元君封号"。③

康熙帝和一些朝廷官员未能明确区分妈祖与碧霞元君，客观上为汪楫的传言提供了更多的存续空间。

康熙四十七年（1708），康熙帝在《御制重修西顶碧霞元君庙碑》碑文称："元君初号天妃，宋宣和间，始著灵异。"④ 很可能他将妈祖的事迹和封号加到了碧霞元君的身上。康熙朝文华殿大学士兼户部尚书张玉书对妈祖与碧霞元君的关系也不清楚，他于康熙四十八年（1709）在为北京丫髻山碧霞元君行宫所撰《丫髻山天仙庙碑记》一文中云："元君者，西王母之第三女也，诞于四月十八日，此华山石池玉女洗盆之说也。或曰不然，乃湄州林都检之女，渡海云游，于宋宣和间以护佑路行人功，始有庙祀。历元明，累功封天仙圣母碧霞元君徽号。"⑤ 张玉书列举了碧霞元君来历的两种说法，难以分辨孰是孰非。其中妈祖"累功封天仙圣母碧霞元君"一说，显然有汪楫关

---

① 谢金銮纂修《续修台湾县志》卷五，寺观，台北，大通书局，1984，第339页。按：容肇祖先生认为，这种现象"恐是巫师附会冒名窃取，文人不察，遂以为是的"。见容肇祖《与魏应麒先生讨论临水奶》，《民俗》1929年第61、62期（合刊），第24页。
② 故宫博物院编《使琉球杂录》（故宫珍本丛刊），第34页。
③ （清）徐葆光：《中山传信录》附《游泰山诗》，康熙六十年（1721）徐氏二友斋刻本。
④ （清）于敏中等：《日下旧闻考》，北京古籍出版社，1985，第1640页。
⑤ 北京市平谷区文化委员会编《畿东泰岱——丫髻山》，第45页。

于妈祖被敕封为碧霞元君之说的影子。不过，除《丫髻山天仙庙碑记》外，尚未见妈祖被封为"天仙圣母碧霞元君"的其他证据。

康熙帝与一些朝廷官员不能明确区分妈祖与碧霞元君的差异，甚至将妈祖的事迹安于碧霞元君之身，或是指称有人将妈祖附会成原本为碧霞元君角色的水神。这些载于碑刻的说法无助于分清两位女神的身份与角色，反而有利于妈祖封号附会碧霞元君的说法在更大的范围内传播。

清人在妈祖附会碧霞元君的问题上，还有一种特殊的看法。国史馆纂修毛奇龄明确宣称，天妃本是碧霞元君的名号，但有人将妈祖附会为天妃。他在《募修德胜坝天妃宫碑记》一文称："神名天妃，旧传秦时李丞相斯，于登封之顷，出玉女于岱山之巅，至今祀之，所称神州老姆是也。特以地主阴，故妃之，而以所司河海，为职土之雄。逮宋元祐中，俗称莆田女子契玄典而为水神，此则后人所附会者。"① 将天妃说成碧霞元君的本有名号，当然不合乎事实。而将泰山玉女说成是管理河海的水神，并且认为有人将妈祖附会于这位水神的说法，不知有何根据。毛氏曾参纂《明史》，但在此碑记中没有提及崇祯帝敕封妈祖为碧霞元君之事。虽后人曾注意到毛奇龄的这一说法，但其影响并不明显。

针对汪楫的传言，康熙朝的一些官员明确指出天妃妈祖的封号与碧霞元君无关。《古今图书集成》之《职方典》的编纂者认为，碧霞元君是泰山女神的专称，与天妃无关。其对于天妃的解释称："己丑加封'弘仁普济护国庇民明著天妃'。自是遣官致祭，岁以为常。若淮上之祀起于宋，至明而崇奉显盛，第止宜称'天妃'，而不察者谬加以'碧霞元君'字号，此则泰山之神非漕运之灵济者矣。"② 在他们看来，将碧霞元君加于天妃妈祖是"不察者"的谬举。乾隆朝有官员明确指出汪楫关于妈祖与碧霞元君之关系的误会。进士出身的程穆衡注意到，"俗以（碧霞）元君佐岳帝注生，故有圣母之号"③，"其祠自泰山而北至燕蓟，南遍江淮"④，这位女神与天妃妈祖迥然不同，因而明确指出"汪楫《使琉球杂录》则谬以元

---

① 毛甡：《募修德胜坝天妃宫碑记》（康熙二十三年），《艮山杂志》卷二，孙忠焕主编《杭州运河文献集成》第 2 册，杭州出版社，2009，第 771 页。

② （清）陈梦雷：《古今图书集成》第 12 册卷七十五（方舆汇编·职方典·淮安府部·纪事），中华书局，1985，第 14496 页。

③ （清）桐西漫士、程穆衡、许锷：《听雨闲谈·燕程日记·石湖櫂歌百首》，上海古籍出版社，1983，第 203 页。

④ （清）桐西漫士、程穆衡、许锷：《听雨闲谈·燕程日记·石湖櫂歌百首》，第 204 页。

君为天妃矣"①。虽然当时不乏官员注意区分妈祖与碧霞元君，但二者混淆的迷雾越来越浓。

对于崇祯帝敕封妈祖的传言，乾隆时期一些官员与儒士信以为真。乾隆朝李鼎元《使琉球记》云："十一日癸亥，微雨，决意登岱，恭谒碧霞元君祠，以天后于明末时曾封'碧霞元君'故。"② 《古今图书集成》的《神异典》称："愍帝崇祯□年封天妃为'碧霞元君'。"③ 乾隆《江南通志》中关于安庆府宿松县小孤山天妃庙的记载称："明加封'天妃圣母碧霞元君'，有司春秋致祭。"④ 乾嘉间孙星衍在《重修台州府松门山天后宫龙王堂碑记》称，明代天妃加封"碧霞元君"。⑤ 他们的这些观念与行为使妈祖与碧霞元君在神职和角色上更多地重叠在一起。

（三）惠济祠：两位女神混淆的特殊案例

清代汪楫关于妈祖被封碧霞元君的传言，逐渐形成一种层累的历史积淀现象。其中，淮安惠济祠并祀妈祖与碧霞元君两位女神的礼俗，客观上促使二者混淆的现象更为复杂，并呈现一种新的面相。

清代江苏淮安清口的惠济祠自康熙朝开始并祀妈祖与碧霞元君。该祠原本是明正德朝道士袁洞明募款建筑的奉祀泰山碧霞元君的庙宇，俗称"奶奶庙""铁鼓祠"。嘉靖初年，章圣皇太后登临该祠，赐"黄香白金"，并将其名改为"惠济祠"。清初，康熙帝曾数次来到惠济祠观水势。为求河运平安，他谕令在该祠中增祀天妃妈祖，由此形成了一祠并祀南北两位女神的礼俗景象。当然，这一礼俗景象并非惠济祠所独有，早在明万历年间，天津天后宫就出现了此种现象。⑥

惠济祠并祀妈祖与碧霞元君的现象，在很大程度上催生了该地官民将这两位女神混为一体的多种误会。

其一，妈祖封号的误会。乾隆《大清一统志》在解说惠济祠的条文中

---

① （清）桐西漫士、程穆衡、许锷：《听雨闲谈·燕程日记·石湖櫂歌百首》，第 205 页。
② （清）李鼎元：《使琉球记》卷一，韦建培校点，陕西师范大学出版社，1992，第 23 页。
③ （清）陈梦雷：《古今图书集成》第 49 册卷二十八（博物汇编·神异典·海神部），第 60095 页。
④ （清）黄之隽等撰《江南通志》卷四十一，"舆地志"，"坛庙五"，乾隆元年（1736）刻本，第 1 页 a。
⑤ 蒋维锬编校《妈祖文献资料》，福建人民出版社，1990，第 281 页。
⑥ 李世瑜：《天后宫何来泰山娘娘》，《社会历史学文集》，第 709 页。

称："惠济寺，在清河县旧治东，旧新庄闸口。明正德三年建，祀天妃。嘉靖初赐额惠济。本朝雍正二年重修，敕封'天后圣姥碧霞元君'。"① 这是首次出现的关于雍正帝敕封妈祖为"天后圣姥碧霞元君"的官方志书记载。

其实，雍正帝从未曾敕封妈祖为"天后圣姥碧霞元君"。根据清代官方档案记载，雍正帝确实曾敕封妈祖为"天后"。这一敕封可以说是其在误信康熙帝敕封妈祖为天后之传言的追认。已有学者考证清楚，"不管真假如何，妈祖至晚在雍正三、四年已取得官方认定的敕封天后身份"。② 这一身份与碧霞元君无关。乾隆十七年（1752）潘荣陛记载乾隆驾临惠济祠拈香情况的碑文云："惠济祠即旧天妃庙，中有铁鼓，又名铁鼓寺，实为泰山圣母之行祠也，建自明正德三年。我世宗朝因时显庇河漕敕封天后。"③ 他明确指出，雍正帝只是追认性的敕封妈祖为天后，而不是"天后圣姥碧霞元君"。所谓雍正帝曾敕封妈祖为"天后圣姥碧霞元君"的说法，系《大清一统志》编纂者的伪造。记载江南河道总督衙署内天后宫祭祀典礼的《南河祀典》也称妈祖有"碧霞元君"封号。

后世淮安地方志书承袭了《大清一统志》关于雍正帝敕封妈祖的错误记载。乾隆《清河县志》记载："嘉靖初，章圣皇太后水殿渡河，赐黄香白金，额曰惠济。康熙中累封天后。雍正五年敕赐'天后圣姥碧霞元君'。"④ 该县志将雍正帝敕封妈祖为"天后圣姥碧霞元君"的时间更改为雍正五年，不同于《大清一统志》的相关时间。在"惠济祠"条目的按语中又称："神姓林，福建莆田人，殁后显神于河海，护漕有灵，雍正五年敕封'天后圣姥碧霞元君'。"⑤ 这是再次说明雍正帝敕封天后为碧霞元君的时间。此外，咸丰《清河县志》也称"（惠济祠）雍正五年敕赐'天后圣姥碧霞元君'"。⑥

---

① （清）和珅等修《大清一统志》卷六十五，"淮安府二"，"祠庙"，"惠济祠"，文渊阁四库全书本，第4页a。

② 王见川：《台湾妈祖研究新论：清代妈祖封"天后"的由来》，《世界宗教文化》2013年第2期。

③ 淮阴区政协文史资料委员会编著《淮阴金石录》，香港天马出版有限公司，2004，第124页。

④ （清）朱元丰、孔传楷修，吴诒恕纂《清河县志》卷三，"建置"，"坛庙"，"惠济祠"，乾隆十五年（1750）刻本，第19页a。

⑤ （清）朱元丰、孔传楷修，吴诒恕纂《清河县志》卷三，"建置"，"坛庙"，"惠济祠"，乾隆十五年（1750）刻本，第19页a。

⑥ （清）吴棠修，鲁一同纂《清河县志》卷三，"建置"，咸丰四年（1854）刻本，第16页a。

这一县志还批评《南河祀典》的相关记载，称："纂《祀典》者……不知（惠济祠）有始祀太山，今祀天后之异，通合为一，致牴牾云尔。"① 显然，将妈祖封号附会碧霞元君的观念在淮安地方流传甚广，直到光绪二年（1876），文彬、吴昆田等人才注意到乾隆《清河县志》所载"雍正五年敕赐天后圣姥碧霞元君"一句存在歧义。②

另外，有漕运官员编造出乾隆帝敕封妈祖为碧霞元君的说法。嘉庆朝漕运总督许兆椿称："高宗纯皇帝特封为天后圣母碧霞元君，于清江浦敕建惠济祠，饰以黄瓦，亲洒辰翰，勒诸丰碑。"③ 许氏关于妈祖封号的说法与乾隆《大清一统志》一样，均为缺乏依据的杜撰之言，但前者对后世的影响远不如后者。

其二，惠济祠别称"天妃庙""碧霞元君祠"造成的误会。淮安惠济祠在嘉靖初年因章圣皇太后赐额"惠济"而得其名，天启《淮安府志》称其为"天妃庙"。马一龙于明嘉靖二十八年（1549）途经淮安惠济祠时写了两首题为《入天妃庙侯升舟上洪呈同行诸君》的诗（后文详叙），明确将该祠称为"天妃庙"。作为惠济祠的天妃庙主祀碧霞元君，但并不奉祀妈祖。其名"天妃"与妈祖无关，只是反映了当时人们将碧霞元君视为天妃的观念。④ 顺治十年（1653），史学家谈迁沿运河北上途经清口，其《北游录》称惠济祠为"碧霞元君庙"⑤。这表明清初惠济祠仍是泰山女神碧霞元君的行宫。

康熙朝因增祀妈祖，而改惠济祠之名为天妃庙。此天妃庙中的"天妃"二字指妈祖。咸丰《清河县志》追记称："本朝即其旧宇崇祀天后，遂称

---

① （清）吴棠修，鲁一同纂《清河县志》卷三，"建置"，咸丰四年（1854）刻本，第16页b。
② （清）文彬修、吴昆田纂《光绪丙子清河县志》卷三，"建置"，"坛庙"，"惠济祠"，光绪二年（1876）刊本，第17页b。
③ （清）许兆椿：《天后宫碑记》，《秋水阁杂著》（《清代诗文集汇编》第420册），上海古籍出版社，2010，第77页b。
④ 《天启淮安府志》云："灵慈宫：郡天妃宫有四，一在府学西，一在郡城西南隅万柳池，一在新城大北门内，一在清江浦。祀天妃神，神姓林，莆田湄洲人，海、漕二运，大著神功。"见（明）宋祖舜修，方尚祖纂《天启淮安府志》，荀德麟、刘功昭、刘怀玉点校，方志出版社，2009，第463页。有学者认为，"至晚在明末天启年间，清口惠济祠已经被同时视作天妃庙，两位女神的祀宇在此混为一体"（贾珺：《灵祠巍焕，飞阁凌空——淮安府清河县惠济祠历史、格局、祀神及御园仿建始末考略》，《中国建筑史论汇刊》2013年第1期）。应当说，明末清口惠济祠确实有"天妃庙"的称谓，但若因此认为妈祖与碧霞元君在此被混为一体，尚缺乏有力证据。
⑤ （清）谈迁：《北游录》，中华书局，1960，第19页。

'天妃庙'，乾隆中复改称'惠济祠'。"① 以《天启淮安府志》而言，此说不确。由于明代文士俗称惠济祠的天妃庙之名与清康熙时官方改惠济祠而称的天妃庙之名完全相同，加之诸多文士将妈祖与碧霞元君皆视为天妃，康熙朝以降淮安地方儒生混淆二者的情况实非意外。康熙朝淮安地方文士汪之藻在为惠济祠写的《天妃庙赋》一文中自题注云："庙在黄淮交汇处，俗人供天妃以镇压河流。中有铁鼓，又名铁鼓祠。"② 其所言"俗人"在惠济祠供奉的"天妃"究竟是妈祖还是碧霞元君，已不可知。而淮安民间信众因为妈祖与碧霞元君在神职上的重叠与相似，更容易将二者当成一神。不过，惠济祠的名称在清代官方档案中并未全由天妃庙代替。康熙朝官方仍并用天妃庙与惠济祠称呼该庙。乾隆《清河县志》所附《清河县图》仍称该庙为惠济祠。另外，乾隆《淮安府志》所附《清河县图》将此庙标注为"奶奶庙"。这一民间俗称反映淮安信众在精神传统上更多地沿袭了对泰山女神碧霞元君的信仰，而康熙朝在惠济祠中增祀的妈祖并不能超越碧霞元君在其心目中的地位。

乾隆朝惠济祠又由天妃庙改回原名，但实际上仍是碧霞元君祠。乾隆十六年（1751），清廷依照京师坛庙规格大规模重修过了惠济祠，并将康熙、雍正时所用的名称天妃庙改为原名惠济祠。扩建后的惠济祠建筑格局较为独特。该祠坐东北朝西南，分为左右中三路，共有六进院落。中路最为宽阔，最南端为牌坊，沿中轴线向东北依次是山门、仪门（二门）、正殿、篆香楼、三清阁与后罩殿。正殿奉祀天后妈祖，篆香楼供奉碧霞元君的坐像与卧像。在正殿的东西配殿与三清阁等处增祀多位神灵。在这次扩建中，乾隆帝无意以妈祖取代碧霞元君，而是充分尊重了该祠奉祀碧霞元君的传统，因而扩建后的惠济祠山门上仍书写"碧霞元君祠"五字。惠济祠扩建之后，该地官员也称该祠为"碧霞宫"。乾隆五十一年（1786），两江总督李世杰在向朝廷汇报淮安清江浦遭遇洪水情况的奏折中称当地的"碧霞宫本有两处"，其中一处就是"清口惠济祠"③。

乾隆帝扩建的惠济祠为何仍被人们普遍视为碧霞宫呢？这不仅与当时惠济祠并祀妈祖与碧霞元君有关，而且在于惠济祠的山门上有金书"碧霞元君祠"

---

① （清）吴棠修，鲁一同纂《清河县志》卷三，"建置"，咸丰四年（1854）刻本，第16页b。

② （清）汪之藻：《天妃庙赋》，（清）朱元丰修，吴诒恕纂《清河县志》卷十三，乾隆十五年（1750）刻本。

③ 《李世杰等复奏清江被淹庙宇及民居已未涸出情形折》，周焰等编《清代中央档案中的淮安》，中国书籍出版社，2008，第541页。

五字。这一字样一直保留到民国时期，时人张煦侯记录了惠济祠的景象："大殿之前有门，金书'碧霞元君祠'五字。……正殿奉天后圣母像，相传为泰山之女，所谓碧霞元君也。"[1] 正殿奉祀的天后圣母应是妈祖。张煦侯提到的天后圣母即"所谓碧霞元君"的现象，恰恰反映了人们将妈祖当成碧霞元君的习俗观念。而这种观念的形成，确实又与惠济祠山门所书"碧霞元君祠"密不可分。虽然乾隆五十三年（1788），惠济祠的妈祖祭祀被列入地方祀典，由翰林院撰拟祭文，地方官春秋二季致祭，但此举无助于消解妈祖与碧霞元君混淆的现象。自乾隆十六年（1751）至民国时期，来惠济祠的人们像张煦侯一样，看到的还是"碧霞元君祠"的名号，不自觉地会将惠济祠当成明代以来流传已久的泰山女神碧霞元君的行宫，仍称之为"奶奶庙"。

在民间多神信仰的文化传统中，淮安当地普通民众通常只是进庙上香，并不关心惠济祠中妈祖与碧霞元君的区别，而此地先有的碧霞元君信仰绝非后来的妈祖信仰所能轻易超越。乾隆朝清河县有一座已经改祀妈祖的城隍庙也被视为碧霞宫。《光绪丙子清河县志》在注解清河县玉带河北的碧霞宫时，称该宫旧为城隍庙，乾隆中改祀天后之神，并加按语云："碧霞元君太山之神，而俗以天后当之，亦为小误。"[2] 显然，该县志的编纂者已意识到当时较为普遍的将妈祖当成碧霞元君的误会。此亦可见，在淮安地方信众的观念中，碧霞元君的信仰传统根深蒂固，几乎覆盖了后来的妈祖信仰。

嘉庆二十二年（1817），清廷在北京绮春园建造了一座惠济祠，并将该祠纳入国家祀典的"群祀"中。不过，这座惠济祠与淮安惠济祠大不相同，仅仿造了后者奉祀妈祖的大殿，而没有所谓山门、后殿、篆香楼等建筑。很可能是为弥补绮春园惠济祠的局限，嘉庆帝将京西妙峰山顶奉祀碧霞元君的灵感宫改名为惠济祠。直至今日，该惠济祠的山门上仍嵌有嘉庆帝御笔"敕建惠济祠"的汉白玉石额。

（四）近代方志编纂对两女神混淆的助推

虽然康熙朝僧照乘刊印的《天妃显圣录》、乾隆朝林清标刊印的《敕封天后志》均不采信《天妃经》有关崇祯帝敕封妈祖为碧霞元君的说法，但后世诸多地方官员与儒生仍信以为真，将其编入方志。嘉庆《重刻江宁府

---

① 张煦侯著，方宏伟、王信波整理《淮阴风土记》，方志出版社，2008，第78页。
② （清）文彬修、吴昆田纂《光绪丙子清河县志》卷三，"建置"，"坛庙"，"碧霞宫"，光绪二年（1876）刻本，第17页 b。

志》称，位于南京水西门内的天后宫为"敕封天后圣母碧霞灵应元君庙"。①
事实上，此宫是由乾隆朝在南京的福建籍仕商捐资而建，奉祀天后妈祖，与
"碧霞灵应元君"毫无关系。该志的编纂者似没有亲见此处嘉庆十七年
（1812）立的《敕封天后圣母宫地府水西门内系福建仕商捐建碑》，只是依
照传言编造了该天后宫的名字。

近代华南区域的一些方志更多地承袭、传播了汪楫关于妈祖被敕封为"碧
霞元君"的传言。光绪《湄洲屿志略》称："庄烈帝崇祯□年封'天仙圣母清
灵普化碧霞元君'。崇祯□年加封'清灵普化慈应碧霞元君'。"② 该志书将封
号中的"青"字一律改为"清"字，还附注称"'清灵'一作'青贤'，疑
误"③。光绪《城北天后宫志》明确称，据汪楫《使琉球杂录》，"庄烈帝崇祯
□年封'天仙圣母青灵普化碧霞元君'，又封'青贤普化慈应碧霞元君'"。④

还有方志编纂者编造出乾隆帝与嘉庆帝敕封妈祖为"碧霞元君"的多种
说法。道光《重修蓬莱县志》称："乾隆三年封'护国佑民妙灵昭应宏仁普
济福佑群生诚感咸孚天后'。五十三年加封'显神赞顺慈惠碧霞元君'。嘉
庆五年加封'垂慈笃佑天后圣母元君'。"⑤ 该县志所称乾隆帝、嘉庆帝加封
妈祖为"碧霞元君""圣母元君"的说法不知所凭何据。光绪《湄洲屿志
略》称："乾隆五十三年加封'显神赞顺灵惠碧霞元君'。"⑥ 这一封号与道
光朝《重修蓬莱县志》的相关封号差一个字，前者有"灵"无"慈"，后者
有"慈"无"灵"。光绪《浦江县志》则完全借用道光朝《重修蓬莱县志》
的说法，也称："（乾隆）五十三年加封'显神赞顺慈惠碧霞元君'。嘉庆五
年封'垂慈笃佑天后圣母元君'。"⑦ 光绪《城北天后宫志》称："乾隆二十
二年加'诚感咸孚显神赞顺'，敕封'护国庇民明著妙灵昭应宏仁普济诚感

---

① （清）姚鼐纂《重刻江宁府志》卷十三，"祠庙"，嘉庆十六年（1811）修，光绪六年
（1880）刻本，第1页 b。
② （清）杨浚撰《湄洲屿志略》，卷一，"封号"，光绪十四年（1888）冠悔堂刊，第9页 b。
又见陈支平主编《台湾文献汇刊》第5辑第16册，厦门大学出版社，2004，第37页。
③ （清）杨浚撰《湄洲屿志略》，卷一，"封号"，光绪十四年（1888）冠悔堂刊，第9页 b。
又见陈支平主编《台湾文献汇刊》第5辑第16册，第37页。
④ （清）丁午纂《城北天后宫志》，光绪七年（1881）刊，第16页 a。
⑤ （清）王文焘纂《重修蓬莱县志》卷三，"文治"，"海神庙"，道光十九年（1839）刻本，
第14页 a。
⑥ （清）杨浚撰《湄洲屿志略》卷一，"封号"，光绪十四年（1888）冠悔堂刊，第10页 b。
又见陈支平主编《台湾文献汇刊》第5辑第16册，第39页。
⑦ （清）善广修，张景青纂《浦江县志》卷十三，"祠庙"，黄志璠再增补铅印本，1916，第28页。

咸孚显神赞顺天后圣母慈惠碧霞元君'。"① 显然，这一记载在完整表述乾隆五十三年（1788）妈祖封号的基础上，又任意添加了"圣母慈惠碧霞元君"八字。有清一代，朝廷从未将"圣母"二字封过任何女神。

前述道光、光绪时期地方志的编修者编造妈祖被清帝敕封"碧霞元君"之说的具体原因不得而知。有可能是他们试图借助碧霞元君的声威与名号抬高妈祖在民间的信仰影响力，因为清代碧霞元君在北方各地的行宫之多，远非妈祖庙宇可望其项背。经过这些类书、方志与碑刻信息的传播，后世更多的人相信汪楫的传言。

民国时期山东方志编纂在伪造妈祖的"碧霞元君"封号上较清代更为出格。民国《海康县续志》编造出"（嘉庆）七年敕封'天后圣母无极元君'"② 的新封号。

对于碧霞元君与天妃妈祖混淆的现象，北京妙峰山的满族老香客奉宽指出，"加天妃以青碧字，义意不协"③，并由此推论汪楫《使琉球杂录》关于崇祯帝敕封妈祖的说法有误。燕京大学教授容庚认为，《使琉球杂录》与清《黟县志》所言妈祖曾被封为"碧霞元君"的主张均系"误会天妃为天仙"；所谓作为观音化身的海神天后与泰山女神均有"碧霞元君"之封号的说法"则歧之又歧"。④ 就学理而言，碧霞元君与天妃妈祖本是两位各自独立的女神，但在民间信仰中，二者却有合为一神的趋势。

（五）近代华北与华南信众对两位女神的多层次混淆

在近代华北民间社会中，虽然将碧霞元君封号附会妈祖的传言影响深远，但还出现了以妈祖封号附会碧霞元君的特殊现象。晚清时期，天津天后宫的一些民间进香团体因曾被朝廷赏赐而号称"皇会"，其将"天后"名号看成朝廷对碧霞元君的敕封，而且不把妈祖当作该地天后宫的主神。其中的门幡老会称天后宫主神为泰山女神碧霞元君，其封号为"敕封护国庇民显神赞顺垂佑瀛堧天后圣母明著元君"⑤，该封号是借用元、明、清三朝对妈祖的

① （清）丁午纂《城北天后宫志》，光绪七年（1881）刊，第22页b。
② 梁成久纂修，陈景棻续修《海康县续志》卷六，"坛庙"，民国二十七年（1938）铅印本，第52页b。
③ 奉宽：《妙峰山琐记》，国立中山大学民俗学会，1929，第102页。
④ 容庚：《碧霞元君庙考》，顾颉刚编著《妙峰山》，上海文艺出版社，1988，第123页。
⑤ 望云居士、津沽闲人撰，张格点校《天津皇会考纪》，来新夏主编《天津皇会考·天津皇会考纪·津门纪略》，第62~63页。

封号与赠匾以及碧霞元君的名号拼接而成，不见于他处。对于此封号，《天津天后宫行会图》的绘制者代表他们宣称：

> 天津卫天后宫老娘娘真正灵应，天后二字别处没有，都写天仙圣母，有天妃圣母。别处不能写出天后圣母。别处娘娘庙神位没有赶上敕封，比方山东泰安山娘娘庙香火大，神位无赶上敕封，称为天妃圣母。到东顶娘娘庙神位，称为天仙圣母，无赶上敕封。西顶娘娘庙神位，称为天仙圣母，无赶上敕封……其实说起"天仙圣母娘娘"、"天妃圣母娘娘"、"天后圣母娘娘"神位，通常都是这一位娘娘。[①]

该绘制者列举的泰山娘娘庙、北京东顶娘娘庙、西顶娘娘庙等都是主祀碧霞元君的庙宇。他认为"天津卫天后宫老娘娘"是碧霞元君，而非妈祖，因为当时各地妈祖庙都供奉"天后"的神位。显然，这是夺取妈祖的"天后"名号安在碧霞元君的身上。虽然天津还有诸多信众和皇会传扬妈祖的神迹，但在该地的门幡老会等皇会看来，天后宫的主神是泰山女神碧霞元君，他们献媚邀福的主要对象也是这位女神。若从晚清天津民众普遍信仰的王三奶奶与"四大门"角度看，碧霞元君对民众的影响更是远高于妈祖。可以说，天津天后宫是晚清时期华北碧霞元君信仰覆盖妈祖信仰的一个典型例证。即使在今天，河北某些地方的天妃庙仍祀泰山女神碧霞元君，并不区分妈祖与碧霞元君。

近代华北信众将天妃妈祖误认为碧霞元君的现象，可前追溯到明代。明人王权在《修天妃庙记》一文称，山东德州境内"泰山元君祠，恭谒天妃庙者，恒以元君识之，而漫无所识别"。[②] 自嘉靖朝始，南方逐渐出现妈祖庙宇与碧霞元君祠庙互相替换，二者并称天妃祠或天妃庙的现象。其中一个重要原因是当时漕运工人大多信仰无为教，尤其崇拜被纳入民间宗教的碧霞元君，天妃宫亦因此多改成碧霞行宫与泰山庙。[③] 在此情势下，碧霞元君在民间话语中也拥有了天妃的名号。马一龙于明嘉靖二十八年（1549）年途经江苏淮安天妃庙，写了两首题为《入天妃庙侯升舟上洪呈同行诸君》的诗，诗

---

① 中国历史博物馆编《天后圣母事迹图志·天津天后宫行会图合辑》，香港和平图书有限公司，1992，第172页。
② （明）王权：《修天妃庙记》，《重修德州志》卷五，"祀典"，"天妃庙"，康熙十二年（1673）刻本，第9页 a。
③ 车锡伦：《中国宝卷研究》，广西师范大学出版社，2009，第436页。

云：“泰山曾入天妃庙，今日洪头又一过。喜得南风送北客，惊闻楚地能吴歌。”① 可见，马一龙将泰山碧霞灵应宫视为天妃庙，相应地将碧霞元君视为天妃，而其所言“今日洪头又一过”的天妃庙是指淮安清口的惠济祠。由此推之，当时“天妃”虽是明廷对于妈祖的封号，但民间也将其用于碧霞元君。乾隆朝韩锡胙《元君记》称，到北方民间的“佞佛者”将海神天后与泰山玉女都看成观世音的化身，而且二者都享有“碧霞元君”的封号。② 此系碧霞元君作为泰山女神与妈祖关系的另一种解释。

　　明代以降，华南民间社会中逐渐出现以妈祖为“天后元君”或“天后圣母元君”的信仰习俗，以广东一带最为显著。嘉靖进士钱薇为其家乡浙江海盐天妃祠所写的《天妃歌》云：“峨峨庙貌天妃祠，问祠所自人罕知。尝闻青帝司东土，降主东岳安东陲。东岳行祠乃其故，不识何代称天妃。”③ 显然，这一原本作为东岳碧霞元君行宫的祠庙被当地民众视为奉祀妈祖的天妃祠。由于妈祖与碧霞元君共享“天妃”名号，明代民间信众很容易将二者混为一神，而且这一信仰习俗富有较强的生命力，至清代而不衰。乾隆五十年（1785）立石的《新建川沙天后宫记碑》云，该宫供奉“天后圣母元君”，④ 此说未言“天后圣母元君”是朝廷封号，应仅系广东地方信众对妈祖的一种尊称，其根源在于清初有以碧霞元君封号附会妈祖的现象。光绪元年《乙亥春月重建天后古庙碑记》云：“惟我油麻地一湾居民铺户，乐建天后元君古庙，供奉有年。”⑤ 光绪二年（1876）《天后古庙重修碑记》云：“原夫天后元君也，昭代功臣，护国著英声之誉。”⑥ 民国《重建天后圣母古庙碑记》云：“天后庙正座崇奉天后圣母元君，左奉关圣帝君、洪圣大王、康公真君，右奉财帛星君、鲁班先师、华佗先师。”⑦ 由上可见，广东一带自乾隆朝始，

①　蒋维锬、刘福铸辑纂《妈祖文献史料汇编（第一辑）·诗词卷》，中国档案出版社，2007，第50~51页。
②　韩锡胙：《元君记》，汤贵仁，刘慧主编《泰山文献集成》（第三卷），泰山出版社，2005，第217页。
③　蒋维锬、刘福铸辑纂《妈祖文献史料汇编（第一辑）·诗词卷》，第48页。
④　华伟东主编《浦东碑刻资料选辑》，浦东新区档案馆，1998，第218页。
⑤　（清）潘叶舟：《乙亥春月重建天后古庙碑记》，科大卫、陆鸿基、吴伦霓霞编《香港碑铭汇编》第一册，香港市政局，1986，第157页。
⑥　（清）潘藜阁：《天后古庙重修碑记》，科大卫、陆鸿基、吴伦霓霞编《香港碑铭汇编》第一册，第167页。
⑦　《重建天后圣母古庙碑记》，郑炜明编《葡占氹仔路环碑铭楹匾汇编》，香港加略山房，1993，第123页。

已广泛认可妈祖是"天后元君"或"天后圣母元君"，只是省去了"碧霞"二字。

在近代华北与华南的民间信仰中，碧霞元君与妈祖确有合为一神的趋势。对于信仰多神的民众而言，只要祈神灵验，实无必要区分二者的身份与名号。

小　结

近代华北民间的日常生活被一种巫魅氛围所笼罩。信众基于自身的生活经验，并借助于官方的"神道设教"方略，为泰山神灵谱系引入了新成员，其主要包括"四大门"、王三奶奶与盗跖。妈祖与碧霞元君进一步融合，这位南方女神因而带有更明显的泰山信仰的色彩。对于信仰多神的华北民众而言，无须区分二者的差异。

民众信仰"四大门"（或"五大门"），主要基于其在日常生活中与"四大门"交往的一些所谓"灵验"的经验。这些经验没有经过学理的分析，只是依据口头传说的种种事例中不断被建构和重复，以至于成为一种普遍的集体无意识。当然，也有信众本不信仰"四大门"，只是被其附体后备受折磨，不得不接受做香头的要求，比如，民国时期北平平郊村的詹姓妇人。这种被"四大门"附体的现象，迄今尚未得到科学的解释。对于当时知识匮乏的民众而言，他们只能逆来顺受，接受香头的身份。"四大门"信仰本身主要是一种信众祈求避免受到伤害或损失的消极信仰，带有明显的交易性与自利性，对民众没有道德教化意义。

在"四大门"信仰的基础上，咸同时期的天津信众将香头王三奶奶塑造为碧霞元君麾下协助管理"四大门"的弟子。通过不断的神话建构，王三奶奶成为京津冀三地民众普遍信仰的区域特色明显的新神。同样基于"四大门"信仰，泰山民众将一条能降神扶乩的蛇演绎为河神盗跖。

可以说，民众对"四大门"、王三奶奶、河神盗跖的信仰，是他们以巫术应对生活问题的一种方式。"巫术所担负的都是人的现实能力所不能及的事，都是用人们一般生产和生活技能不能控制的事。越力所不能及，越不能直接控制，便越产生出控制的要求，于是便借助巫术来达到这个目的。虽然这种虚幻的想象……并不能达到实际的目的，但是它却表现出人类自身获求安全、康健、发展和避免灾害与疾病的追求。人们对巫术的相信，正是出于对人的自身能力的相信"。①在这个意义上，近代华北民众对泰山神灵的广泛信仰，是他们积极解决人生问题的表现。诚然，从近代泰山神灵谱系的扩增来看，华北民众的日常生活及其思维方式仍停留在前现代时期，而信仰的根源在于他们应对生活困境的能力与知识没有多少提高，而对这些新神灵的信仰，在一定程度上又促使民众沿袭了因循守旧的生活方式。

---

①　张紫晨：《中国巫术》，上海三联出版社，1996，第60～61页。

第五章　近代华北泰山信仰的多重文化境遇

在近代西方科学的传入与内忧外患的刺激下，华北泰山信仰遭遇了复杂的文化境遇。不同的宗教（会道门）对其或利用或排斥，尤其是基督教视其为敌。新知识人则在反迷信、反"神道设教"的名义下，对泰山信仰多加以批判。一些现代学者在对泰山信仰习俗细致调查的基础上，呼吁尊重民间文化，并提出改良民众生活及其观念的可行性方法。

一　华北宗教对泰山信仰的利用

近代泰山信仰深入民众的日常生活，皈一道、一贯道、上海灵学会与佛教等宗教团体皆有意与泰山信仰产生关联，以壮其声势，扬其教义。

（一）皈一道对碧霞元君信仰的利用

皈一道，是道光时期山东省平原县赵家湾村的拔贡赵万秩创立的一个以儒、释、道"三教皈一"为宗旨的民间道门。该道门要求信徒吃斋，崇尚节俭，遵循五戒等严格的修行规矩，并且经常设坛扶乩，降神求训，尤其信奉无生老母。其十二条戒律为：一曰孝，二曰悌，三曰忠，四曰信，五曰礼，六曰义，七曰廉，八曰耻，九曰扶乩，十曰誊录，十一曰侍坛，十二曰讲训。[1] 在皈一道的神灵谱系中，碧霞元君是十分重要的一位。[2]

民国时期，这一道门在山东、江苏、河北、北京、天津等地广泛传播，也被称为"天仙道"、"老子圣人佛"、"三圣教"、"三佛教"与"太阳道"

---

[1] 《乩著佛训皈一舰舟》，山东济南历邑城东卢官庄藏版，1930。
[2] 按：皈一道的神灵谱系多是借儒、释、道三教的圣贤、仙师与佛、菩萨等，十分庞杂，其主要代表有儒家的孔子、孟子、子路等，佛教的弥勒佛祖、普贤菩萨、南海古佛、观音菩萨等；道教的无生老母、玉皇上帝、复阳帝君、碧霞元君（天仙圣母）、桓侯大帝、逍遥大仙、光天道祖、陈抟老祖、蓝彩和、痴痴道人、一清道人、柳华阳祖师、王灵官等。

等。该道门充分利用碧霞元君信仰，在泰安民间建立了诸多传教机构。其三祖陈希多次来往于德州、历城、济南等地，派其侄陈道俊活动于章丘、历城一带，又派吴玉振到泰安、肥城一带传教。经多年的宣讲活动，皈一道逐渐在泰安地区站稳了脚跟，设立了多处乩坛，其中较为活跃的乩坛有泰安车站南青山街明真坛、泰安庞家庄自新坛、泰安东南圣德坛、齐河县城北宋家庄皈德坛、历邑城东巨滨迁善坛、章邑城东北曹庄复兴坛、章邱城南官庄万善坛与长清城南吕庄归善坛。

皈一道的传道人广泛搜罗儒、释、道三教的圣贤与神灵，编织出一个驳杂的包括碧霞元君在内的神灵谱系，还特地编印了《天仙圣母经》与《太山娘娘新经》。

《天仙圣母经》是皈一道扶乩降神的一篇训词，以碧霞元君自述的方式叙说了其住所、侍女、身世以及对民众朝山拜顶的指引。在此训词中，首先是碧霞宫中的侍坛童子莲香女出场，自称其陪伴天仙圣母碧霞元君前来为皈一道的乩坛赐训。接着碧霞元君出场为皈一道的吴桥城东南善会赐训，她从自己的身世说起：

> 想当初，发洪愿，投奔东岳。
> 吃松柏，饮清泉，受尽熬煎。
> 苦修行，二十载，得成正果。
> 玉皇爷，封我为，圣母天仙。
> 香火盛，君与民，年年朝顶。
> 只望着，人回心，为善悦天。[①]

---

① 《天仙圣母经》，《太山娘娘新经》，济城里□□□邑复化坛，庚申年（1920）孟冬重刊，第2页。按：李世瑜调查到的《太山娘娘新经》最早版本刊于光绪三十三年（1907），该书为碧霞元君乩训，附录王灵官于德州城东王官庄坛训一篇，由陵县城东郭家庄止善坛刊印，共5页（见李世瑜《现在华北秘密宗教》，上海文艺出版社，1990，第160页）。迄今未见此版本。1920年济南复化坛重刊的《太山娘娘新经》包括《泰山经后序》、《太山娘娘新经》与《天仙圣母经》等三部分，各自编页码，分别录有仙师赵纯一、天仙圣母碧霞元君与仙师金成德的训词，未录王灵官的训词。笔者所见最早版本的《天仙圣母经》收录于宣统二年（1910）昌邑北海中和堂刊印的《救劫文》，该版本《天仙圣母经》与《太山娘娘新经》收录的《天仙圣母经》内容基本一致，唯独有四句话不同，前者云"都只为，太安州，风俗不正。失去了，人□□，□□□□。为男女，在世界，要行正道。勿乱伦，勿□□，□□□□"（第1、2页）。后者则将其改为"都只为，泰安州，杀生害命。宰牛羊，烹鱼虾，生灵命指。为口服，伤物命，无其待数。难道说，各性命，非天养全"。《天仙圣母经》的这两个版本均系重刊，难断其原始刊本孰先孰后。窃以为，从皈一道在泰安传播的时间与需要看，《太山娘娘新经》收录的《天仙圣母经》问世较晚。

可见，皈一道认为碧霞元君是一位在泰山上修道成仙、位列天庭的女子，志在教化众人回心向善。其意在利用朝野共有的碧霞元君信仰宣传皈一道的正当性。

皈一道借助碧霞元君之口批评了朝山的民众不戒五荤的饮食习惯。在《天仙圣母经》中，碧霞元君称：那些吃五荤的香客前来朝拜，使泰山上下满是"浊气"，熏得"众护法"睁不开眼；由于泰安地方"杀生害命"为香客提供荤食，乾隆年间天庭在泰山降下大雨，以示惩罚。她因此告诫说，对以后来朝山拜顶的戒了五荤的香客就"赐福赐禄"，对不戒五荤的香客就"差凶神，祸其身，家更不安"。[①] 显然，皈一道为推行五荤之戒，借碧霞元君的神力对民众威逼利诱。

皈一道还借碧霞元君之口批评香会的放重债和唱戏酬神的行为。在其看来，放重债、杀生灵和唱粉戏的行为都是不能被上天宽恕的"造恶孽"的罪端。具体而言，香会拿香客公共的钱财向穷户放四分钱的高利贷，很容易逼得借贷者家破人亡，反不如直接将一些钱财直接送给穷户。香会的唱戏酬神更是不妥：一则唱戏耗费钱财，杀生害命以饱餐；二则所唱的粉戏有海淫之嫌，败坏风俗。[②] 显然，皈一道将自身定位为宗教，注重信徒日常修行的戒律。从这一立场出发，他们不能容忍香社在碧霞元君信仰的名义下进行世俗的商业与娱乐活动。

在 1920 年重刊的《太山娘娘新经》中，皈一道更为严厉地指责泰山香会的世俗功利性。其借仙师赵纯一之口称，清末与北洋时期的泰山香社已经失去了真实的碧霞元君信仰，演变成了一种荒唐的"胡闹剧"。

为净化和提升泰山香社，他们从神堂礼拜、日常修为和朝山拜顶三个方面为其立下了规矩。

神堂礼拜的规矩如下：

> 凡香会断不可胡吵乱嚷，言语间就如那神灵在旁。
> 进神堂先沐浴三拜九叩，按次序分长幼出入精详。
> ……
> 神前里兑明了香花供养，每日里换供献莫要腌藏。
> 凡出入先得是拜叩莫放，有明灯与信香莫断神堂。

---

① 《天仙圣母经》，《太山娘娘新经》，第 3 页。
② 《天仙圣母经》，《太山娘娘新经》，第 7、8 页。

> 断不可封锁门外边游旷，任己意不诚敬神加灾殃。
>
> 清晨起先盥洗扫净神室，供桌上药洁净神人有光。
>
> 并不在化银钱焚烧元宝，并不在登山顶面朝娘娘。①

日常修为的规矩如下：

> 不孝的劝他孝尊重长上，不悌的劝他悌于理相当。
>
> 臣不忠友不信亦细劝他，无礼义劝着他别失纲常。
>
> ……
>
> 有妇女常言讲三从四德，孝翁婆敬丈夫万古流芳。②

朝山拜顶的规矩如下：

> 到泰安进了店再细酌量，吃素斋戒荤味莫要伤杀。
>
> ……
>
> 要上山先把心正当为上，能改过能迁善神自增光。
>
> 倘若是无善心光图外面，有神灵岂为你私心贪赃。
>
> 到山上面圣像亦要全体，叩响头要真心喜悦神堂。
>
> 若能以遵乩训朝山有好，若不能遵乩训白受劳忙。③

　　皈一道为泰山香会所立规矩的特点有三：一是礼拜碧霞元君的神堂要保持清洁，礼拜前要沐浴，礼拜时要诚敬。二是香会成员的日常修为要遵行官方儒学的纲常伦理。三是信徒如果心怀诚敬，吃斋为善，可以不朝山拜顶；如果要上山，必磕响头。显然，皈一道沉湎于传统的儒、释、道三教世界，注重人生的日常伦理与敬神心理，但对当时文化精英从西方舶来的自由、平等观念十分陌生。

　　皈一道在《太山娘娘新经》中以碧霞元君降神自述的形式表达其对民众朝山拜顶的态度。开经前有偈语云："苦渡东岳居太山，劝不回头心难安。愁的大劫不能免，可叹世人仍迷凡。"④ 此偈语表明，皈一道将碧霞元君塑造成一位特地在泰山居住并劝化世人的神灵。在这部经书中，皈一道表达了以

---

① 《泰山经后序》，《太山娘娘新经》，第2、3页。
② 《泰山经后序》，《太山娘娘新经》，第2页。
③ 《泰山经后序》，《太山娘娘新经》，第2、3页。
④ 《太山娘娘新经》，第3页。

下几层意思。

第一，信徒无论出于何种原因朝山拜顶，必须首先自己为善。碧霞元君称，前来拜顶的信徒没有学习她劝化愚顽的本领，仅仅是烧香许愿，求一己之福；信徒如果"心不好"，来泰山烧香，就是三步一叩头，甚至跳山涧，也不能达到祈福禳灾的目的。信徒必须"为善"，否则碧霞元君本人不喜欢，其他神灵也不喜欢，信徒的愿望也就难以实现。

第二，朝拜碧霞元君必须斋戒沐浴，遵循儒家的纲常名教。碧霞元君称：

> 吃素斋，去上山，心神舒坦。
> 学守戒，戒的是，十恶不犯。
> ……
> 忠君国，学正直，劝化世界。
> ……
> 众弟子，记住吾，朝山戒款。
> 学斋戒，学沐浴，五伦尽全。①

这是要求信徒先为善修心，再去朝山拜顶。她还诅咒说，不遵循三纲五常的信徒来朝山拜顶时会遇到灾难，借香会财产谋取私利的会首即使"诚敬修经醮，也有灾衍"。②

第三，碧霞元君批评朝山的信徒有诚心的太少，劝诫他们为善吃斋。在她看来，朝山拜顶的信徒大多是图散心，图热闹，这样上泰山"真正担险"，因为上天不悦。信徒不吃荤也是一善。信徒如果遵循纲常名教，碧霞元君会将该信徒上报天曹，在其生前赐给福禄，在其死后封佛封仙。显然，皈一道为劝人入道许下生前死后的种种好处，但其将佛与仙看成类似于凡间可以封赏的官爵，实在是错会了佛教与道教的本意。

为了证明自己有这样的本领，碧霞元君称自己是功成度世的仙女，被"轩辕君"封在泰山，负责记录朝山信徒许下的愿望，并鉴别其诚心与否。③这一说法与前文提到的《天仙圣母经》略有不同，《天仙圣母经》称碧霞元

---

① 《太山娘娘新经》，第4、5页。
② 《太山娘娘新经》，第7页。
③ 《太山娘娘新经》，第10页。

君被"玉皇爷"封在泰山。"玉皇爷"与"轩辕君"并非同一神灵，皈一道在塑造碧霞元君时显然疏忽了这一点。

皈一道一再借碧霞元君之口劝人遵循纲常名教，对冲击儒家伦理规范的基督教以及其他宗教表现明显的仇视态度。1933 年泰安庞家庄自新坛刊印的《宣讲金鉴》宣称："有洋教入中国，道德混乱，犹如那杨墨道遍满乾坤。其外的邪教门成千过万，皆都是外皮毛，内少真传。不能以成正果，炼性圆满。不能以脱轮回，飞升天盘。"① 这里的"洋教"即广义的基督教。此可见，皈一道自神其道，将其他所有宗教都看成"邪教门"，具有强烈的排他性。

民国时期，皈一道在泰安的各坛不时扶乩降神，并将神灵的训词结集刊印。1927 年，圣德坛刊印了《劝世皈一》。1933 年，庞家庄自新坛刊印了两种版本的《宣讲金鉴》（一种附《皈一宝筏》，一种附《诗话刚目》），上西界乡西张家临汶复初坛辑录了四卷本的《鸾训指南》。1938 年，还有人刊印了皈一道的《宣讲题纲》，其他不一而足。②

前述训词结集刊印而成的皈一道宝卷中多有碧霞元君的诗作与训词，其主旨与《天仙圣母经》《太山娘娘新经》几乎完全一致，都是劝人入皈一道。泰安城南庞家庄自新坛刊印的《宣讲金鉴》借都县城隍神之口夸赞了泰安州与皈一道的特殊缘分，其文云："太安神州有奇缘，大开普渡撑法船。此地男女多得救，消灾免难享平安。"③ 这表明庞家庄的皈一道信徒对自己作为泰安人颇怀优越感。其所辑录的碧霞元君的诗作意在维护传统的纲常名教，其诗云："碧水青山仙人家，霞光万道照窗纱。元亨利贞乾坤始，君臣纲纪圣经法。"《宣讲题纲》所辑录的《天仙圣母诗训》云："行善修福天赐福，全在诚心笃不笃。笃信善道死不变，终归逍遥极乐都。"④ 这些托名碧霞元君的诗作都是皈一道的自我宣传，但不知其在何坛降神扶乩而得。《皈一宝船》辑录了民国时期天仙圣母三次在桂林官庄临坛的训词，其意皆是劝人入皈一道。⑤

---

① 《宣讲金鉴》（附皈一宝筏），泰安庞家庄自新坛刊印，1933，第 2 页。

② 按：皈一道宝卷《望家训本》辑录了泰山圣母的训词，今未见该书。参见李世瑜《现在华北秘密宗教》，第 146 页。

③ 《宣讲金鉴》（附诗话刚目），泰安城南庞家庄存版，1933，第 3 页。

④ 《宣讲题纲》卷一，泰安泰济印刷局印，1938，第 14 页。

⑤ 《皈一宝船》卷下，民国刊本，具体时间不详。

20 世纪 30 年代，泰安县上西界乡西张家临汶复初坛的皈一道信徒多次请碧霞元君降神垂训，并将其训词辑录于《鸾训指南》。其借助碧霞元君之口不仅极力反驳外界对皈一道的批判，而且十分仇视"外洋人"与西方文化。1937 年 10 月 4 日（农历九月初一），碧霞元君临坛称：

> 中华地文明国礼义上邦，所以才比外国人物善良。
> 全凭着道与德伦理为上，上天爷将圣宝坐在中央。
> 平治国于天下道德要养，有忠孝与廉耻以为主张。
> 可惜的应此时文化败丧，弃道德泯伦理绝灭纲常。
> 只此才中华地风俗败丧，男不男女不女禽兽风光。
> 只闹的上天怒诸般劫降，收□□这世上男女不良。①

在这段训词中，皈一道将中国看成比外国高贵的礼仪上邦，转而叹息当时中国因固有道德沦丧出现了风俗败坏的境况，甚至认为是这种境况招来了各种劫难。可见他们仅从道德角度去理解当时日军侵华造成的民族灭亡危机，并拿这种危机诠释其所谓大劫将至的预言，以诱导民众入道。

1938 年 1 月 15 日（农历腊月十四日），碧霞元君临坛称：

> 外洋人入中华肆横游走，见男杀见女淫恶横自由。
> 这原是天使令此劫当有，虽暴烈总不能遭扰部洲。
> 择人降择地降到处游走，但等着报应满恶辈全收。
> ……
> 教尔等学孝悌礼义顾守，尔专学外洋话以为出头。
> 教尔等学吃斋伦常敦厚，尔偏说吃斋人迷信无头。
> ……
> 有识人看透了急求速救，学善道尊圣师即登仙舟。②

由此训词可见皈一道对日军侵华战争的认识并不清楚，以神秘主义的口吻称"此劫当有"，是世人丢弃纲常名教的因果报应。其对国人学习外语颇不以为然，还反驳将吃斋视为迷信的看法。这种借国难传播宗教信仰的行为颇有投机的意味，对传统的碧霞元君信仰也是一种歪曲和利用的做法。

---

① 《鸾训指南》卷二，泰安县上西界乡西张家临汶复初坛集刊印，1943，第 57、58 页。
② 《鸾训指南》卷二，第 60 页。

　　皈一道在泰安地区充分利用泰山庙会发展信徒。清末民国时期，泰安的东岳庙会仍在延续，每届庙会长达三个多月，阴历年三十夜开始活动，一直持续到四月初八，号称"长春会"。来自泰山周围的淄博、枣庄、滕县、聊城、菏泽等地的香客，往往年三十晚就到达泰安城。举行庙会时，岱庙配天门北门西边"有一伙人在念善书，一人念，一人讲，念一句，讲一句，内容为：'人生天地间，孝道最当先，父爱子、子行孝理所当然。有些人不知道父母的恩典，细听我一件件细说根源。娘怀儿十个月提心吊胆，茶不思饭不香大病一般……'劝人孝顺行善。这些人是'皈一道'的，以念善书发展道徒"。① 在皈一道的积极宣传下，不少民众入了该道门。据统计，泰安境内皈一道、红枪会、一贯道、圣贤道等23种教门的信徒总有约6.84万人，据1929年统计，道众人数占总人口的9.88%。② 在1952年山东省人民政府取缔反动会道门时，新泰县皈一道的道首13人，道徒95人；③ 肥城县的圣佛寺有皈一道的活动，皈一道坛主为徐少宝。无疑，皈一道在一定程度上增进了碧霞元君信仰对民众生活的影响。

（二）其他宗教对泰山神灵信仰的利用

　　民国时期，泰山神灵信仰与泰安的一贯道、大中至正道也有些关联。

　　其一，一贯道对泰山信仰的敌视。一贯道创立于晚清时期，杂合了儒释道三教的圣贤与神灵谱系，④ 但其在泰安的信徒对泰山碧霞元君颇不认同。民国时期，该道门在泰安地区大力发展信徒。据年已82岁的泰安红门本土居民车树堂老人回忆，泰安的一贯道在20世纪40年代十分张狂。有一次，一贯道的几十名信徒来到泰山顶上的碧霞祠，将其中的碧霞元君像推倒后扔到山沟中，又要推王灵官的像，结果没有推动。后来这一帮信徒被泰山附近的民众轰走。⑤ 泰安一贯道破坏碧霞元君像的动机尚不清楚，不过，从一贯

---

① 山曼主编，袁爱国撰稿《泰山风俗》，济南出版社，2001，第80页。
② 中国会道门史料集成编纂委员会编《中国会道门史料集成》下册，中国社会科学出版社，2004，第675页。
③ 中国会道门史料集成编纂委员会编《中国会道门史料集成》下册，第676页。
④ 按：一贯道主张"三教合一""五教同源"，"行儒门之礼仪，用道教之功夫，守佛家之规戒"，老子、孔子、释迦、耶稣、穆罕默德被其尊为五教圣人，一起供奉。其主神为明明上帝，全称"明明上帝无量至尊至圣三界十方万灵真宰"，因其为"开天辟地生人之道母"，又尊称"无极老母"。陪祀的仙佛神圣尚有多种，以弥勒祖师（弥勒尊佛）、南海古佛（观音菩萨）、济公活佛（降龙罗汉）、吕法律主（吕纯阳）、关法律主（关羽）为主。
⑤ 车树堂讲述，李俊领访谈，2011年8月24日。

道宣传的"三教合一""五教同源"的主张看，其并没有特地将碧霞元君视为不正当的神灵。因此，泰安一贯道信徒冲击泰山碧霞祠的行为很可能只是该道地方坛口的私自行为。到1949年，泰安的一贯道信徒有千人之多。

其二，大中至正道对泰山神灵验的验证。大中至正道的创立者贾子羽于泰山祈雨的灵验被认为是可与泰山神灵司雨功能相匹配的。该道门是由泰安人贾子羽于1920年创立的民间宗教，在泰安、济南等地颇有影响。贾子羽道号"卧云祖师"，自称"贾神仙"。据调查，其家族后裔称贾子羽擅长"奇门遁甲"之术，能呼风唤雨，在泰安地方收有两三千信徒，并且在山东省府官员中颇有名声。1924年的春季和夏季，泰安地区大旱，贾子羽在泰山祈雨，随后大雨至，有效解除了当地的旱情。地方官民均以为这是"贾神仙"的功劳。

显然，虽然北洋政府不再举行泰山祈雨的国家祭礼，但山东地方的官员与民众遇到干旱情况时仍向神灵祈雨。尤其在山区灌溉技术与设施落后的情况下，民众只能借助于某些神灵与巫术祈雨润田。由于地方政府不能公开向泰山神灵祈雨，地方民众转而乞求于据说能呼风唤雨的"贾神仙"。

1924年贾子羽祈雨灵验成为泰安地方的盛事。泰安的大中至正道信徒与民众为此捐资在泰山普照寺西侧建筑了三层高的卧云台。该台第二层阳面镶嵌有时任山东督军的郑士琦题写的"卧云台"三字。时任山东济南道尹的唐可三亲自因此为其题字"至诚感神"。[①] 记载卧云台修建缘由的《卧云台记碑》称：泰山上下建造了大量的宫观与殿阁，是为了显示和记录泰山之神司雨的灵验；现在贾子羽"手握造化，身当星斗，任其转移风雷，听其驱使"，是神仙一样的人物；1924年夏，贾子羽施展法术，"招致南浦之云"，"移把西江之水"，解除了泰安地区的旱情，确实是"功在生民而神侔灵岳"。[②] 可见，贾子羽因此被视为具有"灵岳"泰山一样的神通。这既肯定了泰山之神司雨的灵应，又夸赞了贾子羽的奇能。此后，卧云台成为大中至正道的总道场，并被当地的信众称为"持法台"。

1926年，贾子羽死去，其妹贾子兰、其弟贾子麟继承了大中至正道的事务。1945年泰安解放后，该道门被取缔。

其三，西大乘教泰山宝卷对民间丧礼的影响。晚清时期西大乘教的《泰

---

① 《卧云台记碑》，民国十三年（1924）立石，碑在泰山普照寺西卧云台。
② 《卧云台记碑》，民国十三年（1924）立石，碑存泰山普照寺西卧云台。

山东岳十王宝卷》成为天津丧礼的诵经内容。该宝卷称：人在阳间的善恶由"灶王报与土地，土地报与城隍，城隍报与天齐，天齐申与幽冥地府地藏菩萨"，这位菩萨再批给十王。[1] 这样由灶王层层上达，最终由幽冥地府完成对人间善恶的有效鉴查。该宝卷经清代道士的传播，逐渐进入民间的丧礼。光绪年间，天津李世瑜的曾祖母去世，其祖父李云舫通过捐官的方式为其母亲取得节妇的头衔，大办丧礼。从祭祀的头七日到七七日，逢"七"即请道士念经，有时架起"渡桥"（走金桥过银桥）与"十王座"（用几十张桌子搭起的三层高台），道士颂《泰山东岳十王宝卷》。[2] 民国时期北京仍有信众翻印该经书。

其四，上海灵学会对东岳大帝信仰的利用。该会由杨睿、陆费逵、俞复与丁福保等人在 1917 年成立，旨在研究鬼神之类的超自然现象，建立了专门的乩坛——盛德坛，并出版会刊《灵学丛志》。1918 年，他们请下的威灵仙宣称，东岳神虽是地祇，但掌握着实权，不是一般的山神与水神可比；东岳神的担任者很少调补，不像城隍神、土地神那样忽升忽降。[3] 这一所谓"释疑"的文章，试图以扶乩降神的方式证实东岳神的存在。1924 年，他们请下了东岳大帝，并借其口讲述六道轮回之理，即："人有四体，即有灵魂。或清而得乎水，或烈而得乎火，或直而得乎木，或秀而得乎金，或厚而得乎土。其生也有自，其死也有归。苟失其气，则乱，乱则随其气机之相感，以投其相近之处。是以有三途六道。灵蠢人兽之分，所谓轮回者，随所感以应之也。……如此，善者为仙为佛为神为人，恶者为蛇为蝎为恶鬼为畜生。所作所为如是，所化所成亦如是。是皆在一己之气机，以感召之耳，岂有他哉？气机之善恶，随心念为转移。"[4] 此说亦是宣扬善恶报应之理。灵学会自称利用鬼神可以解决道德沦丧的问题，让人类获得最后之觉悟，在社会上颇有影响力，连黎元洪、严复、吴稚晖等名流都欣然为其题词。不过，鲁迅先生对其不屑一顾，称其是"沪上一班昏虫"[5]。南京国民政府实施废除淫祠运动后，该会逐渐销声匿迹。

其五，佛教界借助东岳大帝信仰进行劝化。《传灯录》中《东岳受戒》

---

① 《泰山东岳十王宝卷》，王见川、林万传主编《明清民间宗教经卷文献》第 7 册，台北：新文丰出版公司，1999 年影印版，第 21 页。
② 李世瑜：《天津的旧丧俗》，顾国华编《文坛杂忆》（全编六），上海书店出版社，2015，第 99 页。
③ 《威灵仙玉帝东岳判词》（四月十三日宣示），《灵学丛志》1918 年第 7 期。
④ 《东岳大帝说轮回》（壬戌年七月二十二日南京分社），《灵学要志》1924 年第 9 期。
⑤ 许寿裳：《鲁迅传》，吉林人民出版社，2014，第 174 页。

一文称，东岳神在唐代随元珪禅师受戒。1926 年，上海的静安居士以此为据，劝诫奉祀东岳与关帝的香会信众吃素。他对此解释说："祀神所以求福，杀生必以召殃，人人能知也。祀神必先斋戒，既曰斋戒，则不当饮酒茹荤，亦人人所知也。祀神而杀生，无异求福而召殃，于义何取乎？……岳帝从唐元珪大师受戒，见《传灯录》。……岂有神已受戒，而祀神者必违戒以干神怒乎？且二帝固奉天敕掌人间善恶者也。恶莫大于杀生，聪明正直如二帝，岂因人享祀，遂赦其恶而降之福乎？岳帝垂训曰：'不因享祀而降幅，不因不奉而降祸。'此类受戒后之言也。……故录二帝受戒事实于后，明告世人，从前过误犹曰不知，知而不改，则获咎深矣。"① 此说有意以佛教的戒杀生之说教化东岳大帝的信众放弃吃肉与饮酒，不能为祀神而杀生，否则不仅不能得福，还会招祸。只是此说对华北的泰山信众影响甚微。

二　泰山信仰与基督宗教

基督教与泰山的渊源甚深，早在明代崇祯年间，意大利天主教的传教士龙华民来到泰安府布道，并为一些汉族的入教者举行洗礼。清顺治七年（1650），在耶稣会士汤若望的建议下，意大利方济各会的传教士在泰安满庄发展教徒。从康熙后期到鸦片战争，由于清廷实行教禁，基督教在泰安地区的活动陷于停顿状态。鸦片战争后，德国、英国、法国、美国、意大利等国的基督教传教士陆续在泰安境内开始传教。② 他们将当地的泰山信仰视为传教的障碍，试图破除。

（一）泰安基督教与泰山信仰的冲突

道光二十二年（1842），德国传教士再度将天主教带入泰安境内。道光三十年（1850），意大利方济各会的传教士罗类思在泰安城内开始传教活动。光绪八年（1882），方济各会在济南建立山东北境总堂与南境总堂，泰安教务隶属北境总堂，下设泰安王庄总铎区与平阴胡庄总铎区。③

---

① 静安居士：《劝东岳关帝二会宜素食文》，《净业月刊》1926 年第 6 期。
② 田承军：《泰安教会往事》，《寻根》2010 年第 5 期。
③ 泰安王庄总铎区设立于光绪十四年（1888），下辖羊栏沟、泰城、满庄 3 个本堂及 20 多个支堂。平阴胡庄总铎区设立于光绪二十六年（1900），下辖东平、肥城、东阿、平阴 4 个县的教务。教会先后派遣意大利、奥地利、荷兰、西班牙、德国 5 个国家十几位传教士来胡庄主持教务。此外，泰安下属的宁阳县教务由山东南境总堂管辖。

随着基督教传教活动的深入，泰山神灵信仰与耶稣基督信仰逐渐产生了冲突。光绪十九年（1893）二月，教会试图购买泰安城中王尹氏的房屋改建教堂，但泰安的一些绅民认为若在此建教堂必会破坏岱庙的风水，有损于泰山神灵，因而坚决反对。济南道委会的徐寿基劝教会另买房产，不过主教马天恩不愿收回购房费用，坚持要此处房屋。很可能他想借此机会冲击泰安地方的东岳大帝信仰，扩张该地基督教信仰的文化空间。双方僵持不下，泰安县令毛澂支持地方绅民一方，结果被撤职，调往他处。虽然基督教在泰安地区吸引了数以千计的教徒入会，但此地大多数民众仍旧保持着对泰山神灵的信仰。基督教独尊上帝的一神信仰无疑会强烈地排斥泰安民众的泰山神灵信仰，二者之间的对立难以调解。这是引发泰安民教冲突的一个重要原因。

庚子国变之后，天主教会实行了中国化的措施，对泰山神灵形成了更强的冲击。美国传教士丁义华认为，义和团的兴起与民众的"四大门"信仰有关。他分析称，由于民智未开，义和团迷信鬼神，而其降下来的神"甚么黄鼠狼、草刺猬、兔子、大眼贼，无所不有"；如果民众稍有知识，就不会迷信这些神灵。[①] 丁义华也是将民间的神灵信仰归因于民众的愚昧无知，试图以此为基督教打开一道传播西方新知、宣传基督教教义的门。

为了争取更多的民众受洗入会，天主教在泰安城中建造了圣母医院，为普通民众提供费用低廉的就医服务。德籍神甫田安民在王庄办仁慈堂，安临来夫妇创办了"阿尼色弗之家孤贫院"（Home of Onesiphoyus，后来改名为"泰山孤贫院"），向收养于此的贫苦儿童灌输爱天主、爱上帝的观念。天主教和基督新教的差会还在泰安创办了初等与中等教育的多所学校，以育英中学与萃英中学为典型代表。由于天主教在医疗、慈善与教育上采取了一系列措施，泰安的教案显著减少，教徒人数不断增加。1917年泰安城西施家胡同建立了中心教堂，管理教徒1000多人，其中泰安城教徒240多人。1924年，山东北境总堂改组为济南教区，下辖泰安、莱芜、平阴、东平、新泰等地的教务，教徒共3万余人。显然，基督教在医疗、教育与贫困救济方面的种种现实性的举措，有力地吸引了越来越多的普通民众入会。1938年日军占领泰安后，逃到教堂的民众可以得到教会保护，不少民众因此受洗入教。对于原本信仰多神、注重现世功利的普通民众而言，只要能即时性地解决急迫的现实生存问题，他们可以没有任何心理纠结地放弃本土的多神信仰，转而在形

---

① 《天津失城五十一周年纪念》，《大公报》1911年7月31日。

式上单独信仰来自西方的上帝。诚然，他们是否真正理解基督教的教义，是否真正信仰上帝之类的问题颇值得再斟酌。

20世纪20年代开展的基督教本土化运动，不仅要与中国文化相结合，还要与中国社会相结合。也就是说，本土化后的基督教既能适合中华民族固有的精神和心理，又能使中国基督徒的宗教生活和经验契合中国的风土人情。这意味着在华的基督教要与中国民众的信仰习俗相调适，而不是像过去那样一味反对。不过，这一调适的过程十分缓慢，而且在泰山神灵信仰习俗上没有明显的反映。

1927年，美以美会的传教士敬奠瀛在泰安马庄创建了具有本土特色的耶稣家庭。马庄和各地的耶稣家庭均不设牧师，敬奠瀛作为耶稣家庭"老家"的"家长"，享有宗教生活与世俗生活合一的最高权威。依照敬奠瀛的安排，耶稣家庭取消了私有财产，平等地向家庭成员供应生活物质。由于耶稣家庭不问政治，形同乱世中的避难所，1949年时马庄耶稣家庭的常住人口多达500人。其在民国时期的基督教中具有十分显著的影响。陶飞亚先生认为这一生活共同体带有鲜明的乌托邦色彩。[①]

耶稣家庭坚持遵行"十条诫"，其第一条云："除了上帝以外不可敬拜别的神。"[②] 依照此诫，他们不信仰包括泰山神灵在内的所有中国本土神灵。

不过，他们作为基督教的灵恩派（五旬节派），注重说方言、大哭大笑和报告异象、异梦的宗教体验，带有鲜明的神秘主义色彩。1939年6月，马庄耶稣家庭印行了《乡村布道歌》，宣称："福音道理好的多……瞎子信道能看见，瘸子信道腿不瘸。哑巴信道能说话，有病信道不吃药。若是全家信了道，男女老幼快乐多。"[③] 这种对信仰耶稣人之生理效验的宣传实是夸大其词，神乎其神。该书还举了一个通俗易懂的例子：

> 从前一家有鬼闹他，共有四口倒下仨。
> 门神关公龟君菩萨，个个坐着不管他。
> 后来那家信了耶稣，魔鬼听说就跑啦。
> 木雕泥塑石刻纸画，铁打铜铸死疙瘩。

---

① 陶飞亚：《中国的基督教乌托邦——耶稣家庭（1921～1952）》，香港中文大学出版社，2004。
② 《乡村布道歌》，山东泰安耶稣家庭，1939，附录。
③ 《乡村布道歌》，第2页。

这些偶像能引魔鬼，各样怪事来到家。

挑条浆水杆草燎他，法官神婆难治下。

只要一心信仰耶稣，百无禁忌不要怕。①

此例子点名批评了门神、关公、龟君与菩萨，并将碧霞元君、东岳大帝等中国神灵一并否定了。相对于泰安民众普遍信仰碧霞元君的传统而言，至少在泰安的耶稣家庭中，这位泰山娘娘得不到任何香火了。

美以美会委托李翰忱编纂了《破除迷信全书》，极力批判包括泰山神灵在内的中国诸神。李翰忱在该书中宣称：泰山府君唐代被封为天齐王，由此东岳庙又称天齐庙，但它不过是"县城中必有的点缀品"②；所谓碧霞元君嫁为西海妇等传说，"真真玄而不真"③，这位神来历不清，不值得信仰；石敢当"来得不正当"，对它的迷信"真是令人难懂"。④ 他批评泰山庙会"演剧的目的是媚神，其实他们的目的为的是求一时的称誉。另有的则举办施舍茶水的种种慈善业，以为也是大能积功德的。更有那些豪奢的，则许愿于山间建立庙宇，超度下僧道，也以为是大有功德的事"。⑤ 这些信众与其朝山进香，不如出国游历观光，"那才不愧为神明华胄"。⑥ 他还称："我国欲变弱为强，日见进步，那么就当认清独一上帝是天地万物的主宰，耶稣基督是他的代表，要专门作牺牲的事业；凡属人类俱是上帝的儿女，为上帝所长养，无论是生是死，俱当为上帝，不当为一己；这样可以达到地国变天国的地位了。"⑦ 当然，这样的宣传并未能从学理与生活实践上改变民众对泰山神的信仰，收效甚微。

（二）总司大帝信仰遇到基督教的反对

民国时期莱芜民众的总司大帝信仰遇到了基督教的反对。光绪时期，基督教在莱芜县开始布道，劝说乡民入教，不过其与总司大帝信仰的冲突尚不明显。民国肇兴后，基督教逐渐公开批判莱芜地方民众信仰神灵的观念与习

① 《乡村布道歌》，第 4 页。
② 李翰忱：《破除迷信全书》，人民中国出版社，1993，第 398 页。
③ 李翰忱：《破除迷信全书》，第 399 页。
④ 李翰忱：《破除迷信全书》，第 400 页。
⑤ 李翰忱：《破除迷信全书》，第 326 页。
⑥ 李翰忱：《破除迷信全书》，第 427 页。
⑦ 李翰忱：《破除迷信全书》，第 424 页。

俗。1919 年，莱芜县水北村的耶稣会公开致信当地的绅界，一方面称颂他们是"一方易风移俗之锁钥，优胜劣汰之关键"；另一方面批判当地的两大不良习俗：一是乡民在遇到干旱、虫灾或其他灾害时"惯于祷雨许愿，演戏酬神"，二是乡民为死亡的亲属举行奢侈的祭祀。① 其中第一个不良习俗直接关联着乡民对鬼神的迷信。经此一事，莱芜绅界对民间演戏酬神之事确有注意。翌年，他们对当地乡民为祈雨而演戏酬神的行为极力劝止，保卫团还拆毁了乡民搭建好的戏台。耶稣会为此又公开致信称：莱芜县是"全省迷信之祖区，结社享神，苛敛演戏之事年月不绝"；幸有绅学界并保卫团拆了戏台，他们真是"省城破除迷信之大家，兴利除害之巨子"。② 此处的"结社享神"是指乡民结社为总司大帝、碧霞元君、东岳大帝等泰山神灵进香的行为。经过耶稣会数年的布道，莱芜的一些乡民成为天主教的信徒，他们至少在形式上放弃了对总司大帝的信仰。

1928 年 5 月，天主教在莱芜县成立奋兴会，特请巴德、王相毅、文荣泰牧师来此主管。除每天布道外，他们还赶集售卖福音书。瑞教士和韩太太到教友及邻近的家庭布道，使一般不出家门的少妇们也能听见主的福音。③ 天主教禁止崇拜中国本土神灵的教义在一定程度上冲击了当地的总司大帝信仰及其民间习俗。当时成立的莱芜改进习俗委员会认为奋兴会的布道是"宣传迷信"，"诬蔑党义"，通令将其禁止。

不过，现在没有资料表明，莱芜改进习俗委员会将总司大帝信仰习俗视为迷信，加以禁止。1938 年，总司庙的庙会仍旧十分繁盛，"车马缤纷，香烟缭绕，送阴碑者、行愿醮者皆为之络绎不绝，锣鼓喧天，人烟匝地"④。是年，在祝阳的赵次方宗族的倡导下，泰安、莱芜的绅民大规模重修了总司庙的大殿、文昌阁、悬钟楼、院墙、庙内道路，还新建了西南隅的便门。此次捐款的民众至少有 514 人，商号至少有恒德号、恒源堂等 4 家。⑤ 由于莱芜地方政府的默许，总司庙香社并没有因为基督教的反对而改变其信仰，这里的进香活动也没有受到影响。直到 1942 年，总司庙香社才因为日军侵入莱

---

① 秀一：《教务论说门：水北耶稣教会致莱芜县绅界书》，《新民报》1919 年第 11 期。
② 《泰安：水北耶稣会函》，《新民报》1920 年第 2 期。
③ 赵延廷：《反教声中之莱芜奋兴会》，《兴华》1929 年第 20 期
④ 《重修总司庙记碑》，民国二十七年（1938）立石，碑存山东省泰安市岱岳区祝阳镇总司大帝庙。
⑤ 《重修总司庙记碑》，民国二十七年（1938）立石，碑存山东省泰安市岱岳区祝阳镇总司大帝庙。

芜县而暂停了庙会活动。

（三）传教士对民众泰山信仰的改变

为迎合乡民敬神的传统，圣公会传教士在布道的同时，采用基督显灵的方式争取信众。一方面，他们从自然现象和人生常识入手，讲解基督教的社会责任，企图以信仰基督获得永生的观念取代乡民的生死轮回的观念；另一方面，他们通过展示基督的神力，瓦解民众对泰山神的信仰。① 这种能力集中表现在驱魔赶鬼和治病方面，尤其能吸引民众的注意，也确实有助于传教的成功。1920 年代，聊城县李海务村张大才的女儿忽患瘫病，久卧床褥。后经传教士祈祷，病者竟然能够时披衣而起，不数日即能下床。此事传开后，该村"男女三十余人，无不诚心悔改"。② 1930 年代，新泰县有村民"时遭魔害"，经常患病，屡次请女巫作法，却不见效果，信仰基督教后得以恢复常态。③ 上述故事均是传教士自述的成功案例，但只是偶尔发生的个案，并不具有普遍性和明显的影响力。是否存在基督治病不灵验的故事，不得而知。聊城与新泰的民众更多的信仰东岳大帝与碧霞元君。尽管圣公会也会在泰山庙会举行时向香客布道，宣传真神，但其所发展的信徒实在太少。④

1930 年，一位署名为"南平堂斐理伯"的天主教徒公开否定东岳大帝。他在《泰山辨》一文中称：东岳大帝这位"泰山菩萨"是许仲琳在小说《封神演义》中假造编演出来的，历史上并没有其人。这位天主教徒不仅把道教神灵东岳大帝看成佛教的菩萨，而且还宣称"只有那些愚昧头脑的小部人们"才去相信"一切的菩萨"。为了促使"一般可怜的迷信菩萨者，赶快醒悟过来"，他建议这些人去找求真的掌管万物者——天主和真正的宗教——天主公教。⑤ 这位天主教徒自白其动机时称，虽然自己"才薄识浅，道学不明"，但为了"宣传真道，批驳异端和荣主救人的使命"，也就不得不写作此文了。⑥ 从该文的写作风格与其提到的查考《袁王纲鉴》一事看，作者虽署名"南平堂斐理伯"，但应当是一位中国信徒。他不仅批驳了东岳

---

① 丁玉源：《新泰布道团工作》，《圣公会报》第 27 卷第 16、17 期合刊，1934 年 8 月。
② 孙德润：《祈祷医病得愈记》，《中华圣公会报》第 14 册第 23 号，1922 年 7 月。
③ 石蕴升：《新泰张家村人皈主记》，《圣公会报》第 27 卷第 16、17 期合刊，1934 年 8 月。
④ 胡卫清：《在孔子家乡传教：圣公会在山东历史探析》，《东岳论丛》2016 年第 1 期。
⑤ 南平堂斐理伯：《泰山辨》，《公教周刊》1930 年第 59 期。
⑥ 南平堂斐理伯：《泰山辨》，《公教周刊》1930 年第 59 期。

大帝，而且否定了中国传统的所有神灵信仰，为天主信仰张目。由此可见，在华的基督教在本土化运动中虽然对中国民众本有的祭祖问题多有妥协，但对于本土的神灵信仰仍不能容纳。

民国时期北京的基督教在朝阳门外东岳庙积极布道，发展信众。据东岳庙道士关松山回忆，东岳庙初一、十五开庙，传教士上庙里头去，咚咚咚地吹喇叭，说"劝你劝你，老和少"之类的话。一些人为了生活保障而信奉了基督教。当时北京就有"耶稣庙，瞎胡闹，不为信教为的是这六块北洋造"的流行语，其意是说基督教为新入教的信徒提供工作，每月工资6元钱，而当时警察的工资也不过每月3.5元。① 基督教还开粥厂，救济穷人。这些举措在一定程度吸引了一些穷苦者加入基督教，他们无所谓维护泰山信仰的义务与责任。

（四）"四大门"信仰与基督教的博弈

前面提到过泰山碧霞元君信仰延伸下的"四大门"信仰，这一信仰与基督教格格不入。据燕京大学学生李慰祖在20世纪30年代末的调查，北平的基督教虽然壁垒森严，但也不能与"四大门"信仰绝缘。燕京大学中许多受洗的华人职员依然和"四大门"的香头发生关联，或是出于儿女患病，或是出于儿女的婚姻等，不一而足。这些基督徒在事成之后还要到坛口去挂匾，称赞仙家的灵验。他们甚至对秉刚庙的李香头说，自己在燕京大学校园里信奉基督教，到了香头这里就不信了。②

李慰祖访谈的几位香头对基督教非常反感，因为"四大门"信仰与基督教的内在精神完全相抵牾。"督教的精神是个人主义的，反之，四大门信仰的基础是建立在家族主义之上的，农家是四大门信仰的单位。"③ 二者互相关联的实例不多，很难说明其敌对的具体情况，至少出现过"四大门"会"拿法"北平地安门大街福音鲁堂某教徒的太太，不知其结果如何。④

可见，泰山神灵信仰（包括"四大门"信仰）与基督教信仰在精神内蕴上迥然不同，后者对前者无疑是一种完全的颠覆。不过，在中国人讲究实用的传统心理根深蒂固的情况下，一些华人基督徒因为世俗的安乐追求总不

① 定宜庄：《老北京人的口述历史》（上），第510页。
② 李慰祖著，周星补编《四大门》，第30页。
③ 李慰祖著，周星补编《四大门》，第110页。
④ 李慰祖著，周星补编《四大门》，第31页。

免暗地里保留对"四大门"的信仰。以此而言，近代中国的基督教信仰并没有冲击"四大门"信仰。相反，其自身因为一些华人信徒与"四大门"香头来往而变得不够纯粹了。

（五）传教士对泰山信仰的遗憾

早在 17 世纪，西方的一些著作就已经提到了泰山。比如，罗马尼亚人米列斯库（Nicolae Milescu）的《中国漫记》一书与荷兰的纽霍夫（Johannes Nieuhof）《德·戈耶尔和德·凯塞荷兰遣使中国记》一文都记载了泰山。① 随后，1869 年出版的亚历山大·威廉森著《中国北方、满洲、东蒙古的旅程》②，1879 年出版的马提尔（C. W. Mateer）牧师著《泰山：寺庙及其祭拜》③ 与 1884 年出版的依莎贝尔·威廉森著《中国的古代道路》④，这 3 部作品记录了作者们游览泰山时的见闻，让欧洲人初步认识了泰山。其中，马提尔不仅记录了他在泰山的游历，还从传教的角度感受到了泰山在中国精神信仰中的特殊地位。他说，将神灵崇拜与高山联系在一起，是中外公有的宗教现象；但是中国人把上帝与高山混淆了，真正的上帝存在于精神与真理之中，而不是住在高山上。

与马提尔的印象十分相似，贝尔根（Paul D. Bergen）牧师也对泰山上没有上帝信仰而大为遗憾。1888 年，柏根牧师特地游览了作为中国圣山的泰山。⑤ 他在此行的游记中描写了泰山壮丽的云海——"玻璃混合着火光的海"，并说自己感到像门徒约翰看到了神启示的景观一样。他还赞叹泰山历史的久远：舜祭祀泰山的历史，比希腊史诗早 1500 年，比摩西站在尼波山

---

① 参见周郢《视线所窥永是东岳：西方汉学家与泰山》，《中外文化交流》1997 年第 1 期。〔罗马尼亚〕尼·斯·米列斯库：《中国漫记》，蒋本良、柳凤运译，中华书局，1990。*An Embassy from the East – India Company of the United Provinces to the Grand Tartar Cham, Emperour of China: Deliver'd by Their Excellencies Peter de Goyer and Jacob de Keyzer*（London: Printed by the Author, 1673）。苏瑞隆说，周郢提到的 1665 年的《德·戈耶尔和德·凯塞荷兰遣使中国记》应该是法文译本，原文应以荷兰文写成。见苏瑞隆《西方学者对泰山文化的研究》，齐鲁文化研究中心网，http://www.qlwh.com/jidi/，最后访问日期：2014 年 6 月 18 日。

② Alexander Williamson, *Journeys in North China, Manchuria, and Eastern Mongolia*（London: Smith Elder and Co., 1869）.

③ C. W. Mateer, "T'ai San—Its Temples and Worship," *Chinese Recorder* 10.5（Sept. – Oct. 1879）: 361 – 369; 10.6（Nov. – Dec. 1879）: 403 – 415.

④ Isabelle Williamson, *Old Highways in China*（Chefoo: The Religious Tract Society, 1884）.

⑤ Paul D. Bergen, "A Visit to T'ai Shan," *Chinese Recorder* 29.12（Dec 1888）: 541 – 546.

看着上帝允诺的土地早 1000 年。不过，这位传教士深感失落地坦言，在泰山之上确实没有任何崇拜上帝的遗迹，来此朝山进香的人们主要是来朝拜碧霞元君的。

英国皇家地理学会会员美国人威廉·埃德加·盖洛在 1920 年前后考察了包括泰山在内的中国五岳。他发现"五"这个数字在中国文化中充满神奇的色彩，中国人喜欢用"五"来认识与划分世界，从"五行"到"五味"，再到"五德"等，无不如此。以此观念类推，中国最重要的圣山也是五座，其中以东岳泰山为首。因此，他将自己朝圣的目的地定为中国"那古老而具有鲜明本土特性的五岳"。①

盖洛游览泰山时，对这里没有上帝信仰十分遗憾。这位信仰耶稣基督的学者认为泰山是一座圣山，是神圣的地方。他注意到 120 年前的这座圣山之上就有 16 家敬神的尼姑庵，16 家具有同样目的的寺院、10 家道教宫观、16 家庙宇、3 家为称作半仙的人而立的神祠、16 家祭祖的祠堂、1 座供奉着诸多神灵的高塔、16 家敬奉主神的寺庙。② 其中佛教寺庙尤其令他不满，一则因为僧侣的禁欲，违背了人生的基本需求，不符合上帝造人的意志；二则因为佛教的佛、菩萨等塑像，造成了偶像崇拜，也损害了泰山的神圣感，"这是多么令人遗憾的事情啊"。③ 他甚至断言，汉明帝派使团去印度迎佛完全是"一个灾难性的错误"，使团应该去幼发拉底河一带才对，因为在那儿可以遇到基督教的传教士。④

盖洛对孔子也有非议。他说："孔子至多能告诉我们关于在尘世生活的道理，而基督则告诉我们在尘世该如何生活，以便使天国的大门为自己而敞开。孔子只知道'小天下'，而基督则会补充说，在圣父的天堂里有着许许多多的琼楼玉宇。"基于对泰山上的佛教与儒家文化的认识，盖洛设想：第

---

① 〔美〕威廉·埃德加·盖洛：《中国五岳》，彭萍、马士奎、沈弘译，第 3 页。20 世纪初，德国建筑学者恩斯特·柏石曼从五岳与宇宙观念的角度理解泰山信仰的神秘性。他说，古代中国人依照"宗教箴言和罗盘方位"在境内确立了五岳。五岳是"五大圣山"，"从远古以来就被认为是神圣的"，"五岳中的每一座都代表着宇宙的象征"。圣山的观念反映了中国宗教与地表的联系，即其极为典型地反映了"中国人在其最隐秘信念和自然本身之间寻找一种完美等式的需求"。在此观念下，可以调和天地影响的泰山"变成了宇宙体系的一面镜子"。见〔德〕恩斯特·柏石曼：《寻访 1906～1909：西人眼中的晚清建筑》，沈弘译，百花文艺出版社，2005，第 64、66、68～69、72 页。

② 〔美〕威廉·埃德加·盖洛：《中国五岳》，彭萍、马士奎、沈弘译，第 101 页。

③ 〔美〕威廉·埃德加·盖洛：《中国五岳》，彭萍、马士奎、沈弘译，第 104 页。

④ 〔美〕威廉·埃德加·盖洛：《中国五岳》，彭萍、马士奎、沈弘译，第 103 页。

一，在泰山的摩崖上刻写堪与华兹华斯媲美的中国经典诗人的名作，以将人们的思绪引向上帝。第二，拆除泰山所有的庙宇，停止朝山进香的活动。他还告诉人们："无论是泰山还是耶路撒冷都不需要人们前去拜神。只要你真心崇拜和热爱上帝，在哪里都是可以达到目的的。"① 显然，盖洛登临泰山时因为这里的多神信仰习俗而受到了刺激。他虽认可泰山的神圣，但更希望来此朝圣的人们放弃原有的偶像与神灵崇拜，转而信奉基督教的上帝。

　　盖洛认为泰山、泰安城与岱庙的关系是中国特色的习俗观念。他说："每一座圣山的山脚下都有一座城市或小镇，城镇与山之间具有一种非同寻常的关系。每一座圣城的城墙之内都会有一座庙宇，庙宇与这座山峰之间也有特别紧密的关系。对于泰山来说，泰安这座城市就是依附于泰山的；泰安城内也有一座关于泰山的岱庙。请注意中国的这个习俗是多么具有特色。"盖洛赞赏将泰山比喻成一个香炉的艺术想象，但他更愿意将泰山看成"一座矗立在此地的巨大神像"，相对而言，"泰安城则是一个香案，上面放着一个铜制香炉，香炉里插着几炷香"。之所以如此想象，是因为他注意到官方"对于泰山的祈祷文从来都是献给一国之神的"。② 盖洛对泰山与泰安城关系的理解确有道理，因为泰安城在唐末仅为岱岳镇，其逐渐兴起并成为县治所驻地主要是因为唐、宋官方祭祀泰山的需要与进香活动的兴盛。

　　诚然，也有不少传教士尊重泰山对于中国人的信仰意义。作为宣统帝老师的传教士庄士敦对泰山之"圣"道出了自己的体会——泰山是文化灵感的源泉。他说："我坚信，崇山峻岭具有使人净化和新生的力量，而泰山所具有的这种力量则更大。几千年来，它一直是一座圣山。在那些岁月里，它始终成为诗人、圣徒、贤哲、帝王、武士、僧侣、隐士、艺术家和神秘论者灵感和神灵启示的不竭的源泉。"③ 在庄士敦看来，古老的泰山是文化灵感，尤其是神灵信仰的源泉。此外，民国初年的美国驻华大使保罗·S. 芮恩施也认为，以泰山为中心的原始自然崇拜"成为中国各种宗教的历史根源"。④ 虽然此说与中国宗教信仰发展的历史真相相去甚远，但这位驻华大使显然注意

---

① 〔美〕威廉·埃德加·盖洛：《中国五岳》，彭萍、马士奎、沈弘译，第136页。
② 〔美〕威廉·埃德加·盖洛：《中国五岳》，彭萍、马士奎、沈弘译，第24页。
③ 〔英〕庄士敦：《紫禁城的黄昏》，陈时伟等译，山东画报出版社，2007，第340页。
④ 〔美〕保罗·S. 芮恩施：《一个美国外交官使华记：1913～1919 年美国驻华公使回忆录》，李抱宏、盛震溯译，商务印书馆，1982，第36页。

到了泰山信仰与中国道教、佛教的密切关联以及泰山在中国宗教信仰中的神圣地位。深谙"中国心灵"的德国汉学家、传教士卫礼贤阐释了泰山在中国政治文化中的神圣性。1920 年左右，卫礼贤游览了泰山之后，对其赞誉称"神圣的泰山"是"中国的奥林匹斯山"。[1] 他解释说："在中国的历史上，这座山一次又一次地显示出它自己不可取代的位置。它象征了一种启示，也象征了一种神秘，生和死都被认为起源于它。"[2] 通过泰山信仰、儒家与道教经典以及其在山东等地的游历，卫礼贤更深刻地了解了传统中国的面相与心灵。他以世界公民的宽容心态看待泰山信仰与基督信仰的同存并在。

三　迷信批判与文化启蒙

由于西方科学技术的传入与文化启蒙的兴起，近代泰山信仰受到新知识人以迷信为名的批判。

（一）晚清新知识人对泰山信仰的批判

光绪初年，社会舆论开始从空耗钱财的角度批判妙峰山信仰礼俗。光绪九年（1883），《申报》批评说，信众为赶妙峰山庙会上而"穷奢极靡"，"举国如狂"，甚至还有人"枵腹登山"，"何其愚也"；他们真应当明白"神无凭依，惟德是依"的道理。[3] 天津信众在该地海大道（今大沽路）的庙宇中供奉碧霞元君与王三奶奶，并将该庙定名为"妙峰山下院"。光绪二十年（1894）四月十二日，这些信众抬着碧霞元君与王三奶奶的塑像进行赛会，不料天忽降雨，导致赛会半途而废。《申报》对此评论称：去年的水灾迄今没有得到救助，现在却"以有用之资财作无益之举动"，赛会遇雨不是神灵的警告吗？[4]《申报》对妙峰山信仰礼俗的批评并未涉及"迷信"，只是反对人们为此信仰耗费过量的钱财。由于此时社会传媒尚不发达，信众们对这种善意的提醒与批评很可能并不知情，即使知情也未必在意。

近代科学观念的传播改变了人们对世界的认识，一些士人对包括泰山信仰在内的"神道设教"进行批评。光绪时期，《泰山图题词》收录的李增题

---

① 〔德〕卫礼贤：《中国心灵》，王宇洁等译，国际文化出版公司，1998，第 87 页。
② 〔德〕卫礼贤：《中国心灵》，王宇洁等译，2007，第 12 页。
③ 《赛会志盛》，《申报》1883 年 6 月 5 日，第 2 版。
④ 《七十二沽候潮记》，《申报》1894 年 4 月 26 日，第 3 版。

词称："我乃神道设教安于愚，泰山香火填康衢。一任碧眼人揶揄！亢父知生梁父死，遁甲著录抑何诬。东海神女西海妇，荒诞令我尤葫芦。信神世代理应尔，今仍其旧非偵乎！何不火居焚其庐，推拉偶像当薪刍。一洗前古陋儒陋！"① 李氏认为泰山信仰荒诞不经，应当推倒泰山神的塑像，以免再受西方人的讥讽。在维新志士看来，泰山石敢当也是应当破除的迷信。戊戌变法时，康有为奏称："惟中国尚为多神之俗……若夫木居士之一株，石敢当之一片，亦有无穷求福的人。"在其看来，石敢当这样的民间信仰应当立行罢废。②

光绪二十六年（1900）的两大变故引起了新知识人对妙峰山信仰礼俗进一步的批评与反思。

第一变故是当年四月初八妙峰山忽降大雪，冻死了数以百计的香客，仅中北道上就有六十二位香客因雪丧命。第二年庙会时，仅有一位山东来的香客来到惠济祠，庙中住持对其热情接待，"厚饯以去"③。此后，妙峰山信仰礼俗急剧衰落，满族老香客奉宽后来回忆说，由庚子年到民国肇兴的十年间，"虽人烟稍集，较之从前则远甚矣"④。在他看来，此次妙峰山大雪是对人心不古的一次"告警"。不过，受西方科学观念熏染的新知识人却以此为例，严厉批评民众迷信鬼神的观念与习俗。当时《醒俗画报》评论说，"（妙峰山）烧香的事毫无好处，不能得福，反到须得祸"，因而呼吁"同胞亦可以省悟一点，像茶棚、路灯等项的银子"最好用于办理一些公共设施。⑤当时社会媒体开始崇尚科学与理性，将神灵信仰习俗视为迷信，积极倡言对其进行改造。这在一定程度上反映新知识人面对西方文明而失去自信的文化焦虑心理。

第二变故是庚子国变。这一变故造成的国耻有力地促使朝野上下反思"神道设教"的流弊与隐患。当时新知识人在西方科学观念的影响下重新审

---

① 黄经藻编绘《泰山图题词》，泰安王氏仅好书斋，1936 年抄本，转引自周郢《明清之际的碧霞元君论——兼与彭慕兰先生商榷》，（台北）《史学汇刊》2013 年第 1 期。
② 《请尊孔圣为国教立教部教会以孔子纪年而废淫祀折》（一八九八年六月十九日），汤志钧编《康有为政论集》（上），中华书局，1981，第 279 页。黄彰健先生认为此折为伪折，其真实性有待于进一步考证。
③ 奉宽：《妙峰山琐记》，第 102 页。
④ 奉宽：《妙峰山琐记》，第 102 页。
⑤ 侯杰、王昆江编著《醒俗画报精选——清末民初社会风情》，天津人民出版社，2005，第 98 页。

视中国的鬼神信仰，掀起了反对迷信的声浪。有人疾呼：义和团"皆以神道惑人，必为世之大害"，因此呼吁将一切不在祀典的祠庙改作别用，而对于在祀典的祠庙"亦可酌改学堂"。① 还有人从破除中国人奴隶根性、促进思想进化的角度呼吁打破传统的迷信观念和"神权世界"，并分析说，中国日渐贫弱的一个重要原因在于"下流社会之迷信鬼神"，这种迷信实是"政教人心之蠹，而愈以阻其进化之途"。② 在这些新知识人看来，民间的鬼神信仰无一例外地属于阻碍文明进步的迷信活动。他们急于改造社会、启蒙民众，造成了以科学反对迷信的巨大声势，并将妙峰山信仰礼俗作为重要的批评对象。《大公报》批评说，妙峰山香会在北京城中"谣言惑众"，"招摇生事"，"均向商民索取捐资"；"小民无知"，地方官员不应该严禁这种行为吗？③《京话日报》刊发《妙峰山》一文，直接批评妙峰山"烧香拜佛"的庙会习俗，并将其与庚子国变联系在一起。该文认为：其一，信奉佛教的民众偏偏"丢开真正佛理，专讲究迷信鬼神。中国人受害的地方，都由迷信鬼神起。庚子年的义和团就是个榜样。无奈人民受了那样大害，仍然是痴迷不醒"。其二，妙峰山进香"是劳民伤财，阻碍文明的举动"，想让民众爱国，就要先开通民智，而开通民智就要"去了人民的迷信心"，禁止朝顶进香。④

清末虽然有人开始批判泰山信仰，但清廷并没有废除泰山祭礼。庚子国变后，有识之士更清楚地意识到包括泰山信仰在内的"神道设教"的弊病。光绪三十年（1904），有人指出：在文明冲突、民智渐开的时局中，"今中国之祸亟矣。上焉者以升官发财为娱乐，下焉者以苟且偷安为得计。……今既冲突愈甚，易内界之竞争为外界之竞争。于是乎，神权之说不可以欺愚民，而天下群趋于进化之世界，故政治不得不改革，宗教不得不打破"。⑤ 在其看来，清廷固有的统治方式与文化观念造成了两个结果：一是上层人"以升官发财为娱乐"，二是下层人"以苟且偷安为得计"。在被卷入西方文明开启的"进化之世界"的情况下，中国上层人与下层人都不关心国家的安全，难免大祸临头。因此，清廷在政治与宗教上急需改弦更张，再不可以"神权之

---

① 《论妄信鬼神之谬》，《新闻报》1902 年 1 月 18 日。
② 《论革除迷信鬼神之法》，《东方杂志》第 2 卷第 4 期，1905。
③ 《中外近事·北京》，《大公报》（天津）1903 年 4 月 21 日。
④ 《妙峰山》，《京话日报》（第 255 号，1905 年 5 月 5 日）第 2 册，全国图书馆文献缩微复制中心，2006，第 425～426 页。
⑤ 《答客谈》（社说），《警钟日报》1904 年 3 月 23 日，第 1 版。

说"应对民智渐开的时代。事实上，在以"家天下"为中心观念的君主专制体制下，官员们普遍以各自家族利益为最高利益，天下利益尚在其次。即使"神道设教"也难以真正是"天下为公"的观念落到实处。以此推论，官方的泰山神灵祭礼并不能体现官员成为民众利益的真正代表，也不能消除官方与民间的利益区隔。相反，这种流于形式的礼仪为地方官员谋求升官发财提供了机会。

社会舆论不断批评华北官民的所谓迷信行为。光绪三十三年（1907）5月，《申报》指责山东巡抚杨士骧以"灵应夙昭"之由奏请修缮泰山山顶各庙宇的做法，并叹谓"可见中国迷信之深"。[1] 宣统二年（1910）4月，该报称，天津丁字沽某富户"全家人等皆迷信大仙，每日焚香甚多"，近又拟在村外修盖胡仙庙，名曰还愿。这一事件可见"津民迷信神权之可嗤"。[2]

有人深刻指出，民众迷信神权的根源在于专制君主，我国"四百兆人什九束缚于迷信之中"，原因在于专制政体者是促进迷信神权进步的推手，而迷信神权的民众助长了专制君主对神权的利用。由此，"民之愚乃不可及，而君之权乃日益张"。他还断言，现在新知识人拆毁庙宇、神像的行为并不能真正破除迷信，反而会激起信众抗议的风潮。这些新知识人没有意识到，在专制体制下，民众无权议政谈律，其生死祸福皆听命于人，而又不明白其根据，很容易信仰鬼神。如果宪政体制改革开始实行，人民清楚自己的权利与义务，那么"神权之说且不攻而自破"，不必等待别人的劝解。[3] 这一分析着眼于政治体制改革，切中了民众迷信神权的要害。

宣统三年（1911）四月初，《北京新报》的一位编辑前往妙峰山游览，发现该地"茶棚稀少"，而且北京城内香会张贴的报子也很少见了。惊奇之余，他将妙峰山礼俗衰落的原因归结为"文明时代，人人破除迷信"[4]，呼吁人们"凡事须求实际，切勿迷信鬼神"[5]。他还指出庚子年光绪帝与慈禧太后"西幸的时候，实不如今日游山的庶人"[6]。清末北京报界人士将妙峰山信仰礼俗视为鬼神迷信的典型，竭力进行批判，试图借此开启民智。他们

① 委：《东抚迷信鬼神之奏牍》，《申报》1907年5月16日，第12版。
② 《津民迷信神权之可嗤》，《申报》1910年4月21日，第12版。
③ 畸：《论专制国之迷信神权》，《申报》1907年1月6日，第2版。
④ 勋荩臣：《登妙峰山感言》，《北京新报》（第826号）1911年5月8日，第1版。
⑤ 勋荩臣：《登妙峰山感言》，《北京新报》（第826号）1911年5月8日，第2版。
⑥ 勋荩臣：《登妙峰山感言》，《北京新报》（第826号）1911年5月8日，第2版。

以西方"文明"观念拯救本土"愚昧"民众的舆论，在一定程度上动摇了清廷"神道设教"的社会基础。

妙峰山的"四大门"信仰也同样遭到新知识人的批判。有人在《大公报》上撰文称，中国人所信奉的并非佛教，庙宇中供奉的神像"不出一切稗官野史，甚至以狐狸、黄鼠狼、刺猬、蛇、鼠为大仙"；民众对这些神灵顶礼膜拜，由于崇信太杂，使自身更为愚昧，"竟至有义和拳之起，酿成国破家亡之奇祸"。① 这一批评指责民间鬼神信仰的迷信性质以及由此催生的义和团之害。严格而言，这只是一种文化决定论的看法，并未进行细致的学理分析。退一步讲，即使没有鬼神信仰，义和团运动也可以借助所谓的"法术"蛊惑视听。

诚然，新知识人对妙峰山信仰礼俗的批评大多流于纸面，并没有内化为普通信众的新知与智识。这与当时政治转型迟缓、官智未开的局面颇有关系。庚子国变后，慈禧太后与光绪帝回到京城，按照传统礼制祭祀、封赠河神，还到各处坛庙谢罪。在时人看来，这是"虚文误世，令人不肯实力于人事"② 的迷信行为。清末新政时期，慈禧太后提出的"典礼不可废"③ 的政治改革底线要求，无疑阻碍了"神道设教"的制度性变革。一些地方官员遇到干旱，仍照例举行求雨仪式。作为一种社会管控制度，未受到新政触动的国家祀典与神灵信仰礼俗，仍有力地影响着清廷官员的政治思维方式与行为逻辑。

在此之后，妙峰山信仰礼俗因为庚子年的天灾人祸而明显衰落，而且受到新知识人的批判。以严复的观察，清末中国已渐近衰世，"天下之政教，名存实去，而天下已为无政教之民也"④。尤其在西方文明的影响下，传统礼俗难以再像过去那样指导和规范人们的生活世界。新知识人对妙峰山信仰礼俗与"神道设教"的批判，确有益于民智开启与日常生活的进步。不过，这一信仰礼俗虽有迷信的成分，但并非庚子国变的诱因。一些新知识人将庚子国变归咎于民间神灵信仰的看法，可以说是让传统礼俗承担了过重的政治

---

① 《说蛮教》，《大公报》（天津）1903 年 9 月 15 日。

② 《论妄信鬼神之谬》，《新闻报》1902 年 1 月 18 日。

③ 《瞿鸿禨朋僚书牍选》（上），《近代史资料》总 108 号，中国社会科学出版社，2004，第 21 页。

④ 严复：《论中国教化之退》，卢云昆编选《社会剧变与规范重建——严复文选》，上海远东出版社，1996，第 87 页。

责任。

清末宪政改革为社会管控制度与民众生活信仰关系的重新定位提供了新的契机。《大清新刑律》以国家法律的形式赋予了包括妙峰山在内的山川祠庙及其信仰礼俗的正当性。只是时局骤变，这一法律未能真正实施，因而无法切实保障国家祀典之外的祠庙与民众信仰自由的权利。辛亥革命后，妙峰山信仰礼俗迎来了更为复杂多变的境遇。

（二）民国新知识人对泰山信仰的批判

民国肇兴，民众的政治地位却没有得到真正的提高，无所谓自由与平等。1912 年 8 月，有人指出，民国已实行共和体制，但"中央政治、地方政治将无丝毫可观"，民众仍匍匐于强权者势力之下，"所谓自由、平等之幸福，只可索诸冥冥梦想中矣"。[①] 在此情势下，民众仍无信仰自由可言。

民初新知识人提出泰山石敢当有迷信之嫌。当时有《石敢当铭》称："大门之左墙之阴，赖汝御邪直到今。民国谁复迷信深，汝仍不识时务立森森。主人见汝怒不禁。"[②] 此即将嵌于宅墙的"泰山石敢当"之刻石视为民国的迷信之物，加以批判。

对于关系泰山信仰的扶乩降降神活动，有记者表示对此要进行科学分析，不应以迷信视之。1914 年，《申报》的一位记者通过自己的亲身经历说明北京的扶乩不可以迷信简单视之。他"初亦以迷信成谬妄视之"，后来现场观看了一位"极有心思、道德并无营业关系"且为某扶乩坛掌坛人的好友实际操作的扶乩降神活动，大为惊异，从而改变了原来的认识，并由此推测"或仙鬼实有之，或心理学上之潜在意识有如此作用，如催眠术等等者，然或于哲学等另有别解"。[③] 在他看来，扶乩降神之事至少不是荒诞不经的所谓"迷信"，有待于哲学、心理学的进一步解释。

20 世纪 20 年代，由于内忧外患造成的文化焦虑的刺激，社会舆论仍以激进的态度对待泰山信仰习俗。1927 年，有人为破除迷信主张拆毁东岳庙，但也有人提出了不同的意见。一位署名为"岂明"的新知识人在《语丝》上刊文，不同意拆东岳庙的提议，并给出如下理由：其一，强行干涉感情思想上的事曾有流毒；其二，将东岳庙保存起来，可供人研究或赏玩；其三，

---

① 东吴：《共和与道德》，《申报》1912 年 8 月 12 日，第 1 版。

② 《石敢当铭》，《余兴》1914 年第 1 期。

③ 远生：《北京之新事》，《申报》1914 年 1 月 9 日，第 13 版。

表面的破坏没有效力，因为神鬼地狱等塑像是有形的，但迷信的根源是在无形的人心里，一切有形的表象只是人的欲求的投影。他还提出，破除迷信当用教育的方法，养成科学思想。这样，东岳庙即使存在，也不会再有人来进香，"否则人民愚蒙如故，东岳庙即使拆成一片白地，鬼神仍然寄居人们的心中，他们也会对一棵槐树或一支石柱膜拜"。① 显然，这位新知识人将科学与神灵信仰对立起来，并将神灵信仰视为迷信的表现。事实上，神灵信仰固然与科学知识无关，但二者并非截然对立。在科学知识尚未触及的生活领域，一些人还需要神灵信仰来应对此领域的问题。

20 世纪二三十年代，一些新知识人对山东境内的泰山信仰习俗进行了细致观察，或将此信仰习俗视为迷信，力言废止，或将其视为贫困民众的不得已的生活方式，主张从民生的角度加以改造。

一些具有新知识背景的游览者佩服信众的虔诚以及由此产生的"魔力"。1923 年，韦润珊游览泰山时遇到一位年已 68 岁，裹着小脚的白发老妇。这位老妇从碧霞祠下山，"险途十余里而历时不过半日"，并不觉得疲惫。韦润珊由此叹道："彼为朝山而来，故不觉其登临之劳倦也。此亦足明宗教魔力之大也。"② 韦润珊作为一个知识者，仅是以局外人的立场观察泰山神灵信众的表现，并未进一步考虑乡村民众的生活处境。

还有新知识人对民众进香的迷信行为多有惋惜。1931 年，王国华记述泰山的香客说："那些男女老幼，却不怕这种险地，一步一喘的向上登，每至平台，即行跪拜，不问而知是朝山进香的了。观及此，既叹其迷信之深，而又服其心之诚。"③ 1935 年，有人称，曾任山东省府主席的孙良诚改造岱庙，一时人心称快。不过，孙良诚只能拆去了城里的岱庙，却不能拆去泰山顶上的岱庙。他禁不住叹息道："可惜人们的迷信太深了"，"宗教的势力真伟大，不禁要令人咋舌了"。④ 这些知识者只看到民众进香的迷信的一面，并把泰山神灵信仰习俗错当作宗教了。

1937 年，一位署名为"鲁客"的游览者在《泰山香市杂写》一文中，从如下三个方面细致分析了泰山神灵信仰习俗的根源与危害：一则泰山因为农民的迷信而香火旺盛。泰山本是一座风景名山，但在一般民众心中，"她

---

① 岂明：《拆毁东岳庙》，《语丝》1927 年第 119 期。
② 韦润珊：《泰山纪游》，《史地学报》1923 年第 2 期。
③ 王国华：《我登泰山的一点回忆》，《天主公教白话报》1931 年第 18 期。
④ 倚重：《泰安杂写》，《人言周刊》1935 年第 24 期。

却是一位伟大神奇消灾降福的山神泰山奶奶安居之所在"。从碧霞元君与佛爷抢占泰山的传说看，一般农民仍保留着"占山为王"的传统意识。他们更深地体会到人类对于自然雄伟的崇拜，因以发生了宗教的信仰；"而由宗教上的信仰，对于封建贫愚的农民给予一种'靠天吃饭'的最后的精神寄托之处"。鲁客由此叹道："目前中国一般农民仍然停息在封建的不进化的迷信神权的时代中。"这些农民的观念说明了泰山香市至今仍然兴旺的原因。[1] 二则"神道设教"的敛财性。鲁客认为"神道设教也是具有投机性质的，与教皇榨取信徒们的血汗钱一样地善于取巧"。20世纪30年代泰山的香火仍然鼎盛，每年的香火费用"总在五百万元以上"。在鲁客看来，这一笔至为惊人的"迷信费用"，都被泰山上的道士、僧人等侍神者赚取了。[2] 三则泰山因神灵信仰成为病菌的传播地。鲁客注意到，一些患有传染病的人们也来泰山烧香求神，而一些求福的健康农民反受了他们的传染，带了灾病回去。"比如洗眼的，有一个患沙眼的，其余的合洗那盆'眼光神水'，结果全都会传染上了沙眼"。因此，鲁客呼吁民众不要再信奉泰山神灵。

显然，鲁客注意到了贫困而又缺少知识的农民信仰泰山神灵确有盲目从众，不知其所以然的迷信性，但他没有同情地了解农民信奉泰山神灵的不得已之处。仅是简单地将民众的泰山神灵信仰贴上"迷信"的标签加以批判，对于改良民众的观念与生活方式而言，既不足以治标，也不足以治本。不过，鲁客观察到的泰山进香与传染病的关联确是其他游览者所未曾注意的。这一现象表明，泰山虽是不设任何门槛的公共场所，但缺乏公共制度与公共组织的管理。在民众缺少公共意识的情况下，泰山无疑存在着将个体的传染病演变成群体公害的隐患。以进香的沙眼患者而言，其或许无意将此疾病传染给别人，但因为没有现代的医学常识，不自觉地成为危害其他信众的疾病传染源。那些健康的信众因为迷信碧霞元君的侍从"眼光娘娘"，接触了沙眼患者使用过的同一盆"洗眼神水"，不明不白地被传染上了沙眼病菌。民众信仰泰山神灵的非理性由此可见一斑。

（三）冯玉祥在泰山破除迷信

20世纪30年代隐居泰山的冯玉祥积极宣传唯物史观与科学观念，以破

---

① 鲁客：《泰山香市杂写》，《中兴》1937年第3、4期合刊。

② 鲁客：《泰山香市杂写》，《中兴》1937年第3、4期合刊。

除包括泰山神灵在内的鬼神信仰。冯氏信奉唯物史观，不信仰任何鬼神，而且对民众崇信神灵而缺乏民族意识的现象十分痛心。1932年4月12日，他在日记中写道："中国人迷信太深，缺乏民族意识，自信力又非常的薄弱，我们要亟起挽救，破除迷信，增强民族意识，坚定自信力。不然，在外侮日深的今天，怎能救亡图存呢？"① 在日军侵占中国东北的危机下，民众仍旧沉浸于神灵信仰的习俗，求一己之福，而不思国难。

其一，批判泰山神灵信仰。

冯氏尤其对当地民众崇信碧霞元君与东岳大帝十分不满。1932年7月24日，他在泰山大众桥附近的馒头石，遇到了好友王铁珊的孙子。这位同济大学工科毕业生因为其母生病，特地到泰山许愿。冯氏禁不住叹息："中国的大学生还如此迷信鬼神，真是可叹之至。"② 他分析泰山神灵的缘起称：古人因为知识粗浅，认为山水、草木都有神人主持，"象这样伟大的泰山，当然有一位神通广大的神主宰着了，所以我们可以看见在全国的每一县里都有一个泰山行宫，这种势力之大，也就可想而知"。泰安一县就有两千多所庙宇，其中的一万多僧道"都是极无知识的人，做了和尚、道士以后，更加迷信起来"。在他们的影响下，泰山神灵迷信深入了民间。在他看来，泰山神灵信仰是一种毒害人的迷信，是"科学进步的障碍物"。全国各地民间差不多都受到了这种迷信的毒害，尤其是泰安这个地方迷信实深。泰山神灵信仰"贻害国家实深"，"所以一切都不能进步"。因此，冯玉祥主张要彻底革除包括泰山神灵在内的鬼神信仰。③

1933年，冯玉祥在为赵望云在华北乡村的写生集题诗时也批评乡民对泰山神灵的迷信。他描述称，河北宁晋县农民热衷于赶庙会，"求福求佑的人成群来。出痘子的求痘儿哥哥，没儿女的求送子奶奶，害眼的求眼光娘娘，贫困的人想要求点财"④。他认为华北农民之所以迷信神灵，主要因为知识贫乏，社会教育滞后。以其崇拜刘猛将军而言，农民的迷信虽然可笑，但并不知道灭蝗虫的方法，而"城中农科大学毕业生，从来不见他们到乡村"⑤。事实上，农村医疗技术落后，民生凋敝，才是农民崇奉泰山神灵的根本

① 《冯玉祥日记》第4卷，江苏古籍出版社，1992，第608页。
② 《冯玉祥日记》第3卷，第659~660页。
③ 《冯玉祥读春秋左传札记》，上海军学社，1934，第23页。
④ 《赵望云农村写生集》（冯玉祥题诗），山东画报出版社，1999，第138页。
⑤ 《赵望云农村写生集》（冯玉祥题诗），第38页。

动因。

　　冯玉祥对佛教以泰山信仰牟利的做法也不赞同。早在 1917 年 4 月暂居京西天台山慈善寺时，他就注意那里的僧人借助泰山信仰聚财的现象。当时，他因不满当局而前往慈善寺隐居。一天，他问当时的寺中住持玉宗和尚："从前来游玩时，只有一座大庙，此次来，看见新建了几所小庙，其中一座是送子娘娘庙，为什么新修这些庙？"玉宗回答说："因为老百姓来朝山进香，许多是为了求子，若不盖这个庙，他们就不来进香了。"因为民众虔诚信奉王三奶奶，该寺还建有一座王三奶奶殿，以多吸引香客，并多赚些香资。冯玉祥听后笑言："你真能干，你做和尚像开店一样，主顾要什么货，你就办什么货。"① 20 世纪 30 年代，泰山当地一些受佛教影响的民众出于宗教的慈悲情怀，不用葫树叶子养蚕，结果当地的好多葫树无所用。由于此事的刺激，他深感"迷信不破除，国家民族未有能兴起者"。为了破除泰安民众对神灵的迷信，他认为要使"'唯物史观'大大的兴盛起来，使每一个人的脑筋中都是存着唯物史观的思想，不迷信一切的'唯神论'"。② 此外，冯氏还主张发动革命以破除迷信。

　　其二，改造民众的信仰观念。

　　由于泰安碧霞元君的信仰习俗根深蒂固，冯玉祥极力从文化教育上推进南京国民政府实施的破除迷信运动。在文化观念与生活条件没有改善的情况下，仅仅靠思想宣传与革命手段并不能真正改变这里的泰山神灵信仰习俗。冯玉祥不仅同朋友一起探讨无神论，还在 1932 年的日记中一再称："中国人信奉有神的很不少，须得想法把无神论宣传出去，使大众了解世界上是没有神的。"③ 当时，泰安的小学教育还十分不景气，全县有 12 万小学生，但小学校只有六七百所，仅能容六七万人。④ 在此情况下，冯玉祥亲自办了 15 所武训小学，以提高泰安县城及其近郊儿童的文化素养，将其从神灵信仰习俗的笼罩下解脱出来。1936 年，他和著名的平民画家赵望云合作了 48 幅"诗配画"石碑，对泰安民众进行思想教育和政治宣传。其中的《上山烧香》写道：

　　　泰山古庙多，巨石伴松柏。

---

①　冯玉祥：《我的生活》，黑龙江人民出版社，1983，第 248 页。
②　《冯玉祥日记》第 4 卷，第 671 页。
③　《冯玉祥日记》第 4 卷，第 673 页。
④　《冯玉祥日记》第 4 卷，第 691 页。

> 为求财与福，香客常成伙。
>
> 壮男许愿归，昨去今始回。
>
> 老妇更虔诚，跋涉奔前程。
>
> 臂上一小篮，元宝在里边。
>
> 双足千斤重，步步自知疼。
>
> 小女虽缠足，忍泪登高坡。
>
> 纯洁幼儿心，已被迷信侵。
>
> 路旁多乞妇，伸手讨馍哭。
>
> 慈悲爷娘叫，无人把钱掏。
>
> 教育不猛进，国弱大众贫。
>
> 实践重科学，始有真快乐。

为了改变泰安民众对泰山神灵的信仰习俗，冯玉祥不遗余力地宣传科学，将二者视为不可并存的对立物。他将泰山南麓的科洛山改名为"科学山"，还在白龙池附近的大块岩石上刻下了"东科学山"与"西科学山"的隶书大字。

除了上述思想宣传与文化教育措施外，冯玉祥还在泰山引种茶树和果树，修建了数座拦水坝，积极改善当地民众的日常生活与农业生产。这些举措使得冯玉祥赢得了"贫民慈母"的称号。借助在泰山地方形成的社会威望，冯玉祥在泰山上刻写诸多宣传民族抗日的标语。比如，他在泰山五贤祠的洗心亭上刻写了一句话："你忘了没有，东三省被日本人占去了，有硬骨头的人应当去拼命夺回来。"

冯玉祥在泰安的文化与经济活动有力限制了当地泰山神灵信仰对儿童与青年人的影响。

值得一提的是，冯玉祥手下的一些教官对碧霞元君十分不屑。据吴组缃的记载，一位外号为"哈代"的教官以调侃的语调说："（碧霞元君）秀眉细眼的，骚劲儿满身都是。原来她是个狐狸精，一个八千年的老骚狐！"[①] 在古代的笔记中，碧霞元君是群狐的头领和管理者，而这位教官却将碧霞元君直接说成是"老骚狐"。在民国时期碧霞元君被抬成没有凡人欲望的绝对神格的情况下，"哈代"调侃其塑像的性意味的现象绝不多见。

---

① 吴组缃：《泰山风光》，向弓主编《名家经典散文选》，第208页。

四　知识阶层对泰山庙会的调查与呼吁

近代海内外的知识阶层较为关注泰山神灵信仰及其对中国民众生活的影响。20世纪二三十年代，在"到民间去"的呼声中，顾颉刚等学者开始深入调查包括碧霞元君信仰在内的社会风俗。当时民间习俗改良日益成为文化精英与民国官方共同关注的社会问题。由于民间习俗是一种"活着的传统"，也是一种当时民众的生活方式，官方实施的习俗改良工程必然触动民众的情感与利益，容易引发官方与民间的冲突。如何看待和改良民间习俗，成为文化精英们需要面对和思考的现实问题。

（一）对妙峰山信仰习俗的调查

20世纪20年代，顾颉刚、李景汉等一些学者开始调查妙峰山等处的泰山神灵信仰习俗，并从学理上讨论官方对待这一信仰习俗的应有态度。在妙峰山的碧霞元君信仰习俗上，这些早期的民俗学者有如下认识。

其一，它是民族的文化艺术。

1925年，在北京大学风俗调查会的派遣下，顾颉刚、容肇祖与容庚等人对京西妙峰山的碧霞元君信仰习俗进行了调查。这些学者没有局限于政府与文化精英的自我贵族化的立场，而是从社会全局的公正态度及其本有的运动机制出发，平等看待作为大众文化的碧霞元君信仰习俗。顾颉刚曾在许多场合提出要求学问家参加"实地工作"的期望，其原因在于，习俗是活着的传统，存在于中国的最大多数人群中。如果不亲身体验，则无法弄清其真实的社会文化功用，就更谈不上改造的问题了。对于妙峰山的碧霞元君信仰习俗，他强调说："这是民众艺术的表现，这是民众信仰力和组织力的表现。如果你们要想把中华民族从根救起的，对于这种事实无论是赞成或反对，都必须先了解了才可以走第二步呵！"①

顾颉刚等人秉持学者的社会良知与文化责任感，在没有经过充分的调查与体验之前，不赞同所谓朝山进香是迷信与愚昧表现的看法。诚然，在一些民俗学家看来，虽然朝山进香的信仰习俗含有迷信的内容，但要论及中华民族是否有艺术文化的时候，"最好也要留意那朝山进香，以及迎神赛会里面

---

①　顾颉刚：《妙峰山》"自序"，叶春生主编《典藏民俗学丛书》中册，第1011页。

所表现的艺术文化"。①

通过调查妙峰山的碧霞元君信仰习俗等体验活动，顾颉刚更深刻地认识到民众文化的魅力，对其抱有深切的认同感。1928 年 3 月 20 日，顾颉刚在岭南大学学术研究会的演讲中明确表达了他研究与改良民众文化的基本立场：

> 我们研究历史的人，受着时势的激荡，建立明白的意志：要打破贵族为中心的历史，打破以圣贤文化为固定的生活方式的历史，而要揭示全民众的历史。……新文化运动并未成功，而呼声则早已沉寂了。我们的使命，就在继续声呼，在圣贤文化之外解放出民众文化；从民众文化教育的解放，使得民众觉悟到自身的地位，发生享受文化的要求，把以前不自觉的创造的文化更经一番自觉的修改与进展，向着新生活的目标猛进。②

他想要改变"自传统时代以来知识分子对待民众世界的贵族气质和精英色彩，试图以更为平等的姿态去看待民间文化"③。此外，他更想将官方与文化精英对民众生活习俗进行的怜悯式改造转变为平等的对话与协商。这无疑代表了一部分文化精英对五四新文化运动以来的"启蒙"与"进步"的深刻反思。

顾颉刚尤其关注泰山女神碧霞元君。他说："宗教里很有女神的需要，所以观世音菩萨会从男身转成女身。在道教里，碧霞元君是一个很伟大的女神，相传她是东岳大帝的女儿。但是她的势力只限于北方；到了南方，天后就取而代之了。"④ 碧霞元君与天后妈祖是分别覆盖中国北方与南方社会的两位女神。顾颉刚对此进一步解释道，这两位女神本是地方性的神灵，碧霞元君为北方的女神，她的势力由于泰山的分化；天妃为南方的女神，她的势力由于海神的结合。

值得一提的是，顾颉刚以长时段看待碧霞元君信仰的变迁，发现了一个值得思考的现象，即在魏晋之前，中国的女神都为爱情倾倒，与碧霞元君有

---

① 傅彦长：《中华民族有艺术的时候》，叶春生主编《典藏民俗学丛书》中册，第 1133 页。
② 钟敬文：《圣贤文化与民众文化——1928 年 3 月 20 日顾颉刚先生在岭南大学学术研究会上的演讲记录》，《钟敬文文集·民俗学卷》，安徽教育出版社，2002，第 630～632 页。
③ 沈洁：《20 世纪二三十年代中国民俗学家的礼俗调查》，《史林》2008 年第 1 期。
④ 顾颉刚著，钱小柏编《史迹俗辨》，上海文艺出版社，1997，第 163 页。

关的《高唐》《神女》两赋都涉及自荐枕席之意，文人与民众都可以如此想象；但隋唐之后，由于佛教的影响，神道成为超越世俗的人格，碧霞元君等女神没有了世俗的欲望观念，她们与男神一样具有了严正的性格。对这些女神而言，"爱情变成了猥亵"，于是"风流艳冶之事全付与狐精花怪们了"。顾氏由此叹道："试问现在谁会对于碧霞元君作荐枕之想？"① 明清以来，碧霞元君以泰山奶奶、泰山娘娘与天仙圣母的绝对神格呈现在世人的面前，不复有浪漫的儿女之情，这是不争的事实。至于碧霞元君脱离凡间情爱的转变是否受了佛教的影响，恐需再探讨。

其二，它是农民的情感与希望之所在。

容肇祖从情感发泄与心理安慰的角度分析了妙峰山香客的心理。他注意到人这种理智的动物，在生活的很多方面需要理智背后的情感来维系，而宗教信仰就是人生最大的一种情感。普通民众常常因为呆板不变的生活与疲劳以及愁苦忧患的环境而产生厌世的情绪。他们来妙峰山进香，借着礼拜神佛及凑热闹的心理，"发露情意上的欢娱"。这种进香时"情感的发泄"，舒泄个人的胸臆，发展美满的感情，也增加了"人的生活力"。可以说，进香是对平时困顿的生活及"厌世"情绪的一种有益的缓解与调适。

妙峰山的碧霞元君信仰习俗为香客"满意的安慰"。在小农生产方式没有改变的情况下，华北乡村的民众太受自然环境的支配，因而处于一种对自然力充满恐惧的可怜状态。因为碧霞元君的信仰以及被塑造出的"有求必应"的灵验，他们总可以通过朝山进香获得精神的安慰与生活的信心，至少暂时减少了种种的悲虑与忧愁。

（二）改造妙峰山信仰习俗的建言

20世纪二三十年代，学者们在学术研究与人文关怀的层面上，调查、体验了北京的泰山神灵信仰习俗。顾颉刚在对北京和苏州的东岳庙做了比较研究之后，深切地感慨："分别好坏与有用无用，期望改变现状，是政治家和教育家的事情。把它当作一种材料而加以种种的研究，期望说明真相，是科学家的事情。简单来说，一是求'善'，一是求'真'。"② 但这不是说，学者们只是将泰山神灵信仰习俗当作研究对象，不在意对其改造的问题。事实

① 顾颉刚：《走在历史的路上：顾颉刚自述》，江苏教育出版社，2005，第79页。
② 顾颉刚：《北京东岳庙和苏州东岳庙的司官的比较》，《京报副刊》1926年1月29日。

上，他们对这一信仰习俗的改造更为关注。

其一，注重碧霞元君信仰习俗改良的前提。容肇祖认为文化精英们对于妙峰山的碧霞元君信仰习俗，既"不需歌颂进香的效用"，"亦不必鄙弃进香的迷信"。[1] 官方虽然可以凭借政治势力，在改良习俗的名义下禁止妙峰山的进香，捣毁妙峰山的神像，但这种不管民众实际生活处境的做法并不会达到改良习俗的目的，反而将百姓们的娱乐和安慰一概夺去了。容肇祖建议说，如果官方真要改变民众的碧霞元君信仰习俗，需要先从环境与教育上着手。一则要改变乡民的农林生产环境，提高生产能力；二则要提高乡民的农工职业技能。此外，还要提供可以替代进香的娱乐与安慰。假如不能从环境与教育上收效的话，就不必去改变当时正在延续着的碧霞元君信仰习俗。

社会学家李景汉在妙峰山朝山进香的调查报告中说，在没有找到合适的替代物的情况下，不能轻易强行革除一些与社会不相宜的习惯。其原因在于社会中已成的各种习惯，都是满足了人性中各部分的要求。如果没有准备好相宜的习惯作为替代物，就将旧的不相宜的习惯革除，"有时结果是所得不偿所失，社会的幸福反倒因此减少了，这是有心改良社会的人应当特别注意的"。[2] 因此，他主张如果要废除妙峰山的碧霞元君信仰习俗，就先增加信众的科学知识，改变他们的生活观念，并为其找出其他高尚的娱乐。否则，"我很舍不得他们从妙峰山所得自然的快乐和满足的安慰，不必须的被抢夺了"。[3] 在李景汉看来，碧霞元君信仰习俗的改造必须以民众的自身素质与社会环境的改造为前提。

其二，反对官方暴力对信仰习俗的强制改造。当时的民俗学者与社会学者都反对官方凭借国家权力强行革除泰山神灵习俗的行为。他们认为，即使是对于具有迷信色彩的社会习俗的改造也必须以一种循序渐进的方式来完成。仅仅通过暴力倾毁庙宇与神像，并不能达成启蒙民众的原初目标。

顾颉刚对南京国民政府强拆庙宇、捣毁偶像的运动并不赞同。他认为，这种用了外力去改变信仰习俗的方式实在没有多大力量，一旦政治情形改变

---

① 容肇祖：《妙峰山进香者的心理》，叶春生主编《典藏民俗学丛书》中册，第 1077 页。
② 李景汉：《妙峰山"朝山进香"的调查》，李文海主编《民国时期社会调查丛编（一编）·宗教民俗卷》，第 45 页。
③ 李景汉：《妙峰山"朝山进香"的调查》，李文海主编《民国时期社会调查丛编（一编）·宗教民俗卷》，第 45 页。

便什么都恢复了；更糟糕的是，武人干预文化建设的可怕结果是，"迷信未必能打倒，而先民的艺术遗产则真的打倒了"。[①] 此外，顾颉刚还批评了知识群体在对待民众问题上的自负态度，说他们虽然一再提倡到民间去，却也在实际上犯了与政治家同样的错误——以改造民众世界为目标的旨趣，并没有将民众视为真正的主体。通过妙峰山信仰习俗的调查，他主张在改造民间神灵信仰习俗上，知识阶层要真的和民众接近，而且还必须采取循序渐进的方式。首先彼此了解，通过各种方法的调查，去了解清楚他们的生活。然后，顺着这个方向与他们接近，使作为改造对象的民众了解"我们的"诚意，甘心领受"我们的"教化。[②] 顾颉刚强调循序渐进的方式与同情了解的立场，正表明了他对官方破除迷信运动的忧虑。

顾颉刚、容肇祖、李景汉与俞异君等学者在泰山神灵信仰习俗与民众生存状况之间，更关心后者。在他们看来，对前者的改造只是推行现代文明生活方式的一种手段，并非目的本身。官方与一些社会改革者以激进立场和暴力手段，开展破除迷信运动，在很大程度上只是显示国家权力对于民众文化的轻视与诋毁，却难以实现其所声称的解放目标。在这些学者们看来，南京国民政府通过破除迷信运动展示的对现代文明的追求，从根本上漠视了构成本民族面貌真正基础的民众文化；民众文化不仅有其内在的自足逻辑，而且充满了原生态的活力。他们通过对妙峰山与山东等地庙会的调查研究，希望为官方主导的社会风俗改良运动提供具有人文关怀精神的学理支持与实施策略。顾颉刚等人"致力于通过学术研究和文化活动推动新文化运动的展开，其政治与文化取向人所共知，他们对待民间信仰的这种态度，毫无疑问绝非提倡迷信，守护愚昧"。[③] 其与倡言破除民间神灵信仰的知识群体同样基于科学与文明的观念，但二者的分歧实质"并不在于提倡文明科学与野蛮迷信之争，而是圣贤的立场与民众的立场之别"。[④] 能不能站在民众的立场上，设身处地考虑民众对神灵信仰的实际需求，这不仅考验着学者的良知，也考验着执政者的道德底线。

---

① 顾潮编《顾颉刚年谱》，中国社会科学出版社，1993，第 177 页。
② 顾颉刚：《妙峰山进香专号引言》，叶春生主编《典藏民俗学丛书》中册，第 1017 页。
③ 刘志伟：《在圣贤文化之外解放出民众文化——从"封建迷信"到"民间信仰"》，朱光文主编《番禺民间信仰与诞会文集》，世界图书出版公司，2015，序言。
④ 刘志伟：《在圣贤文化之外解放出民众文化——从"封建迷信"到"民间信仰"》，朱光文主编《番禺民间信仰与诞会文集》，序言。

（三）妙峰山碧霞元君信仰习俗的社会认可

清末以降，一些文化精英倡言破除对神灵的迷信，其中包括对泰山神灵信仰的批判。1905 年，有人认为当时中国贫弱的一大原因在于底层社会对鬼神的迷信，并称鬼神迷信是阻碍民众进化的"政教人心之蠹"，会招致"大害"。① 也有人痛感中国"犹然一神权世界"，因而倡言废除迎神赛会。② 清末，天津《醒俗画报》将妙峰山的碧霞元君信仰习俗视为害人的迷信。

新知识人将鬼神信仰视为迷信与愚昧的舆论在客观上支持了清末、北洋时期的庙产兴学政策，受此政策冲击的碧霞元君信仰习俗却鲜有人为其公开声辩。直到 20 世纪 20 年代，顾颉刚等学者从学理上呼吁重视和保护妙峰山庙会之后，这种情况才有所改观。

除了学界对妙峰山碧霞元君信仰习俗的调查与研究外，还有不少人注重和肯定了妙峰山走会的民间艺术性。1929 出版的《北平指南》一书将妙峰山的走会视为民间艺术。该书云："走会又名武会，为民间最热闹之杂戏，亦即民间有系统之艺术。各种歌舞技艺五花八门，均有活泼之精神，而不染营利之思想。会中人员具有坚实勇敢之精神，表演各种艺术均极精彩，于民间艺术中占有雄厚之势力。"③ 在该书编者看来，妙峰山的走会是民间的有系统的艺术，既活泼，又不带有营利性。其仅注意到走会的积极的一面，并未了解或回避了走会中的敛财现象。

妙峰山的香会表演是一种展示民间原生态文化生活的包括乐舞、杂技、说唱等形式在内的乡土艺术。其中，秧歌是一种典型的综合性艺术表演，具有多种不同主题的唱词，为普通民众所喜闻乐见。这些唱词无论是神话传说、英雄故事，还是男欢女爱、打情骂俏，都是一种不同于精英文学的俗文学。20 世纪 30 年代，著名文学家郑振铎对俗文学称赞说：

> 他们是比之无量数的诗集、文集更有生命。……许多俗文学的作品，却总可以给我们些东西。他们产生于大众之中，为大众而写作，表现着中国过去最大多数的人民的痛苦和呼吁，欢愉和烦闷，恋爱的享受和别离的愁叹，生活压迫的反响，以及对于政治黑暗的抗争；他们表现

---

① 《论革除迷信鬼神之法》，《东方杂志》1905 年第 4 期。
② 《论革除迷信鬼神之法》，《东方杂志》1905 年第 4 期。
③ 北平民社编《北平指南》，北平民社，1929，附录第 7 页。

着另一个社会，另一种人生，另一方面的中国。……只有在这里，才能看出真正的中国人民的发展、生活和情绪。中国妇女们的心情，也只有在这里才能大胆的、称心的、不伪饰的倾吐着。①

郑振铎以平等的态度表达了对俗文学的尊敬，认为俗文学是中国大众的文学；从精英与草根的二元世界分野看，俗文学表现着中国主流文化之外的另一种生活方式与生活世界。妙峰山的秧歌从一个侧面自然地表达了民众的公共生活与精神世界，秧歌会表演水浒英雄，展示了卑微的民众对行侠仗义、除暴安良的期待及其对社会公正的渴望。

20 世纪 40 年代，刘慕耘记述妙峰山的《北国的走会》说："他们走会的目的，固然是敛财，同时在敛财中，还带着竞争的气息，如'开路'、'少林棍'，都是非常进步的。"刘氏所说的走会的进步是指妙峰山武会之间的技艺竞争及其作为"大众艺术的又一角"的文化特性。此外，他尤其关注了走会中的秧歌，称赞说："（秧歌）在北平……虽然是民间歌谣，可是实际上，竟是文学。……这是民间的艺术；尤其是大众的情歌。"②刘氏对妙峰山走会的民间艺术色彩表现一种认同与尊重，将其视为值得珍惜的北平的古老表征。相对于妙峰山走会的大众艺术性而言，其是否为迷信行为的问题显得并不重要了。

20 世纪 40 年代，著名哲学家贺麟对新文化运动以来的社会信仰习俗改良运动进行了深刻分析。他认为传统信仰的功用在于使社会稳定，民族团结，使社会各分子间有一精神的联系。当然，这种信仰通常被统治阶级利用，容易"发生束缚个性、妨害自由、阻碍进步等弊病"③。不过，就心理事实而言，"要想根本铲除传统信仰几乎不可能"④。因此，"使传统信仰理性化，深刻化，扩充其义蕴，减少其束缚性，不庸讳言地，是哲学的任务之一"⑤。贺麟所说的社会信仰包括泰山神灵信仰等本民族的多神信仰，其所主张的对传统信仰的务实态度与学术使命体现知识界因应社会变迁的文化自觉。

---

① 郑振铎：《中国俗文学史》，上海古籍出版社，2013，第 12 页。
② 刘慕耘：《北国的走会》，《紫罗兰》1943 年第 1 期。
③ 贺麟：《文化与人生》，商务印书馆，1988，第 93 页。
④ 贺麟：《文化与人生》，第 94 页。
⑤ 贺麟：《文化与人生》，第 94 页。

（四）泰山神灵祭祀禁令与社会调查的错位

在南京国民政府出台《神祠存废标准》此前的数年间，民俗学界与社会学界已经对社会风俗进行了一系列的调查，而且在 1925～1928 年间掀起了社会风俗调查的高潮。

在 20 世纪 20 年代的社会风俗调查中，北京妙峰山的碧霞元君信仰习俗与北京城内的东岳大帝信仰习俗是十分突出的内容。如顾颉刚、容肇祖、容庚、孙伏园、庄严等人于 1925 年受北京大学风俗调查会的派遣，对北京妙峰山进香庙会以及北京东岳庙和白云观等处的进香风俗进行了深入的调查。[①] 顾颉刚将他们对妙峰山进香情况的调查结果汇集成了《妙峰山》一书。此外，顾颉刚写作了《北京东岳庙和苏州东岳庙的司官的比较》一文，卢逮曾写作了《泰安高里山神祠的七十五司和北京东岳庙的七十二司》一文。这些调查成果在客观上不仅为当时的改造社会风俗的政治运动提供了学术支持，而且部分地为其实际展开消除了疑虑与阻碍。这时期进行社会风俗调查的民俗学者与社会学者认为，如果不去真正了解习俗生长的社会环境及其与民众生存境遇的关系，那么由政府强制推行的礼俗改造不啻为横暴权力的产物，丝毫不会对启蒙大众、社会进步有所助益。[②]

20 世纪 30 年代初，俞异君组织调查了山东部分地区信仰泰山神灵的庙会，并就此提出了改良庙会的主张。这次调查涉及泰山神灵信仰的地方包括博兴县、肥城县、福山县、东阿县、临淄县与海阳县 6 个县。调查者仅是调查了上述 6 县中的部分庙会，没有全面统计相关的泰山神灵信仰习俗情况。现就其调查的情况分别说明如下。

其一，博兴县的泰山神灵信仰庙会。据 1933 年 8 月的调查，博兴县东关有一座天齐庙（即东岳庙），每年正月初一到初十演戏酬神。这时期该处庙会的香纸消费约为 500 元，随庙会开办的市场主要是牲畜交易。另，这位调查者还提到城西一区伊家乡于每年九月九日到十六日为"太安奶奶"烧香演戏。此"太安奶奶"是否为碧霞元君待考。[③]

---

① 顾颉刚：《北京东岳庙和苏州东岳庙的司官的比较》，《京报副刊》1926 年 1 月 29 日；卢逮曾：《泰安高里山神祠的七十五司和北京东岳庙的七十二司》，《北京大学研究所国学门周刊》第 2 卷第 19 期，1926 年 7 月 14 日。

② 沈洁：《20 世纪二三十年代中国民俗学家的礼俗调查》，《史林》2008 年第 1 期。

③ 俞异君：《山东庙会调查集》，李文海主编《民国时期社会调查丛编（一编）·宗教民俗卷》，第 204 页。

其二，肥城县的泰山神灵信仰庙会。肥城县石横镇的奶奶庙、兴隆庄的娘娘庙与肥城北门的娘娘庙，均奉祀碧霞元君。每年举办盛大的庙会。在调查者张仁甫看来，这些庙会"皆系妇女迷信的集会"。[①]

其三，福山县的泰山神灵信仰庙会。调查者李景苏记述该县庙会的场景称："'会'是七八十个联合的。每一段会总有锣鼓、旗帜、行伞、高跷、抬阁……玩艺。在下午一点钟时，鼓声大作，锣声喧天。一时看戏的人，都四处分散，各择了较高的地方站住，以便看会。远远地看去，在大街上的屋角处，都是飘摇着红红绿绿的旗帜。旗上的字被风吹得看不甚清楚，有的写着'泰山进香'四字。"[②] 可见，此处庙会有专门的信众组织演戏酬神，很像是妙峰山的武会。其中，高跷的队伍演出《猪八戒戏老婆》、《瞎子观灯》、《姜太公钓鱼》与《骑驴上寿》等剧。抬阁的队伍表演《红霓关》、《洞宾戏牡丹》、《黄鹤楼》与《哪吒出世》等剧。

其四，东阿县的泰山神灵信仰庙会。调查者咸福亭说，东阿县少岱山山顶的庙宇以碧霞宫为主位，这里的庙会为"鲁西第一乡村大会"。每年四月初开演，延至麦熟，会期长达一月之长。此会的势力范围很广，如聊城、阳谷、公平、庄平、堂邑、平阴、济宁都在范围内，集会时有五六万之众，市场买卖也很繁盛。

在南京国民政府开展的破除迷信运动中，受革命风气影响的当地青年人，"识透神道的虚伪，将有权有势的神像尽数推覆"[③]。少岱山的庙会随即衰落，会众星散。由此，东阿县的商业贸易大不如从前。1932年，当地的商人出资重修了少岱山的庙宇和塑像。翌年，这里的庙会恢复了往昔的盛况。

少岱山山顶的庙中有柏树数十株，大者合抱，小者盈把。遗憾的是，每年新栽的小树总因庙会而遭灾，竟难以存活。咸福亭不无愤慨地说："因无人看守，所以新植小树，一经过会，摧折无遗，此亦人们无公德心的表现。"[④]

---

① 俞昇君：《山东庙会调查集》，李文海主编《民国时期社会调查丛编（一编）·宗教民俗卷》，第209页。
② 俞昇君：《山东庙会调查集》，李文海主编《民国时期社会调查丛编（一编）·宗教民俗卷》，第211页。
③ 俞昇君：《山东庙会调查集》，李文海主编《民国时期社会调查丛编（一编）·宗教民俗卷》，第212页。
④ 俞昇君：《山东庙会调查集》，李文海主编《民国时期社会调查丛编（一编）·宗教民俗卷》，第212页。

在咸福亭看来，少岱山庙会是一种"恶劣的风俗"。他解释说，将伟大辉煌的楼殿用于储藏"人类的戮害物"，将宝贵的金钱用于无用之地，十分可惜。鲁西本来就是地瘠天旱之地，还要在迷信的风俗上进贡纳税，无疑是增加了痛苦。因此，他呼吁"努力革除这种无根据的陋习"。①

其五，临淄县的泰山神灵信仰庙会。据 1933 年 6 月的调查，临淄县一区南庙奉祀"天齐爷"（即东岳大帝），每年农历的三月二十八日到四月初四举行庙会，演戏酬神。届时到会的民众约 6000 人。庙会的市场以牲畜交易为主。城西北 28 里的愚公山庙奉祀"泰山奶奶"，每年农历四月初八到十二日举行庙会，进香的民众多达 6000 人。不过，此庙会在破除迷信运动中停办了。该县所有的庙产于 1929 年被"拨作学款"。②

其六，海阳县的泰山神灵信仰庙会。根据包献廷的调查，海阳县黄山冈的庙会主要奉祀碧霞元君。每年农历四月十八日，附近村庄的数千农民来看戏烧香。包献廷以讽刺的语调描述称："（黄山冈）庙院里有个火焰冲天的火池，旁边肃立着四个假装慈善的和尚向那些烧香的善男信女讨香钱。前殿里面，是碧霞元君的偶像，案上'烛影辉煌'、'香烟袅袅'，一个和尚在敲着鼓磬，那些'愚夫愚妇'，都拼命似的跪拜祈祷。"③ 在包献廷看来，黄山冈庙会是愚昧民众的迷信行为。

这次山东庙会调查的参与者大多将包括泰山神灵信仰在内的庙会视为愚昧民众的迷信活动，主张将其废除。调查平原县庙会的乡村教员张耀中呼吁说："但愿我同胞，不要竞以迷信为事，要自己振作起来，打倒各帝国主义者，而土匪也就无形之中自己消灭下去了，这种迷信的法子是不可靠，终有败露的一天。"④ 这样的呼吁带有民族主义的宏大叙事色彩，但其对于生活贫苦的乡村民众并没有明显的号召力，更何况商人与民众还要依靠庙会的市场进行生活与生产用品的交易。

---

① 俞异君：《山东庙会调查集》，李文海主编《民国时期社会调查丛编（一编）·宗教民俗卷》，第 213 页。

② 俞异君：《山东庙会调查集》，李文海主编《民国时期社会调查丛编（一编）·宗教民俗卷》，第 220 页。

③ 俞异君：《山东庙会调查集》，李文海主编《民国时期社会调查丛编（一编）·宗教民俗卷》，第 221 页。

④ 俞异君：《山东庙会调查集》，李文海主编《民国时期社会调查丛编（一编）·宗教民俗卷》，第 206 页。

从上述 6 县泰山神灵信仰的庙会的变化情况看，南京国民政府发起的破除迷信运动并不能有效改变民众的信仰观念。官方以暴力手段禁止民众信仰及其公共生活的做法违背了社会运行的基本机制，其结果自然会同官方的预期目标背道而驰。

组织这次庙会调查的俞异君注意到破除迷信运动收效甚微的窘况。他说，自北伐成功后，各地的庙宇一度被摧毁。然而，摧毁自摧毁，"拜佛烧香来作买卖者是依然络绎于途，无法防止"。山东有些地方甚至重修庙宇，"弄得更金碧辉煌了"。[1] 不过，俞异君并不赞同将碧霞元君信仰习俗视为迷信与愚昧。相反，他认为对民众信仰强行贴标签的政治批判行为，不过是政府与文化精英垄断了解释科学与文明的话语权而产生的一种傲慢。

俞异君充分肯定了所谓"迷信"对于民众生存的重要意义。他说，凡是一种与农民有切身利害关系的事项或问题发生时，他们没有足够的知识来应付，就要把这种支配权归之于玄渺的东西，就是神。他们还认为"只要至诚格天，神是能替他们解决困难问题的"。[2] 中国的农村是中国整个社会的基础，但是中国的统治阶级全然没有想到替农村兴水利、造森林，以免去水旱的灾殃；也没有遍设农村医院，讲究农民卫生，以解除他们的病痛。劳苦的农民大众他们只能呻吟于天灾人祸的痛苦之中。"在这种情况之下，没有机会受到教育的他们，不信神信什么？""我们还忍心说他们迷信骂他们不可救药么？"[3] 显然，当时的民俗学者能够设身处地考虑到农民的生活环境及其困难，从而对碧霞元君信仰给予了充分的同情。

基于上述认识，俞异君提出了建设农村、改善农业生产条件的重要步骤。其中包括兴修水利，植树造林，设立农民医院，厉行农村义务教育与成人教育，复苏农村经济等数条。他还强调说，惟有这样才是革除神灵信仰习俗的根本办法和正确方式。[4]

---

[1] 俞异君：《山东庙会调查集》，李文海主编《民国时期社会调查丛编（一编）·宗教民俗卷》，第 197 页。
[2] 俞异君：《山东庙会调查集》，李文海主编《民国时期社会调查丛编（一编）·宗教民俗卷》，第 198 页。
[3] 俞异君：《山东庙会调查集》，李文海主编《民国时期社会调查丛编（一编）·宗教民俗卷》，第 199 页。
[4] 俞异君：《山东庙会调查集》，李文海主编《民国时期社会调查丛编（一编）·宗教民俗卷》，第 200 页。

小　结

近代泰山信仰受到外界不同社会群体的关注，也因而遭逢复杂的命运格局。这一时期新兴的皈一道、大中至正道等民间宗教利用泰山神灵来扩大自身的影响。与之相反，华北的基督宗教，视泰山信仰为迷信，力加批判，同时还以基督显灵的方式争取泰山神灵的信众。自清末以降，一些新知识人在反对"神道设教"时，将泰山信仰作为迷信一并批判。其中，有人将这种迷信简单地归结民众的愚昧，还有人看到泰山信仰的根源在于国家法律没有明确民众的权利与义务，而民众也没有信仰的自由。20世纪30年代，隐居泰山的冯玉祥通过办教育、兴修水利工程、宣传科学知识等方式，努力克服泰山信仰带给民众的负面作用。此外，也有人较为客观地指出，包括泰山信仰在内的鬼神信仰并非全是迷信，而是一种尚未得到科学解释的精神现象；在破除迷信上采用拆庙宇、毁神像的激进方式并不足取。可以说，不同社会群体针对泰山信仰的利用、批评与讨论，使华北日常生活变得更复杂，也更纠结。

对于泰山信仰的遭遇，佛教与道教鲜有人为之抗争。20世纪二三十年代，李景汉、顾颉刚等现代学者对北京、山东的碧霞元君信仰习俗进行了调查，并予以"同情之了解"。他们从民众文化的主体性及其对于社会进步的意义出发，反对将其定义为迷信与愚昧，批评南京国民政府以暴力的方式打击民间泰山信仰习俗，还对这一习俗提出了建设性的建议。

然而，在内忧外患的时局中，近代华北泰山信仰难以依靠政府、学界与信众完成自身与新时代的调适，其对日常生活的影响也因此被削弱。

第六章　泰山信仰与民国政府的社会改造

在民国政府废除神灵祀典与"神道设教"方略的形势下，泰山信仰失去了官方的支持，进而华北泰山信仰习俗因为官方的"庙产兴学"政策与反迷信的政治运动而深受冲击，由此带来了种种复杂的社会文化问题。

一　北洋政府对泰山神庙的改造

民国肇兴后"神道设教"的统治方略即被放弃，华北地区的泰山神灵信仰习俗活动随之衰落，不复见晚清时期的繁盛景象。

（一）"庙产兴学"政策对泰山信仰的冲击

北洋政府延续了清末"庙产兴学"的政策，允许地方政府将民间的碧霞元君祠庙改作国民学校。虽然南京临时政府于 1912 年 3 月 8 日公布的《中华民国临时约法》第 6 条第 7 款规定"人民有信教之自由"。[①] 1913 年 10 月 31 日完成的"天坛宪草"即《中华民国宪法（草案）》第 12 条规定"中华民国人民，有信仰宗教之自由，非依法律不受制限"。[②] 1913 年内务部下令："除有系统、有经典、有历史之宗教应加以保护外，其他……招摇诱惑，秘密结社各种邪教，亟当予查禁。"[③] 1914 年 5 月公布的《中华民国约法》第 5 条第 7 款赋予人民在法律范围内"有信教之自由"权利。[④] 不过，这些宪法规定的人民享有的自由信仰的权利却难以得到保障，而不属于"有系统、有经典、有历史之宗教"的民间泰山信仰也未得到法律的保护。1915 年 7 月

---

① 郭卫编《中华民国宪法史料》（《近代中国史料丛刊》第 88 辑），台北，文海出版社，1973，第 14 页。
② 郭卫编《中华民国宪法史料》（《近代中国史料丛刊》第 88 辑），第 18 页。
③ 《内政年鉴》编委纂会编《内政年鉴》第 2 册，商务印书馆，1936，第 631 页。
④ 郭卫编《中华民国宪法史料》（《近代中国史料丛刊》第 88 辑），第 25 页。

31 日，北洋政府颁布了《国民学校令》，要求各地成立以小学教育为主要内容的国民学校。地方政府由于经费不足，袭用了清末"庙产兴学"的方式，将民间部分祠庙改为教育用地。北京良乡县的碧霞元君神祠（即娘娘庙）多被改造成为国民学校。邢家坞娘娘庙设立了第六国民学校，小董村娘娘庙设立了第七国民学校，交道镇西街娘娘庙设立了第十国民学校，后石羊娘娘庙设立了第十三国民学校。① 当时这种情况的普遍程度尚不得而知，但无疑有力地冲击了华北的泰山信仰习俗。

民国初年，北京城内东岳庙的庙会仍较为繁盛，但"五顶"中除西顶与北顶外，东顶、中顶与南顶的庙会日趋冷清，其中东顶最为逊色，"庙宇年久失修，游人稀少"。② 中顶庙貌破落不堪，庙会日趋冷清。清代每年六月初一，中顶举行盛大的庙会，届时有所谓"高乡会"向碧霞元君进香的娱乐性表演，即由社会青年、八旗子弟组织的中幡会、狮子会、五虎棍等数十档花会。民国肇兴后，不待官方禁令，这里的"高乡会"就因为八旗子弟生计困难等情形而悄然停息了。南顶庙会时举行的足以轰动整个京城的赛车、跑马活动也今不如昔。晚清时期，大凡注重名望而且养有车马者的人家，"每值此期，莫不竞盛争强，驰驱而至。即或经济衰落，亦必勉强拼凑，以争此胜气，虽设法典贷，亦所弗恤也"。③ 皇家中的涛贝勒、肃王，巨商中的同仁堂乐家等，梨园界的谭鑫培等人多来此赛马。只要谭鑫培一上场，旁观者喝彩不绝。辛亥革命后，南顶庙会的赛马活动逐渐冷清。

从 1916 年到 1920 年，京师公立郊外北区通俗教育讲演所多次在北京的东岳庙、东直门行宫庙和北顶娘娘庙庙会进行社会教育的讲演。1918 年 5 月 5 日，在东岳庙会上，朱永志讲劝学，刘豫泰讲习惯，刘敦本讲北京名胜。5 月 8 日，讲公德、爱国、历史等项。5 月 25 日，在北顶娘娘庙会上，刘豫泰提倡国货，朱永志讲礼教。第二天，讲北京名胜、戒吸纸烟、公共卫生等项。1919 年 4 月至 5 月 25 日，在东直门行宫庙庙会上，朱永志、刘豫泰讲合群、爱国、劝学、守法律、敦孝道等项。5 月 15~16 日，在北顶娘娘庙庙会上，其讲守法、辟谣等内容。1920 年 5 月 13 日、16 日，在东岳庙庙会上，朱永志、刘豫泰、刘敦本讲自立、劝学、孝道、注音字母、坚忍成事、社会改良说等项。5 月 25 日，在东直门外行宫庙庙会上，讲说勤、立信、注

① 周志中等修纂《良乡县志》卷二，"建置志"，"学校"，1924，第 35~36、38 页。
② 马芷庠著，张恨水审定《老北京旅行指南》，第 228 页。
③ 王彬、崔国政：《燕京风土录》，光明日报出版社，2000，第 229 页。

音字母等项。听讲者"秩序整齐安静无哗"。6 月 3 日，在北顶娘娘庙庙会上，朱永志讲自由平等的真义，刘豫泰讲廉耻与人立身的关系。每次讲演时，听众从几十人到数百人不等，由当地官兵 10 余人负责安保。[①]

同一时期，京师公立郊外东区通俗教育讲演所在高碑店村娘娘庙庙会进行社会教育的讲演。1919 年 6 月 1～3 日，在高碑店村娘娘庙庙会上，于权、赵毅、王永清、戴连捷权等人讲戒吸纸烟、戒私斗、戒吗啡、种植棉花、法律、雷电、国旗、空气、中国地理、家庭教育等项。1920 年 6 月 19～21 日，在高碑店村娘娘庙庙会上，他们讲世界大势、家庭教育、注音字母、改良农业、森林利益、商业霸王的历史。[②]

这两处通俗教育讲演所的讲演内容涉及政治、经济、教育与社会生活等领域，在一定程度上为泰山神灵的信众普及了新知识。

民初，山东、天津的地方政府曾取缔泰山庙会。1914 年初，山东泰安警察部门发布通告，禁止举行东岳庙庙会。随后，泰安学界的王衡鳌、李家干等人组织了一个警钟演说团，在岱庙、红门等处每日讲演破除迷信、信仰自由的要义。[③] 他们似乎没有注意破除迷信与信仰自由之间的内在矛盾。由于天津的禁令，每年一届的皇会活动不得不停办，与之相关的工商业活动也受到影响。为繁荣市场交易，1924 年 5 月天津市举办了当地的最后一届皇会。该会由天津市的商会主席纪华、银行业同业公会主席钟锷、银钱业同业公会主席王凤鸣、商公会主席张浙洲提出请求，经天津市政府批准，其目的是繁荣市场，促进工商业发展，与泰山信仰没有多少关系。这颇有今天"文化搭台，经济唱戏"的意味。

（二）禁止"舍身"泰山

民国时期，一些一时失意的青年人到泰山舍身崖自杀。1915 年，泰安地方政府在舍身崖重修了一道红墙，以防止游人在此跳崖。此后十余年间，舍身崖的自杀事件大为减少，但仍未绝迹。1931 年，济南第二职业学校的在校学生王玉华，不知因何故，特来泰山舍身崖自杀。此女年方 17 岁，其父为

---

① 《郊外北区、东区等讲演所报送的庙会集市等讲演报告》（1918 年 5 月 1 日至 1920 年 9 月 30 日），北京市档案馆藏民国北京市教育局档案，档号：J004－001－00177。
② 《郊外北区、东区等讲演所报送的庙会集市等讲演报告》（1918 年 5 月 1 日至 1920 年 9 月 30 日），北京市档案馆藏民国北京市教育局档案，档号：J004－001－00177。
③ 《山东·组织警钟演说团》，《申报》1914 年 2 月 5 日，第 7 版。

测量员，家境并不困难。她到泰安后下榻某客栈，留下了三封分致家庭、学校与报馆的绝命书，即雇轿登崖。后当地公安局得报，即派人追至山顶，终将王女救下。王玉华之父特来泰安公安局送匾额致谢。[①]

旅行家蒋叔南来泰山游览时，对官方"禁止舍身"的做法与立场不以为然。他说："夫臭皮囊累人甚矣，舍之诚是也。然必碎骨溅血于名山之顶，独不虑山灵谴责耶？爱身之说为私利之根，余所不敢赞同焉。"[②]蒋氏在这番话中透露的轻视肉身的出世态度，源于其身为佛门居士的立场。以"爱身"为私利的根源，颇不合儒家珍视"身体发肤"的孝道观念。

有人将此现象与万国道德会联系起来。1921 年 8 月，被康有为誉为"民国第一神童"的江希张与其父江钟秀在山东泰安岱庙召开万国道德会成立大会，推荐"衍圣公"孔德成为会长，康有为、田步蟾为副会长，希望利民生、启民智、敦民德。此举使得被鲁迅在 1918 年批判为因"讲鬼话"而"这神童算是糟了"[③]的江希张再度被社会舆论关注。一位署名为"杨可大"的作者提出江希张应该将万国道德会所在地泰山上的"禁止舍身"四个字去除。他认为此四字是积极鼓吹"杀人的广告"，并不是"泰安某前任知事的德政"[④]，还在《晨报副刊》上撰文称：

> 日观峰东边的映墙上嵌着"禁止舍身"的四个大字。其实这并不是字，分明是四个恶魔，在那里拿着勾镰、枪、刀，准备杀人。风过处，仿佛听得"来！来！等你上'天堂'，入'地狱'！"一类的声音。[⑤]

他解释说，"禁止舍身"这四个字出现在日观峰的映墙上之后，在此舍身的人"是被杀"，因为"被杀的人不是不识字的下愚，也不是神经麻木的癫狂，正是偶尔失志的有用的青年。死的动机不在未上山以前，而在既上山以后，尤其是在见了'禁止舍身'四个大字以后的一刹那时间！"他还就此正告江希张说："假如你真要使'天下泰安'，赶快收起'露布'在你的大本营附近那个'禁止舍身'的杀人广告。要不然，泰安自己不'泰安'了，

---

① 王文彬：《泰山一日游》，《采访讲话》，第 169 页。
② 蒋叔南著，卢礼阳编校《蒋叔南集》，第 185 页。
③ 鲁迅：《随感录·三十三》，《新青年》第 5 卷第 4 号，1918 年 10 月 15 日。
④ 杨可大：《"禁止舍身"与"泰安"》，《晨报副刊》1922 年 11 月 2 日，第 4 版。
⑤ 杨可大：《"禁止舍身"与"泰安"》，《晨报副刊》1922 年 11 月 2 日，第 4 版。

你也免不了一个杀人的从犯的罪名呵！"① 泰山上的"禁止舍身"石刻与江
希张及其万国道德会本无关联。作者杨可大所称失志青年到泰山见"禁止舍
身"而生自杀动机的说法未必就有心理学的依据。但他将三者联系在一起，
意在批判万国道德会大讲道德教化的论调，发泄其对江希张以"神童"之名
与道德之教谋求"天下泰安"行为的不满。当时主张以道德拯救世界和平的
论调不止万国道德会一家，比如，孔教会在当时中国社会中仍具有显著的影
响力，但江希张因此大受批判，正所谓"誉满天下，谤亦随之"。在杨可大
对江希张的批判中，"禁止舍身"与"天下泰安"的论题被改造成了反对
"神童"与道德说教的工具。

诚然，民众来泰山舍身的陋俗在清代屡遭官方查禁，但仍屡禁不止。顺治
十四年（1657），泰安知州张锡铎下令严禁在岱顶舍身投崖。康熙二十三年
（1684）十月十一日，康熙帝巡幸泰山时称："愚民无知，惑于妄诞之说，以舍
身为孝。不知身体发肤，受之父母，不敢毁伤，故曾子有临深履薄之惧。且父
母爱子，惟疾之忧，子既舍身，不能奉养父母，是不孝也。"② 他将香客在泰
山舍身的行为定为"不孝"之行，因此要求各地官员"晓谕严禁，使百姓不
为习俗所误"。康熙五十六年（1717）春，泰安州同知张奇逢在岱顶舍身崖处
筑墙，每逢香会时派更夫守护于此，又将禁止舍身的告令刊刻于舍身崖旁的巨
石上以告诫想要舍身的民众。康熙五十九年（1720）又在岱庙遥参亭立《禁止
舍身碑》，严禁投崖舍身。此前的三年间，由于更夫的劝导救助，"欲投崖者不
胜其人，而竟无一人殒命"③。不过好景不长，此后香客在泰山舍身的事件仍
时有发生。直至道光年间，泰安县令徐宗干明令禁止舍身，对想要舍身者反
复谆劝，又派人在此巡防。即使如此，也没有彻底禁绝泰山舍身的行为。

香客在泰山舍身的现象屡禁不止，在于其背后的愚孝观念与碧霞元君信
仰。其一，愚孝观念。普通民众惑于"二十四孝"的故事，在遭逢至亲染病
而又无钱医治的情况下，以舍身的方式彰显其孝亲的至诚。不过，这与儒家
主张的"孝子不登高，不临深，惟爱其身，斯爱其亲"④ 的原则大相径庭。
其二，碧霞元君信仰。香客在泰山舍身崖轻生，在于其信仰碧霞元君而又期

---

① 杨可大：《"禁止舍身"与"泰安"》，《晨报副刊》1922 年 11 月 2 日，第 4 版。
② 《清圣祖实录》卷一百十七，康熙二十三年（1684）十月癸卯，中华书局，1985，第 220 页。
③ 《禁舍身碑》，清康熙五十九年（1720）立石，碑存泰安市遥参亭院南侧。刘秀池：《泰山大
　全》，山东友谊出版社，1995，第 926 页。
④ 《禁舍身碑》，清康熙五十九年（1720）立石，碑存泰安市遥参亭院南侧。

盼奇迹发生的心理。舍身崖在民间相传为碧霞元君在泰山得道成仙处，"谓一投崖，可以成仙，可以报亲"。① 自清初以来，来自曲阜孔姓的"泰山孝子"舍身救母而最终安然无恙的故事广为流传。② 此故事暗示泰山舍身孝亲的至诚足以感动泰山碧霞元君，终得母亲病愈而舍身者安然无恙的皆大欢喜的结局。这显然是一种基于至诚感动神灵进而创造奇迹的信仰心理。至今仍在泰山地区流传的南方某财主的两个儿子在泰山舍子因发心不同而结局各异的故事，③ 东昌府张家庄的张寡妇在泰山舍身最后安然生还并被碧霞元君赐"冰清玉洁"之节孝碑的故事，④ 反复述说并证实碧霞元君"显圣"的奇迹。普通民众由此感叹说："泰山烧香舍身得有真心，没有真心不行啊！"⑤ 又说："张寡妇的孝心，得到了泰山老奶奶的褒彰。"⑥ 在民众普遍缺少识字条件而又因信仰碧霞元君心存侥幸的社会习俗氛围中，这些民间传说要比官方禁止舍身的告令更能对民众产生观念与行为上的影响力。⑦ 要注意的是，民众广泛传播泰山舍身孝亲的故事，不完全是鼓励儿女舍身以显其孝心，更多的是用这种极端的例子警示和纠正民间弃老的不孝行为。

二　南京国民政府对泰山信仰的查禁

南京国民政府成立后的当年就开展了一场声势浩大的破除迷信运动，并

① 《禁舍身碑》，清康熙五十九年（1720）立石，碑存泰安市遥参亭院南侧。
② 按：清初著名诗人王士禛记录了"泰山孝子"舍身救母的传说：顺治十年（1653）四月，泰安知州某于泰山下行，忽见片云自山巅出，云中一人，端然而立，初以为仙，及坠地，则一童子也。惊问之，曰："曲阜人，孔姓，方十岁。母病，私祷泰山府君，愿殒身续母命，母病寻愈。私来舍身崖，欲践夙约，不知何以至此。"知州大诧异，以乘舆载之送归。见（清）王士禛撰，靳斯仁点校《谈异四》，《历代史料笔记丛刊·清代史料笔记·池北偶谈》（下）卷二十三，中华书局，1982，第1060页。
③ 《舍身崖舍子》，陶阳、徐纪民、吴绵编《泰山民间故事大观》，文化艺术出版社，1984，第262~264页。
④ 《表彰孝妇》，陶阳、徐纪民、吴绵编《泰山民间故事大观》，第265~266页。
⑤ 《舍身崖舍子》，陶阳、徐纪民、吴绵编《泰山民间故事大观》，第264页。
⑥ 《表彰孝妇》，陶阳、徐纪民、吴绵编《泰山民间故事大观》，第266页。
⑦ 按：在愚孝观念与碧霞元君信仰之外，康熙年间泰安地方的某些官员认为香客泰山舍身的观念与佛教轮回说有关。同知泰安州事、石门张奇逢在康熙五十九年所立的《禁舍身碑》中称："查泰山顶偏东高崖，不知作俑何人，假南朝梁武帝舍身同泰寺之说，立名舍身崖，哄动香客。"其将泰山舍身与梁武帝舍身同泰寺之说联系起来，显得有些牵强。事实上二者并没有明显的关联，因为一则佛教的轮回说从未主张轻生以孝亲，而在民间影响甚大的"目连救母"的佛教故事从不曾宣扬舍身孝亲的观念；二则普通民众即使受佛教影响，也很少了解梁武帝舍身同泰寺的真实情况。

因此引发了地方党部、政府与民众的多种纠纷和冲突。其中一个重要原因是当时南京国民政府对于民间哪些神祠可以举行祭祀活动并没有明确的"何项标准条理"。为此，南京国民政府于1928年10月颁布了《神祠存废标准》。1930年10月，国民党中央执行委员会秘书处向省、市、县各级党组织再次颁行了此标准。

（一）泰山神祠与信仰习俗的废止

依据《神祠存废标准》，与泰山密切相关的五岳四渎、东岳大帝、送子娘娘（碧霞元君）的神祠及其祭礼全被废止。

其一，废除五岳四渎的祀典。当时国民党中央执行委员会认为：古代天子祭祀山川社稷之神，山以五岳为尊，川以四渎为大。秦汉以后的帝王"封泰山，禅梁父，大都祝其安谧，无为民害"，在今天日有进步的地理学视野下，旧有的泰山、衡山、恒山、华山与嵩山五岳与葱岭、天山、阿尔泰山、昆仑山等相比，颇显渺小。"四渎"之中的济水被黄河夺了河道，淮水被运河夺了河道，因而"四渎"只有其名，而无其实。此外，江河"能否安澜"，不对人民生活造成危害，"全赖人工之疏浚防堵，与神祠何涉"。因此，"五岳四渎"的祀典均入废止之列。[1]

其二，废止东岳大帝的祭祀传统。当时国民党中央执行委员会依据《浙江通志》记载，认为民众奉祀东岳大帝的原因有二：一是宋真宗于大中祥符九年（1016）封禅泰山，制造了"岳神显异"的神话，进而"诏天下郡县，悉建东岳行宫"，民间因而奉祀东岳神灵；二是明代许仲琳所著小说《封神演义》称姜子牙将阵亡后的黄飞虎封为东岳泰山天齐仁圣大帝。民众普遍接受了这一说法，将黄飞虎附会"为东岳大帝，塑以全身，饰以王者衣冠，其下设阎罗判官等像"。[2] 有人称，"东岳大帝即《封神传》所附会之黄飞虎"[3]。也有人称，东岳主"旧为黄飞虎"[4]，乾隆帝将其改为岳飞，后人相沿称其为"天齐仁圣大帝"。不过，南京国民政府认为，这种神灵信仰与祭祀典礼虽载入明清

---

[1] 《神祠存废标准》，中国第二历史档案馆编《中华民国史档案资料汇编（第五辑第一编）·文化》（一），江苏古籍出版社，1994，第502页。

[2] 《神祠存废标准》，中国第二历史档案馆编《中华民国史档案资料汇编（第五辑第一编）·文化》（一），第502页。

[3] 张自清等纂《临清县志》，"建置志"，"宗教类"，1934，第20页。

[4] 项葆祯等修纂《单县志》卷二，"建置"，1929，第52页。

祀典，但不符合"现代之潮流"，没有继续保留的必要。

其三，废止送子娘娘的祭祀传统。在国民党中央执行委员会的《神祠存废标准》中，送子娘娘即世俗僧寺殿中的三女神塑像，其在民间被认为是掌管生育的神灵，前来祈子的妇女络绎不绝。事实上，当时南京国民政府所说的送子娘娘即碧霞元君、送子娘娘与眼光娘娘。他们没有分清这三位女神的区别，将其一并称为送子娘娘，而且错以为这三位女神是佛教的神灵。当然，他们还注意到一个事实，民间很多人认为这三位女神来源于《封神演义》的云霄娘娘青鸾、琼霄娘娘鸿鹄与碧霄娘娘花翎鸟。这可能与道教的神仙谱系有一定的关联。清代道教龙门派所言的 72 位仙官中确有"三霄圣母娘娘"，即云霄娘娘、琼霄娘娘与碧霄娘娘。虽然碧霞元君是道教认可的神仙，但民间的碧霞元君神祠不属于道教建筑。因此，这类神祠难以借助道教的名义得到保存。在南京国民政府看来，民间的送子娘娘神祠（即碧霞元君神祠）"实淫祠之尤，亟应严禁"。①

此外，当时南京国民政府认为，古代朝廷奉祀的日神、月神、灶神、海神与龙王等神虽属正神，无害于社会，"然以现代之潮流考之，均无存在之价值"；民间传统奉祀的张仙、痘神、宋江庙、狐仙庙等属于"淫祠类"，实属有害于社会，"一律从严取缔，以杜隐患"。

其四，查禁民间的"四大门"信仰。北洋政府时期，北京地区"四大门"的信仰活动仍公开举行，后在南京国民政府开展破除迷信的运动中被严厉禁止。香头受到地方警察的威胁与查抄，其降神驱邪的行为多数成了地下活动。20 世纪 30 年代李慰祖调查北平"四大门"信仰活动时，北平西柳村的王香头说，因为害怕警察干预，有不少被治好病的人在她坛口上许的布匾都不能挂在外面。南长街土地庙的王香头说，6 年前她的香坛曾被警察抄过一次，她当时对警察说自己并不愿当香差，但身不由己。警察命她当场表演。她引香之后，所设的几个"扑扑灯"自动大响。警察对此折服，便不再抄她。②

由于民国以来警察官宪对"四大门"香头活动严加取缔，20 世纪 40 年代初"此辈大见减少，北京城内几乎全无，但城外多少尚有遗存"。③ 这在

---

① 《神祠存废标准》，中国第二历史档案馆编《中华民国史档案资料汇编（第五辑第一编）·文化》（一），第 505 页。
② 李慰祖著，周星补编《四大门》，第 81 页。
③ 李慰祖著，周星补编《四大门》，第 134 页。

一定程度上冲击了华北地区乡民对碧霞元君的信仰。

（二）废止泰山神灵祭祀的动因

南京国民政府成立伊始就废止了包括泰山神灵在内的所有鬼神祭祀传统，这一法令的出台并不突然。早在1905年，有人从破除中国人奴隶根性、促进思想进化的角度呼吁打破传统的迷信观念。当时《东方杂志》转载《中外日报》的一篇文章称："中国之所以日即于贫弱者，其原因并非一端，而下流社会之迷信鬼神，实为其一大影响。……十室之邑，一廛之地，而岁必有迎神设醮之举，糜巨资而不惜，经大乱而不改。"这种迷信实是"政教人心之蠹，而愈以阻其进化之途"。细而言之：一是传统的术数占卜与鬼神信仰结合之后，下层社会的民众便以"傀儡为能造福之主，土偶为有夺命之权"，《西游记》《封神演义》之类的书就成了下层社会的圣经，而观世音、姜太公之类的神灵就成了下层社会的教主；二是"听天由命"之说使得"鬼神遂大有权"；三是地方官员在行政上有多种多样的求神、谢神行为。在此情况下，清末中国"犹一神权世界"。①

南京国民政府继承了上述清末时人对民众鬼神信仰与国家贫弱之关系的认识，详细解释了五岳四渎、东岳大帝与送子娘娘等传统祭祀的历史根源。其认为，在古代中国社会生活中，由于民智未开，人们畏惧自然界的威力，进而产生了迷信自然神灵的心理、"民神杂糅"的生活方式和"神道设教"的政治方略。其还在《神祠存废标准》中回顾说，中国古代圣贤早已洞悉了愚民迷信神灵心理的荒诞性，自周秦以来不断出现官员或圣贤掀起的破除迷信、打破神权的运动。不过，这些运动并不见五岳四渎、东岳大帝与碧霞元君等与泰山有关的内容。尽管如此，南京国民政府仍将对于如何判定各省盛行的所谓"淫祠"，制定了如下具体标准："（甲）附会宗教，实无崇拜价值者。（乙）意图藉神敛钱，或秘密供奉开堂惑众者。（丙）类似依草附木，牛鬼蛇神者。（丁）根据《齐东野语》、稗官小说、世俗传说，毫无事迹可考者。"根据这一标准，东岳大帝、碧霞元君等泰山神灵都属于"淫祠"之祭，均在禁止之列。

此外，南京国民政府还以当时的科学、现代之潮流为依据，解释了禁止祭祀泰山及其神灵等传统礼俗的合理性。认为古代中国祭祀山川等自然神灵

---

① 《论革除迷信鬼神之法》，《东方杂志》第2卷第4期，1905。

以祈福避祸的观念使得"迷信之风日炽，人心陷溺，几不可救"，由此产生了统治人的神权，此后又产生了君权。现在神权与君权都成为历史了，人民沐浴着科学理性的光辉，应当彻底抛弃所有的自然神灵信仰。此外，南京国民政府将废止"淫祠"视为关系民族生存的大事，并要求改良祭祀礼俗。宣称，中华民族的优秀后裔如果天天乞灵于泥塑木雕之前，就会禁锢自身的聪明才智，贻笑于世界。这样一来，中国就不可能与西方列强争胜，也就难以谋求民族的永久性生存了。因此，南京国民政府废止了东岳等传统的天地山川祭礼。在具体祭祀仪节上，废除了过去的烧香、拜跪、冥镪、牲醴等内容。特别禁止了包括泰山、妙峰山、丫髻山等在内的各地方男女进香朝山活动。

不过，南京国民政府大举进行破除鬼神信仰等迷信活动的背后还有中央政府强化社会控制与促进社会进步的因素。国民党在获取全国政权之初开始了训政，有意通过改变民众的社会生活方式与文化观念，一则来展示其政治正当性，加强对社会的控制；二则建立新的社会秩序和道德规范，促进普通民众的文明开化。对于前者，山东济南市政府在调查、破除卜筮、星相等民间迷信行为时称："查一切迷信为训政进行之大障碍。"① 此一语从侧面表明南京国民政府对迷信与训政之关系的认识。对于后者，蒋介石在1930年2月3日国府总理纪念周的讲话中说，要复兴一个国家和民族，不能单独依靠武力，还要使一般国民具有国民道德与国民知识。他主张从衣食住行入手，提高国民知识与道德的水准，化野蛮为文明。

虽然20世纪20年代学界对北京地区泰山神灵信仰习俗进行了大量的调查，但南京国民政府并没有切实注意当时学界所做这些调查的情况及其有益于社会文化建设的主张。由于政治运动与学界研究的隔膜，1928年兴起并于20世纪30年代在全国普遍开展的风俗调查与陋俗改良活动，也没有与同时期学界举行的社会风俗调查活动结合起来。此外，南京国民政府内政部本希望在"淫祠"调查项目中有民间人士参与并听取他们的建议，因此其《淫祠邪祀调查表》所附《填表例定》第4条规定：应征询地方人士对于废除"淫祠邪祀"的意见以及废除的方式及善后办法等。但在实际的"淫祠邪祀"调查过程中，调查者并没充分听取民间人士的建议。

---

① 《山东省济南市办理废除卜筮星相巫觋堪舆调查表》，全宗号第十二（6），卷号18280，中国第二历史档案馆藏档。转引自严昌洪《20世纪30年代国民政府风俗调查与改良活动述论》，《华中师范大学学报》2002年第6期。

南京国民政府推行的废除"淫祠邪祀"的陋俗改良活动，颇显仓促与激进，其不仅没有得到民众的积极配合，而且在一些地方遭到了普遍反对，甚至引发了官民之间的强烈冲突。江苏地方党部"打城隍"就是典型的一例。[①] 诚然，大多数民众对这一陋俗改良活动并不热心参与，而是冷眼以观。

南京国民政府的法律没有对民俗信仰正当性的保障。1931 年公布的《中华民国训政时期约法》中第 11 条规定"人民有信仰宗教之自由"[②]，1947 年公布的《中华民国宪法》也有同样的规定[③]，这从国家根本法律上保障了人们对佛教、道教、基督宗教与伊斯兰教的自由信仰，但对于属于民俗信仰的泰山信仰无所谓法律保护。这也注定了泰山信仰在激进的现代化道路上有容易受到政府冲击的命运。

（三）山东地方政府对泰山祠庙的改造

国民党山东省党部与山东省政府驻泰安期间，在"党治"名义下对泰山祠庙进行了改造，从而冲击了当地的泰山信仰。

1928 年 6 月，为解决办公场所与用具问题，时任山东省政府主席的孙良诚在"破除迷信"的名义下，对泰山上下的庙宇建筑大肆拆毁。在短短的一年里，岱庙和城中的龙王庙、资福寺、西武庙、迎春庙、观音庙、青云庵、蒿里山庙、五福庙、资福寺、孔雀庵、玉皇阁等庙宇均遭破坏。其中奉祀东岳大帝的岱庙受害尤重，其前半部改为中山市场，后半部改为中山公园。环咏亭与雨花道院等改为民众饭店、民众旅馆、民众澡堂，众多古代石碑被毁。岱庙门楼仅存正阳门及仰高门、见大门三楼。由于庙内驻军的破坏，天贶殿的巨幅壁画《启跸回銮图》严重受损，庙内的数十株千年古柏枯死。延禧殿被拆除，门前成了耍把戏、卖野药的游乐场。

随国民党山东省党部驻泰安的党务训练所极力在泰山上下展示党治的政治体制与权威，他们在岱庙、岱宗坊、中天门与南天门等名胜古迹上张贴、刷写了大量的政治符号与标语。岱宗坊中门横额上写有"天下为公"四字，横额下是孙中山遗像，左右门横额上分别写有"努力国民革命""促进世界大同"等字样。中天门石坊两侧柱石上分别写有"革命尚未成功""同志仍

---

① 沙青青：《"打城隍"折射国民党基层冲突》，《近代史研究》2010 年第 1 期。何志明：《民国奇案：从"打城隍"到"打党部"》，《文史天地》2010 年第 11 期。
② 郭卫编《中华民国宪法史料》（《近代中国史料丛刊》第 88 辑），第 42 页。
③ 郭卫编《中华民国宪法史料》（《近代中国史料丛刊》第 88 辑），第 60 页。

须努力"的标语，横额上写明"山东省党务训练所制十八年三月"。泰安四区党部在回马岭的石坊上写有"努力革命工作"标语。① 玉皇顶上的秦代"无字碑"（石阙）也涂上了"党权高于一切"的标语。

党务训练所在泰山上下刷写的"党治"宣传标语，因为影响风景观感而未得到社会的普遍认同。时任省政府代秘书长的泰安人赵新儒讽刺说："（无字碑）今正面有尺余长'党权高于一切'六字。……无字碑已变为有字碑矣。殆非党权高于一切，无此伟力欤。"秦始皇以帝王权威在泰山立下"无字碑"，而今国民党又以无上的权威将"无字碑"改为"有字碑"。无论是秦始皇的君权还是国民党的党权，都是远远超越民权的权威。1933 年，泰山上的党治宣传标语仍在。来此观光的一些具有新知的游客认为这些标语有煞风景。一位游客在日记中写道："我们走遍了山程，处处见到的是刷在墙上或刻在石上的'标语'。我并不是不赞同'标语'的内容，我以为把这严正的句子请到山上来，多少要失掉他的效用。说起美观来吧，他却又有点杀（煞）风景。"② 可见，国民党山东省党部党务训练所在名山风景区进行政治宣传颇不合地宜，影响了泰山的风景之美，并不能有效达到其预想的启蒙民众的目的。尤其是对于不识字的泰山神灵信众而言，这些标语的宣传效用微乎其微。

山东省党部党务训练所在泰山的政治宣传，无疑是当时国民党与南京国民政府极力推行党治政治模式的典型反映。虽然当时国民党与南京国民政府的党治模式是一党专政的威权政治，而非西方民主宪政下的政党政治，但"党天下"代替了"家天下"终究是中国政治现代化的一个进步，至少在形式上汲取了世界现代文明的因子。驻泰安的山东省政府大举刷新政治，在全省蠲除张宗昌所设的苛捐杂税，发动群众查禁日货，宣传妇女解放，倡导男女平等，鼓励剪发放足等。这些举措虽因时局动荡未能充分贯彻，但在一定程度上促进了泰山符号与泰山民众生活的现代化历程。

此外，1931 年 5 月，北平当局劝告民众不要到妙峰山朝顶进香，翌年 5 月，河北省政府限制妙峰山庙会，禁止武会的表演。

（四）泰山信仰习俗的衰落

在南京国民政府的禁止下，民间泰山神灵祭祀习俗的景象因地域差异而

---

① 王文彬：《泰山一日游》，《采访讲话》，第 167 页。
② 示土：《游泰山八日记》，《南大半月刊》1933 年第 1 期。

显示不同的景象。华北民间泰山神灵信仰的两大核心地区——北平与山东都呈现冷热不均的景象，其具体情况如下。

其一，北平城内"五顶"庙会继续衰落，郊县一些泰山神灵祠庙被改造成新式的学校。20世纪30年代初，南顶的赛车跑马活动被取消了。1935年，南顶的庙会难以举办，一是因为庙已塌圮，无人重修；二是因为市面不景气，游人稀少，而商贩也不愿来此开市了。[①] 中顶殿宇的油漆不断剥落，到了1937年时就成了"一瓦砾场"。[②]

北平郊县的一些泰山神灵祠庙被地方政府改造成新式的学校。（1）顺义县东门外东岳庙内的偶像被推倒，整座庙被改造成了戒烟医院。[③] 该县的一些碧霞元君神祠分别被改为杨镇第二初级小学校、杨镇女子初级小学校、（张家务、杜庄与李辛庄）合立初级小学校、小店乡初级小学校与南郎中初级小学校等学校。[④]（2）平谷县沾霫庄的碧霞元君庙改为乡立第九初级小学校。[⑤]（3）通县的泰山行宫庙改为"县立北关第二初级小学校"，南堤的天齐庙改为南堤公立初级小学校，东岳庙废圮。[⑥] 在草寺的碧霞宫改为草寺公立初级小学校，在神树的碧霞宫改为神树公立初级小学校。[⑦]，堂子胡同碧霞宫于1927年成为通县清乡团的驻地（1935年又成为通县保卫团的驻地）。[⑧] 马驹桥镇的碧霞元君庙因"屡遭拆毁"，接近倾颓。该庙于1929年被呈准拆卖，用于修建"本区完全小学"，后只剩下山门、庙场后殿（供奉从外处移来的关帝像）与殿前的几株古松。[⑨] 在南京国民政府时期，北平地区究竟有多少泰山神灵祠庙被改为学校，尚难统计。在泰山神灵祠庙普遍被改为学校的情况下，这一地区民间泰山信仰习俗不可避免地随之衰落了。

在南京国民政府打击淫祠与破除迷信活动的影响下，京西妙峰山的民间进香活动也大不如昔。1930年阴历四月初九，曾任北洋政府参政院参政的邓镕登上妙峰山，看到来此地进香的善男信女"较往年为少，鱼龙百戏亦颇寂寥"。[⑩]

---

①　马芷庠著，张恨水审定《老北京旅行指南》，第227页。
②　王彬、崔国政：《燕京风土录》，第228页。
③　礼阔泉等修纂《顺义县志》卷二，"建置志"，"寺观"，1933，第30页。
④　礼阔泉等修纂《顺义县志》卷八，第8、9、12页。
⑤　李兴焯等修纂《平谷县志》卷二，1934，第10页。
⑥　金士坚等修纂《通县志要》卷三，"建置"，"庙宇"，1941，第16页。
⑦　金士坚等修纂《通县志要》卷三，"庙宇"，第27页。
⑧　金士坚等修纂《通县志要》卷七，"警备警团"，1941，第3页。
⑨　金士坚等修纂《通县志要》卷三，"庙宇"，1941，第22页。
⑩　邓镕：《忍堪居士年谱》，民国荃察余斋诗存再续本，1932年铅印本，第23页。

当然，在邓镕看来，当时妙峰山香火冷清的原因在于民众生活凋敝，难以筹备进香的钱物。

虽然北平地区的泰山信仰习俗在破除迷信运动的冲击下不断衰落，但在北平城内东岳庙和郊县一些偏远的地方仍然活跃。东岳庙三月二十八日的庙会在1937年时一如既往地繁盛。只不过仅有"人民进香"，不复有"国家官吏祭祀"。① 顺义县牛栏山的碧霞宫每逢三月三日仍旧举行庙会，并演出戏剧。② 平谷县东北部兴隆顶的碧霞元君祠每年四月十八日仍旧举行庙会，远近的善男信女前来进香，"游者纷如蚁聚，东西山麓几无隙地"。③

日军占领北平后，大多数庙会和香会受到了冲击，逐渐衰落。由前门长春堂老板张子余资助的中顶庙修复工程被迫终止，而寺庙管理也趋于松懈。该庙中的道士李永源变卖庙产，维系其抽大烟的恶习，使得中顶庙更为破败。南安河村善缘老会在动荡的局势下仍挣扎着维系生存。据1939年的调查，北平东岳庙"现存的香会，已是曙后残星寥寥无几"，"今则有钱有闲分子日益稀少，诸会零散，继起无人，存者不过勉强支持而已"。④ 1938年，日本侵略军占领了大台地区，在大台地区建立日伪政权。千军台村的幡旗被日军烧毁。当年村民们重新制作了幡旗，第二年元宵节照常走会。1943年，日伪军进行一次大"扫荡"，千军台村、幡旗村的幡旗在烧村时被焚毁。⑤ 在日伪政权统治下，北平东岳庙的香会逐渐凋零，1946年仅有8个香会可以继续举办活动。

其二，山东地区的一些泰山神灵祠庙被改造为学校或其他机关用地。（1）林清县天桥北的娘娘庙中设立了初级小学校，城南南坛的慈育庵（供奉碧霞元君）中设立了初级小学。⑥ 县大寺街中的泰山行宫被改为第一区区公所的驻地。林清县署西北的天齐庙改为"大队部驻兵处"。⑦（2）阳信县的碧霞元君庙有四座，其中在狼邱家的碧霞元君庙"东院为公立高等小学校"，在该县西南十二里白马岭的碧霞元君庙被改作国民学校。⑧（3）自1928年

---

① 马芷庠著，张恨水审定《老北京旅行指南》，第219页。
② 礼阔泉等修纂《顺义县志》卷二，"建置志"，"公廨"，1933，第40页。
③ 李兴焯等修纂《平谷县志》卷一，"名胜"，1933，第29页。
④ 叶郭立诚等：《北平东岳庙》，第53页。
⑤ 韩同春：《北京幡会研究》，人民出版社，2014，第109页。
⑥ 张自清等修纂《临清县志》，"建置志"，"宗教类"，"寺庙表五"，1934，第21页。
⑦ 张自清等纂《临清县志》，"建置志"，"宗教类"，第20页。
⑧ 朱兰等修纂《阳信县志》第一册卷一，"舆地志"，1936，第46页。

后，济阳县"民智渐开，迷信破除"，"僧道因以绝迹"，也就很少有公开奉祀碧霞元君的道教信徒了。①（4）泰安县的泰山神灵祠庙大遭破坏。1928 年 5 月，岱庙遥参亭成为国民党泰安县党部的驻地。同月，成立了以孙良诚（时任国民革命军第二方面军总指挥）为主席的山东省政府委员会。山东省政府在泰期间，将东岳庙的祖庭——岱庙的前半部改为中山市场，将其后半部改为中山公园。岱庙中的环咏亭、雨花道院等改为民众饭店、民众旅馆、民众澡堂，众多古碑刻被用作石料。此后不久，孙良诚的部队进驻岱庙，把这座圣殿几乎变成了废墟。

不过，山东有些地方的泰山信仰习俗仍旧延续如昔。临清县卫河东浒的碧霞宫每年四月中旬和九月初九举行庙会，附近十余县前来朝山的信众颇多。当地民众则"扮社伙"，向碧霞元君献戏。"社伙"是山东地区碧霞元君信仰习俗独有的现象，其内容多为娱乐性演出。民国时期修纂的《临清县志》称：

> 社伙之名始于元代，……如彩船则结帛为之驾者，饰女装戴彩笠渔人，引之合唱采莲曲。高跷则足蹋木，跷高数尺，腮抹粉墨，歌弋阳腔。若竹马始于汉羯，鼓始于唐。渔家乐始于六朝，其来源尤古。其余龙灯、狮保、花鼓、秧歌等名目繁多不胜指数。每值庙会，则游行街衢，更番献技，亦临清之特殊情形也。②

每逢碧霞宫举行庙会时，"观者云从，有万人空巷之势"③。该县汶河北岸的歇马厅为碧霞元君"停驾之所"，民国初年重修，每年四月初一有接驾会，"游人潮涌，香火极盛，与泰山神会相衔接"。④临清县卫河西的万家园仍旧供奉着碧霞元君与关帝，驻有十多位比丘尼。

在破除迷信运动中，《林清县志》的修纂者称，碧霞元君祠等多为"淫祠"，现在虽然大行破除迷信的活动，但民众的迷信鬼神的观念未尽废除，因此，"每逢会期，香火之盛一如前日"。⑤他们虽然认为民众信奉碧霞元君

---

① 《山东省济阳县清查户口统计表》（1932），卢永祥等修纂《济阳县志》卷三，"户籍志"，1934，第 41 页。
② 张自清等修纂《临清县志》，"礼俗志"，第 29 页。
③ 张自清等修纂《临清县志》，"建置志"，"宗教类"，"寺庙表五"，第 21 页。
④ 张自清等修纂《临清县志》，"礼俗志"，第 29 页。
⑤ 张自清等修纂《临清县志》，"礼俗志"，第 29 页。

的进香行为是"迷信"活动，但并没有主张革除，因为碧霞宫庙会深切关联着地方的商品交易与民间娱乐。在他们看来，碧霞宫九月初九的庙会"实为全境商业消长所关"①，包括碧霞宫庙会在内的民众"进香火"活动为"全市商业社会繁华所关甚巨，事虽迷信，要以乐利之见端，游艺之一部也"。②相对于破除迷信而言，"户口凋敝，市面萧条，无具体方法救济"的局面才是地方真正的忧患。③

破除迷信运动在山东乡村产生了一定的影响，但未能完全改变民众的鬼神信仰观念。莱阳县的"迷信者"一如既往地沿袭着过去的观念，"或媚于灶，或佞于佛，或祈灵狐狸，或延请巫觋"。④博山县公安局于1932年冬禁毁了城隍庙等多处"淫祠"，但民众仍坚持保护城隍"行像"，并为之进香。有人因此认为，"迷信之风恐一时不易打破"。⑤青城县以革命手段破除了包括碧霞元君像在内的各种神像，"迷信积习去其半"⑥，禁绝了公开奉祀鬼神的活动，但仍有不少人暗中拜奉木精、兽妖、土魔与石怪等。

当时续修《青城县志》的修纂者从人权与科学的角度出发，批判了鬼神信仰观念。其依据是："人权愈长，神权愈消"是社会进化的定例；在科学昌明的情况下，碧霞元君祠等"淫祠"不应当存在。不过，他们提醒说，在平民教育不发达的情况下，还需要借助神权维系社会秩序。否则，犯法越规的行为不知会泛滥到何种地步。因此，要真正"打倒神权，增进人权"，必须以教育为先决问题。⑦可以说，修纂者的这一建言确有见地。当时崇尚科学的新式教育不但会改变人们对自然世界的认识，而且会刺激人权观念的觉醒，从而会有力地减弱神灵信仰对人的影响力。神权在地方社会中发挥着维持秩序、协调乡邻关系的重要作用。在没有新的威权或制度代替神权之前，实在不宜断然将其废止。不过，将科学与迷信（鬼神）截然对立的主张在民众的日常生活中并不能得到广泛的认可，因为这一主张没有注意到鬼神信仰在安慰人心上的重要作用，而当时科学所能发挥的心理安慰与道德教化功能着实十分有限。

---

① 张自清等修纂《临清县志》，"建置志"，宗教类，寺庙表五，第21页。
② 张自清等修纂《临清县志》，"礼俗志"，第29页。
③ 张自清等修纂《临清县志》，"大事记"，第29页。
④ 梁秉锟等修纂《莱阳县志》，"人事志"，1935，第24页。
⑤ 王荫桂等修纂《续修博山县志》卷三，"坛壝"，1937，第20页。
⑥ 杨启东等修纂《青城续修县志》第二册，1935，第12页。
⑦ 杨启东等修纂《青城续修县志》第2册，第13页。

诚然，迷信的观念并未因庙宇的破坏与神像的拆毁而真正改变。

更令人不解的是，政府在禁止民间迎神赛会的同时，却积极举行班禅大师主持的时轮金刚法会。1934年4月28日，在国府要人的倡议与社会人士的赞助下，该法会于1933年在北平举行后，又设坛于杭州灵隐寺，旨在消除国内灾祸，祈祷世界和平。此外，该法会又于法坛附设荐亡延生位次，请班禅活佛超度信众的已故亲族，或为其现存父母祈福。此举遭到不少人的反对，被讥讽为"只许州官放火，不准百姓点灯"。① 在反对者看来，修建法会即提倡迷信。有人对此公开批评说，"我国人的思想总是混混沌沌，糊里糊涂；一面要破除迷信，一面又要提倡迷信。好像破除迷信和提倡迷信这两件绝对相反的事，是可以并行而不悖似的，实是可笑极了！"② 此前，冯玉祥批评1933年北平举行的时轮金刚法会说："为了收失地，北平开了时轮金刚会。求去又求来，一点灵也不带，可怜迷信还不改，国亡家破别后悔！"③ 显然，南京国民政府对待民间信仰与宗教信仰的政策并不公允，也未得到民众的真正拥护。

南京国民政府的破除迷信运动不能收效的根本原因在于民众的生活知识、技能、质量与环境没有根本改观。在内忧外患的影响下，华北农村经济在整体上不断衰落。近代华北农村一直存在人多地少、人均耕地不足的问题，大部分农户难以依靠农业维持生计。20世纪30年代，华北农业生产形势较好，粮食总产量有所增长，亩产也有上升，大致恢复到清盛世的水平，或许还略有提高，但是人均粮食占有量仍大幅度减少，农业经济无疑是落后的。④ 而这一时期农民承担的各种税赋包括盐税、田赋正附税以及其他各种税捐却呈现不断增长的趋势。加之世界经济危机的影响与日军对华北的掠夺，华北地区农民的生活状况日趋恶化，生计困难。

民国时期，华北乡村的医疗条件虽有所改善，但在整体上仍十分落后。1930年，河北定县城内有中国旧式药铺13个，西式医院6处，453个村庄共有医生446个，这些医生的资格与技术多属平庸。即使这样，仍有226个村庄没有一个医生。截至1936年，新教教会在山东共建立了25所医院，但

① 梦若：《破除迷信乎提倡迷信乎》，《申报》1934年4月10日，第19版。
② 梦若：《破除迷信乎提倡迷信乎》，《申报》1934年4月10日，第19版。
③ 赵望云：《赵望云农村写生集》（冯玉祥题诗），第138页。
④ 徐秀丽：《中国近代粮食亩产的估计——以华北平原为例》，《近代史研究》1996年第1期；从翰香主编《近代冀鲁豫乡村》，中国社会科学出版社，1995，第299~331页。

这些医院主要分布在沿海城市与铁路沿线城市。1949 年前夕，天主教在北平、河北地区建立了 24 个诊疗所，其中设在村镇的仅有 8 个；创办了 10 所医院，这些主要分布在北平、天津、保定、石家庄等大中城市，仅一所建在县城（即献县教区圣若瑟医院），而乡村没有医院。整体而言，除北平、天津等大城市外，民国时期华北其他地方的医疗条件虽有一定程度的提高，但仍未有本质性的改观，而农民在医疗上仍更多的依赖于包括碧霞元君与东岳大帝在内的各路神灵。

在南京国民政府治下，民生问题成为政治的致命伤，这虽有日军侵华等外患的影响，但更多在于南京政府自居正统、立政之本在官而不在民的政策。蒋介石曾表示，"尊敬官吏即所谓尊敬国家"，即使官吏不好，也不能"随便讥评，公然轻视"，"这是国家的体制"。[1]在官本位的政治体制下，民生改善难免成次要政治问题，而蒋介石主导的南京国民政府却极力推行以儒家伦理为核心的新生活运动。宋庆龄批评说，"我们不应该恢复不合时代的儒教……恢复儒教是完全反动的一件事，所谓安定社会只是一个幌子"；就中国的普遍贫困而言，"革命的目的就是提高人类和群众的物质享受；假若这一个目的没有达到，那就等于没有革命"。[2]1944 年，蒋的高级侍从唐纵观察到，"党的上层干部，对于主义政策的认识，并不彻底。由革命到取得政权，思想和观念已为之大变，现在大家的观念是现实问题。上级干部在追求权位，下级同志在追求生活。主义、政治、革命，都已忘却了，消失了"。[3] 在此情势下，华北广大乡村的民众只能延续过去的传统，在包括泰山神的神灵信仰中寻求微薄的安慰与希望。在日伪统治下，他们的生活更为艰难。

三 "泰山"的政治文化建构

由秦至清，泰山在王朝政治的祀典中地位尊崇，可谓是至高无上的神圣祭坛。辛亥鼎革，泰山虽未被列入中华民国的国家祀典，但仍在政治文化中

---

[1] 武扬编著《这是国家的体制》，《蒋总裁的日常生活》，（上海）华光书局，1941，第 117~118 页。

[2] 宋庆龄：《儒教与现代中国》，《宋庆龄选集》，中华书局，1966，第 106、110 页。

[3] 公安部档案馆编注《在蒋介石身边八年——侍从室高级幕僚唐纵日记》（1944 年 4 月 28 日），群众出版社，1991，第 426 页。

占有重要的地位。时人于泰山题刻"民国泰山"四字①，用以表示泰山迎来新的历史时期。1929 年 7 月 12 日，南京国民政府主席蒋介石携宋美龄、中央政训处处长周佛海等人登上泰山之巅，在玉皇顶挥毫写下了"泰山永固，民国长安"八个字，将其作为中堂，悬挂于玉皇顶东屋。② 这一题词以泰山象征民国，希冀国家长治久安。至此，民国泰山经国家元首的题词而被赋予了独特的政治文化意义，也因而成为中华民国的重要政治符号。

　　学界对于民国泰山政治文化建构的研究为数甚少，目前仅见周郢从中华民族的历史、地域、族群、信仰与精神等方面考察了泰山作为王朝时代"国山"的多重意蕴，并梳理了先秦至民国时期泰山"国山"地位的形成历程。③ 笔者在继承已有研究的基础上，从政治象征与文化认同的角度进一步揭示民国时人对符号化泰山的建构方式及其时代意蕴。

（一）"泰山"的革命话语与政治象征

　　在民国时期的话语与观念中，"死重泰山"是高度肯定烈士牺牲价值的革命话语，不过这里的"泰山"已经在语义上发生了重要变化。

　　古人常以"重于泰山"形容人对待自身生命的态度。《燕丹子》一书称，荆轲对太子说："闻烈士之节，死有重于太（泰）山，有轻于鸿毛者，但问用之所在耳。"④ 其意是说，烈士注重节操，有时把死看得比泰山还重，不轻易付出生命，有时把死看得比鸿毛还轻，随时可以付出生命，看重还是看轻的关键在于用生命追求什么。此即言烈士因为节操与信仰对待自身生命的慎重而放达的态度，而不是死亡本身的价值。司马迁在《报任安书》中云："人固有一死，或重于泰山，或轻于鸿毛，用之所趋异也。"⑤ 他沿袭了荆轲对烈士节操的态度，认为一个人在付出自身生命时看重还是看轻，取决于是否用生命献祭自己追求的道义。如果为追求道义，就不把自己的生命看得多么重；否则，就要把生命看得很重，比泰山还要重。秦汉以降，"重于

---

① 泰山上的"民国泰山"题刻有两处：一处位于泰山玉皇顶稍南盘路东侧石壁，其跋语云："中华民国八年七月，偕曹县穆耀枢君参岱，书此志感，浙杭黄郛"；另一处也位于泰山玉皇顶稍南盘路东侧石壁，落款为"中华民国八年"，未见署名。见袁明英主编《泰山石刻》第 5 卷，中华书局，2007，第 1289、1362 页。

② 王文彬：《泰山一日游》，《采访讲话》，第 169 页。

③ 易君左等原著，周郢续纂《泰山国山议：文献校释与学术新诠》，五洲传播出版社，2013。

④ 无名氏：《燕丹子》（附葛洪撰《西京杂记》），程毅中点校，中华书局，1985，第 12 页。

⑤ （清）吴楚材编《古文观止》，吴调侯选译，中华书局，2010，第 106 页。

泰山"一语因为帝王封禅大典而进一步成为称颂生命牺牲价值的文化符号。

清末民初，知识界较早运用"死重泰山"一语作为评价烈士牺牲的意义。1910 年，梁启超在《从军乐》的歌词中写道："男儿死有泰山重。为国民，舍生命，含笑为鬼雄，含笑为鬼雄。"[①] 其意是军人为国民而牺牲的价值比泰山还要重大、崇高，此说可谓民国时期以泰山象征革命牺牲精神的滥觞。1917 年，康有为在北京为袁崇焕庙题联云："其身世系中夏存亡，千秋享庙，死重泰山，当时乃蒙大难；闻鼙鼓思东辽将帅，一夫当关，隐若敌国，何处更得先生。"[②] 康氏此联所言"死重泰山"，不是说袁崇焕本人如何把自己的死看得重于泰山，而是肯定袁崇焕之死对于当时华夏文化的存续至关重要。在其看来，袁崇焕蒙冤而死，不仅加速了明朝国祚的终结，而且也在客观上失去了保卫中华道统与治统、阻挡清军入关的最后屏障。在这里，"死重泰山"一语已成为高度评价牺牲者的标志性话语。1919 年，参加五四运动的北京大学文科预科班学生郭钦光因悲愤过度，吐血而亡。5 月 18 日，北京各校五千多人在北京大学法科礼堂召开郭钦光追悼大会，郭的遗像两旁书有"力争青岛，死重泰山"八字。可以说，经过清末民初知识界的演绎，"死重泰山"四字已成为称颂为民族国家正义事业而慷慨赴死者的通行话语。作为其前提的泰山之"重"在于这座山岳是中国文化观念中代表天神之意的最神圣的祭坛。不过，当时知识界的"死重泰山"观念不再强调泰山代表天意的特性，只是借用了这一具有深远历史传统的话语表达形式。

经过孙中山的阐释，"死重泰山"成为赞颂革命牺牲者的政治话语。1921 年 12 月 10 日，他在桂林对滇赣粤三省革命军的演说中称："军人之勇，于技能以外，更有明生死之必要，不明生死，则不能发扬勇气。……故死有重于泰山，有轻于鸿毛者，死得其所则重，不得其所则轻。"[③] 在其看来，革命军人的死分为两种：为革命而死，死得其所，这种死的价值重于泰山；不是为革命而死，这种死的价值就轻如鸿毛。他在这次演讲中解释了革命军人死亡价值的差别："虽然均一死也，有泰山、鸿毛之别。若因革命而死，因改造新世界而死，则为死重于泰山，其价值乃无量之价值，其光荣乃无上之

---

① 梁启超：《从军乐》，张品兴主编《梁启超全集》第 9 册，北京出版社，1999，第 5388 页。
② 康有为撰袁崇焕挽联，民国六年（1917）题刻，位于北京龙潭湖公园袁崇焕庙。
③ 《在桂林对滇赣粤军的演说》（1921 年 12 月 10 日），中国社会科学院近代史研究所中华民国史研究室等编《孙中山全集》第 6 卷，中华书局，1985，第 34 页。

光荣。"① 可见，孙中山为军人牺牲意义设立了价值判断尺度，即"革命"与"改造新世界"，并将此尺度形象化为泰山。1923 年 10 月 15 日，孙中山在国民党的恳亲大会上发表演说，对泰山与革命牺牲的意义做了进一步的阐释。他说："象黄花岗的七十二烈士、打死孚琦的温生财……他们那些人的牺牲，真是虽死犹生，死在九泉之下都是很瞑目的。古人说：'死有重于泰山，有轻于鸿毛。'盖人类牺牲的价值，有比生命还要贵重的，就是真理和名誉。"② 在孙中山看来，泰山代表了超越生命的真理和名誉，是生命的终极意义之所在。

国民党人逐渐广泛认同孙中山对"死重泰山"一语内涵的政治性转换。孙中山逝世后，建国联军川军第二军军长汤子模为其写了挽联，联云："日月并明，时雨咸润，泰山比峻，沧海与深，为社会一致钦崇，中外英贤齐俯首；国际平等，天下为公，种族泯争，民生均产，造世界无穷幸福，始终心血在同胞。"此联赞扬孙中山像泰山一样高大，赢得海内外的广泛尊崇。此后国民党《中央日报》多以"死重泰山"赞誉为革命牺牲的将士，如在抗战中捐躯的国民革命军第二十七军第二十三师师长李必蕃、国民党陆军中将周复等人。③ 1933 年，张学良为在长城抗战中阵亡的营长安德馨烈士题词"重侔泰岱"。1938 年，蒋为战死在台儿庄的王铭章将军题词"死重泰山"。

梁启超、康有为、孙中山等人之所以借用"死重泰山"的传统话语评价牺牲者的意义，一个重要原因是泰山在中国文化历久弥新的特殊象征符号。正如黄炎培在 1915 年出版的照片集《泰山》的序言中说，泰山的风景秀不如匡庐，奇不如黄山，但其浑厚磅礴，气象万千，却一时无与伦比。除了"岩岩"气象外，泰山因为历代君主的眷顾，积淀了"制胜天然"的人文历史。由于在自然风景与人文历史两方面的优势，泰山在中国虽"不敢谓足压倒一切"，但"固已深中于一般妇孺之心理"。④ 因此，人们在表达尊崇而又有势力可倚托的人或物时，无不以泰山为比喻。这一说法揭示了一个事实，即民国时期泰山虽然不再作为国家的祭祀对象，但其被赋予的政治文化象征

---

① 《在桂林对滇赣粤军的演说》（1921 年 12 月 10 日），中国社会科学院近代史研究所中华民国史研究室等编《孙中山全集》第 6 卷，第 35 页。

② 《在广州国民党恳亲大会的演说》（1923 年 10 月 15 日），中国社会科学院近代史研究所中华民国史研究室等编《孙中山全集》第 8 卷，中华书局，1986，第 286 页。

③ 《死重泰山名垂青史李故师长忠样抵湘》，《中央日报》1938 年 5 月 27 日，第 4 版；《死重泰山，昨在杭建堂举行周复追悼会》，《中央日报》1943 年 11 月 6 日，第 3 版。

④ 黄炎培、庄俞编纂《泰山》，弁言，商务印书馆，1915。

意义深入人心，得到普遍的认可，甚至孙中山在《通告海陆军将士文》中比喻称"拥树民国，立于泰山磐石之安"①。因此，"死重泰山"作为生命价值的评判语既有深厚的文化根基，又有近代意义的话语建构与内涵转换。

泰山不只作为赞颂烈士牺牲意义的政治话语，还在自然实体上被赋予政治象征意义。自先秦以来，泰山既是中国王朝政治的神圣祭坛。民国肇兴后，在国民党人与仁人志士的推动下，泰山成为民国革命忠烈纪念的山岳载体。这主要体现于国民党人在泰山上对孙中山与辛亥滦州起义烈士的纪念。

其一，孙中山"比峻泰山"的纪念。1929 年，孙中山奉安队伍两次经过泰安，当时驻泰安的国民党山东省党部与山东省政府以及泰安县党政机关、社会各界为此举行了盛大的纪念仪式。是年 6 月 1 日，山东省各界人士共同在泰山歇马崖以北、柏洞以南的盘道东侧建立了"总理奉安纪念碑"，以泰山象征孙中山的革命精神。该碑高 9.27 米，底座为五棱形，代表孙中山先生提出的"五权宪法"；碑身上部呈三棱形，象征着其倡导的三民主义；碑的正面刻着"总理奉安纪念碑"七个隶体大字。碑身正面下端镌刻着孙中山遗嘱的全文。碑基是一个十二角星的图案，象征着国民党党徽。此碑生动表现了孙中山的政治思想和革命功绩，又将其与泰山融为一体。山东省政府还要求在泰山南麓的金山和蒿里山植树造林，并命名为"中山林"。至此，孙中山可以与"泰山比峻"，不仅名至，而且实归。经过国民党山东省党部、山东省政府与各界人士的集体塑造，泰山成为彰显孙中山革命精神与政治事业的重要符号，从而获得了民族国家时代的新的神圣性。

其二，辛亥滦州起义烈士的泰山纪念。辛亥滦州起义在辛亥革命中占有重要地位，在起义中牺牲的王金铭、施从云与白雅雨等烈士深得后人赞誉。冯玉祥为滦州起义的主要领导者之一，于 20 世纪 30 年代在泰山上建造了辛亥滦州起义烈士纪念祠与纪念碑。② 1933 年 10 月，隐居于泰山的冯玉祥在该地普照寺东侧建成了该烈士祠，以纪念滦州起义的死难烈士以及张绍增、郑金声与郑振堂等人，祈愿滦州起义烈士之英灵与泰山齐寿。他在《辛亥滦

---

① 孙中山：《通告海陆军将士文》（1912 年 1 月 1 日），中国社会科学院近代史研究所中华民国史研究室等编《孙中山全集》第 2 卷，中华书局，1982，第 4 页。
② 参见贺利平《冯玉祥与泰山滦州起义烈士祠》，《岱宗学刊》2007 年第 2 期；王新峰《泰山辛亥滦州起义纪念碑记事》，《岱宗学刊》2002 年第 1 期。

州起义烈士祠记》中云："今者新祠落成，英魂有托，馨香俎豆，当为泰岳，为无穷。"① 在其看来，滦州起义中死难烈士的英灵与泰山合为一体。杨绍麟题书颂称，冯玉祥修建此烈士祠的义举，"不特使诸烈士享祀东岳，与泰山并垂不朽，且可昭示来兹，使后世之人闻风兴起"。② 还有人为该泰山烈士祠落成题写了纪念诗，其中一句云："黄花岗外添新泪，一死真能重泰山。"③这些文字均称颂辛亥滦州起义烈士为人间道义牺牲，其精神永垂不朽，与泰山同在。正如李宗仁为该烈士祠题写的挽联所云："百世名犹存，众所瞻依，祠巍泰岱；三代道未泯，闻兹义烈，气肃冰霜。"④ 在冯玉祥的助手邱山宁看来，泰山是宇宙的象征，其为辛亥滦州起义烈士纪念祠题刻的《泰山》诗云："泰山何其雄，万象都包容。泰山何其大，万物都归纳。泰山何尊严，万有都包含。一切宇宙事，皆作如是观。"⑤ 以此而言，辛亥滦州起义烈士纪念于泰山，即意味着其革命精神与天地同尊同寿。1936 年，经冯玉祥呈请，南京国民政府批准在泰山为辛亥滦州起义烈士建造了纪念碑。该碑位于泰山辛亥滦州起义烈士纪念祠南面约二百米远的龟岭上。翌年 5 月 26 日，该纪念碑落成。

冯玉祥选择在泰山上为辛亥滦州起义烈士建立纪念祠与纪念碑，意在更形象化地表明这些烈士"死重泰山"。此外，还有一个值得注意的重要原因，那就是他对革命道义的追求以及对死亡的态度。他在 1932 年 5 月 24 日的日记中写道："一个人终是有死的一天，不过要须死得其所，即为大众革命而死也。古人云：'死或重于泰山，或轻于鸿毛。'必死如泰山之重，然后始可谓得其所也。"⑥ 8 月 4 日，他又在日记中说到了死亡意义的泰山鸿毛之喻，称："要是为革命而死，为人类求永久和平而死，倒是痛快的。每人都有死，唯或重于泰山，或轻于鸿毛，我人不可不知警惕也。"⑦ 可以说，冯玉祥对待死亡的态度与司马迁一致，求一个"重于泰山"的生命结局。1953 年，冯玉祥归葬于泰山之阳，遂其所愿。

梁启超、康有为与国民党对"死重泰山"的重新解读表明，在主流的政治话语中，泰山作为魂魄归宿地的信仰观念大为减弱，而作为革命精神与民

① 袁明英：《凌汉洞天》，中国文史出版社，2003，第 115 页。
② 袁明英：《凌汉洞天》，第 107~108 页。
③ 袁明英：《凌汉洞天》，第 96 页。
④ 袁明英：《凌汉洞天》，第 103 页。
⑤ 袁明英：《凌汉洞天》，第 96 页。
⑥ 《冯玉祥日记》第 3 卷，第 629~630 页。
⑦ 《冯玉祥日记》第 3 卷，第 666 页。

族国家的政治象征却在不断被强化。

（二）泰山象征国族的文化认同

民国时期，新知识人将泰山演绎为中国的代表与中华民族的象征，希望借此唤起大众的文化认同与民族尊严。

20世纪30年代，北平作家许兴凯提出，将泰山作为中国的象征。他对此解释说："泰山！五岳之首的泰山！本来是我们中国的象征。国是个概念，需要一个具体的东西来代表他。这个东西不是河，就是山。比如德国的莱茵河，日本的富士山。我们中国也以河山比譬国土。这河，我以为就是黄河。这山，我以为就是泰山。黄河流域是中华民族的发祥之地，也是世界古文明的策源。中国的五岳本来是早年中国国境的四至。五岳以泰山为首，泰山可以代表我们中国。"① 此可见，许氏从世界文化与本土文明的双重角度建构泰山对于中国的特殊象征意义。这一提议得到了一些青年学子的呼应，一位名为盛福垚的地理学专业学生在深入了解泰山后感叹说："勿怪老太婆（即许兴凯）要以泰山来象征我们中国了。"②

新知识人还主张，将泰山作为民族文化与民族精神的象征。1932年，由于中原大战破坏了泰山古迹文物，泰安地方学者赵新儒致信阎锡山说："至圣林庙、名山（泰山）胜迹，民族道德之宗仰，历史文化之关系。……保存泰山古迹，光大历史民族之精神。"③ 在他看来，泰山不同于他处，其与孔子一同象征着中国的民族道德，关系着中国的民族精神。1936年南京国民政府铁道部印行的《泰山》一书云："泰山之于中国，犹昂白山之于瑞士，富士山之于日本，久已著名世界。……其山容之雄美，足以代表东方民族之伟大，而其丘壑万状，又足代表中国民性高明博厚之襟怀。"④ 该书作为旅游介绍用书，塑造并传播了泰山与中华民族密切关联的一种观念：泰山是中华民族之伟大、高明、博厚等品性的象征。

新知识人以泰山象征中华民族固有文化及其精神的倡言得到了一定程度的社会认可。1933年，北平的一位大学生西君与其女友同登泰山时，泰安的

---

① 老太婆：《泰山游记》，北平读卖社，1934，第17页。老太婆即许兴凯笔名。
② 盛福垚：《泰山的地理考察》，《师大月刊》1935年第23期。
③ 赵新儒：《为十九年战役毁坏孔子林庙泰山古迹致阎锡山书》，《新刻泰山小史校注》附录，第200～201页。
④ 铁道部联运处编《泰山》，1936，第1页。

朋友对他们介绍说："（泰山）真是文化的发源地，是东方精神的代表国，并且在泰山北麓还有西园……建筑非常的美，尤其是雕刻，出于全世界意料之外，有许多西洋人常至该处欣赏，留有许多手册，羡慕东方的美。"① 随后，西君与女友来到了泰山西园，为艺术魅力所震撼。他在记录此行的游记中说："那种幽静的表现，和平无为的东方之神，不独是受机械文明的西洋人爱慕不已，就是我们在怀疑静的文化社会的时候，亦深深的觉得应该保持。"② 游览过泰山，西君深切感到"中国的文化实在可以自豪，中国的民族实在伟大"！③ 可见，西君受到当时学界关于东西文化优劣论争的影响，但通过游览泰山增强了对中华民族及固有文化的自信心。

新知识人主张以泰山为中华民族文化象征，确有充分的历史依据，因为泰山是中国古文明的重要发祥地。著名史学家吕思勉从古文化中心的角度深入论说了泰山受到尊崇的历史依据。④ 他说，中国古文明起源于"东南"（江海汇集的地方），尧时因为洪水才迁往"西北"（河洛之间）。夏之前，"天下之中"为青州，中国古文明中心"实为泰岱"。在周之前，封禅泰山的王者不止七十二家，当以万计。"人死者魂神必归于岱山"的观念在当时就应出现了。在古人的眼中，泰山密切关联着万物的起始及其消亡后的归宿。依照吕氏之言，泰山的神圣性根源于她是中国古文明的中心。

20 世纪 30 年代，由于日军侵华危机的刺激，新知识人更关注泰山对于中华民族抗战的文化意义，提议将泰山定为中国的国山。作家老舍在 1932 年发表的《救国难歌》中写道，他曾经赞助过以梅花为国花的建议，也曾经提倡以东岳泰山为"国山"。⑤ 至于老舍是不是主张以泰山为"国山"的首倡者，不得而知。

1933 年初，时任江苏省教育厅编审室主任的易君左两度表达了其以泰山为"国山"的主张。他先是在题为《登岱》的诗中写道："伟哉造化巨斧痕，辟此绝岱招国魂！国魂国魂何处得？只有泰山好颜色！……我欲定此为国山，鸣呼国正危兮山未安！"⑥ 易氏深切感怀日军侵华造成的九一八事变与

---

① 西君：《泰安三日记》，《现实》1934 年第 1 期。
② 西君：《泰安三日记》，《现实》1934 年第 1 期。
③ 西君：《泰安三日记》，《现实》1934 年第 1 期。
④ 吕思勉：《中国文化东南早于西北说》，《吕思勉遗文集》（上），华东师范大学出版社，1997，第 10 页。
⑤ 老舍：《老舍幽默诗文集》，人民文学出版社，2004，第 9 页。
⑥ 君左：《泰山纪游》，《江苏教育》1933 年第 3 期。

"一·二八"事变，哀痛国家大难临头，无处安魂。他还撰写了一篇论文《定泰山为国山刍议》（与王德林一起署名发表），再度表示了一种沉重的民族忧患意识，痛心于近代中国"惨受帝国主义者之侵略"以及由此造成的国难与民族自信心的失落。为"召回国魂，恢复民族自信力"，他提出以泰山为"应有具体之象征"，并认为这一倡言符合西方国家以名山大川范铸其民族与国民品格的思想理路。在其看来，泰山在自然景观、历史文化积淀与固有道德象征这三个方面无与伦比，是"国民心目中所仰为至高无上之巍峨象征"，"确能代表中华民族精神"。因此，面对日军侵华造成的日益严重的民族危机，定泰山为国山之举，可以"一新国民耳目，鼓舞同仇敌忾精神"。他还细致阐释了以泰山为"国山"的八项理由，极力表明泰山足以代表"中国之国魂"，要"用泰山的精神消灭富士山之魔影"！①

易氏的《定泰山为国山刍议》在《江苏教育》杂志刊发后，在社会上引起了一定的关注。与易君左相熟的中国社会教育社成员芮麟也颇为认同泰山为"国山"的主张。1933 年 8 月，芮麟与两位朋友一起登上了泰山。他后来回忆说："我们坐端正了，便飘飘然地由轿夫抬着向千古雄峙、万里驰名，我们近半月来日夜渴念着的中国国山——泰山前进"；"千古第一名山，我国的国山，今日已遂登临之愿了"。② 时任泰安师范讲习所校长的徐瑞祥十分赞赏易氏的定泰山为"国山"的主张，于 1934 年以单行本的形式翻印了其《定泰山为国山刍议》一文。由于日军侵华造成的民族危机日深，易君左发出的泰山"国山"论不久即在抗日救亡的革命舆论中销声匿迹了。1936 年，有人注意到"前几年有人提议，把泰山改称国山，当时在报纸上很热闹的议论了些时日，到现在，已成为明日黄花无人提起的事了"。③ 1937 年底，日军占领泰安地区，泰山"国山"论因而失去立论的政治文化基础。

"民国泰山"经过国民党与新知识人的建构，获得了新的时代意蕴。它不仅是烈士牺牲价值的衡量尺度、真理与荣誉的代表，还是中华民国、中华

---

① 易君左、王德林：《定泰山为国山刍议》，《江苏教育》1933 年第 1、2 期合刊。
② 芮少麟编《神州游记》，上海古籍出版社，2005，第 38、48 页。
③ 巴斯：《泰安印象杂记》，《进德月刊》1936 年第 1 卷第 9 期。虽然巴斯称当时的报纸对泰山"国山"论热闹地讨论过，但迄今尚未发现相关的讨论文章。1937 年，鲁客提议"崇泰山为'民族之山'"（鲁客：《泰山香市杂写》，《中兴》1937 年第 3、4 合期）。此或许指 20 世纪 30 年代初的"国山"之论。

民族固有文化与精神的象征。这种建构着眼于民族国家的宏大叙事，既是对传统泰山文化资源的创造性转换，也是对中国作为民族国家的符号塑造，在相对程度上引领了主流政治话语与社会舆论。

应注意的是，有人对泰山"国山"论的建议提出了批评。作家老舍在1932年发表的《救国难歌》中写道，他曾经赞同过以梅花为国花的建议，也曾经提倡以东岳泰山为"国山"，但这些行为的结果是"望梅止渴总成空"①。意在批评知识界不顾当时日军侵华造成的国难临头，反而积极提倡一些不切实用的所谓主义、符号与文学革命。1938年，老舍在为冯玉祥《泰山石刻》拓片集写的序言中认为，王朝时代的泰山是皇帝的私有物，专为帝王将相与文人墨客预备的；辛亥革命之后，泰山就不再是某些人的私有物，而"是老百姓的，老百姓缺衣缺食，穷困无知，便是泰山之耻；古迹怎样多，风景怎样美，都在其次；百姓不富不强，连国家也难保，何况泰山"。②他对冯玉祥在泰山关心、救济民间疾苦的做法颇为赞叹，说冯氏"心中另有一座泰山"，这是一座"活的泰山"，即平民大众③。可以说，老舍所言"活的泰山"表达了其对国难中民众生活艰难的深切同情，也为泰山赋予了以民生为根本的新内涵。

就符号化的泰山而言，无论是对"民国泰山"的政治文化建构，还是对泰山"国山"论的批评，都展示泰山之于中华民族精神家园的特殊文化价值。

小　结

民国时期，南京临时政府、北洋政府与南京国民政府均革除"神道设教"方略，并在国家祀典中去除了泰山祭礼。由此，泰山信仰成为政治体制外的民间信仰。不过，民国政府为振兴教育、改造社会，以暴力的方式冲击泰山信仰，由此引发官方与信众的冲突。当然，对于华北泰山信仰的最大压制来自华北日伪政权。

虽然北洋政府推行"庙产兴学"的政策，但北京一些重要的泰山祠庙仍得以保留，像北顶、东顶、东岳庙等成为地方政府对泰山信众进行社会

① 老舍：《老舍幽默诗文集》，第9页。
② 老舍：《〈泰山石刻〉序》，《老舍全集》第17卷，人民文学出版社，2013，第115页。
③ 老舍：《〈泰山石刻〉序》，《老舍全集》第17卷，第115页。

教育的场所。政府的社会改造与民众启蒙通过庙会嵌入了民众的日常生活。

南京国民政府对待泰山具有两面性：一方面，以"科学""现代之潮流"为依据，采取激进的暴力方式破除泰山信仰，但收效较小；另一方面，将泰山建构为中华民族与中华民国的象征，但作为符号的泰山与民众相距甚远，因为南京国民政府的党治体制以官为本，在改善民生上颇为滞后。

结　语

近代华北泰山信仰，时起时伏，复杂多变，它既是近代社会转型的组成部分，也是其中的矛盾问题。近代社会转型，是一个从传统社会转向现代社会的过程，也可以说是传统中国社会的现代化过程。传统中国社会是礼俗社会（或称"礼治社会"），其特征是以农业经济为基础，以血缘为纽带，以等级分配为核心，以伦理道德为本位，以礼俗确立生活方式、伦理道德与等级序列。被卷入资本主义的世界潮流后，近代中国不得不向西方列强学习，努力赶上先进的工业国和适应全球的新环境、新秩序，并融入世界文明的主流。在一定程度上，近代中国社会的现代化是一种心理态度、价值观与生活方式的改变过程，或说是代表这个历史时代的一种"文明的形式"。① 在这个过程中，人们越来越多地接受西方传入的"个人自由和权利观念、平等观念、社会群体观念、公民意识、规则意识等这些近代基本观念"，"使得君权等级束缚下的臣民开始变为平等自主的公民，使君权社会开始转向公民社会"。② 然而，这个转型过程却并不顺利，时常出现不公正、不理智、不人道的社会失范现象。置身于此，近代华北泰山信仰难免要面对和承受种种苦难，而这实际上是民众日常生活的苦难，也是社会转型中遭遇政治冲击的苦难。

其一，泰山信仰是近代华北民众的日常生活内容，得到学界的同情与理解，但遭遇社会舆论的政治性批判。

对华北民众而言，泰山信仰是他们的日常生活的有机组成部分。其一方面，"为农民提供了一种应对生活中遭遇的灾难，或者可能遭遇的风险的方法，特别是精神上的慰藉，弥补了现实性的社会支持之不足"；另一方面，创造了一个沟通阴阳的恢恢天网，"以施报平衡为法则，与世俗社

---

① 罗荣渠：《现代化新论：世界与中国的现代化进程》，商务印书馆，2004，第 15 页。
② 李长莉：《中国人的生活方式：从传统到近代》，四川人民出版社，2008，第 698 页。

会的伦理道德同构，是世俗社会公平正义观的延伸，它们共同约束和引导着人们的行为"。① 就北京东岳庙道士而言，其在清末民国时期对民众广施道德教化，在维系当地社会秩序上确实发挥了重要作用。整个华北因为共同的泰山信仰观念与祠庙网络而形成个性明显的区域社会。可以说，泰山信仰对于近代华北社会的日常生活既有社会支持的意义，也有社会规范的作用。

这种信仰固然含有迷信成分以及压抑人的尊严与潜能的负面内容，但其主要内容、主要性质与主要作用是正面的，是值得肯定的。即使是其中的迷信成分也并非一无是处，不应忽视它"通过给那些无知、懦弱、愚蠢的人提供一个虽然是坏的但却产生了好行为的动机而对社会作出的贡献"。② 从民主社会的角度而言，普通民众的行为要比其观念更重要。只要他们的行为是符合法律与道德规范的，那么他们的观念是否错误就与其他人毫不相关。

民国时期一些新知识人对华北民众的泰山信仰予以充分的了解与同情。通过对山西徐沟县农村的实地调查，燕京大学学生李有义清楚地认识到，人们崇奉东岳大帝、碧霞元君等神灵，"就是满足农民解决实际问题的一种愿望，虽然他们所得到的只是精神上的一点安慰，但这种安慰就是实际工作上的力量，没有它，实际工作就要受到影响。我们常看见庙会的时候，成群的农民来焚香，平常都是一个大钱舍不得花，但在这个时候，他们都很慷慨。我们认为他们是迷信，是消耗，但在他们，那是应当的，天经地义的，他们所希望的比他们所花的大的多，假如你让他们把这一笔钱省下，他们一年的工作因之而消沉，失望。所以庙宇的祭祀，在整个农民的生活上，是占有极重要的位置"。③ 1944 年，费孝通站在民众的立场上解释说："我们对鬼神也很实际，供奉他们为的是风调雨顺，为的是免灾逃祸。我们的祭祀有点像请客、疏通、贿赂。我们的祈祷是许愿、哀求。鬼神在我们是权力，不是理想；是财源，不是公道。"④ 这一解释已清楚说明民众对鬼神信仰的功利性态度，其中并没有多少迷信的成分。只是同情民间神灵信仰的声音太微弱，难以超越以激进方式破除迷信、改造社会的呼声。

清末民国时期相当多的新知识人将泰山信仰完全视为迷信，借社会传媒之力，必破之而后快。这种对泰山信仰的"迷信"定位，带有强烈的政治色彩与

① 王德福：《乡土中国再认识》，北京大学出版社，2015，第 91 页。
② 〔英〕J. G. 弗雷泽：《魔鬼的律师——为迷信辩护》，阎云祥、龚小夏译，第 149 页。
③ 李有义：《山西徐沟县农村社会组织》，第 142 页。
④ 费孝通：《美国与美国人》，三联书店，1985，第 110 页。

意识形态批判倾向，形成了一种强大的社会舆论风潮。其虽然反映了新知识人改造社会的急迫心情，但在改造社会的路径选择上并不理智，甚至存在形式主义的荒谬，即试图通过破坏有形的祠庙到达摧毁无形的神灵信仰的目的。

其二，近代华北泰山信仰从官民共享的精神家园转向底层社会的民众文化。

近代华北泰山信仰，是一种历史积淀深厚并富有时代特征的本土文化。晚清时期，清廷延续传统的礼仪制度与惯例，在北京东岳庙、丫髻山、西顶与山东泰山等地行拈香礼，还在紫禁城、颐和园等处私祀碧霞元君。只是这些礼仪传统因西方列强的冲击而衰落。由于官方的"神道设教"与慈禧太后对民间走会的偏好，北京地区的泰山信仰习俗得以更充分地发展。从朝廷官员到平民百姓，多有信奉碧霞元君与东岳大帝者。可以说，泰山信仰作为朝野共享的精神家园，既是政治信仰，也是生活信仰。辛亥革命后，泰山信仰与国家祀典分离，在整体上失去士大夫阶层的支持，转变为底层社会的民众文化。

对于华北民众而言，泰山信仰是他们"生活的办法"①，是其在困难条件下应对生活问题的文化创造。这种文化既有原始社会的"万物有灵"的观念特色，也有实际的生活经验作为基础。近代华北民众将"四大门"、王三奶奶与河神盗跖纳入泰山神灵谱系，甚至将妈祖碧霞元君化，这都是其以自己的方式应对生活问题的文化创造。以顾颉刚在妻子殷履安去世后的一些亲身经历而言，将包括泰山神灵在内的鬼神信仰视为幻想和迷信的做法绝非科学的态度。应当老老实实地承认，科学不是万能的，在每一个发展阶段都有它的局限，而且科学与所谓"迷信"并非截然对立。在科学能解释的范围之外还有广阔的未知世界，鬼神信仰是人们对未知世界的一种把握形式，在一定程度上弥补了科学的局限。可以说，泰山信仰是华北民众认识、理解和把握自身命运的一种观念，是解决自己现有知识与能力边界之外的日常生活问题的一种方式。②

---

① 费孝通：《论文化与文化自觉》，群言出版社，2007，第8页。
② 数年前，有学者调查了北京分钟寺村的全心向善结缘茶会。该会主事者倪金堂向其讲述了目前尚不能用科学来解释的事情："一位因为女儿自杀而精神失常的母亲，看遍各大医院都没有好转，然而经人指点，到妙峰山上香、磕头、祈祷之后，便奇迹般地好转了；还有很多看遍各大医院仍旧无子的夫妻在妙峰山上求子之后，便都祈愿成真。有许愿便得有还愿，这让妙峰山更增添了不少香火。不论是许愿还是还愿，上山的人们都是心怀一种对于碧霞元君娘娘的无比崇敬之情"（孙庆忠主编《妙峰山：香会志与人生史》，第221页）。这可以看成泰山信仰至今不衰的现实生活基础。

当然，泰山信仰虽然解决了民众的部分生活问题，但也在一定程度上限制了人的个性与自我意识的觉醒，不完全符合现代化的两个重要趋势——"世界化与个性主义"。[①] 北京香会"抢洋斗胜，耗财买脸"的江湖化的社会交往方式，强化了底层社会的特权观念与向官方邀宠的臣民意识，确实不利于自由、平等观念的传播。在这个意义上，近代华北泰山信仰确实应当进行改造，以适应现代社会的需求，只是这种调适未得到文化精英的重视与支持。

知识界普遍在反迷信的口号下排斥民间信仰的存在，更不愿意从民间信仰角度去探求民众文化的价值与内容，以致顾颉刚于 1928 年 3 月 20 日在岭南大学讲演时，大声呼吁在圣贤文化之外解放出民众文化。顾颉刚如是肯定民众文化的意义，自然与其之前对北京之泰山信仰的调查与研究深有关联。遗憾的是，他的这种主张在整个南京国民政府时期没有得到政界与学界的明确回应。

其三，近代华北泰山信仰是政治问题，但不是政府用暴力手段可以解决的社会问题。

近代华北泰山信仰无疑是政治问题。晚清时期，清廷实行"神道设教"方略，与礼治的政治模式相辅相成。在当时的礼治社会中，泰山信仰礼俗是清廷利用神权进行日常统治的一种手段。1907 年，就有人明确提出包括泰山神灵在内的鬼神信仰，不是单纯的打倒神权的问题，而是事关民众权利与义务的法律问题。1910 年，资政院的议员明确提出信教自由是要写入宪法的条款的。民国成立后，历届政府不行"神道设教"方略，不行泰山祭礼，这固然体现了政治的进步，但在保障宪法规定的"人民有信教自由"的权利上着实乏善可陈。

民国政府的"庙产兴学"政策。南京国民政府也借助教育、科学与文明的名义，以激进的暴力方式冲击泰山信仰的祠庙，在很大程度上漠视民众的权利与文化。在平郊村的詹姓妇人因为"四大门"的附体而痛苦不堪的时候，没有外人关注并予以帮助。在侯芳缘因为其夫张培荣遭受政治通缉而无法继续在泰山修道时，没有人为之争取应有的人道主义待遇。对于一些泰山神侍者谋取私利的社会失范行为，也不见有效的社会监督与政府管理。而南京国民政府以暴力方式破除迷信，结果遭遇民众的抵制而收效不大。

---

① 耿云志：《世界化与个性主义——现代化的两个重要趋势》，《学术探索》2005 年第 4 期。

近代华北泰山信仰的背后是政府改造社会的问题。清末以降，"在国家社会的话语结构中，社会被剥夺了法权"，国家和社会变成一种管理与被管理的行政关系，又进一步变成改造与被改造的支配关系。① 从北洋时期"庙产兴学"政策对泰山信仰的冲击来看，如梁启超所言，"人家的政治，是用来发育社会。我们的政治，是用来摧残社会"。② 从革命的角度看，辛亥革命是社会"革"了清政府的"命"，"后来却演变成由政府来革社会之命"。③ 在政府凌驾于社会之上的情势下，民国泰山信仰依托的底层社会着实无力对抗政府的压制。

近代华北泰山信仰的背后也是政治改造民众文化的问题。在近代中国社会的转型中，政治与文化的变革过程既同流并进，又互相纠缠。精英文化与政治尚能良性互动，而草根文化却只能被动地接受改造，甚至受到不公正的对待。在党治体制下，即使国民党山东省党部将"党权高于一切"写在泰山"无字碑"上，也不意味着国民党与南京国民政府可以借助科学、文明的名义，以暴力的方式破除民众的泰山信仰。而这一行为的结果表明，由政治觉醒所带动起来的民众文化变动很有限，也很肤浅。诚然，对于近代中国而言，"政治上有办法，文化上才会有办法"。④ 没有政治上的民主化，近代华北泰山信仰就难以确立自身的正当性，遑论其与现代文明的调适。

近代华北泰山信仰的命运，也是近代华北民众及其日常生活的命运。这些民众在当时以及在后世的历史书写中，主要是作为一种数字存在的。他们就像历史长河中的一滴滴水珠，无论他们曾经是多么鲜活的生命，曾经有多么生动的日常生活，都几乎没有留下一丝痕迹。他们大多数的历史命运就是这样。华北泰山信仰在近代社会转型中的变迁与境遇，拷问着知识界的良知，也考验着当政者的智慧。

① 薛刚：《从朝廷天下到国家社会——辛亥革命前后的思想转折》，《清华大学学报》2016年第6期。
② 梁启超：《辛亥革命之意义与十年双十节之乐观》（1921年10月10日），张品兴主编《梁启超全集》第6册，北京出版社，1999，第3383页。
③ 钱穆：《革命与政党》（1951年），《历史与文化论丛》，台北，联经出版事业公司，1998，第121页。
④ 耿云志：《近代社会转型中政治与文化的互动》，《四川大学学报》2008年第1期。

参考文献

（以姓氏拼音首字母排序）

中国文献部分

一 传统文化典籍

《风俗通义》

《管子》

《礼记》

《吕氏春秋》

《论语》

《山海经》

《史记》

《荀子》

《易经》

《朱子语类》

《左传》

二 原始档案

"民国泰安县会道门档案"，全宗号特6，山东省泰安市档案馆藏。

"清代礼部档案"，全宗号14，中国第一历史档案馆藏。

"清代军机处录副奏折"，全宗号03，中国第一历史档案馆藏。

三　资料汇编

北京市东城区园林局汇纂《北京庙会史料通考》，北京燕山出版社，2002。

北京市平谷区文化委员会编《畿东泰岱——丫髻山》，北京燕山出版社，2008。

北京民俗博物馆编《北京东岳庙与北京泰山信仰碑刻辑录》，中国书店，2004。

丁世良、赵放主编《中国地方志民俗资料汇编》，书目文献出版社，1989。

董晓萍、吕敏主编《北京内城寺庙碑刻志》，国家图书馆出版社，2011。

冯俊杰主编《山西戏曲碑刻辑考》，中华书局，2002。

淮阴区政协文史资料委员会编《淮阴金石录》，香港天马出版有限公司，2004。

黄炎培、庄俞编《泰山》，商务印书馆，1915。

昆冈等撰《大清会典事例》，光绪二十五年（1899）石印本。

李文海主编《民国时期社会调查丛编·宗教民俗类》，福建教育出版社，2004。

李文海主编《民国时期社会调查丛编（二编）·宗教民俗卷》上册，福建教育出版社，2014。

刘秀池主编《泰山大全》，山东友谊出版社，1995。

《清德宗实录》，中华书局，1987。

《清高宗实录》，中华书局，1985。

《清穆宗实录》，中华书局，1987。

《清仁宗实录》，中华书局，1986。

《清文宗实录》，中华书局，1986。

《清宣宗实录》，中华书局，1986。

曲进贤主编《泰山通鉴》，齐鲁书社，2005。

孙庆忠主编《妙峰山：香会志与人生史》，知识产权出版社，2013。

泰安郊区政协文史资料研究委员会编《文史资料选辑》第2辑，1982。

泰山风景名胜区管理委员会编《百年泰山》，山东画报出版社，2001。

汤贵仁、刘慧主编《泰山文献集成》，泰山出版社，2005。

汤志钧、陈祖恩编《中国近代教育史资料汇编——戊戌时期教育》，上海教育出版社，1993。

王价藩辑《岱粹钞存》，曲阜师范大学，1989年影印本。

王价藩辑《泰山丛书》，曲阜师范大学，1989年影印本。

王利器辑录《元明清禁毁小说戏曲史料》（增订本），上海古籍出版社，1981。

王芷章编《清升平署志略》，商务印书馆，2006。

徐珂编撰《清稗类钞》，中华书局，1984。

叶春生主编《典藏民俗学丛书》，黑龙江人民出版社，2004。

袁明英主编《泰山石刻》，中华书局，2007。

张廷玉等撰《清朝文献通考》，浙江古籍出版社，2000。

中国第二历史档案馆编《中华民国史档资料汇编（第五辑第一编）·文化》（一），江苏古籍出版社，1994。

中国第二历史档案馆等编《中华民国史档案资料汇编（第三辑）·文化》，江苏古籍出版社，1991。

中国会道门史料集成编纂委员会编《中国会道门史料集成》，中国社会科学出版社，2004。

中国历史博物馆编《天后圣母事迹图志、天津天后宫行会图合辑》，香港和平图书有限公司，1992。

中国人民政治协商会议山东省泰安市泰山区委员会文史资料研究委员会编《泰山区文史资料》第2辑，1990。

中国人民政治协商会议山东省泰安市委员会文史资料研究委员会编《泰安文史资料》第3辑，1988。

中国圆明园学会主编《圆明园》，中国建筑工业出版社，1986。

总理奉安专刊编纂委员会编纂《总理奉安实录》，南京出版社，2009。

四　文集、笔记、游记、日记、年谱、诗歌

陈衍：《石遗室文集》，1905年刊本。

邓镕：《忍堪居士年谱》，民国荃察余斋诗存再续本，1932年铅印本。

《冯玉祥读春秋左传札记》，上海军学社，1934。

《冯玉祥日记》，江苏古籍出版社，1992。

辅廷撰《谒岱记》，光绪八年（1882）刊本。

富察敦崇：《燕京岁时记》，北京古籍出版社，1981。

纪昀：《阅微草堂笔记》，中国华侨出版社，1994。

《蒋介石日记》，美国斯坦福大学胡佛研究中心档案馆藏。

蒋叔南著，卢礼阳编校《蒋叔南集》，黄山书社，2009。

敬莫瀛：《乡村布道歌》，山东泰安耶稣家庭，1939。

老舍：《老舍幽默诗文集》，人民文学出版社，2004。

李庆辰：《醉茶志怪》，河北人民出版社，1988。

李世瑜：《社会历史学文集》，天津古籍出版社，2007。

林纾：《畏庐琐记》，商务印书馆，1934。

刘鹗：《老残游记》，齐鲁书社，1981。

吕思勉：《吕思勉遗文集》，华东师范大学出版社，1997。

《毛泽东选集》第3卷，人民出版社，1991。

芮少麟编《神州游记》，上海古籍出版社，2005。

《孙中山全集》第6卷，中华书局，2006。

唐焕：《唐石岭集》，乾隆年间刻本。

童坤厚：《王筱汀先生年谱》，铅印本，1939。

万仁元、方庆秋主编《蒋介石年谱初稿》，档案出版社，1992。

王韬：《淞隐漫录》，人民文学出版社，1983。

王韬：《弢园文录外编》，辽宁人民出版社，1994。

王安石：《王文公文集》，上海人民出版社，1974。

王亨豫：《泰山王退轩先生清芬录》，泰山王氏仅好书斋，1934。

王士祯撰，靳斯仁点校《池北偶谈》，中华书局，1982。

《王阳明全集》，上海古籍出版社，1992。

《魏源全集》，岳麓书社，2004。

《翁文灏文集》，冶金工业出版社，1989。

《吴趼人全集》，北方文艺出版社，1998。

吴振棫：《养吉斋丛录》，北京古籍出版社，1987。

徐凌霄、徐一士：《凌霄一士随笔》，山西古籍出版社，1997。

《许宝蘅日记》，北京市政协文史资料委员会编《北京文史资料》第54辑，北京出版社，1996。

许兴凯：《泰山游记》，北平读卖社，1934。

薛福成：《庸庵笔记》，大达图书供应社，1934。

颜元著，王星贤、张芥尘、郭征点校《颜元集》，中华书局，1987。

杨钟羲：《雪桥诗话续集》，求恕斋刊本，1917。

姚灵犀：《采菲录》，上海书店出版社，1998。

俞樾：《右台仙馆笔记》，上海古籍出版社，1986。

元玉：《石堂集》，康熙五十二年（1713）刊本。

袁克文：《辛丙秘苑》，上海书店出版社，2000。

袁枚：《子不语》，广西师范大学出版社，2005。

《恽毓鼎澄斋日记》，浙江古籍出版社，2004。

《曾国藩全集》，岳麓书社，2011。

曾衍东著，盛伟校点《小豆棚》，齐鲁书社，2004。

《张謇日记》，江苏人民出版社，1962年影印版。

张璋编校《顾太清奕绘诗词合集》，上海古籍出版社，1998。

张岱著，淮茗评注《陶庵梦忆》，中华书局，2008。

中国社会科学院近代史研究所整理《黄炎培日记》，华文出版社，2008。

《钟敬文文集》，安徽教育出版社，2002。

周传家：《谭鑫培传》，河北教育出版社，1998。

庄俞：《济泰游览记》，游记丛钞本，1913。

五　地方志

葛延瑛、吴元录修，孟昭章等纂《重修泰安县志》，泰安县志局，1929。

黄钤、萧儒林修纂《泰安县志》，乾隆四十七年（1782）刊本。

金棨纂《泰山志》，嘉庆年间刻本。

金士坚等修纂《通县志要》，1941。

金勋编纂《妙峰山志》，李乐新点校、整理，北京燕山出版社，2007。

礼阔泉等修纂《顺义县志》，1933。

李兴焯等修纂《平谷县志》，1934。

梁秉锟等修纂《莱阳县志》，1935。

卢永祥等修纂《济阳县志》，1934。

栾钟垚等修纂《邹平县志》，1933。

任弘烈修，段廷选等纂，邹文郁续修，朱衣点续纂《泰安州志》，1936。

汪鋆修纂《泰山志》，同治九年（1870）刊本。

王荫桂等修纂《续修博山县志》，1937。

项葆祯等修纂《单县志》，1929。

徐宗干修纂《泰安县志》，道光年间刻本。

杨启东等修纂《青城续修县志》，1935。

张自清等纂《临清县志》，1935。

钟树森修，李传熙等纂《肥城县乡土志》，光绪三十四年（1908）刊本。

周志中等修纂《良乡县志》，1924。

朱兰等修纂《阳信县志》，1936。

六　报纸、期刊

（一）报纸

《大公报》（天津）

《今报》

《警钟日报》

《申报》

《中央日报》

（二）刊物

《（北平）师大月刊》

《北京大学研究所国学门周刊》

《长虹周刊》

《晨光周刊》

《道德杂志》

《地学杂志》

《东方杂志》

《东南风》

《儿童教育》

《公教周刊》

《国闻周报》

《国学门周刊》

《红玫瑰》

《江苏教育》

《进德月刊》

《礼俗》

《旅行杂志》

《论语半月刊》

《民俗》

《民众周刊》

《南大半月刊》

《青岛教育》

《人言周刊》

《生路》

《铁路月刊》

《西北评论》

《新青年》

《中和月刊》

《中华妇女界》

《中兴》

《紫罗兰》

《自由评论》

《宗圣学报》

七 泰山民间宗教文献

《皈一宝船》，民国刊本，具体时间不详。

《乩著佛训皈一舰舟》，山东济南历邑城东卢官庄藏版，1930。

《鸾训指南》，泰安县上西界乡西张家临汶复初坛集刊印，1943。

《天仙圣母经》，《太山娘娘新经》，济城里□□□邑复化坛，1920。

《宣讲金鉴》（附皈一宝筏），泰安庞家庄自新坛，1933。

《宣讲金鉴》（附诗话纲目），泰安城南庞家庄存版，1933。

《宣讲题纲》，泰安泰济印刷局，1938。

八 论文

（一） 期刊论文

耿云志：《世界化与个性主义——现代化的两个重要趋势》，《学术探索》2005 年第 4 期。

耿云志：《近代社会转型中政治与文化的互动》，《四川大学学报》2008 年第 1 期。

胡卫清：《在孔子家乡传教：圣公会在山东历史探析》，《东岳论丛》2016 年第 1 期。

梁勇：《清末"庙产兴学"与乡村权势的转移——以巴县为中心》，《社会学研究》2008 年第 1 期。

刘晓：《海外汉学家碧霞元君信仰研究——以英语文献为中心》，《河南教育学院学报》（哲学社会科学版）2008 年第 3 期。

刘志琴：《礼俗文化的再研究——回应文化研究的新思潮》，《史学理论研究》2005 年第 1 期。

沈洁：《20 世纪二三十年代中国民俗学家的礼俗调查》，《史林》2008 年第 1 期。

王笛：《新文化史、微观史和大众文化史——西方有关成果及其对中国研究的影响》，《近代史研究》2009 年第 1 期。

王桂花：《毛泽东以"人民"为本政治理念的历史生成》，《毛泽东思想研究》2007 年第 6 期。

王庆成：《晚清北方寺庙和社会文化》，《近代史研究》2009 年第 2 期。

徐浩：《清代华北农民生活消费的考察》，《中国社会经济史研究》1999 年第 1 期。

徐天基：《"标准化"的帷幕之下：北京丫髻山的进香史（1696～1937）》，《近代史研究所集刊》第 84 期，2014 年 6 月。

徐秀丽：《中国近代粮食亩产的估计——以华北平原为例》，《近代史研究》1996 年第 1 期。

薛刚：《从朝廷天下到国家社会——辛亥革命前后的思想转折》，《清华大学学报》（哲学社会科学版）2016 年第 6 期。

赵世瑜：《国家正祀与民间信仰的互动——以明清京师的"顶"与东岳庙为个案》，《北京师范大学学报》（社会科学版）1998 年第 6 期。

张海珊：《章太炎、张相文关于泰山的通信》，《天津师范大学学报》（自然科学版）1984 年第 1 期。

张琰：《从泰山无极庙变迁历程看民国女性精神生活的嬗变》，《泰山学院学报》2014 年第 1 期。

张利民：《论华北区域的空间界定与演变》，《天津社会科学》2006 年第 5 期。

郑永华：《北京妙峰山"金顶"称号始于何时》，《北京社会科学》2010 年第 6 期。

周郢：《碧霞元君"生辰"考》，（香港）《弘道》2009 年第 3 期。

周郢：《明崇祯朝敕封"碧霞元君"考辨——兼论泰山娘娘与妈祖信仰之关系》，《世界宗教研究》2014 年第 4 期。

周郢：《从庙堂到民间：明清时期泰山文化之转变》，《民俗研究》2013 年第 6 期。

（二）学位论文

陈永龄：《平郊村的庙宇宗教》，学士学位论文，燕京大学法学院社会学系，1941。

李有义：《山西徐沟县农村社会组织》，学士学位论文，燕京大学法学院社会学系，1936。

王晓丽：《碧霞元君信仰与妙峰山香客村落活动的研究——以北京地区与涧沟村的香客活动为个案》，博士学位论文，北京师范大学，2002。

张萌：《总司庙与总司信仰——泰安祝阳总司庙调查与初研》，硕士学位论文，山东大学，2009。

九　著作

车前子：《西来花选》，东方出版社，2000。

陈巴黎：《北京东岳庙》，中国书店，2002。

常华等：《妙峰香道考察记》，北京出版社，1997。

定宜庄：《老北京人的口述历史》（上），中国社会科学出版社，2008。

方彪：《九门红尘：老北京探微述真》，学苑出版社，2008。

费孝通：《美国和美国人》，三联书店，1985。

费孝通：《论文化与文化自觉》，群言出版社，2007。

奉宽：《妙峰山琐记》，国立中山大学民俗学丛书，1929 年印。

顾颉刚：《史林杂识初编》，中华书局，2005。

顾颉刚：《走在历史的路上：顾颉刚自述》，江苏教育出版社，2005。

胡君复：《泰山指南》，商务印书馆，1923。

黄炎培、庄俞编纂《泰山》，商务印书馆，1915。

李翰忱：《破除迷信全书》，人民中国出版社，1993。

李长莉：《中国人的生活方式：从传统到现代》，四川人民出版社，2008。

李世瑜：《现代华北秘密宗教》，上海文艺出版社，1990。

李慰祖著，周星补编《四大门》，北京大学出版社，2011。

梁景和：《近代中国陋俗文化嬗变研究》，首都师范大学出版社，1998。

刘潞选注《清宫词选》，紫禁城出版社，1985。

刘小萌：《清代北京旗人社会》，中国社会科学出版社，2008

马芷庠著，张恨水审定《老北京旅行指南》，北京燕山出版社，1997。

聂剑光著，岱林等点校《泰山道里记》，山东友谊书社，1987。

山曼主编，袁爱国撰稿《泰山风俗》，济南出版社，2001。

孙作云：《泰山之礼俗研究》，北京大学铅印讲义本，1942。

陶飞亚：《中国的基督教乌托邦——耶稣家庭（1921~1952）》，香港中文大学出版社，2004。

王德福：《乡土中国再认识》，北京大学出版社，2015。

王文彬：《采访讲话》，三江书店，1938。

魏源著，赵丽霞选注《默觚：魏源集》，辽宁人民出版社，1994。

吴述文：《岱庵恨史》，青岛华昌大南纸印刷局，1932。

吴沃尧：《二十年目睹之怪现状》，三秦出版社，2007。

吴效群：《妙峰山：北京民间社会的历史变迁》，人民出版社，2006。

萧一山：《清代通史》，中华书局，1966。

许地山：《扶箕迷信底研究》，商务印书馆，1999。

许仲琳：《封神演义》，时代文艺出版社，2009。

严耀中：《佛教戒律与中国社会》，上海古籍出版社，2007。

叶涛：《泰山香社研究》，上海古籍出版社，2009。

阴法鲁、许树安：《中国古代文化史》，北京大学出版社，1991。

杨金凤编著《秉心圣会》，北京美术摄影出版社，2014。

于敏中编纂《钦定日下旧闻考》，北京古籍出版社，1981。

袁爱国：《泰山神文化》，山东大学出版社，1991。

袁明英：《凌汉洞天》，中国文史出版社，2003。

张育会：《山东政俗观察记》，1935。

张紫晨：《中国巫术》，上海三联出版社，1996。

郑立柱：《华北抗日根据地农民精神生活研究》，人民出版社，2014。

周郢：《泰山与中华文化》，齐鲁书社，2010。

海外文献部分

一 论文

C. W. Mateer, "T'ai San—Its Temples and Worship," *Chinese Recorder.* 10.6 (Nov. – Dec. 1879).

Florence Ayscough, "Shrines of History: Peak of the East—T'ai shan," *Journal of the North China Branch of Royal Asiatic Society* 48 (1917): 57 – 70.

韩书瑞著，周福岩、吴效群翻译《北京妙峰山的进香之旅：宗族组织与圣地》，吴效群《妙峰山：北京民间社会的历史变迁》，人民出版社，2006。

华琛著，陈仲丹、刘永华翻译《神明的标准化——华南沿海天后的推广，960~1960 年》，刘永华主编《中国社会文化史读本》，北京大学出版社，2011。

〔日〕酒井忠夫：《泰山信仰研究》，《中和月刊》第 3 卷第 10 期，1942。

Paul D. Bergen, "A Visit to T'ai Shan," *Chinese Recorder* 29.12 (Dec 1888): 541 – 546.

彭慕兰：《上下泰山：中国民间信仰政治中的碧霞元君（约公元 1500 年至 1949 年）》，（台北）《新史学》第 20 卷第 4 期，2009。

二 著作

〔英〕艾米丽·乔治亚娜·坎普：《中国的面容：一个英国女画家尘封百年的记忆》，晏方译，中国工人出版社，2009。

〔法〕爱德华·沙畹：《泰山：中国人之信仰》，〔日〕菊地章太译，东京都，勉诚出版社，2001。

〔美〕保罗·S. 芮恩施：《一个美国外交官使华记：1913~1919 年美国驻华公使回忆录》，李抱宏、盛震溯译，商务印书馆，1982。

〔美〕德龄公主：《清宫二年记》，顾秋心译，云南人民出版社，1981。

〔日〕德富苏峰：《中国漫游记七十八日游记》，刘红译，中华书局，2008。

〔美〕费正清：《费正清对华回忆录》，陆惠勤等译，知识出版社，1991。

〔英〕J. G. 弗雷泽著《魔鬼的律师——为迷信辩护》，阎云祥、龚小夏译，东方出版社，1988。

〔美〕康笑菲：《狐仙》，姚政志译，浙江大学出版社，2011。

〔俄〕米·瓦·阿列克谢耶夫：《1907 年中国纪行》，阎国栋译，云南人民出版社，2001。

〔德〕墨尔：《蒋介石的功过：德使墨尔驻华回忆录》，张采欣译，台湾学生书局，1994。

〔美〕明恩溥：《中国乡村生活》，午晴、唐军译，时事出版社，1998。

〔罗〕尼·斯·米列斯库：《中国漫记》，蒋本良、柳凤运译，中华书局，1990。

〔瑞士〕荣格：《回忆·梦·思考——荣格自传》，刘国彬、杨德友译，辽宁人民出版社，1988。

〔日〕桑原骘藏：《考史游记》，张明杰译，中华书局，2007。

〔美〕沃斯本：《美国议员团远东视察记》，项衡方、康时达译述，申报馆，1921。

〔美〕威廉·埃德加·盖洛：《中国五岳》，彭萍、马士奎、沈弘译，山东画报出版社，2006。

〔德〕卫礼贤：《中国心灵》，王宇洁等译，国际文化出版公司，1998。

〔日〕宇野哲人：《中国文明记》，张学锋译，中华书局，2008。

〔日〕泽田瑞穗：《中国之泰山》，东京，讲谈社，1982。

〔英〕庄士敦：《紫禁城的黄昏》，陈时伟等译，山东画报出版社，2007。

索　引

附　录

北京东岳庙中的东岳大帝神像

妙峰山惠济祠的碧霞元君神像

妙峰山惠济祠的王三奶奶神像

妙峰山"四大门"中的胡门神像

妙峰山惠济祠的斑疹娘娘与子孙娘娘神像

北京东岳庙中的泰山府君神像

后 记

这本小书是在我的博士后出站报告基础上修改而成的，算作自己几年来探讨近代华北泰山信仰的一个学术总结。

2010年7月，承蒙李长莉先生鼎力支持，我才有机会来到中国社会科学院近代史研究所博士后流动站，在她的指导下做博士后研究工作。先生治学严谨，格局开阔，律己以严，待人以宽。她对中国近代社会文化史研究的倡导与实践，深刻影响了我的学术道路。不知不觉中，至今在先生门下已6年有余。这期间，先生给予的学业指导与生活关照，常让我感怀不已。

做博士后研究之前，我在梁景和先生门下读博士。在首都师范大学的校园中，梁先生像一道人文风景。他的勤奋治学、细心教诲及对门下弟子的慷慨相助，给我留下终生难忘的印象。硕士导师田海林先生是我的学术引路人，在他的一再鼓励下，我于2002年8月辞去泰山风景名胜区管理委员会的工作，回到母校山东师范大学，专心于学术之路。田先生学问渊博，卓有见识，善于因材施教。他在督促我努力学习的同时，还不忘支持我收集烟标的兴趣。在攻读硕士、博士期间，有幸得到郭大松、魏光奇、迟云飞诸位先生的教诲，受益良多。

遇到前述诸位先生，是我一生中非常珍贵的善缘。只是我生性愚钝，进步较慢，现在收获的这本小书像一只"丑小鸭"，尚未变成"白天鹅"。书中存在的所有不足都由我自己负责。真诚期待着专家老师们的指正。

在本书的写作过程中，得到了诸多师友的帮助。"思想者不老"的刘志琴先生一直鼓励我深入探索近代中国的礼俗问题。虞和平、马勇、罗检秋、左玉河、邹小站、赵晓阳、吕文浩、唐仕春诸位老师在我的博士后出站报告写作期间从不同方面予以指导和帮助。周郢、朱俭、袁明英、谭景玉、黄春生、王士花诸位师友在资料上给予了可贵的帮助。泰山学院的张琰博士曾两次陪我去泰安的乡村进行田野调查。泰山风景名胜区管理委员会的刘泽东、王其勇、杨永伟、申卫星与竹林寺景区的陈善柏、黄昌豹、张云峰、赵莹、陈玉等兄弟姐妹在搜集泰山资料上提供了便利。张忠、张建、王康、王胜、郝幸艳诸友在学术交流中启发了我的思路。吴超先生为编辑本书付出了诸多心血。在此谨致谢忱。

感谢内子李果和岳父、岳母对我的理解、包容与付出。感谢山东老家的父母、兄弟和亲戚们无怨无悔地支持我做历史研究，而我至今没有给他们多少回报。因为亲人们的关心与支持，我在北京才有一张平静的书桌。

今天是腊月初十，窗外持续了数日的雾霾还没有退去的意思，我只能静静地等风来。明天又是新的一天，太阳将照常升起。

李俊领

2017 年 1 月 7 日于梦石轩

"中国近现代社会文化史论丛" 第一辑
（共十册）出版目录

图书在版编目（CIP）数据

天变与日常：近代社会转型中的华北泰山信仰 / 李
俊领著.--北京：社会科学文献出版社，2017.4（2017.11 重印）
（中国近现代社会文化史论丛）
ISBN 978 - 7 - 5201 - 0606 - 1

Ⅰ.①天… Ⅱ.①李… Ⅲ.①泰山 - 信仰 - 研究 - 华
北地区 Ⅳ.①B933

中国版本图书馆 CIP 数据核字（2017）第 070840 号

·中国近现代社会文化史论丛·

天变与日常：近代社会转型中的华北泰山信仰

主　　编 / 梁景和
著　　者 / 李俊领

出 版 人 / 谢寿光
项目统筹 / 宋月华　吴　超
责任编辑 / 吴　超

出　　版 / 社会科学文献出版社·人文分社（010）59367215
　　　　　　地址：北京市北三环中路甲 29 号院华龙大厦　邮编：100029
　　　　　　网址：www. ssap. com. cn
发　　行 / 市场营销中心（010）59367081　59367018
印　　装 / 三河市尚艺印装有限公司

规　　格 / 开本：787mm × 1092mm　1/16
　　　　　　印张：19.5　字数：335 千字
版　　次 / 2017 年 4 月第 1 版　2017 年 11 月第 2 次印刷
书　　号 / ISBN 978 - 7 - 5201 - 0606 - 1
定　　价 / 89.00 元

本书如有印装质量问题，请与读者服务中心（010 - 59367028）联系